클라우드 컴퓨팅 솔루션 아키텍팅

클라우드 컴퓨팅 솔루션 아키텍팅

클라우드 도입에 필요한 **설계 고려사항**

케빈 잭슨 · 스콧 고슬링 지음 **최철원 · 박종하** 옮김

i!i
에이콘

| 지은이 소개 |

케빈 잭슨^{Kevin L. Jackson}

세계적으로 인정받는 클라우드 컴퓨팅 전문가이자 기술 리더, 그리고 거브클라우드 네트워크^{GovCloud Network, LLC}의 CEO 및 창업자로서, J.P. 모건 체이스^{Morgan Chase}의 부사장과 IBM의 글로벌 영업 임원을 역임한 바 있다. 미국 인텔리전스 커뮤니티 클라우드 컴퓨팅 환경에 주요 애플리케이션을 구축했고, 여러 클라우드 컴퓨팅 훈련 코스와 책을 집필, 출간했다. CISSP^{Certified Information System Security Professional}와 CCSP^{Certified Cloud Security Professional} 자격을 갖고 있다.

공동 저자 스콧 고슬링에게 감사한다. 그의 지식과 식견 덕분에 전문적으로나 개인적으로도 큰 발전이 있었다. 사랑하는 아이들 로렌, 랜스, 칼에게 감사한다. 로렌, 랜스 그리고 칼은 인생 여정에서 항상 나를 자랑스럽게 생각한다. 마지막으로, 내 인생 여정의 최고인 AMLAD, 내 아내 리사. 당신은 나의 전부야!

스콧 고슬링^{Scott Goessling}

버스톰^{Burstorm}의 COO/CTO로서, 세계 최초의 자동화된 클라우드 솔루션 설계 플랫폼을 만드는 데 일조했다. 필리핀, 일본, 인도, 멕시코, 프랑스, 미국을 거쳐가며 일해왔다. 다양한 기술 영역의 전문가로 80억 달러 이상을 받고 인수한 네트워크 하드웨어 혁신기업을 포함해 몇몇 성공적인 신생 기업의 일원이 됐다.

많은 실제 경험을 토대로 폭넓은 의견을 제시했다. 그는 영양 치료, 집 개조, 맞춤 자동차 복원, 요리, 사진, 조각, 그리고 가장 중요한 육아에 관심이 있다.

공동저자 케빈 잭슨에게 감사한다. 그의 지식, 경험, 인내심 덕에 개인적으로 많이 성장했다. 아내 로라와 어린 아들 그레이슨의 끝없는 사랑과 이해, 지원이 없었다면 이 책의 출판은 불가능했을 것이다. 무조건적인 사랑에 감사한다.

| 감수자 소개 |

시바구루나단^{Sivagurunathan}

클라우드 컴퓨팅, 가상화, 네트워킹 및 보안 영역에 뛰어난 전문지식을 보유하고 있고, 기술전문회사를 공동 창업해 10년 이상 운영 중이다. 이 회사는 3년 만에 수백만 달러 규모의 벤처기업으로 도약했다. IIMB^{IIM Bangalore}의 졸업생이며, BITS Pilani에서 공학학부 복수 전공을 했다. 현재는 퍼블릭 클라우드와 온프레미스 데이터 센터를 연결하는 하이브리드 클라우드 기술 확보에 주력하고 있다.

트래비스 트루먼^{Travis Truman}

IT 산업 분야에서 20년 이상의 경력을 쌓아왔다. 소프트웨어 엔지니어링, 소프트웨어 제품 아키텍처, SaaS 플랫폼 아키텍처로 일했으며, 필라델피아 지역 스타트업의 엔지니어링 부사장도 역임한 바 있다. 오픈소스 소프트웨어에 정기적으로 기여하고 있으며, 오픈스택^{OpenStack}, 앤서블^{Ansible}, 고퍼클라우드^{GopherCloud}, 테라폼^{Terraform}, 패커^{Packer}, 컨설^{Consul} 등 현대 클라우드 컴퓨팅을 주도하는 여러 프로젝트에 코드를 기증했다. 현재 필라델피아에 본사를 둔 포춘^{Fortune} 50 미디어 및 기술 분야의 한 기업에서 오픈스택, AWS, 애저 중심의 클라우드 아키텍트로 일하고 있다.

| 옮긴이 소개 |

최철원 (cwchoe@hotmail.com)

삼성SDS에 신입으로 입사해 10년, SK주식회사 C&C에서 소프트웨어 아키텍트로서 14년째 기업용 애플리케이션 개발과 관련된 업무를 하고 있다. 과거에는 자바 프레임워크, 물리보안관제솔루션을 직접 개발했으며, 컨테이너 기반 하이브리드 클라우드 플랫폼 구축의 Outer Architecture 영역을 담당하고 있다. 최근에는 제조 분야의 분석 AI 서비스 플랫폼을 구축했고, 오픈소스 기술을 활용해 데이터베이스부터 UI까지 전 영역에 걸쳐 최적화된 클라우드 네이티브 아키텍처 구현을 위해 매진하고 있다.

박종하 (jonghah@gmail.com)

한국 오라클에서 비즈니스 프로세스 혁신을 위한 MPR/ERP/CRM 패키지 구축 컨설턴트 역할을 담당했다. SK C&C에서는 아키텍처/QA 그룹 리더, 통신사업 마케팅/영업 역량 향상을 위한 SKT BSS 차세대 프로젝트, 유선사업 자회사들과의 FMC와 통신사업 시너지 기반을 위한 유무선 통합 프로젝트에서 아키텍트로 기여했다. KT의 통신사업 기반 효율성을 위해 유선사업, 무선사업, IPTV 사업을 통합하는 프로젝트에도 PMO 및 아키텍처 담당으로 참여했다.

최근에는 ㈜메가존에서 PMO 팀을 셋업하면서, 클라우드 네이티브 환경에 필요한 운영 프레임워크 구축 과업을 진행 중이다.

퍼블릭 클라우드 시장과 기술이 성숙한 후 많은 시간이 흘렀음에도 아직 국내의 많은 기업은 도입한 지 얼마 되지 않았거나 이제 고려하기 시작하는 경우가 많습니다. 그런데 클라우드 전환에 대해서는 새로운 시스템을 구축할 때의 기획이나 준비 작업에 쏟는 노력에 비하면 너무 주먹구구식이며 체계적이지 못한 것을 수차례 봐왔습니다.

이는 클라우드와 관련해 변화한 환경을 아직 제대로 이해하지 못했기 때문이라고 생각합니다. 클라우드 전환은 단순히 인프라의 위치 이동만을 의미하는 것이 아니라 문화와 기본 환경의 변화 관리를 동반하며, 이러한 관점의 변화를 제대로 수용하지 못하면 실패할 수밖에 없다고 저자는 여러 차례 언급하고 있습니다.

이 책은 아주 기초적인 내용을 다루고 있으며 현재 발전하고 있는 상황에 비하면 정말 일부라고 생각합니다. 또한 이 책은 이론서가 아니며 실무 참고서입니다. 따라서 기업 또는 조직의 IT 부서장이나 의사결정자이면서 클라우드를 아직 도입하지 않았거나 도입을 고려한다면 개략적으로라도 반드시 읽어보기를 권합니다.

이 책에 언급된 단어나 개념들은 이미 IT 세계에서는 보편화되어 있기 때문에 모든 단어를 자세히 설명하지는 않았습니다. 인터넷에서 추가 정보를 찾아보면 좋겠습니다. 이 책이 식견과 견해를 넓히고 새로운 아이디어를 창출하는 기반이 되기를 바랍니다.

최철원

어떤 새로운 기술을 접하게 되었을 때 그 기술은 나의 경험과 지식의 범주 안에서 평가되는 것 같습니다. 1990년도 초반, 회사의 웹 포털을 처음 접했을 때 웹 기술이 정보 공유의 수단으로 참 편리하다고 생각해서, 그 당시 팀 업무와 관련된 10여 개의 웹 페이지를 제작해서 관리했는데 그것을 보고 주변 분들이 신기해했던 적이 있었습니다. 그러나 그것이 그 기술로 제가 적용해볼 수 있는 영역의 전부였습니다. 몇 년 후 닷컴들이 우후죽순처럼 나왔을 때, 의식주 현실세계 속에서 닷컴기업이 할 수 있는 것이 제한될 것으로 봤고 그것을 이 기업의 성장 한계로 생각했으며, 비슷한 시기에 객체 개념을 접했을 때도 그 영향도를 생각하지 못했습니다.

2005년도 가트너 이머징 기술 소개 자료에 클라우드 컴퓨팅이 등장했던 당시, 클라우드는 국내 일부 기업 IT 부서만의 화두였고 IT 부서의 경험과 생각의 범주 안에서 평가됐습니다. 그 이후로부터 수많은 혁신 성공 사례들이 쏟아져 나오면서 클라우드는 이제 더 이상 IT 부서만의 화두가 아니라 기업 경영의 혁신 주제로 다뤄지고 있습니다.

이 책에서 저자가 계속 강조하는 것은 클라우드를 기술로 접근해서는 안 된다는 것입니다. 비즈니스의 가치와 경쟁력을 높여나가는 관점에서 접근하는 것이 핵심이며 기업의 디지털 혁신 측면에서 클라우드를 전략적 관점, 기술적 관점, 경제성 관점에서 바라보고 준비하여, 점진적 실험을 통해 비즈니스 모델 혁신과 이에 따른 조직 변화 과제와 맞춰가야 한다고 주장합니다. 이를 위해 고려해야 할 사안들을 여러 시각에서 요점 위주로 설명합니다. 요점 위주로 되어 있기 때문에 어떤 개념과 설명들은 추가 학습이 필요할 수 있습니다.

이 책에서는 클라우드 추진에 필요한 지식과 경험을 폭넓게 다루고 있기 때문에 클라우드를 도입하거나 고민하고 있는 분들에게, 비록 졸역이지만 조금이나마 도움이 되기를 바라면서 추천드립니다.

박종하

| 차례 |

 에이콘출판의 기틀을 마련하신 故 정완재 선생님 (1935-2004)

| 들어가며 |

클라우드 도입은 기업이 디지털 전환을 기획할 때 고려해야 하는 핵심 요소다. 기업은 비즈니스 전략을 수립하는 데 있어 최신 기술과 경제성 모델을 반영하고자 한다. 그래서 사업 혁신을 추진해나가는 과정 중에는 고객의 소비 모델과 추진 방향에 맞는 최적의 필요 기술 선택, 적절한 소요 비용을 결정해나가는 과정을 필수적으로 포함하게 된다. 이 책은 전략 관점 요구사항, 경제성 관점 요구사항, 기술 관점 요구사항을 충족하는 최적의 클라우드 서비스와 구축 모델을 성공적으로 활용할 수 있도록 주요 클라우드 솔루션 설계 고려사항과 기술 결정 고려사항을 제시하고 설명한다.

먼저 클라우드 컴퓨팅의 기초와 아키텍처 개념을 설명하고, 이어서 클라우드 서비스 모델(IaaS, PaaS, SaaS), 구축 모델(퍼블릭, 프라이빗, 커뮤니티, 하이브리드), 구현 옵션(엔터프라이즈, MSP, CSP)을 소개한다. 각 절에서는 기업에서 클라우드 마이그레이션 중에 직면하는 주요 고려사항과 이슈를 설명하고 논의한다. 중반부터는 클라우드 환경에서 데브옵스^{DevOps}, 클라우드 네이티브$^{cloud-native}$, 서버리스^{serverless} 아키텍처를 레버리지하는 방법, 클라우드 환경의 스케일링에 관한 업계 모범 사례를 설명하고 데이터 스토리지, 보안 통제, 재해 복구 같은 필수 클라우드 기술 서비스 컴포넌트의 관리 세부사항을 다룬다. 이 책을 통해 어떤 클라우드 서비스 공급자를 선택하든 클라우드 서비스 도입에 필요한 설계 고려사항과 운영상의 상호 절충점을 숙지하게 될 것이다.

풍등은 성공과 복을 바라는 의미를 담고 있다. 책 표지의 등불들은 독자가 속한 조직이 클라우드 컴퓨팅을 통해 더 밝고 번영하는 미래를 만들어가도록 돕고자 하는 우리의 열망을 상징한다.

▌ 이 책의 대상 독자

기업의 필요 요건을 기반으로 클라우드 컴퓨팅 솔루션을 효과적으로 설계하는 방법을 알려준다. 클라우드 컴퓨팅 기본 원리, 클라우드 아키텍처 고려사항, 클라우드 기술 서비스 선정, 클라우드 컴퓨팅 보안 통제 등의 주제를 통해 다루고 있기 때문에 다음의 역할을 수행하는 사람에게 이상적이다.

- 클라우드를 도입해 기업을 선도하고자 하는 IT 관리자, 클라우드 아키텍트, 솔루션 아키텍트
- 목표 지향적으로 클라우드 컴퓨팅 전략을 수립하고 실행하고자 하는 중소기업 대표, 관리자, 컨설턴트
- 데브옵스 또는 데브섹옵스^{DevSecOps} 환경에서 일하는 소프트웨어 개발자

클라우드 컴퓨팅에 대한 사전지식이 필요하지는 않지만, 현재의 정보기술 운용 및 실무에 대한 기본적인 이해는 반드시 필요하다.

▌ 이 책의 구성

프롤로그에서는 이 책을 쓸 때의 기본 가정과 기본 원칙을 설명한다.

1부 클라우드 컴퓨팅 개요

1장 '클라우드 컴퓨팅이란?' 클라우드 컴퓨팅의 기본 정의를 설명한다.

2장 '거버넌스 및 변화 관리' 기업에서 클라우드 컴퓨팅으로 전환할 때 조직 거버넌스와 변화 관리의 필요성과 영향도를 설명한다.

2부 클라우드 아키텍트의 클라우드 컴퓨팅

3장 '설계 고려사항' 설계, 경제성 모델, 리스크, 전략, 적정 기술 요소 선택 등의 고려사항

을 다루면서 클라우드 컴퓨팅 설계 지향성을 설명한다.

4장 '비즈니스 동인, 성과 지표 및 사용 사례' 클라우드 솔루션의 경제성 측면 핵심 고려사항을 설명한다.

5장 '아키텍처 경영진 결정사항' 클라우드를 도입할 때 기업 경영진이 구성원과 팀 동기부여, 조직 변화 가속화, 클라우드 컴퓨팅 전략 추진, 경제성 확보, 리스크 통제 등을 효과적으로 수행할 수 있도록 조직 구성원의 의식 구조, 비즈니스 프로세스, 추진 방식 관점에서 변화 주도 방법을 설명한다.

6장 '이행을 위한 아키텍팅' 클라우드 전환 과정에서 기존 환경 분석과 전환 관점에서의 의미를 짚어보고, 상황과 중요도에 따른 관리 방법을 논의한다.

7장 '기반 클라우드 아키텍처' 클라우드 솔루션 설계 시 기반 클라우드 아키텍처를 설계의 기초와 참고자료로 활용하는 방법을 설명한다.

8장 '솔루션 참조 아키텍처' 조직의 목표를 달성하도록 다양한 구축 모델과 서비스 모델을 융합해서 추진하는 방법을 논의한다.

3부 기술 서비스: 기술에 관한 것이 아니다

9장 '클라우드 환경 핵심 요소 및 가상화' 클라우드 환경으로 신규 시스템을 구축할 때 리스크를 최소화하기 위해 고려해야 할 사안들, 예를 들어 기존 아키텍처 변경 시 필수 요소, 애플리케이션 레이아웃, 솔루션 연관성을 설명한다.

10장 '클라우드 클라이언트 및 주요 클라우드 서비스' 주요 클라우드 서비스와 서비스 이용 방법을 논의한다.

11장 '운영 요구사항' 비즈니스 기회와 대안을 마련하는 데 사용되는 클라우드 운영 도구를 설명한다. 클라우드 컴퓨팅 애플리케이션, 생태계, 애플리케이션과의 상호 운용성 및 이식성을 위한 표준을 논의한다.

12장 '클라우드 서비스 공급자의 서비스 품질' 서비스 공급자를 측정, 평가, 비교하는 방법을 논의한다.

13장 '클라우드 애플리케이션 개발' 클라우드 기반 애플리케이션을 개발할 때 고려해야 할 핵심 개념을 논의한다.

4부 클라우드 보안: 모두 데이터에 관한 얘기다

14장 '데이터 보안' 데이터 관점에서 보안 계획 수립을 설명한다.

15장 '애플리케이션 보안' 클라우드 관련 애플리케이션을 개발할 때 고려해야 할 보안 관련 사례를 논의한다.

16장 '리스크 관리 및 비즈니스 연속성' 클라우드 도입 이미지를 완성해가는 과정에서 고려해야 할 리스크와 관리 방법을 설명한다.

5부 캡스톤: 엔드 투 엔드 설계 실습

17장 '실습 1: 기본 클라우드 설계(단일 서버)' 소규모 클라우드 솔루션 설계 사례를 제공한다.

18장 '실습 2: 고급 클라우드 설계 통찰' 다소 규모가 있는 솔루션 설계 사례를 제공한다.

19장 '실습 3: 현재 상태 최적화(12개월 이후)' 클라우드로의 전환 후에 기술, 운영, 비용 경제성 관점에서 관리하는 사례를 제공한다.

20장 '클라우드 아키텍처 교훈' 실습을 통해 배웠던 주요 솔루션 설계 교훈을 논의한다.

에필로그에서는 클라우드 도입으로 인한 기업 문화 변화의 방향을 센소모르픽$^{senso-morphic}$이라는 단어로 간단히 요약한다. 목표에 맞추어 진행해나갈 때 지속적으로 주변 환경을 관찰해서 필요한 액션을 적시에 하는 것이다.

이 책을 최대한 활용하려면

디지털 트랜스포메이션transformation과 클라우드 전환을 할 때 필요한 가이드를 제공하려는 목적으로 작성했다. 이 가이드를 최대한 잘 활용하려면, 특정 비즈니스 사용 사례를 지원하는 아키텍처를 설계하고 구축하는 것을 목표로 삼고 진행할 것을 추천한다. 그래서 여러 클라우드 아키텍처를 활용하고 통합하는 과정을 통해 비즈니스 소프트웨어 애플리케이션을 구축하고 안정된 환경에서 사용할 수 있게 만들어가는 것이다.

편집 규약

이 책에서는 정보의 유형에 따라서 텍스트의 스타일이 바뀐다. 각 스타일은 다음과 같은 의미를 지닌다.

새로운 용어나 중요한 단어, 메뉴나 대화상자처럼 컴퓨터 화면에 표시되는 단어는 다음과 같이 고딕체로 표기한다.

"근거리 네트워크들이 전 세계적으로 연결된 광역 네트워크로 연결됨에 따라 기업들은 **인터넷 프로토콜**IP, Internet Protocol 기반 환경으로 발 빠르게 움직였다."

 주의를 요하거나 중요한 메시지는 이와 같이 나타낸다.

 팁이나 유용한 요령은 이와 같이 나타낸다.

독자 의견

독자 여러분의 의견은 언제든지 환영한다. 이 책을 어떻게 생각하는지 부담 없이 이야기해준다면 좋겠다. 더 유익한 책을 만드는 데 있어 독자의 의견은 무엇보다 중요하다.

일반적인 의견은 이 책의 제목을 메일 제목으로 해서 feedback@packtpub.com으로 보내면 된다.

특정 분야의 책을 쓰거나 기여하는 데 관심이 있다면 authors.packtpub.com을 참고하기 바란다.

오탈자

내용을 정확하게 전달하려고 최선을 다했지만, 실수가 있을 수 있다. 팩트출판사의 책에서 텍스트나 코드상의 문제를 발견해서 알려준다면, 매우 감사하게 생각할 것이다. 그러한 참여를 통해 다른 독자에게 도움을 주고, 다음 버전에서 책을 더 완성도 있게 만들 수 있다. 오자를 발견한다면 http://www.packtpub.com/submit-errata에서 Errata Submission Form 링크를 통해 구체적인 내용을 알려주기 바란다. 보내준 내용이 확인되면 웹사이트에 그 내용이 올라가거나, 해당 서적의 정오표 섹션에 그 내용이 추가될 것이다.

https://www.packtpub.com/books/content/support를 방문해 검색창에 해당 타이틀을 입력하면 지금까지의 정오표를 확인할 수 있다. 한국어판은 에이콘출판사의 도서정보 페이지 http://www.acornpub.co.kr/book/architecting-cloud-solutions에서 찾아볼 수 있다.

저작권 침해

인터넷에서의 저작권 침해는 모든 매체에서 벌어지고 있는 심각한 문제다. 팩트출판사에서는 저작권과 사용권 문제를 아주 심각하게 인식하고 있다. 어떤 형태로든 팩트출판사 서적의 불법 복제물을 인터넷에서 발견한다면 적절한 조치를 취할 수 있게 해당 주소나 사이트명을 알려주길 부탁한다.

의심되는 불법 복제물의 링크를 copyright@packtpub.com으로 보내주기 바란다.

저자와 더 좋은 책을 위한 팩트출판사의 노력을 배려하는 마음에 깊은 감사의 마음을 전한다.

질문

이 책에 관련된 질문이 있다면 questions@packtpub.com으로 문의하기 바란다. 온 힘을 다해 질문에 답해드리겠다. 한국어판에 관한 질문은 이 책의 옮긴이나 에이콘출판사 편집 팀(editor@acornpub.co.kr)으로 문의할 수 있다.

| 프롤로그 |

구글 검색에서 '클라우드 컴퓨팅'을 검색하면 0.48초 만에 1억 4000만 개의 결과가 나온다. 전 세계적으로 클라우드 컴퓨팅에 관한 대화가 이렇게 활발히 이뤄지고 있는 상황인데, 우리가 클라우드를 알고 있는 수준은 어떠한가? 클라우드를 통해 무엇을 할 수 있는지 명확히 이해하고 있는가? 클라우드가 모든 것을 바꿔가고 있다고 하는데, 그 이유를 설명할 수 있는가?

클라우드 컴퓨팅이 무엇이며 왜 중요한지 업계 10인의 전문가들에게 물어보면, 대부분 다른 답변을 내놓을 것이다. 왜 이렇게 의견이 분분하게 나뉘는 것일까? 기업의 경영진도 클라우드 추진을 원하고 CFO도 지지하며, 기획본부에서 진행 방식을 검토하고, 기술본부에서도 진행하자는 입장인 상황에, 게다가 사용자 또한 클라우드를 활용하기 원한다. 이런 상황이기 때문에 클라우드로 간다는 것이 어렵지 않아 보인다. 종종 클라우드를 표현할 때는 가속화, 비용 통제, 유연성 확대, 민첩성 향상, 복잡성 감소, 신속한 혁신, 이런 주제들이 핵심 용어로 사용되는 데 반해 클라우드가 쉽다는 말은 거의 찾아보기 어렵다. 사실 무엇을 단순화한다는 것은 엄청난 양의 노력과 계획을 필요로 한다. CIO들은 클라우드 기술이 올해의 최우선 조직 역량 확보 과제라고 말하고 있는 상황이다. 현 시대에 뒤처지지 않기 위해 무엇을 해야 할 것인가? 각 산업의 변화 속에서 어떻게 하면 이 흐름을 주도해나갈 수 있을까?

기업들은 모든 영역의 추진 전략을 클라우드 컴퓨팅을 활용하는 방향으로 재정비하고 있으며 이를 통한 혁신을 하나둘씩 만들어가고 있다. 일부 기업은 클라우드 도입을 통해 이전과는 전혀 달라진 IT의 경제성을 경험하고 있으며, 업무 흐름상의 역할 간 경계도 모호해지며 조직 간의 사일로silo도 허물어지는 것을 체험하고 있다. 그래서 각 부서와 구성원의 역할들이 뒤섞이기도 하고 부서 간 경계도 재정의하게 된다. 어떤 산업에 종사하고 있든 어떤 위치에 있든 상관없이 클라우드 컴퓨팅은 일하는 방식, 소통하는 방식, 노는 방식 등 모든 것을 변화시켜나가고 있다.

▌ 기본 원칙

이 책은 클라우드 컴퓨팅과 관련된 수많은 잡음들 속에서 클라우드 컴퓨팅이 무엇인지 정리하는 데 도움을 주고자 쓰였다. 클라우드가 실제로 무엇인지, 기업 전략, 경제성, 기술 관점에서 어떤 영향을 미치는지를 함께 설명하고, 각 산업에서 매일 일어나는 변화의 흐름 속에서 어떻게 하면 능동적이고 적극적으로 대처해나갈 수 있는지를 논의하고자 한다.

클라우드에 관심 있는 모든 분을 독자로 고려했다. 클라우드에 대해 질문하는 사람도 많고 답을 찾거나 제공하려는 사람은 더 많은 것 같다.

 엑셀, 파워포인트, 이메일은 지금까지 모든 직장에서 가장 많이 사용해왔던 대표적인 세 가지 도구였다. 비용과 시간을 많이 들였음에도 불구하고 잘못된 도입 전략으로 인해 클라우드 도입에 실패한 사례들을 듣곤 한다. 이를 통해 배울 수 있는 것은 기존의 사고방식과 수작업 도구 사용 문화를 유지한 상태에서는 클라우드 도입으로 인한 변화를 품어낼 수 없고, 어떠한 디지털 트랜스포메이션도 주도할 수 없다는 사실이다.

이 책은 클라우드 시장은 불가지론적^{agnostic}이라는 전제하에 쓰였다.[1] 디지털 트랜스포메이션과 클라우드 도입을 위한 길은 다양하다. 다른 과정과 마찬가지로, 목적지에 도달하는 방법은 여러 가지가 있는데, 성공적인 성과 창출을 위해 가야 하는 최적의 길을 찾아가야 한다. 시장에 나와 있는 책 중에는 기술 세부 내용, 구성 공식, 기술적 과제를 아주

---

1   서비스 관리 구조와 이에 내재하는 역량이 벤더들 간 대체 가능하다는 관점이다. 예를 들어, 플랫폼 애그노스틱(platform-agnostic)이란 어떠한 운영체제나 프로세서의 조합인지에 대한 지식이 전혀 없더라도 상관없이 기능을 수행할 수 있는 소프트웨어 기술을 의미하는 것처럼, 클라우드 또한 클라우드별 기술에 대한 지식 여부에 상관없이 적용 가능함을 의미한다. 하나 더 예를 들면, 장치 애그노스틱(device-agnostic) 소프트웨어 기술은 데스크톱, 랩톱, 노트북, 태블릿 PC, 스마트폰 등 어떤 장치인지에 대한 아무런 지식이 없더라도 기능을 수행할 수 있는 소프트웨어 기술을 의미한다. – 옮긴이

상세히 다루고 있다. 또 어떤 책은 비즈니스와 전략을 위한 다양한 개념에 대해 논하고 있다. 이 책에서는 클라우드에 관한 전략적 관점, 기술 관점, 경제성 관점에서 요구사항의 균형을 맞추려고 노력했다. 근본적으로 이것들은 서로 분리될 수 없다고 믿는다. 기술적으로 최적의 해결책은 경제성 측면의 목표와는 부합하지 않을 수 있다. 전략적 관점의 요구사항은 기술 관점의 결정사항을 변경시킬 수도 있다. 리스크는 항상 경제성 관점에서 상쇄될 필요가 있다. 클라우드를 도입하고자 하는 기업에서는 이를 참고하고 적용하는 방법이 필요하다고 생각했다.

시장에서는 수만 개 지역에서 수천 개의 서비스 공급업체가 서비스를 제공하고 있다. 이들 중 대다수는 무한한 잠재력을 지닌 결합처럼 보이는 수천 개의 제품을 갖고 있다. 이 말은 옵션을 결합해서 만들어낼 수 있는 수조 개의 가능한 해결책이 있다는 뜻이다. 이 데이터를 어떤 방식으로 분류해야 할 것인가? 현재 이 시장 상황을 전체적으로 이해하고 잘 반영한 의사결정을 하려면 어떤 것을 표본으로 삼아서 분석해야 할 것인가?

빌딩 건축을 예로 들면, 빌딩 건축 공정의 반을 진행했을 때 빌딩을 허물어야 할 만큼 치명적인 결함을 발견했다면 실패 비용은 천문학적일 것이다. 프로젝트를 기획하고, 설계하고, 자금을 조달하는 건축 예비 작업에 들었던 인력 비용도 상당했을 것이다. 이러한 비용 이슈 때문에 현대 대부분의 주요 설계 프로세스가 컴퓨터 기반으로 진행돼왔고, 시장에서 설계 비용이 높게 형성되어 있는 이유 역시 높은 실패 비용과 연관되어 있기 때문이기도 하다. 케이던스^{Cadence2}를 이용한 컴퓨터 칩 설계에서부터 오토데스크를 이용한 건축 설계에 이르기까지 관련 산업은 유사한 방식으로 발전해왔다. 종이와 연필을 사용해 컴퓨터 칩을 개발하려고 하는 것을 상상할 수 있겠는가?

IT 산업에서도 이와 유사한 현상을 볼 수 있다. 오늘날 IT는 하이브리드 플랫폼과 클라우드 컴퓨팅을 대부분 다루고 있다. 실패했을 경우 그 대가는 상당히 비싸다. 앞서 언급한 빌딩 건축 이야기로 돌아가 보면 40층짜리 초고층 빌딩을 짓는 과정에서 기초 영역에 치명적인 결함이 있어 철거해야 하는 상황이 발생할 경우 기간과 비용, 인력 이슈로 상당히

---

2   미국의 EDA(electronic design automation) 소프트웨어 회사 – 옮긴이

고통스러울 것이다.

오늘날의 클라우드 시장은 신규 옵션, 가격 정책, 신규 데이터 위치, 신규 개념, 새로운 솔루션 등 거의 매일 새로운 것이 등장하면서 빠르게 변화하고 있다. 새로운 솔루션과 전략을 파악하고 평가하고 적용할 수 있는 기회는 무궁무진하다. 이렇게 빨리 변화하는 상황에서 고객은 제한된 데이터를 보유할 수밖에 없기 때문에, 선택 옵션과 전략을 비교하고 최적화된 선택을 실시간으로 진행할 방법이 없다. 기업 업무를 위해 사용하는 대부분의 도구는 대체적으로 수동적이고, 서로 간에 연동되어 있지 않고, 비용도 많이 들며, 일하고 멈추고 하는 형태의 방식에 활용하고 있다. 이렇게 잘 연계되어 있지 않은 업무 프로세스 환경, 또 필요한 데이터 확보에도 한계가 있는 상황에서는 급변하는 시장 상황을 고려해 최적화된 의사결정을 내린다는 건 사실상 불가능하다. 자동화도 거의 안 되어 있고 데이터도 한정되어 있으며 프로세스도 단절되는 상황에서 전략적 관점, 기술 관점, 경제성 관점을 고려해 균형을 잡고 빨리 앞으로 나아가기란 불가능하다. 이러한 문제를 해결하려면 기업의 IT 툴박스 안에 자동화, 생태계 연계, 컴퓨터 지원computer-aided 설계 방식이 도입돼야 한다는 뜻이다.

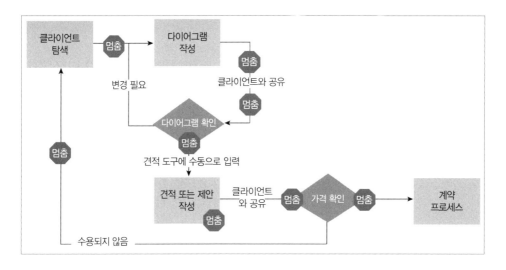

이 책은 IT 솔루션 설계를 하기 위한 현대적인 접근법을 다룬다. 설계 프로세스 안에 경제성 관점, 기술 관점, 전략적 관점의 요구사항과 속성의 균형을 잡아가야 한다. 경영진은 항상 경제성, 수익, 리스크의 균형을 맞출 필요가 있다. 경영진의 사고 패턴을 클라우드에 맞게 현대화하면, 경제성 관점, 전략적 관점을 기술 세부사항과 좀 더 깊이 연관시킬 수가 있다. 솔루션 설계자도 기술 세부사항과 함께 경제성, 전략적 관점의 요구사항과 리스크를 고려해 사고의 패러다임을 현대화해나감으로써 좀 더 높은 비즈니스 가치를 창출할 수 있는 방안을 만들어내야 한다. 기술 관리자, 운영 관리자, 제품 관리자도 기술 역량뿐만 아니라 전략적 관점 및 경제성 관점의 요구사항을 다룰 수 있는 역량을 필요로 한다. 그래서 IT에서 해결해야 할 과제의 방안을 수립하고 솔루션을 구현할 때는 전략적, 경제성, 기술 관점의 요구사항과 고려사항을 균형 있게 만족시켜나갈 수 있어야 한다.

이 책에는 기업이 클라우드 도입을 위해 수립한 여러 가지 목표 사례와, 이 목표를 현대적 컴퓨터 지원 설계 플랫폼을 활용해 각 목표별 솔루션 설계 패턴을 시각화하고, 매핑, 비교 검토해나가는 사례를 다룬다. 하이브리드란 단순히 클라우드 솔루션을 설명할 때만 사용하는 용어가 아니다. 비즈니스, 경제성, 기술 관점, 리스크 전략, 신규 비즈니스 모델, 첨단 기술 솔루션 설계 시 요구되는 스킬 세트의 현대화를 설명할 때도 사용된다.

이 책은 앞에서 뒤로 순서대로 읽도록 되어 있지 않다. 전략을 설계하느냐 기술 솔루션을 설계하느냐에 따라서 순서를 변경해 읽어갈 수 있으며, 관심 있는 장에서 시작해 관련 장으로 이동해나가면 된다. 또한 복합적인 계층^{layer}에서 상호작용 설계에 대한 독자의 이해를 돕기 위해 몇 가지 사례를 제시한다. 옵션을 변경해보면서 시나리오, 통찰, 비교 분석, 결과가 변화되는 것을 보여주고, 선택 옵션 조합을 변경할 때 얻어지는 추가 정보와 관련 통찰을 사례를 들어 설명하고 나아가서 어떻게 리스크, 경제성 관점, 전략적 관점, 기술 관점 요구사항을 동시에 충족하는 최적의 시나리오를 식별할 수 있는지를 보여준다.

클라우드 아키텍팅을 할 때는 여러 계층과 여러 영역에서 진행한다. 이 책에서는 아키텍팅을 하는 데 있어 진행 내용을 사례를 통해 설명한다.

- 실시간 솔루션 설계 데이터 수집과 분석 방법
- 자동화 솔루션 설계 도구 활용 방법
- 비즈니스 기본 원리, 경제성, 리스크 관리 등 스킬 세트 확보 방법
- 신속한 솔루션 모델링, 수집된 데이터로부터 신속한 통찰, 성공을 향한 작고 빠른 실패 과정을 통한 교훈 확보

이 책에서 설명하고자 하는 중요한 관점은 아키텍팅에 초점을 맞추어 클라우드 컴퓨팅을 보고 있다는 것이다. 현 클라우드 시장은 클라우드 아키텍처를 성공적으로 구축해나가기 위해 필요한 수많은 조각들이 계속 움직이고 서로 얽혀 있는 상태다. 솔루션 설계는 아키텍팅 과업의 중요한 영역 중 하나다. 솔루션 설계를 어떻게 해야 하는가에 초점을 맞추기보다는 기업의 전략적, 경제성, 기술 관점 요구사항을 동시에 충족하는 아키텍팅 과업을 이 책 전반에 걸쳐 설명하고, 이를 위해 클라우드 컴퓨팅과 다양한 관련 아키텍처를 제시한다.

01

클라우드 컴퓨팅이란?

클라우드로 전환하면 많은 것이 단순화될 것이라고 생각하지만, 초반에는 상황을 더 복잡하게 만드는 것 같다. 클라우드로 전환하면 비용이 절감된다고 하는데, 실제로는 청구된 비용이 높아 IT 리더와 임원을 놀라게 해왔다. 클라우드는 유연하고 민첩하다고 알려졌지만, 마이그레이션 비용은 과다하고 아키텍처는 최적화된 것과는 상당히 거리가 멀 뿐만 아니라 심지어 공급자에게 종속 상태로 되는 사례도 상당히 많다. 클라우드 환경은 보안상 취약하지 않다는 사실이 지속적으로 증명되고 있음에도 불구하고, 아직도 많은 사람이 클라우드로 전환하면 자체 데이터 센터를 운영하는 것보다는 보안 측면에서 취약해지며 자체 데이터 센터보다는 안전하지 않다고 믿는다. 이런 믿음이 잘못된 것으로 증명됐음에도 불구하고 말이다.

클라우드 컴퓨팅은 여러 가지 측면에서 인간의 본성을 반영한다. 대부분의 사람들은 자신의 생각이 최선이라고 믿는다. 어떤 데이터를 제시하더라도 맹목적으로 자신의 고정관념을 바꾸지 않는 경우가 종종 있다. 어떤 클라우드 공급자도, 어떤 클라우드 서비스도, 또는 어떤 클라우드 아키텍처도 완벽할 수는 없다. 기대하는 것과는 다른 구성과 형태를 갖고 있으며, 사용하려면 관련된 준수 규칙이 있음에도, 마치 클라우드가 진리와 약속의 땅으로 가는 유일한 길인 것처럼 회자되곤 한다.

클라우드가 모든 것의 해답은 아니다. 클라우드는 툴박스 안에 있는 도구 중 하나다. 도구마다 각각의 목적이 있다. 적절히 사용하면 믿을 수 없을 만큼의 상당한 효과를 얻을 수 있으나, 잘못 적용하면 효과도 못 보고 높은 비용을 지불해야 해서 결국 다른 방향을 모색해야 하는 지경까지 이를 수 있다. 그렇다면 무엇이 클라우드이고 무엇이 클라우드가 아닌지를 정리해보자.

클라우드의 공식 정의는 뒤에서 다루겠지만, 클라우드 컴퓨팅은 본질적으로 정보기술 소프트웨어, 인프라, 이와 관련된 여타 서비스를 새로운 방식으로 공급하고 고객은 새로운 방식으로 이용하는 신규 비즈니스 모델이다.[1]

1장에서 다루는 내용은 다음과 같다.

- 클라우드 컴퓨팅의 역사
- 클라우드 컴퓨팅의 정의
- 클라우드 컴퓨팅의 기본 특성
- 클라우드 서비스 모델
- 클라우드 배치 모델
- 유사 기술 모델
- 클라우드 워싱

---

1   서비스 공급자가 IT 인프라 리소스 및 소프트웨어 리소스를 사용자 또는 비즈니스 고객에게 제공해주는 것을 통칭한다. 어떤 종류의 서비스든 사용자의 요구에 맞게 시스템 자체를 제공하는 것으로서. 제공 방식은 무엇을 제공하느냐에 따라 다르다. – 옮긴이

▎클라우드 컴퓨팅의 역사

클라우드 컴퓨팅이 무엇인가를 설명하는 관점에서 보면, 컴퓨팅의 첫 세대는 1970년대로 대형 인프라에 초점을 맞춘 때였다. 그 당시 클라이언트 장비는 녹색 화면 단말기가 유행이었고(지금은 개인용 컴퓨터로 진화했지만), 네트워크는 중앙 집중화된 계층적 설계 방식에서 분산 설계 방식으로 변화하기 시작했다. 시스템이 점차 탈중앙화되고 분산화되면서 애플리케이션 구조는 씬^{thin} 클라이언트(서버에서 처리) 방식에서 씩^{thick} 클라이언트(사용자/클라이언트 쪽에서 처리)를 갖는 형태로 바뀌어갔고 업무 처리도 사용자 영역으로 많이 옮겨졌다. 백엔드에서 대부분의 데이터 처리를 진행했고 녹색 화면으로 대표되는 씬 클라이언트 화면의 인터페이스는 백엔드와 긴밀하게 결합되어 있었다. 분산화가 진행되면서 개발자는 클라이언트 영역에서 업무 처리 프로세스 단계와 관련된 서버 영역의 상태 정보를 추적 관리하는 형태로 구성하면서 점차 더 많은 업무 처리를 하는 방식으로 개발했다. 클라이언트-서버 아키텍처가 나온 배경이기도 하고, 오늘날 기술 주도 비즈니스 환경의 기반을 이루고 있기도 하다.

업무 처리 과정이 사용자 영역으로 점차 가까이 이동하면서, 사용자 접속 용이성이 주요 제약사항으로 대두됐다. 사용자 접속 문제를 해결하는 과제들이 80년대 인터넷 부흥의 시기와 제2세대 컴퓨팅 시대를 이끌었다. 분산된 시스템 간 연결이 용이해짐에 따라 사용하기 쉽고 시각적으로 수려한 컴퓨팅 장비가 빠르게 개발되고 보편화됐다. 근거리 네트워크들이 전 세계적으로 연결된 광역 네트워크로 연결됨에 따라 기업들은 **인터넷 프로토콜**$^{IP, Internet Protocol}$ 기반 환경으로 발 빠르게 움직였다. 그러나 사용자는 애플리케이션 성능 저하, 네트워크 지연 시간 및 애플리케이션 처리 성능 때문에 사용에 불만이 많았다. 이를 극복하려면 개발자들은 더 많은 컴퓨팅 로드를 사용자 영역으로 배치해야 했는데, 밀접하게 결합된 중앙 집중형 애플리케이션으로는 분산형 애플리케이션에서 얻을 수 있는 기능, 유연성, 응답성 등을 얻을 수 없었기 때문이었다. 게다가 80년대 후반은 통신 산업에도 큰 변화가 있었다. 그 당시 미국에서는 독점적 지역 통신사는 독립적인 경쟁회사로 분리하도록 법적으로 의무화됐다. 그 결과 경쟁이 심화됐고 이 같은 경쟁 환경은 서비스의 품질과 신뢰성을 높이고, 더 빠른 혁신, 더 낮은 비용으로 이끌어갔다.

다음 다이어그램은 다양한 클라우드 컴퓨팅 단계를 보여준다.

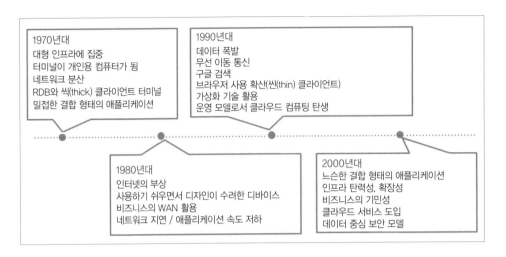

시스템 접속 용이성^{connectivity}의 지속적인 향상, 서비스 품질 및 신뢰성 제고, 획기적인 가격대로 인해 제3세대 컴퓨팅 시대가 시작됐다. 데이터 생성 양이 폭발적으로 늘어났고, 무선 환경이 보편화되기 시작함에 따라 휴대폰 사용자들이 늘어났으며, 이에 따라 모바일용 솔루션도 엄청나게 늘어났다. 구글은 맵리듀스^{MapReduce}, NoSQL, 앱엔진^{AppEngine} (PaaS^{Platform-as-a-Service}) 기술 등을 사용해 인터넷 검색 서비스의 새로운 바람을 일으켰다. 90년대에는 무선 네트워크의 빠른 성장과 모바일 기기의 빠른 도입으로 **브라우저**^{browser} 형태의 씬 클라이언트가 부활했다. 시스템 접속 용이성이 계속 향상되고 브라우저 기반 모바일 애플리케이션 인터페이스가 널리 활용되면서, 서버 영역에 업무 처리 로직을 그대로 두고 처리 결과를 클라이언트 브라우저로 전송하는 방식이 보편화됐다. 서버는 새로운 형태의 가상화를 활용하기 시작하면서(IBM은 1964년에 메인프레임에서 리소스 가동률을 높이는 방법으로 가상화 기술 사용) 서버 영역의 리소스 활용도가 개선됐고 애플리케이션 개발 및 배포 방식도 변화시켰다.

오늘날 애플리케이션은 느슨하게 결합된 아키텍처로 되어 있어서 탄력적이고 확장 가능한 인프라를 이용할 수 있다. 앞서 언급했듯이 가상화는 한동안 다른 형태를 취해왔으나 현대화된 과금 시스템과 경제성 모델을 접목하면서 혁신으로 이어졌다. CPU 코어와 1GB의 RAM을 구입해 단 1분 동안만 소비하고 전원을 내리면 더 이상 비용을 지불하지 않아도 된다는 것은 정말 혁신적인 일이다. 클라우드 컴퓨팅의 진정한 힘은 필요한 것을 필요할 때 살 수 있고, 사용을 완료하면 되돌려줄 수 있다는 것이다. 이 모델은 완전히 새로운 사업 아이디어, 사업 전략, 운영 모델, 경제성 관점의 모델이며 완전히 새로운 사업 범주로 이어졌다.

기술 혁신을 설명할 때는 일반적으로 몇 단계의 굴곡이 있는 여정으로 비유한다. 첫 번째 단계는 초기 도입 시기로, 신기술을 활용해 현재 상황을 개선하고 혁신하려는 시도 속에 여러 문제점과 도전들을 만나면서 이 문제들을 해결해나가는 단계다. 두 번째 단계는 이런 문제점과 도전들을 하나둘씩 해결하고 넘어가면서 기술 혁신 궤적을 따라 기하급수적으로 도입이 늘어가는 시기이며, 마지막 세 번째 단계는 이들 중에서 도입 판도를 바꿀 수 있는 혁신이 주도하게 되면서 도입이 가장 크게 일어나는 시기다. 이러한 혁신 사이클을 고려해볼 때 비즈니스 리더에게 상황 인식은 상당히 중요하다. 현재 우리 회사는 어느 단계에 있고 어떤 언덕을 오르고 있는가? 초기 도입 시기에 있기 때문에 주요 도전들에 직면하고 있는 것인가? 우리 회사는 이 혁신 게임에서 이미 늦은 것은 아닌가? 그래서 다른 기업들의 혁신으로 인해 경쟁에서 밀려 퇴출되는 상황에 이르는 것은 아닌가? 리더는 이러한 리스크를 항상 비즈니스 관점에서 바라봐야 한다.

비즈니스와 비즈니스 모델을 현대화하려고 할 때는 많은 난제를 만나게 된다. 예를 들면 여러 기업에서 비용 절감 목적으로 클라우드 서비스 도입을 추진하는데, 이때 이미 구축되어 있던 전통적 방식의 인프라 중심 보안 모델은 무용지물이 되어버릴 수 있다는 것이다. 그래서 보안 팀에서는 클라우드 서비스 도입에 맞는 데이터 중심 보안 모델 적용을 함께 고려해서 추진해야 한다. 그리고 기업의 기술 팀이 이전까지는 코스트[cost] 조직으로 운영돼왔다고 하면 이제는 비즈니스 관점에서 매출 증대에 도움을 줄 수 있는 정보기술 파트너로 변모해나가야 한다. 또한 이러한 변화에 맞게 팀의 IT 구성원들도 기술력뿐만 아니라 비기술적인 요소도 습득해나가야 한다. 예를 들면 사업 리스크, 경제성, 재무, 전략 등이다. 클라우드 컴퓨팅 도입을 통한 경제성 관점의 혁신은 지속적으로 추진돼왔으며 이제는 전 세계 국가 사회, 기업 전반에 걸쳐 확장되고 있다. 이제 대부분의 비즈니스 모델은 전략적, 운영 관점, 보안, 경제성, 리스크, 구축 측면에서 클라우드 컴퓨팅의 영향을 받고 있다.

ITaaS[IT-as-a-Service]로도 알려진 클라우드 컴퓨팅은 주요 3개 시장 영역에서 상당히 빠르게 도입돼왔는데, 이는 클라우드 컴퓨팅이 각 시장 영역의 가치를 높이는 역량을 갖고 있기 때문이었다.

첫 번째 영역은 소프트웨어 시장으로서, 매출 기준에서 가장 큰 영역이다. 특히 애플리케이션과 소프트웨어 라이선싱 영역에서 소프트웨어 사용료를 절감하고 소프트웨어 애플리케이션 지원 비용도 절감할 수 있게 해줬다. 더욱 중요한 것은 비즈니스 백엔드 시스템 역량도 동시에 개선하면서 이를 달성한다는 점이다.

두 번째 영역은 애플리케이션 개발 시장이다. 통합 개발 환경이라고도 하는 애플리케이션 개발 플랫폼은 다양한 프로그래밍 언어와 프레임워크가 내장된 방식으로 제공됐다. PaaS[Platform-as-a-Service] 모델은 다양한 기술 환경에서 동작하며, 유연성도 높다. 환경 측면에서 유연성이 높기 때문에 사용자가 선택할 수 있는 것들도 다양하고, 공급업체 종속성[lock-in]에 대한 두려움을 줄이면서, 또한 애플리케이션 실행 시에는 실제 사용자 수에 따라 서버 크기도 자동으로 조정[auto-scale]하는 기능도 갖고 있다.

세 번째로 중요한 서비스형 IT[ITaaS] 시장은 인프라였다. 매우 저렴한 비용으로 인프라의 글로벌 확장을 가능하게 한 것이다. 여기서는 최신 융합 네트워크를 사용해 IT 리소스 풀을 가변적으로 제공할 수 있게 했으며, 정보기술의 셀프 서비스화와 온디맨드[on-demand2] 방식이 도입됐다.

이 모델들을 통해 비용 통제, 유연성, 시장 출시 속도, 시스템 신뢰성과 복원력 측면에서 극적인 개선이 일어났다. 다음 다이어그램은 ITaaS의 다양한 컴포넌트를 보여준다.

---

2   요구하는 즉시 제공하는 - 옮긴이

ITaaS		
소프트웨어	**플랫폼**	**인프라**
• 종합적 비용 절감 • 애플리케이션 및 소프트웨어 라이선싱 • 지원 비용 절감 • 백엔드 시스템과 역량	• 다중 언어 및 프레임워크 지원 • 다중 호스트 환경 • 유연성 • 사용자 선택에 따른 환경 구성 및 종속성 감소 • 서버 크기 자동 조정	• 규모 • 융합 네트워크 및 IT 용량 풀(pool) • 셀프 서비스와 온디맨드 용량 • 높은 신뢰성 및 복원력

▌클라우드 컴퓨팅의 정의

"클라우드 컴퓨팅은 사용자가 구성 가능한 컴퓨팅 공유 리소스 풀(예: 네트워크, 서버, 스토리지, 애플리케이션, 서비스)에 언제 어디서나 필요에 따라 편리하게 네트워크를 통해 접근하여 필요한 리소스를 요구하는 즉시 제공하는 기능을 제공하는 모델이다. 이러한 컴퓨팅 리소스는 최소한의 관리 또는 최소한의 서비스 공급자와의 상호작용으로 신속하게 제공, 회수된다."

— 미국 국립표준기술원^{NIST, National Institute of Standards and Technology}

위 내용은 세계적으로 가장 널리 인용되는 클라우드 컴퓨팅을 정의한 NIST 문서의 일부 내용이다. 여러 국가와 업계에서 채택하고 있으며, 기업에서 클라우드 컴퓨팅을 정의하고자 할 때 기본적인 자료로 활용하기에 유용하다. 클라우드를 정의한 이 문장을 자세히 검토해보자.

이 정의에 따르면 클라우드 컴퓨팅은 하나의 모델이다. 특정 기술이라 정의하고 있지 않다. 클라우드 컴퓨터라는 것을 만들어 팔 수 있는 것으로 설명하지 않고, IT 인프라와 관련 서비스를 제공하고 사용하는 방식, 관련 운영 모델, 경제성 측면을 설명하고 있다. 이 내용은 비즈니스 모델과 공공 서비스 모델을 설명하는 데도 활용할 수 있다. 이 모델들을 통해 가능한 것들은 무엇인가? 왜 클라우드인가?

이 모델은 구성 가능한 컴퓨팅 공유 리소스 풀에 언제 어디서나 필요에 따라 편리하게 네트워크를 통해 접근하여 필요한 리소스를 즉시 요구할 수 있게 한다. 언제 어디서나 활용할 수 있는 네트워크에는 글로벌 공용 인터넷뿐만, 글로벌 프라이빗 네트워크도 포함된다. '언제 어디서나 필요에 따라 편리하게 네트워크를 통해 접근하여…'에서 문장의 주어는 클라우드 서비스 공급자의 (잠재) 고객이다. '공유 리소스 풀'은 개별 사용자 또는 개별 기업에서 풀에 있는 모든 공유 리소스의 비용을 지불하지 않는다는 의미를 내포하고 있다. 개별 사용자는 사용 내역에 대해서만 비용을 지불한다. 이 개념이 클라우드 컴퓨팅 경제성 모델의 핵심이다. 만약 리소스를 사용하지 않을 때도 비용을 지불해야 한다면 클라우드 컴퓨팅을 활용해 얻을 수 있는 경제성 모델은 의미가 없어질 것이다. '구성 가능한'이란 개별 사용자의 요구사항을 충족하도록 서비스 기능을 본질적으로 실시간으로 변경할 수 있음을 의미한다.

'… 최소한의 관리나 최소한의 서비스 공급자와의 상호작용으로 신속하게 제공, 회수된다'라는 이 마지막 문구는 높은 수준의 자동화를 암시한다. 클라우드 서비스 공급자는 비교적 적은 인원을 필요로 하는 고도로 자동화된 서비스 지향 플랫폼을 운영한다. 엄격한 IT 표준의 설정과 시행을 통해 자동화가 가능해진다. 자동화가 되어야 셀프 서비스 기능이 가능하기 때문에, 만약 고려 중인 서비스 공급업체가 운영자들이 어느 정도 개입돼야 서비스를 제공할 수 있는 상황이라고 하면, 활용할 수 있는 CSP인지 다시 고려해봐야 한다.

▋ 클라우드 컴퓨팅의 기본 특성

미국 **국립표준기술원**NIST, National Institute of Standards and Technology이 클라우드 컴퓨팅 정의를 발표하면서 클라우드 컴퓨팅의 본질적인 특성도 함께 정의했다. 여기서 정의한 클라우드 컴퓨팅의 특성은 클라우드 시장을 정의하는 기반으로 사용되고 있고 또 과장된 마케팅 광고로부터 클라우드 시장을 보호하는 데 활용할 수 있기 때문에 클라우드 컴퓨팅의 정의보다도 더 중요하게 다뤄지고 있다.

클라우드 컴퓨팅의 첫 번째 특징은 온디맨드(주문형), 즉 전형적인 셀프 서비스 모델이라는 점이다. 온디맨드란 필요할 때 필요한 기간 동안만 구입하고, 끝나면 돌려줄 수 있음을 의미한다. 셀프 서비스는 서비스 공급자의 도움 없이 서비스를 구입, 배포, 종료할 수 있는 소비자의 능력을 말한다. 이를 통해 비용 통제 속도를 높이고 비용 통제력도 소비자에게로 이동시킨다(컴퓨터 및 제어 장치를 소비자가 제어하는 기기의 말단으로 더 가까이 밀어 넣는 탈중앙화 및 지속적인 혁신에 대해 논의했던 이전 단락을 다시 참조해보자. 여기서도 마찬가지다).

온디맨드 특성을 보안 관점에서 보면, 클라우드 기반 서비스의 획득, 프로비저닝^{provisioning}, 사용 및 운영에 대한 거버넌스^{governance} 방안을 수립해야 함을 의미한다. 흥미롭게도, 클라우드 기반 서비스들은 기존의 조직 정책들과 충돌이 발생할 수 있다. 클라우드 컴퓨팅의 특성상 초기 비용이 거의 들지 않는다는 것과, 셀프 서비스 특성과 즉시 구축되는 특성 때문에 구매, 프로비저닝, 결제 승인 절차가 필요 없을 수 있다. 클라우드 인프라와 서비스는 신용카드를 가진 사람은 누구나 프로비저닝할 수 있어서, IT 부서가 아닌 사업 부서에서도 바로 구매해서 사용할 수 있기 때문에 섀도^{shadow} IT라고도 불린다. 이러한 낮은 진입장벽과 즉시 배포되는 온디맨드 모델 특성들이 거버넌스 관점, 보안 관점, 장기$^{long-term}$ 비용 관점, 전략 관점, 사내 정책 관점, 협업 영역 등에서 기존의 관행들과 충돌하기 때문에 기업에서 염두에 둬야 할 가장 중요한 특성 중 하나가 될 수 있다.

두 번째 특성은 클라우드 컴퓨팅이 광범위한 네트워크 접속을 필요로 한다는 것이다. "네트워크가 클라우드다."라는 말을 들어본 적이 있는가? '서비스로서$^{as-a-service}$'라고 하는 것은 모두 네트워크 연결이 필요하다. 네트워크 연결을 통해서만이 클라우드 환경에 접속해 관리, 운영 및 활용할 수 있으며, 이기종 클라이언트 플랫폼들로부터 인터넷을 통해 클라우드 환경에 접속할 수 있게 하려면 표준 프로토콜을 사용해야 한다. 클라우드는 항상 가동 상태에 있고 언제든지 사용할 수 있는 상태에 있기 때문에 사용자는 사용 가능한 모든 리소스와 IT 자산을 즉시 액세스할 수 있다. 원하는 것을 필요할 때 어떤 장소에서

든지 편리하게 이용할 수 있는 상태에 있다고 할 경우, 이때 사용자에게 필요한 것은 인터넷 접속과 사용 권한이다. 모바일 기기와 스마트 기기 혁명을 통해 많은 조직 내에는 클라우드와 관련된 흥미로운 대화 주제들이 많이 늘어났다. 대부분의 사용자들은 이들 기기를 활용해 필요로 하는 관련 리소스에 접근할 수 있는 환경에 있지만, 일부 기업에서는 호환성 문제, 비효율적인 보안 통제, 플랫폼과 소프트웨어 시스템의 비표준화 문제 등이 클라우드 도입의 장애 요소로 작용해왔다.

클라우드 컴퓨팅의 세 번째 특성은 리소스 풀링resource pooling으로, 클라우드의 특성 중 핵심이라 할 수 있다. 컴퓨팅 리소스들을 팜farm 또는 풀pool 형태로 결합해서 여러 사용자가 동시에 사용하게 할 수 있다고 하면, 동적 리소스 할당 및 재할당, 비용 예측, IT 리소스 통제, 인프라 활용률 제고 등이 가능해진다. IT 리소스 활용률과 소비 패턴은 비용에 직접적인 영향을 미친다. 리소스 풀링을 통해 소비자의 수요에 따라 각기 다른 물리 리소스와 가상 리소스를 할당하고 재할당할 수 있다. 앞서 언급했듯이 작업이 완료되면 리소스를 반환할 수 있어서 과금이 되지 않게 할 수 있기 때문에 진정한 클라우드 혁신은 경제성을 높이는 데 있다. 전통적으로 구축된 시스템의 경우 일반적으로 리소스 활용률이 10~20%로 낮은 경우가 많다. 여러 클라이언트 또는 고객 그룹들이 사용하는 클라우드 리소스 풀의 경우 최대 80~90% 수준의 활용률을 보이기도 한다(대부분의 경우 100%가 될 수 없다). 리소스는 동적 요구사항, 워크로드 또는 리소스 요구사항에 따라 자동으로 확장, 조정될 수 있다. 클라우드 서비스 공급자 또는 **클라우드 솔루션 공급자**CSP, cloud solution provider는 일반적으로 수백 개에서 수천 개에 이르는 서버, 네트워크 장치 및 애플리케이션으로 구성된 가용 리소스를 보유하고 있다. 그래서 고객이 요청하는 다양한 규모와 복잡성을 가진 요구사항을 신속하고 경제적인 방식으로 우선순위를 두고 수용해서 공급한다.

클라우드 컴퓨팅의 네 번째 본질적인 특성은 탄력성이며, 이것은 필요한 사항을 동적으로 즉시 신속하게 충족시킬 수 있는 역량을 말한다. 클라우드에서 제공하는 제품 및 서비스는 탄력성을 갖도록 개발, 획득, 가격 책정, 프로비저닝하도록 되어 있기 때문에, 사용자 수요가 지속적으로 변화하더라도 신속하게 대응할 수 있다. 소비자 관점에서 보면 클라우드 서비스는 마치 무제한인 것처럼 보이며, 언제든지 어떤 크기로도 쉽게 구성해 사용할 수 있다. 클라우드 서비스는 사용량만큼 지불하는 모델$^{\text{pay-per-use model}}$ 기반으로 과금하기 때문에 사용자는 자기가 사용한 것에 대한 비용만 부담하게 된다. 앞서 언급했듯이 클라우드 혁신과 도입은 경제성 관점에서 주로 추진되는데, 경제성은 사용 전략과 밀접한 관계가 있다. 예를 들면 주기성을 가진 시스템 부하^{load}, 간헐적 사용, 계절성, 이벤트 형태의 비즈니스 애플리케이션을 기존 방식으로 구축해서 운영한다고 할 경우 100%의 물리적 서버 구축 비용(CAPEX $^{\text{Capital Expenditure}}$) 대비 실제 평소 리소스 활용률(OPEX $^{\text{Operational Expenditure}}$)은 상당히 낮을 수 있다. 이때 클라우드를 활용할 경우 CAPEX를 없앨 수 있는 것이다. 올림픽 경기 입장권 수천 장을 파는 시스템을 예로 들어보면, 티켓 발매일까지는 컴퓨팅 리소스가 거의 필요하지 않지만 티켓이 판매되는 30~40분 동안 10만 명의 사용자를 수용해야 할 수도 있다. 빠른 탄력성을 가진 클라우드 컴퓨팅이 도움이 될 수 있는 대목이다. 특정 IT 시스템이 프로젝트 추진 기간 동안에만 필요한 경우, 기존 방식으로 추진하면 IT 시스템 구매를 위해 상당한 자본 투자^{CAPEX}가 필요한 반면, 클라우드를 활용하면 이 자본 투자가 더 이상 필요하지 않게 된다.

마지막 다섯 번째 핵심 특성은 클라우드가 지속적으로 측정되는 서비스라는 점이다. 클라우드 컴퓨팅은 기본적으로 리소스 소비와 리소스 활용률을 측정하고 통제하는 기능을 제공한다. 이것은 사실 기존 방식으로 구축된 IT 시스템을 운영하는 조직에서도 늘 확보하고자 하는 기능이었다. IT 리소스의 사용량을 측정해서 청구하는 방식은 큰 혁신 중 하나다. 클라우드 리소스 사용량을 정확하게 측정하고 과금할 수 있게 되면서 클라우드 서비스를 사용, 중단, 반납하는 일이 가능해졌다. 또한 이를 통해 공급자와 고객 사이에 매우 필요한 투명성을 제공하는 자동화된 레포트, 모니터링 및 경보^{alerting} 서비스도 가능해졌다. 전기 계량기^{metering}, 휴대폰 데이터 사용량을 조회해보듯이, 소비자들은 즉시 클라우드 사용량 데이터에 접근할 수 있고 필요할 경우 사용 중인 서비스에 대해 즉각적인 변경 조치를 취할 수 있다. 또한 사용자는 항목별 청구 내역 확인과 각 사용량의 추이 변화를 통해 사용 패턴에 관한 통찰력을 얻을 수 있고 필요한 변경 작업도 진행할 수 있다. 여러 기업에서는 데이터의 추이 분석과 자동화된 리포팅 기능을 활용해 부서별 사용 내역별로 비용을 각 부서에 분배하기도 한다. 또한 부서별, 기능별, 리더별 사용 내역과 비용이 어떤 목적으로 어디에 얼마나 사용됐는지 설명할 수 있게 해주기 때문에, IT 팀, 제품 개발 팀, 재무 팀이 수익을 내는 조직 형태로 상호 협력해 추진하는 방향으로 나아갈 수 있다. 이것은 기존 IT 환경에서 실현되기에는 상당히 어려운 부분이다.

다음 도표는 클라우드 컴퓨팅의 다섯 가지 기본 특성을 그래픽으로 나타낸 것이다.

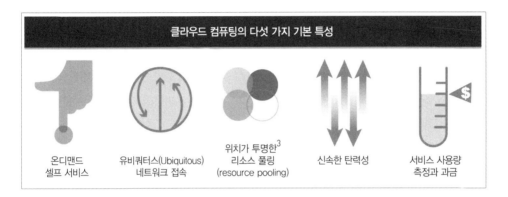

과거 몇 년 동안 클라우드의 특성을 이해하지 못한 상태에서 클라우드가 전파돼왔다. 그래서 클라우드는 새로운 영역이 아니라, 이제 관심을 많이 받게 되는 영역이다. 인터넷 접속 서비스를 예로 들어보자.

- **특성 1**: 앞에서 언급한 첫 번째 특성을 바탕으로 본다면 누군가가 인터넷에 접속하려고 할 때 접속할 수 있는 곳을 찾기 위해 거리를 돌아다니는 사람이 몇이나 될까? 없을 것이다. 이제는 필요시 언제나 사용할 수 있는 서비스가 됐고, 그래서 서비스 사용 비용을 지불하는 것이다.
- **특성 2**: 인터넷에 접속하려면 네트워크가 필요한가? 물론이다.

---

3 위치 투명성(location transparency)이란 실제 물리적 위치가 아닌 이름을 사용해 네트워크 리소스를 식별하는 것이다. 예를 들어, 파일은 고유한 파일 이름으로 액세스되지만 실제 데이터는 로컬 컴퓨터 또는 네트워크의 디스크에 흩어져 있는 물리 섹터에 저장된다. – 옮긴이

- **특성 3**: 우리의 생활 공간에 전용 스위치, 라우터, SONET 링^{ring4} 등이 있는가? 없을 것이다. 이 리소스들은 서비스 공급자가 그 지역의 클라이언트들에게 서비스할 목적으로 풀 형태로 관리하는 것들이다.

- **특성 4**: 필요시 이 서비스를 더 많이 사용할 수 있는가? 물론이다. 지불해야 될 비용을 예측하고 그 비용 내에서 최대 가능한 성능을 고려한 후 관련 서비스 요금제 중에서 최선의 선택을 한 후 사용하면 된다. 만약 더 나은 수준의 서비스가 필요하다면, 서비스 요금제를 변경하면 된다.

- **특징 5**: 사용하는 만큼 지불하고 있는가? 인터넷 서비스 사용량이 측정 관리되고 있는가? 그렇다. 만약 청구서를 받고 납부를 하지 않으면, 서비스가 조만간 중단될 것이다. 매달 청구서를 받으면 서비스 포털^{portal} 시스템에 로그인해서 사용량, 세부 항목별 비용, 세부 정보, 가동 시간, 다운타임 등을 확인하기도 한다.

▎클라우드 컴퓨팅 운영 모델

클라우드로 가는 길에는 여러 경로가 있다. 각 경로는 서비스 요청 방식, 제공 방식, 소비 방식에 따라 그룹화된다. 클라우드는 기술이 아니다. 클라우드 계층이란 존재하지 않는다. 클라우드로 가는 경로는 요구사항과 필요사항을 충족시키는 방안으로서, 도입하고자 하는 기업의 현재 상황, 미래 목표, 현 가용 스킬과 가용 리소스, 조직의 리스크 허용 수준 등을 바탕으로 해서 결정해야 한다. 클라우드 제품과 서비스들을 활용해서 재사용 가능한 아키텍처 패턴(구성 블록)들을 정리해낼 수 있고 이 패턴들을 활용해 애플리케이션과 인프라를 설계, 구축 및 관리를 효율적으로 해나가는 데 사용할 수 있다.

클라우드 서비스 모델은 IaaS$^{Internet-as-a-Service}$, PaaS$^{Platform-as-a-Service}$, SaaS$^{Software-as-a-Service}$라는 세 가지로 크게 나누어볼 수 있다. 이 세 가지 모델 모두 온디맨드 방식으로 사용하고, 리소스 풀을 동적으로 변경하기 위해서는 네트워크 연결이 필요하며, 각 리소스

---

4   동기식 광통신망(Synchronous Optical NETwork)의 약어로서, 미국(ANSI)에서 높은 데이터율을 제공하고자 광섬유를 사용하는 네트워크 표준을 만들었다. 유럽 표준으로서 SDH(Synchronous Digital Hierarchy), 즉 동기식 디지털 계층구조가 있다. – 옮긴이

의 사용량은 매우 상세하게 측정된다. 그럼에도 불구하고 각 소비 모델은 각 기술 솔루션에 접근하는 방식, 경제성 측면, 복잡도 관련 리스크 측면, 추진 속도 측면에 따라 달라진다. 구축 모델도 퍼블릭/공유 형태, 프라이빗/전용 형태, 커뮤니티 형태, 하이브리드 형태 등 다양하게 구분할 수 있으며 조직의 리스크 허용 수준 측면, 경제성 모델 측면, 관리 방식 측면에서 각 배치 모델의 차이점을 설명할 수 있다.

클라우드 전환 고민을 하게 된 배경에는 여러 가지 사건이 있었다고 한다. 예를 들면 잡지 기사, 블로그 게시물, 보안 침해, 인프라 다운타임, 대응력 불만, 원하는 서비스 수준으로 관리 어려움, 직원/리더십 변화 등과 같은 것들이다. 이런 사건들을 계기로 여러 기대와 의문이 담긴 질문을 하게 되는데, 이 질문들은 대체적으로 기대^{Expectations}, 경제^{Economics}, 실행^{Execution}의 세 가지 형태인 것 같다. 예를 들어, 더 적은 예산과 더 적은 시간으로 더 많은 작업을 수행하는 방법은 없는가? 예산과 직원의 제약으로 인해 예기치 않게 프로젝트가 실패했을 때 나올 수 있는 질문들이다.

이러한 질문의 해결책을 마련할 때는 전략 세부사항, 경제성, 기술적 요구사항과 제약사항을 균형 있게 고려하면서 찾아나가야 한다. 기술적으로 완벽한 해결책은 비용이 너무 과할 수 있고, 저비용 솔루션은 추진 전략 방향에 맞지 않을 수 있다. 대부분의 경우, 리스크의 크기를 줄이고자 하거나 리스크 요소를 상쇄시키려는 할 때는 비용 관점을 함께 고려해봐야 한다. 예를 들면, 매우 저렴한 자체 관리^{self-managed} 퍼블릭 클라우드 서버는 트랜잭션용 데이터베이스 서버가 갖춰야 할 데이터 격리 수준과 보안 수준을 충족하지 못할 수 있다.

다음은 현재 가용한 세 가지 주요 모델을 논의한다. 어떤 상황에 어떤 클라우드 모델을 고려해야 하는가? 각 모델의 특성은 무엇인가? 어떤 장점들이 있는가? 다음 다이어그램은 세 가지 주요 서비스 모델의 개요를 보여준다.

▌ 클라우드 서비스 모델

여기서는 각 클라우드 서비스 모델을 설명한다.

IaaS: 배경

업계 전반에 걸쳐 하드웨어는 오랫동안 무시돼온 영역이다. 서버는 뭔가 관심을 끌 만한 영역도 아니었고 성과를 나타낼 수 있는 영역도 아니었다. 서버 영역은 더 중요한 애플리케이션들의 실행을 지원할 뿐이었다. 애플리케이션 영역이 비즈니스 과제를 해결하는 데 있어 모든 공로를 다 가져가는 상황이었기 때문이다. 애플리케이션 영역이 사용자와 직접 소통하는 곳이었고, 서버 인프라는 어두운 벽장에 갇혀서 잊히고 방치되다가 문제가 발생할 때에야 그 존재감이 인지됐다.

이렇듯 서버에 대한 관심 수준이 낮기 때문에 패치 적용, 업그레이드 등을 하기 위한 유지 보수 예산도 낮게 책정됐다. 그래서 현재 운영 중인 수많은 서버들은 서비스 수명이 이미 훨씬 넘은 경우도 많아서 장애 발생 리스크에 노출되어 있는 상태인 경우도 많다. 이러한 상황이기 때문에 클라우드로 전환하는 여정에서 향후 수년 동안은 내부 데이터 센터에 노후화되어 방치된 하드웨어를 교체하고 노후 애플리케이션을 교체하기 위해 상당한 비용을 사용하게 될 것이다. 예를 들면 애플리케이션 교체의 경우 애플리케이션 재개발, 신규 애플리케이션 개발, 기존 애플리케이션 마이그레이션, 기존 애플리케이션 교체에 필요한 클라우드 지원^{cloud-ready} 기능 개발에 들어가는 비용들이다.

IaaS는 초기 자본 투자 방식에서 월별 운영 비용 지출 방식으로 인프라를 전환하거나 업그레이드할 수 있는 기회로서 다가왔다. 이러한 전환을 통해 기업들은 추진 전략의 변경, 시장 진출 방식 변경, 소프트웨어 개발 방식과 IT 워크로드를 처리하는 방법들도 IaaS 방식에 최적화하도록 변경했다. 한 서버가 수백 시간 동안 할 수 있는 것을 수백 대의 작은 서버가 한 시간에 할 수 있는 것과 비유해서 설명해볼 수 있다.

IaaS: 고려해야 할 사항

IaaS는 온디맨드 방식으로 인프라 리소스(코어, RAM, 스토리지, 네트워크)의 증분 단위로 제공이 되며, 과금 계산도 과금 기준 시간 단위로 진행된다. 대형 서버를 구매하기 위해 자본 지출^{CAPEX}을 하는 대신에(일부 제조업체에서 사용할 수 있는 최소 사양의 서버라 하더라도), 적절한 크기의 가상 서버를 서비스 형태로 획득해서 활용할 수 있으며, 인프라 크기를 비용과 필요 용량에 맞추어 즉시 조정할 수 있다. 이러한 유연성을 통해 비즈니스 전략과 경제적 제약에 맞추어 인프라가 신속하게 대응할 수 있게 한다.

IaaS는 기존 구축에 포함된 인프라 컴포넌트들도 포함할 수 있다. 예를 들면, 방화벽은 가상 방화벽 또는 물리 방화벽이 될 수 있다. 서버와 스토리지는 다양한 스타일과 플랫폼에 걸쳐 배치될 수 있다. 각 서비스 공급업체는 기술과 서비스의 다양한 조합을 갖고 있다. 사용자 관점에서 IaaS의 궁극적인 목표는 인프라 관리와 인프라 상세 지식 없이도, 요구사항에 맞는 적절한 서비스를 즉시 획득해서 사용할 수 있게 하는 것이다.

IaaS는 최초의 가용 클라우드 모델 중 하나였으며 모든 산업 영역에서 도입이 상당히 진행돼왔다. IaaS 사용 시 사용자는 인프라를 직접 관리하거나 통제하지 않고, 인프라에서 실행되는 소프트웨어와 기능(즉, 운영체제, 애플리케이션)들만 관리한다. 기반 하드웨어, 가상화 계층, 방화벽, SAN, 스위치, 라우터, **네트워크 인터페이스 카드**^{NIC, network interface cards}, 관련 **서비스 수준 계약**^{SLA, service level agreement}, 관리 방식, 모니터링 수준 등에 따라 다양한 선택 옵션을 제공한다. IaaS를 도입해 사용하고자 할 때 경제적으로 진입 장벽이 낮다는 것과 도입 리스크가 통제할 수 있는 수준이라는 것은 신규 클라우드 사용자뿐만 아니라 오랜 클라우드 전문가들, 클라우드의 도입을 통해 현대화를 시도하는 사람들에게 매우 중요한 장점 요소로 작용한다.

온디맨드 방식으로 인프라 리소스를 요청하고 처리하는 절차는 일반적으로 온라인 셀프 서비스 고객 포털을 통해 관리된다. 포털은 IaaS 환경에 대한 완벽한 가시성과 제어 기능을 제공한다. 셀프 서비스 포털을 통해 즉각적으로 기다림 없이 필요 리소스를 추가, 이동, 변경이 가능하도록 자동화하고 필요 관리, 보고 기능을 제공한다. IaaS는 다양한 운영 지출^{OPEX} 및 자본 지출^{CAPEX} 요구사항에 맞는 다양한 소비 모델을 가질 수 있다. IaaS를 활용할 때는 서버와 스토리지 리소스들의 향후 필요 용량 예측 기반에 따른 자본 투자 없이, 리소스 활용률에 따른 점진적 인프라 획득 방식으로 진행한다.

IaaS 사용량 측정 기능은 실제 활용률을 기반으로 매우 상세한 과금 세부사항을 제공한다. 기업에서는 이를 바탕으로 특정 부서나 기능의 사용 추세를 분석하기도 하고 부서별로 기능별 비용을 분배하기도 한다. 상세 수준의 측정 데이터와 보고 기능을 통해 실시간으로 인프라 리소스를 자동 스케일업$^{scale\ up}$하거나 스케일다운$^{scale\ down}$되게 하는 경우도 있다. 이러한 인프라 리소스의 유연성은 인프라 수요가 급격히 변화되는 환경이나 인프라 부하가 주기성이 있는 경우에 특히 유용하다.

현재 IaaS 제공업체는 아마존 웹 서비스$^{Amazon\ Web\ Services}$, 마이크로소프트 애저$^{Microsoft\ Azure}$, 구글^{Google} 등이다. 다양한 스타일의 컴퓨팅, 스토리지, 네트워크뿐만 아니라 많은 지원 솔루션 서비스를 제공한다. 이들은 SLA, 운영 비용^{OPEX} 및 자본 투자 비용^{CAPEX} 요구사항, 리스크, 구축 옵션에 따라 다양한 경제성 모델을 제공한다.

SaaS: 배경

기업에서 클라우드 서비스를 사용할 때 좀 더 효과적으로 비용을 통제하는 방법, 전략 현대화 방안, 온디맨드 솔루션 소비 방법을 찾으면서 소프트웨어 라이선싱이 매우 복잡한 문제가 됐다. 그러한 사례로 오라클을 들 수 있다. 오라클은 클라우드 라이선싱 게임에

다소 늦게 들어왔다. 신규 서버 구성은 기존에 비해 소켓의 수, 코어 수, RAM의 크기 측면에서 훨씬 커졌다. 오라클 고객들은 서버의 활용률이나 소프트웨어 구성에 변화가 없음에도 불구하고 신규 서버로 변경한 것 때문에 요금이 100만 달러 이상 인상되기도 했다. 이 라이선스 정책은 기업들에게 막대한 비용 증가를 유발했고 기업들이 ROI를 따져보게 만드는 계기가 됐으며, 미래 기술 투자를 고려하는 데 있어서 전략적 측면, 경제성 측면, 기술 결정 측면에 영향을 미쳤다.

대부분의 조직에는 소프트웨어 애플리케이션을 만들 수 있는 기술이나 리소스가 부족하다. 프리웨어 및 오픈소스 소프트웨어가 일부 조직에 도움을 주었지만, 필요한 기술들은 여전히 부족했고 그러한 기술들의 도입을 위해 상당한 조율이 필요했다. 이때 소프트웨어 공급업체들은 온라인 클라우드 기반 솔루션을 저렴한 비용으로 보편적으로 제공할 방법을 찾고 있었다. 이렇게 해서 고안된 신규 라이선스 모델은 사용자의 수, 액세스 수준, SLA에 초점을 맞추고 있다. 대부분의 기존 라이선스 모델이 해당 소프트웨어가 실행되는 인프라의 크기 기반이었다고 하면 이 신규 라이선스 모델은 그것과는 완전히 다른 방식이다.

SaaS의 경우, 가입자는 클라우드 인프라 위에 구축된 SaaS 공급업체의 중앙 집중식 애플리케이션을 사용한다. SaaS는 승인된 클라이언트 장치, 브라우저 또는 사용자 지정 인터페이스로부터 접속할 수 있다. 사용자/가입자는 사용자별 애플리케이션 구성 영역에만 접속할 수 있고, 기본 인프라, 애플리케이션 코드, 개별 애플리케이션 속성에는 접속할 수 없다.

일부 SaaS 애플리케이션, 예를 들어 사무용 제품군, 협업 소프트웨어, 소통 소프트웨어 같은 서비스들은 안정화돼서 광범위하게 도입되고 있으며, 라이선스 비용을 낮추기 위한 상당한 경쟁 및 혁신이 있었다. SaaS 공급업체는 고객 라이선스 기반으로 셀프 서비스 인터페이스를 통해 온디맨드 방식으로 완벽한 소프트웨어 애플리케이션을 제공한다.

SaaS: 고려해야 할 사항

기업 시스템, 인프라, 리소스의 한계로 인해 과거에는 불가능했던 애플리케이션을 이제는 SaaS 방식으로 사용할 수 있기 때문에 잠재적으로 무한한 가능성을 갖고 있다고 할 수 있다. 적절한 미들웨어 및 관련 컴포넌트가 함께 구축되면 SaaS는 막대한 인센티브와 혜택을 제공할 수 있다. 또한 확장성, 유연성, 온디맨드 셀프 서비스 기능을 통해 신속하게 효과를 볼 수 있다. 인터넷 접속을 통해 언제 어디서나 데이터와 애플리케이션을 액세스할 수 있으므로 고객 유치를 가속화할 수 있다. SaaS 도입 효과는 다음과 같다.

- 비용 통제, 비용 절감
- 소프트웨어 라이선스, 사용자 지원 서비스가 기본제공$^{built-in}$ 컴포넌트로 제공(규모의 경제 효과)
- 대량 라이선스 구입 필요성과 관련 자본 지출^{CAPEX} 요소를 없애고 수요 기반 종량제 라이선싱 모델로 대체
- 사용자 내부 지원 요구사항이 크게 감소함(소프트웨어 클라우드 서비스 공급자가 전체 서비스 관점에서 더 많은 지원을 처리하는 방식으로 지원 관리)
- 관리운영^{administration} 업무가 최소한으로 줄어들고 쉬워짐
- 자동 업데이트 및 패치 관리
- 보안 개선
- 표준화 및 호환성
- 글로벌 접근성

SaaS의 주요 제공업체로는 구글, 마이크로소프트, 오라클, 세일즈포스^{Salesforce}, SAP 등이 있다.

PaaS: 배경

PaaS는 IaaS와 SaaS 둘 다를 접목해서 다른 유형의 문제를 해결하기 위해 만든 서비스

방식이다. 앞에서 설명했듯이 사람들은 비용을 통제하고, 거액의 현금 지출을 없애고, 전략을 현대화하고, 실행을 가속화하며, 필요할 때 필요한 것만 지불하는 방식으로 전환하려고 노력하고 있다. IaaS가 도움이 됐지만 여전히 애플리케이션을 지원하려면 많은 인력, 기술, 비용이 필요했다. 필자의 회사에서 직접 진행한 연구에 따르면, 연간 서버 비용의 8~32배의 비용이 소프트웨어를 관리, 유지 보수, 모니터링 및 지원하기 위해 필요했다. 서버의 3년 사용 계약으로 6,000달러를 지불한 반면, 이 서버에서 실행되는 소프트웨어를 지원하는 데는 매년 16,000~64,000달러의 비용이 들었다. 비용은 특정 소프트웨어와 조직의 효율성에 따라 달랐다. 이러한 운영상의 변화는 비즈니스의 혁신과 발전을 위해 새로운 인프라와 소프트웨어 모델이 요구된다는 것을 의미했다.

다음으로 직면한 문제는 모든 소프트웨어 패키지가 서비스형^{as-a-service} 모델로 제공되지는 않는다는 것이었다. 일부 소프트웨어는 현대 클라우드 모델에 맞출 수 없었다. 대부분의 기업이 사용하는 소프트웨어의 약 15~20%만이 기성품이고, 나머지는 각 사업체 내의 특정한 목적과 기능 수행을 위해 맞춤형으로 개발, 자체 개발, 구축된 것들이다. 거의 대부분의 기업에서는 여전히 자사의 애플리케이션, 미들웨어, 서비스, 커넥터, 워크플로우 등을 개발해야 했다. 이런 프로젝트는 각각 다른 프레임워크와 라이브러리를 가진 다른 프로그래밍 언어를 필요로 했다. 이러한 상황에서 어떻게 과업 추진을 가속화할 수 있을까? 비용 통제를 어떻게 할 수 있을까?

흥미롭게도 이 애플리케이션들의 사용 언어, 라이브러리, 프레임워크를 조합한 내용의 패턴을 보면 거의 같거나 매우 유사하다. IT 부서에서는 프로그래밍 언어, 서비스, 라이브러리, 도구들을 활용해 애플리케이션을 신속하게 개발하고 배포할 수 있는 능력이 필요했다. 최종 사용자는 기본 클라우드 인프라 관리와 통제를 원하지 않았고, 단지 배포 애플리케이션의 구성 설정을 관리할 필요는 있었다. 이를 위해 클라우드 서비스 공급자는 필요 컴포넌트와 서브시스템들을 통합하고 솔루션화해서 서비스로 제공하거나 임대하는 방식으로 제공하기 시작했다. 기업들은 이 같은 PaaS 서비스를 활용해 더 낮은 비용으로 더 빨리 애플리케이션을 개발할 수 있었다. 개발자들은 애플리케이션을 개발하기 위해 필요한 환경을 즉시 사용, 관리, 모니터링할 수 있게 되고 최신 컴포넌트를 사용할 수 있음으로써 생산성을 높일 수 있게 됐다. 이 같은 방식이 확산되면서 원자재 컴포넌트들을 조립해 완성품을 만드는 제조업 방식처럼 각 소프트웨어 컴포넌트들을 환경에 통합해 빠르고 비용 효율적으로 애플리케이션을 조립, 구축할 수 있는 다양한 방법이 지속적으로 나오고 있다.

PaaS: 고려해야 할 사항

클라우드 PaaS는 소프트웨어 개발과 이를 통해 고객과 사용자에게 제공하는 방법 측면에서 큰 혁신을 만들어냈다. 시장 진입 장벽은 기업들의 비용 절감 노력, 시장 출시 시간 단축, 조직 내 혁신 문화 촉진을 통해 크게 낮아지고 있다.

PaaS 공급자 선택 측면에서 보면, 지원 언어와 프레임워크가 핵심이다. 여러 다양한 언어와 프레임워크들을 지원할 수 있는 공급자가 고객의 잠재적 생산성 위험을 피하도록 도울 수 있다. 개발자는 선호하는 언어로 코드를 작성하되 설계 요건을 충족할 수 있어야 한다. 최근에는 오픈소스 개발 스택 옵션과 오픈스택^{OpenStack} 인프라, 다양한 컨테이너화 엔진, 서버리스(FaaS) 옵션 등 새로운 인프라 구축 스타일에 발전이 있었다. 애플리케이션이 증가하면서 운영 시스템의 위치를 바꿀 수도 있는데, 이때 공급업체의 강제종속$^{lock-in}$ 및 상호 운용성 문제가 있을 수 있다. 다양한 언어 및 배포 옵션을 지원하는 PaaS 공급자를 활용하면 이 문제를 줄일 수 있다.

애플리케이션은 절대 정적이지 않다. 변경, 추가, 삭제 작업이 끊임없이 발생하면서 크기와 복잡도가 증가하게 된다. 애플리케이션을 각기 다른 호스팅 환경으로 배포하거나 이동할 수 있는 것도 PaaS의 주요 이점이다. 여러 호스팅 환경을 지원하면 개발자나 관리자가 필요에 따라 애플리케이션을 쉽게 마이그레이션할 수 있다. 이 방식을 활용하면 고가용성 보장을 위해 PaaS를 비상 운영 체계 구축 및 비즈니스 연속성 솔루션 구축에도 사용할 수 있다. 최종 사용자들이 기능 테스트를 위해 사용했던 플랫폼들을 시스템의 최종 환경 이미지로 고려해보는 것이 중요하다. 이 테스트 환경들의 이미지를 어느 시점에 실행 환경으로 전환해서 사용하는 것이다. 왜냐하면 여러 프로세스와 테스트를 통해 많은 것이 변화하기 때문에 최종 환경의 이미지가 원래 의도했던 것과 같지 않을 수 있기 때문이다. 플랫폼 공급자를 선택할 때 다양한 배포 옵션이 있는지 확인하는 것도 중요한 고려사항이다.

대부분의 플랫폼 공급자는 플랫폼을 구축해서 가치를 높인다는 생각에서 출발했다. 그러나 일부 공급자들은 고유 워크플로우, 조합, 컴포넌트로 플랫폼을 독점화하고 일종의 강제종속 방식을 만들어서 고객들이 자신의 특정한 플랫폼과 가이드만을 사용하기를 원했다. 그 목표는 공급자 플랫폼 간에 전환하지 못하도록 제약을 더하고 그들의 환경에 고착되도록sticky 만드는 것이었다. 최근의 변화는 개발자의 요구와 요구 조건에 부합하도록 필수 유연성들이 추가됐다. 플랫폼 공급자들은 이러한 시장 변화 상황에 맞추어 개발자 커뮤니티와 개발자들에게 더 유연한 환경과 오픈소스 옵션들을 제공해야 했고 그렇지 않을 경우 커뮤니티 규모는 줄어들었다.

오늘날 거의 모든 형태의 소프트웨어가 **애플리케이션 프로그래밍 인터페이스**API, application programming interface를 활용하면서 RESTful이 실질적de-facto 표준으로 자리 잡고 지위가 높아졌다. 서비스 공급자는 대체적으로 상세 API 명세 정보와 통합 환경을 제공하기도 한다. 개발자는 공통 API 구조와 표준 API 구조를 기반으로 다양한 환경에서 애플리케이션을 구성하고 실행할 수 있다. 이를 통해 일관성 있고 품질이 높은 서비스를 고객과 사용자에게 제공할 수 있게 됐다. 자동 스케일링auto-scaling 같은 인프라 개념도 확산되면서 소프트웨어 개발을 통해 인프라를 스케일업 및 스케일다운하고, API를 통해 인프라를 관리할 수 있는 방식들이 PaaS 영역에 도입됐다. 이러한 방식을 활용하면 주기성을 띤 수요, 수요 예측이 힘든 패턴, 계절성 비즈니스 수요 패턴, 이벤트 기반 수요 등을 수용하는 데 도움이 될 것이다. 예를 들면, 홀마크Hallmark5의 온라인 카드 서버가 자동 스케일링이 되지 않는다면 매년 어머니날Mother's Day마다 다운되는 상황이 왔을지 모른다. 만약 홀마크가 자동 스케일링 기능이 아닌 전통적인 방식을 사용하고 있었다면, 어머니날을 대비해

---

5 미국의 최대 축하카드 제조기업 – 옮긴이

당일 예상 최고 거래량을 추정해서 거기에 맞게 인프라를 보강하고 운영해야 했을 것이다. 플랫폼은 필요시 자동 스케일링 기능을 통해 필요 리소스와 관련 애플리케이션을 할당한다. 사용량이 급증하고 급감하는 계절성을 띠는 비즈니스 기업에게 자동 스케일링은 중요한 가치 창출 요인이다.

플랫폼 공급자를 고려할 때 또 다른 점검 요소는 유연성과 마이그레이션 옵션이다. 프로젝트 방향과 요구사항들과 관련된 분야의 전문지식을 갖춘 서비스 및 지원의 적절한 조합이 있는지도 중요하고, 플랫폼 제공뿐만 아니라 다른 클라우드 버전도 제공하는지 확인해봐야 한다. 상황이 프로젝트를 시작했던 곳에 머물러 있지 않기 때문에 다른 곳으로 전환하거나 변화해갈 계획도 고민해야 한다. 변화가 빈번하게 발생하지는 않겠지만, 변화는 일어나기 때문에 미리 계획을 세워둬야 한다.

주목할 만한 PaaS 제공업체로는 마이크로소프트, 라이트닝^{Lightning}, 구글 등이 있다.

기타 클라우드 서비스 모델

Storage-as-a-Service, Desktop-as-a-Service, Network-as-a-Service, Backend-as-a-Service, Function-as-a-Service 같은 많은 X-as-a-Service 제품에 대해 들어봤을 것이다. 이 모델들은 SaaS, IaaS, PaaS의 하위 집합이거나 특정 목적에 맞게 합쳐놓은 것들이다. 이 모델들을 세 가지 표준 모델로 분류하면 클라우드에 관한 대화를 간소화할 수 있다.

클라우드 배포 모델

지금까지 표준 클라우드 서비스 모델 세 가지를 논의했다. 서비스 모델을 정의하고 각 모델별 특성을 설명했으며 각 모델별로 해결하고자 하는 것들은 무엇인지 다루면서 각 모델별 장단점을 논의했다. 각 서비스 모델은 클라우드 컴퓨팅이 가져야 하는 다섯 가지 특성을 각기 다른 방식으로 준수한다. 각 서비스 모델 내에서 서비스를 활성화하고 배포하는 방법은 여러 가지가 있을 수 있다. 서비스 모델이 무엇^{what}을 설명하는 것이라고 하면,

배치 모델은 서비스를 하는 방법^{how}을 다룬다.

대부분의 클라우드 서비스는 직관적이고 이해하기 쉽다. 앞에서 언급한 네트워크를 예로 들어보면, 사람들은 네트워크가 IaaS의 첫 번째 유형 중 하나, 즉 클라우드의 원래 유형 중 하나였음을 인식하지 못한다. 많은 종류의 서비스가 있고, 사실 이들 서비스를 참조하는 방법들은 훨씬 더 많다. 이 절에서는 배치 모델과 관련 전문 용어를 소개하고, 다양한 배포 유형들이 마케팅 이름, 라벨, 현재 유행어로 참조되고 있는지도 다룬다.

또한 이 절에서는 마케팅 과대 광고의 일부를 단순화하는 과정을 보여주면서 종종 전문 용어로 채워지는 클라우드 관련 대화에 참여할 때 잡음들을 어떻게 제거할 수 있는지 설명한다. 베어 메탈^{bare metal}은 전용^{dedicated} 클라우드와 어떻게 다른가? 퍼블릭 클라우드란? 프라이빗 클라우드란 무엇이며, 프라이빗 클라우드와 전용 클라우드의 차이점은 무엇인가? 다른 것인가? 프라이빗 온프레미스^{on-premise}가 여전히 클라우드로 고려되고 있는가? 서비스 공급자의 프라이빗 클라우드도 클라우드인가? 클라우드로 이름 붙이면 다 클라우드인가?

퍼블릭

퍼블릭^{public} 모델은 대부분의 사람들이 클라우드를 언급할 때 생각하는 전형적인 IaaS 배치 모델이다. 퍼블릭 클라우드 서비스 공급자는 서비스형 IT 리소스를 제공하고 서비스의 일환으로 동적 퍼블릭 사용을 위한 물리적 데이터 센터 및 IT 리소스를 구축, 모니터링 및 유지 관리하는 역할을 담당한다. 이러한 IT 서비스 환경은 IT 리소스를 고객들이 공유해서 사용하기 때문에 각 고객별 비용이 절감된다. 규모의 경제를 활용해 CSP는 가상화, 워크로드 바인딩^{workload binding}, 클라이언트 워크로드 패턴 상쇄 및 성능 계층^{tier}을 광범위하게 사용함으로써 리소스의 평균 활용률을 높일 수 있다.

일반적인 퍼블릭은 퍼블릭 클라우드 인프라를 사용한다. 인프라는 기업, 학계 또는 정부 부처 또는 일부 연합조직에 의해 소유, 관리 및 운영될 수 있다. 인프라는 서비스 공급업체가 운영 및 유지 보수의 소유권을 갖고 있기 때문에 항상 서비스 공급업체 구역 내에 있다. 아마존이 좋은 예다. 아마존의 사업은 책을 팔면서 시작됐다. 그 후 초과된 서버와 스토리지 용량을 일반 대중에게 판매하기 시작했다. 그 인프라는 아마존에 있는 사내에 그대로 남아 있었다.

퍼블릭 클라우드는 IaaS 내에서 자체 관리$^{self\ managed}$ 또는 완전 관리$^{fully\ managed}$라는 두 가지 하위 유형으로 분류될 수 있다. 이 두 가지 하위 유형은 이 장의 뒷부분에 자세히 설명되어 있다. 퍼블릭 클라우드는 확장성이 뛰어나고, 즉시 구축되며, 포털을 기반으로 하며, 사용하지 않을 때는 정지시키거나 반납할 수 있다.

퍼블릭 클라우드의 장점

- 사용 편의성 및 저렴한 설치, 낮은 클라우드 진입 비용
- 셀프 서비스 포털을 통해 간소화되고 간편하게 리소스 프로비저닝
- 고객의 요구에 맞게 확장
- 고객이 소비하는 비용만 지불하므로 리소스 낭비 없음
- 기본 보안 서비스 포함

퍼블릭 클라우드의 고려사항

- 시끄러운 이웃 테넌트^{tenant}들을 어떻게 처리하고 있는가?
- 보안 요구사항을 충족하는가?
- 네트워크 접속 또는 스토리지 제한이 있는가?
- 액세스 비용 또는 데이터 전송 비용은?
- 이식성은? 다른 인스턴스 유형 및 서비스 유형으로의 확장은?
- 어떤 다른 서비스들이 클라우드에 연결되는가?
- 가격/성능 측정 기준은 무엇인가?

이 영역에서 자주 언급되는 제공업체로는 아마존, 마이크로소프트, 구글 등이 있다.

프라이빗 및 전용

클라우드와 함께 제공되는 마케팅, 전문용어, 유행어가 많다. 기업들은 뭔가 구별되는 말들을 만들어내기 위해 많은 노력을 하고 있는데, 독특하고 다르게 들리도록 만드는 것이 차별화를 시도하는 한 가지 방법이기 때문이다. 전용^{dedicated} 클라우드와 프라이빗^{private} 클라우드의 차이점은 무엇일까? 가상 프라이빗 클라우드란 무엇인가? 가상 프라이빗 클라우드는 프라이빗 클라우드와 다른가? 이러한 다른 버전들은 클라우드의 다섯 가지 특성을 준수하는가? 이 용어들과 관련된 많은 요소가 단일 테넌트 인프라와 관련이 있다는 것을 알 수 있다. 전용 환경 및 프라이빗 환경은 정의상, 단일 기업이나 단일 클라이언트만 액세스할 수 있도록 갖춘 단일 인프라 테넌트 환경이다. 차이점은 경제성 모델과 접근성에서 발생한다.

프라이빗 클라우드

프라이빗 클라우드^{private cloud}는 일반적으로 이를 사용하는 회사/기업에서 임대 또는 구매한 인프라를 갖춘 온클라이언트 프레미스^{on-client premise} 솔루션이다. 이러한 환경은 콜로케이션^{collocation} 서비스를 이용하는 서비스 공급자 데이터 센터 내에 배치될 수도 있다. 콜로케이션 공간은 인프라 소유자의 다른 임대 위치이기 때문에 여전히 사내 솔루션으로 간주될 것이다. 프라이빗 클라우드는 일반적으로 서비스를 제공하는 조직에 의해 관리되지만, 일반 관리를 신뢰할 수 있는 제3자에게 아웃소싱하는 것도 선택사항일 수 있다. 프라이빗 클라우드는 일반적으로 기업이나 조직, 직원, 계약자, 지정된 제3자만 이용할 수 있다. 프라이빗 클라우드를 내부 또는 조직 클라우드라고도 한다.

이런 인프라의 사용을 주도하는 요소에는 법적 제한, 신뢰, 보안 규정 등이 있다. 프라이빗 클라우드의 장점으로는 데이터, 기본 시스템, 애플리케이션에 대한 통제력 향상, 소유권, 거버넌스 제어 유지, 데이터 위치 보장 등이 포함된다. 프라이빗 클라우드는 레거시 시스템과 자체 구축한 애플리케이션들의 비중이 높은 대기업이나 복잡한 조직에서 일반적으로 관심이 더 많다. 또한 상당한 기술 투자가 이뤄진 경우 그러한 장비를 폐기하는 것보다 이러한 투자를 프라이빗 클라우드 환경 내에서 활용하고 통합하는 편이 재무적 관점에서 볼 때 더 타당할 수 있다.

프라이빗 클라우드는 정말 클라우드인가? 이름에 '클라우드'가 포함되어 있긴 하지만, 클라우드의 다섯 가지 특성에 '그 이름에 클라우드를 포함해야 한다'는 부분은 없다. 클라우드의 다섯 가지 특성을 프라이빗 클라우드가 만족하는지는 각자가 비교 검토해서 답을 제시해보기 바란다.

전용 클라우드

전용 클라우드^{dedicated cloud}는 프라이빗 클라우드와 매우 유사하다. 단일 테넌트 솔루션이라는 관점에서는 같은데, 소유권과 접근권 관점에서는 다르다. 전용 클라우드에서는 인프라 소유권이 서비스 공급자로 이동한다. 인프라는 공급자의 데이터 센터 내에 구성되나 단일 테넌트가 전용으로 사용하는 환경이다. 네트워크, 컴퓨팅 및 스토리지도 단일 테넌트 전용이다.

전용 솔루션의 경제성 모델은 일반적으로 일회성 수수료인 **비반복 비용**^{NRC, non-recurring cost}과 **월별 반복 비용**^{MRC, monthly recurring cost}, 즉 한 기간(월 또는 연 수)에 걸쳐 지불되는 월별 지급액을 합친 것이다. 대금 지불 방식에서 보면 초기 자본 지출 모델^{CAPEX}로부터 장기간에 걸쳐 비용으로 지불하는 방식^{OPEX}으로 전환할 수도 있다. 관리 및 운영은 자체적으로^{in-house} 할 수 있고, MSP를 활용한 아웃소싱 방식, 혹은 둘의 조합 형태로 할 수 있다.

전용 클라우드가 정말 클라우드 서비스인가? 이름에 '클라우드'가 포함되어 있다. 클라우드의 다섯 가지 특성을 전용 클라우드가 만족하는지는 각자가 비교 검토해서 답을 제시해보기 바란다. 답을 정리할 때는 경제성을 살펴보자. 클라우드는 경제성 측면에서 혁신이다. 궁극적으로 소비자가 필요성이 없어졌을 때 그 서비스를 멈추거나 되돌려줄 수 있는가? 과금 청구가 중단되는가? 클라우드 종료 시 비용 지불도 중단되는가?

가상 프라이빗 클라우드

IT 산업의 많은 영역이 그렇듯, 종종 경계가 흐려진다(아마 마케팅도 관련이 있을 수 있다). 전용 환경은 공급업체의 데이터 센터 내에 구축된 격리된 환경이다. **가상 프라이빗 클라우**

드$^{VPC, virtual\ private\ cloud}$는 전용 클라우드의 변형된 형태로, 퍼블릭 클라우드와 전용 클라우드의 개념을 결합한 것이다. VPC는 공유 인프라의 개념, 서버 및 스토리지의 규모의 경제$^{economies\ of\ scale}$ 장점, 분리된 네트워크, 이 세 가지를 합친 개념이다.

전용 클라우드는 비용이 많이 들고, 퍼블릭 클라우드는 시끄러운 이웃들과의 네트워크 공유 간섭 문제를 갖고 있다. 서비스 공급자는 이 둘의 단점을 해결하기 위한 접근 방식으로 가상 프라이빗 솔루션을 내놓았다. VPC는 이 둘의 강점을 혼합하고 각각의 단점은 보완하는 방식이다. 이 모델은 모델의 이름 때문에 혼동을 일으킨다. 프라이빗 클라우드는 고객이 소유하고 있는 인프라에 배치되기 때문에 일반적으로 온클라이언트 프레미스 솔루션 형태다. 그런데 가상 프라이빗 클라우드는 서비스 공급업체가 소유하고 있는 인프라에 배치된다. 이 서비스의 이름을 가상 전용 클라우드라고 하면 더 적절할 수도 있다. 일부 공급업체는 그들의 제품과 솔루션 세트와의 혼동을 없애기 위해 이름을 바꾼 경우도 있다.

커뮤니티

커뮤니티 클라우드$^{community\ cloud}$에서는 IT 인프라가 최종 사용자의 특정 커뮤니티가 사용할 수 있도록 프로비저닝된다. 커뮤니티 참여자는 주로 공통 관심사와 거버넌스 요구사항을 가진 기업들로 구성된다. 공통 요구사항들은 주로 공동의 목표, 보안, 정책, 규정 준수 등과 관련이 있는 것들이다. 커뮤니티 클라우드는 커뮤니티 구성원, 제3자 관리업체가 소유, 관리, 운영하고, 기업 내에 배치할 수도 있고 기업 외에 배치할 수도 있다.

커뮤니티 클라우드는 개인 정보 보호, 보안 및 규정 준수 수준을 높이는 동시에 퍼블릭 클라우드가 제공하는 장점 대부분을 제공한다.

하이브리드

하이브리드 클라우드$^{hybrid\ cloud}$는 클라우드 모델들 간 혹은 클라우드 모델과 비클라우드 모델 간 결합한 형태다. 대부분의 기업은 하이브리드 모델에 끌리는 경향이 있는데, 그들의 비즈니스를 지원하는 다양한 애플리케이션의 유형과 서비스를 다 지원하기에는 단일 클라우드 배치 모델이 충분하지 않다고 판단하기 때문이다. 애플리케이션을 새로운 서비스로 이전한다는 것은 대개 쉽지 않은 일이다. 애플리케이션을 이전할 때의 리스크 중 하나는 해당 애플리케이션이 가진 환경 의존성이다. 모든 것을 한꺼번에 현재 상태에서 미래 상태로 이동시킬 수 있는 경우는 드물다. 하이브리드는 기존 방식으로 구축된 애플리케이션과 인프라를 클라우드로 전환하기 위해 사용하는 전형적 선택 경로다.

하이브리드 IT 환경에서는 프라이빗 클라우드, 퍼블릭 클라우드, 커뮤니티 클라우드, 기존 데이터 센터, 서비스 공급업체의 서비스들을 통합하고 상호 연결할 수 있다. 각 애플리케이션과 서비스별로 가장 적합한 환경을 찾아 배치하고 관리하는 방식이다.

하이브리드 모델의 주요 장점은 중요 업무의 소유권과 통제 유지, 기존 기술 투자 재사용, 중요한 비즈니스 컴포넌트와 시스템에 대한 엄격한 통제, 덜 중요한 비즈니스 기능의 비용 효율적 선택 활용 등이다. 하이브리드 클라우드 방식을 활용하면 클라우드 폭발bursting 및 재해 복구 옵션도 개선할 수 있다.

클라우드 배치 모델을 설명하는 기본 도식도는 다음과 같다.

기타 딜리버리 모델

일반적으로 클라우드와 기술은 패션에 대한 개념을 갖고 있다. 어떤 것은 유행하는 반면 어떤 것은 금방 유행에서 사라진다. 클라우드 대화를 할 때는 추이와 전반적인 방향성을 염두에 두는 것이 필수적이다. 과거 수십 년 동안, 최종 사용자/소비자의 손에 더 많은 힘을 부여하는 것이 산업의 일관된 방향이었다. 오늘날 스마트폰은 몇 년 전에 팔렸던 데스크톱 컴퓨터보다 더 많은 컴퓨팅 파워를 갖추고 있고 더 많은 애플리케이션이 실행되고 있다. IoT를 예로 들어보면, 상당한 컴퓨팅 성능과 데이터가 우리 손가락 끝에 있다. 커넥티드카는 현재 40개 이상의 프로세서들이 부착되어 있으며, 거의 100개의 센서가 시간당 25GB의 데이터를 전송하고 있다. 그래서 커넥티드카를 달리는 데이터 센터라고 표현하기도 한다.

기술의 혁신이 계속해서 일어나고 놀라운 속도로 발전함에 따라, 최근의 기술 트렌드에도 관심을 갖는 것이 필수적이다. 여기서 기술 패션과 기술 혁신을 구분해내는 일이 중요하다. 진정한 혁신은 항상 지속 가능한 경제성을 갖고 있다. 스타벅스 커피는 커피를 발명하지 않았다. 스타벅스는 최초로 커피와 문화를 불가분의 관계로 만들었다. 아이폰은 최초의 모바일 기기는 아니었지만 모바일 기기가 우리 가정, 직장, 놀이 생활에서 중요한 것들을 연결한다는 점에서는 최초였다. 클라우드는 가상화를 활용한 첫 번째 사례가 아니었다. 클라우드는 기술 관점, 전략적 관점, 경제성 관점의 고려사항들을 직접적으로 조화롭게 연결한 최초의 혁신이었으며, 이를 통해 기술과 서비스를 획득하고 배치하고 사용하는 방식을 영원히 바꿨다.

클라우드 컴퓨팅의 핵심 개념을 기반으로 해서 확장해나가고 있는 혁신적인 아이디어들은 다음과 같다. 이들이 혁신의 1~2단계를 지나갈 때 지켜봐야 할 몇 가지 사항을 설명할 텐데, 이 책의 뒷부분에서 자세히 알아보겠다.

- **그리드 컴퓨팅**grid computing : 통신망으로 연결된 각기 다른 기종의 컴퓨터들을 하나로 묶어 가상의 대용량 고성능 컴퓨터를 구성해 대용량 처리data intensive jobs를 수행하는 가상 컴퓨터 – 분산 및 병렬 컴퓨팅 역량 활용

- **포그 컴퓨팅**^{fog computing}: IT 서비스를 포그 클라이언트에 가까운 영역에서 제공하는 분산 컴퓨팅 모델이다. 처리해야 할 데이터 소스는 사용자 에지 디바이스^{edge device} 부근에 있다. 포그 컴퓨팅은 처리를 위해 원격 장소로 데이터를 전송하는 대신 스마트 기기 및 최종 사용자 클라이언트 영역, 네트워크상 에지 영역에서 데이터를 처리하는 방식이다.

- **듀 컴퓨팅**^{dew computing}: 기존의 컴퓨팅 계층에서 듀 컴퓨팅은 클라우드와 포그 컴퓨팅 패러다임의 하단에 위치한다. 네트워크 대기 시간에 민감하고 실시간 및 동적 네트워크 재구성이 필요한 IoT 애플리케이션을 지원하도록 설계된 포그 컴퓨팅과 비교할 때, 듀 컴퓨팅은 컴퓨팅 애플리케이션, 데이터, 하위 상세 서비스를 최종 사용자들이 처리하게 한다.

- **에지 컴퓨팅**^{edge computing}: 에지 컴퓨팅은 프로세스, 애플리케이션 및 데이터를 가능한 한 중앙 집중식 리소스 센터에서 멀리 떨어뜨려 실행하는 방식으로 클라우드 컴퓨팅의 개념을 확장한다. 에지로 작업을 이동한다는 것은 디바이스가 항상 인터넷(즉, 모바일, 노트북, 태블릿)에 연결되어 있지는 않다는 뜻이기도 하다. 이것은 또한 콘텐츠가 고도로 분산되어 있어서 고도의 중복성을 필요로 한다는 의미이기도 하다.

- **IoT**: IoT는 물리적인 세계와 논리적인 세계를 연결하고 있다. 여러 IoT 프로젝트들을 통해 수많은 센싱 기술과 처리 기술이 필요할 때 필요한 곳에 배치돼왔고, 이미 생성되고 있는 방대한 양의 데이터를 포착, 처리 및 활용될 수 있도록 클라우드 컴퓨팅도 빠르게 변화하고 있다.

- **AI, 신경망**^{neural networks} **및 기계 학습**^{machine learning}: 각 개념은 분리하기 어렵고, 때로는 뚜렷한 차이가 있음에도 불구하고 상호 교환적으로 사용되기 때문에 하나로 모았다. AI는 수십 년 동안 연구해온 과제로, 새로운 것이 아니다. 그러나 클라우드 컴퓨팅을 통해 AI를 추진하는 데 걸림돌이 됐던 많은 장벽을 제거했다. 300대의 컴퓨터가 1시간 동안 엄청난 양의 데이터를 처리하고, 연결하고, 상호 연관시키고, 그것으로부터 배우고, 다시 적용할 수 있다. 클라우드 컴퓨팅 혁신이 최근 이 분야의 도약을 진정으로 도왔다.

▎클라우드 워싱

클라우드 워싱^{cloud washing}은 기존 제품이나 서비스를 클라우드 용어와 결합해 리브랜딩하려는 기만적인 시도를 가리키는 말이다. 재무 관점에서 기존 서비스와 상품을 클라우드 서비스로 재정의함으로써 기업의 클라우드 사업에 대한 재무 성과를 부풀리는 관행을 언급할 때도 사용한다. 인터넷 브라우저로 접근할 수 있는 서비스를 제공하고 있기 때문에, 서비스 업체에서 그 서비스를 클라우드 컴퓨팅으로 소개하는 행위가 전형적인 사례다.

또 다른 사례로는 기존의 **애플리케이션 서비스 공급자**^{ASP, application service provider} 모델을 들 수 있다. 이것은 흔히 SaaS로 시판되지만, 두 모델 사이에는 상당한 차이가 있다. ASP는 제3의 업체가 애플리케이션과 서비스를 개인이나 기업에서 인터넷을 통해 접근할 수 있도록 제공하는데, 서버는 일반적으로 ASP 공급자의 데이터 센터에 위치해 있다. ASP의 수익 모델은 소프트웨어 자체와는 단절되어 있다. 핵심에는 단일 인스턴스, 단일 테넌트 레거시 소프트웨어 배포가 있다. 수익 모델은 애플리케이션이 설치된 서버를 임대하는 것과 유사하다. 이러한 접근 방식은 확장성이 부족하고, 고객별 요구사항에 맞게 변경할 필요가 있으며, 고객별로 다른 인스턴스를 운영해야 하기 때문에 사업성 관점에서 실패했다. 또한 유기적 데이터 집계도 없고, 수집과 집계에 이용할 수 있는 네트워크 효과성 데이터도 없다.

반면 SaaS는 일체형 비즈니스 아키텍처로 하나의 가치 전달 방식으로 볼 수 있다. 내장된 멀티 테넌시^{multi-tenancy} 설계를 통해 리소스 공유와 인프라 공유가 가능하다. SaaS는 확장 가능하며 서비스 공급자에게 진정한 규모의 경제를 제공한다. 이 접근 방식은 전체적인 비용 감소, 운영 복잡성 감소, 고객별 변경 작업을 감소시킨다. 멀티 테넌시를 활용해 고객 서비스 개선, 고객 유지 개선, 판매 주기 단축, 수익 가속화, 경쟁 우위 확보를 해 나갈 수 있고 추가 서비스를 통해 수익을 창출할 수 있다.

관리형 서비스^{managed service}를 제공하는 것을 클라우드 호스팅이라고 부르는 경우도 있다. 데이터 관리형 서비스를 이용한다는 것은 데이터 센터 운영과 관련된 프로세스를 중심으로 일상적인 기능을 특정 벤더에 아웃소싱해 효율성 향상을 실현한다는 것이다. 이 경우 고객은 모든 자본 투자(선불 또는 반복recurring 비용에 포함)에 대해 비용을 지불하고 계약 기간 동안 적정한 비용 지불을 약속한다. 이때 비용은 사용량과는 관련이 없고, 특정 기간 동안 총 운영 원가, 애플리케이션 변경 원가, 시중 금리, 서비스 공급자의 이익 등을 반영해 계산된다. 그러나 클라우드 서비스 모델에서는 클라우드 서비스 공급자가 모든 자본 비용을 부담하고 시장 고객에게 동일한 표준 서비스를 제공한다. 비용은 실제 고객이 사용한 내용과 직접 관련이 있으며, 계약 기간에 대한 약속은 없다.

▌ 클라우드 컴퓨팅 분류 체계

클라우드 컴퓨팅 분류 체계는 미국 **국립표준기술원**NIST이 클라우드 아키텍처를 둘러싼 의사소통을 표준화하기 위한 도구로 개발했다. 그 이후 이 기본 모델은 커뮤니티에 의해 보강돼왔고, 기본 개념을 논의하는 데 폭넓게 사용됐다. 주요 분류 체계 컴포넌트는 다음과 같이 설명된다.

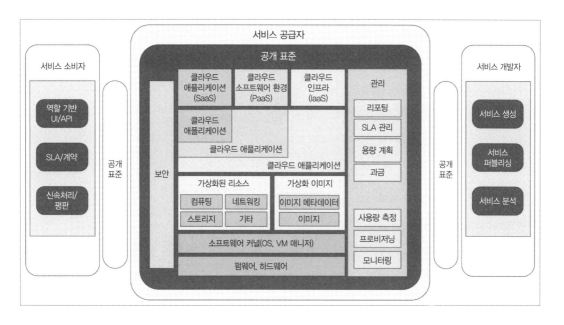

서비스 소비자^{service consumer}는 실제로 클라우드 서비스를 사용하는 기업(기업 또는 최종 사용자)이다. 사용자는 일반적으로 여러 개의 프로그래밍 인터페이스를 사용한다. 일반 애플리케이션처럼 이 인터페이스들은 대부분 사용 방법을 상세히 명시하고 있기 때문에 사용자는 클라우드 컴퓨팅 플랫폼 세부 정보를 이해할 필요가 없다. 사용자 인터페이스는 가상 머신이나 스토리지 관리 같은 관리 기능도 제공할 수 있다.

클라우드 서비스 공급자^{CSP, cloud service provider}는 정보기술 서비스를 만들어 서비스 소비자에게 제공하고 관리한다. 공급자 업무는 서비스 모델에 따라 다르다.

- SaaS의 경우, 공급자가 소프트웨어를 설치, 관리하고 운영한다. 서비스 소비자는 애플리케이션에만 액세스할 수 있다.
- PaaS의 경우, 공급자는 표준화된 애플리케이션 개발 환경[6]을 관리하고 제공한다. 이것은 전형적으로 개발 언어 프레임워크의 형태다.
- IaaS의 경우, 공급자는 모든 정보기술 서비스를 제공하고 관련 시설, 하드웨어, 가상 머신, 스토리지 및 네트워크를 운영 관리한다. 서비스 소비자는 애플리케이션 서비스 설계 및 운영, 애플리케이션 서비스 딜리버리를 담당한다.

서비스 공급자의 운영 관점에서 중요한 것은 관리 계층이다. 이 계층은 모든 서비스의 사용을 측정하고 모니터링한다. 사용자 수요와 서비스 공급자 용량에 기반해 서비스를 제공하기도 하고 서비스를 회수하기도 한다. 이 외에도 서비스 공급자 관리 계층에는 과금, 용량 계획, SLA 관리, 보고 기능 등이 있다. 보안은 서비스 공급자의 운영 관련 모든 관점에서 적용된다.

서비스 개발자는 클라우드 서비스를 제작, 배포, 모니터링한다. 일반적으로 이 유형의 클라우드 서비스들은 비즈니스 용도의 애플리케이션들로 구성되고 최종 사용자에게 바로 제공된다. 서비스를 제작하는 동안 원격 디버깅 및 서비스 테스트를 위해 분석 기능을 사용한다. 서비스가 배포되면 서비스 성과 모니터링을 위해 분석 기능을 사용한다.

---

6   실제로 개발 환경뿐만 아니라 애플리케이션 실행 환경 및 애플리케이션 운영 환경 또한 관리하고 제공한다. K8s를 탑재한 마이크로소프트의 AKS, 아마존의 EKS를 보면 알 수 있다. — 옮긴이

표준과 분류법은 다음 네 가지 클라우드 사용 시나리오에 영향을 미친다.

- 각 클라우드 서비스 유형 내
- 다양한 유형의 클라우드 서비스에 걸쳐
- 기업과 클라우드 사이
- 기업의 프라이빗 클라우드 내에서

개방형 표준을 사용하면 주요 애플리케이션의 수정이나 운영 방식을 변경하지 않고도 다른 클라우드 서비스 공급자로 이동할 수 있기 때문에 벤더 강제종속을 피할 수 있게 해준다. 기업에서 사용하는 표준은 일반적으로 상호 운용성, 감사성^{auditability}, 보안 요구사항, 관리 요구사항 관점에서 정의된다.

▌ 요약

클라우드 대화를 진행할 때는 클라우드의 다섯 가지 특성을 이해하고 참여해야 한다. 이 특성을 이해하고 접근하면 기술, 경제성, 전략 관점의 요구사항과 솔루션을 조율하는 데 집중할 수 있다. 클라우드가 가져다주는 혁신은 기술 관점이 아니라 경제성 관점이다. 경제성 측면의 전략을 통해 혁신과 디지털화가 신속하게 진행되고 있다. 다양한 서비스, 다양한 경제성 모델, 클라우드 배치 모델, 그리고 이들을 활용하기 위한 다양한 전략이 있다. 클라우드는 툴박스 안에 있는 도구 중 하나다. 모든 것의 해답은 아니지만, 해답을 만들어갈 수 있는 토대가 되고 있다.

2장에서는 거버넌스와 변화 관리에 대해 논의한다. 클라우드 솔루션의 성공 여부가 기술 선택에 달려 있다고 생각할 수 있으나, 그 생각은 사실과 거리가 멀다. 클라우드 컴퓨팅은 디지털 혁신을 하기 위한 기반이기 때문에, 클라우드 컴퓨팅 솔루션을 성공적으로 구축하려면 효과적인 변경 관리와 IT 거버넌스 기반 위에서 추진해야 한다.

02

거버넌스 및 변화 관리

신규 솔루션을 도입하려고 하면 신규 솔루션 도입으로 인한 기업 문화의 변화도 함께 고려해야 한다. 기업 문화를 변화시켜 나가려면 변화 추진에 필요한 핵심 통찰 정보가 있어야 하고, 거버넌스 계획을 면밀히 세워 조직 변화 관리를 이 정보를 기반으로 지속적이고 반복적으로 해나가야 한다. 무엇을 변화시킨다는 것은 힘든 일이고 변화가 되지 않는 이유도 무수히 많다. 신규 솔루션을 도입하고자 할 때 기업 거버넌스와 변화 관리를 고려하지 않고 추진하면 도입 효과를 얻기 전에 지치기도 하고, 주변의 호응도 못 받으면서 비용과 시간만 상당히 소요될 수 있다. 거버넌스와 변화 관리는 별도로 진행할 수 있는 주제는 아니다. 이 두 용어는 서로 바꿔서 사용할 수도 없고 동의어도 아니다. 거버넌스와 변화 관리는 밀접하게 결합되어 있고 서로 간에 관련성이 높기 때문에 한쪽에서 변경을 하면 다른 쪽에도 영향을 미치게 된다. 그렇다면 거버넌스와 변화 관리란 무엇이며 서로 간의 차이점은 무엇인가?

거버넌스는 변화가 진행될 때 변화의 내용을 설명할 대상을 다룬다. 즉, 거버넌스는 어디에 어떤 변화가 있어야 될지를 정의한 운영 지침이라 할 수 있다. 거버넌스와 운영 규칙에는 조직 구조, 의사결정권, 워크플로우, 프로세스, 이해관계자, 승인 포인트, 점검 포인트들을 정의한다. 거버넌스 계획 수립의 목표는 현재와 대비하여 To-Be 목표점으로 진행해나갈 때 변경 필요 대상들은 무엇이고 이 대상들을 어떻게 변경할지를 잘 설명하는 것이다. 거버넌스 계획 수립을 잘하면 비즈니스 목적과 목표에 부합되게 기업 리소스를 재배치할 수 있고 업무 처리 워크플로우 설계를 최적화할 수 있다.

반면 변화 관리는 기업이 변화를 추진해나갈 때 구성원 자체에 초점을 맞추고 구성원 지원 필요 사안을 주제로 한다. 현재의 규범^{norm}을 바꾼다는 것은 정말 힘든 일이기 때문이다. 이미 잘 적응해서 운영되고 있는 환경, 업무 워크플로우, 조직 구조, 역할과 책임, 각종 업무 추진에 필요한 규칙으로부터 떠난다는 것은 쉬운 일이 아니다. 그래서 변화 관리를 통해 필요한 소통 및 홍보 계획, 변화 추진 지원, 다양한 교육 훈련과 코칭의 방법을 구성원에게 제공하고 구성원이 변화의 성공을 기대하고 주도적으로 추진할 수 있게 한다.

2장에서 다루는 내용은 다음과 같다.

- IT 거버넌스
- 변화 관리
- IT 서비스 관리
- 클라우드 컴퓨팅 솔루션 카탈로그 아키텍팅

▌ IT 거버넌스

거버넌스는 변화를 추진하는 데 필요한 것을 다루기 때문에 일반적으로 결과, 책임, 프로세스를 결정하기 위한 질문들로 시작한다. 질문의 순서는 기대하는 변화의 결과를 정의하기 위한 것부터 시작한다. 그리고 그 변화를 추진할 조직과 담당자, 참여자를 정의한 다음, 변화를 위해 필요한 사항들을 정의한다.

다음 다이어그램은 IT 거버넌스 프로세스를 설계할 때 사용되는 세 가지 질문을 설명한다.

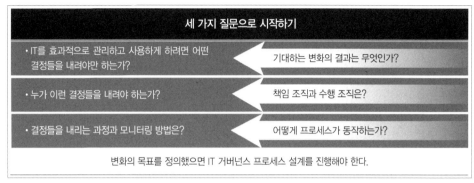

▲ **그림 2.1** 효과적인 거버넌스는 세 가지 질문을 다루는 것으로 시작한다.

기업의 경영진과 리더는 기대 변화 목표, 각 변화 과제별 책임 조직과 수행 조직, 진척 단계 정의, 진척 이슈 해결 절차, 진행 프로세스, 성과 지표 및 대응 지표를 명확하게 해야 한다.[1] 기대 변화 목표 달성도는 목표 대비 적용 수준, 관련 성과 지표, 대응 지표 영향도를 파악하는 형태로 지속적으로 모니터링하고 평가돼야 한다. 예를 들어, 다음과 같은 질문들에 대한 분석이 필요하다. 이 변화를 추진할 경우, 필요한 업무 진척의 투명성을 확보할 수 있는가? 일정계획 대비 진척 수준은? 이해관계자와 의사결정자가 참여해 필요한 조정 작업을 진행하고 있는가? 변화 거버넌스 모니터링을 진행할 때 스코어카드를 활용하면 성과 지표를 비교하고 시각화해 가이드해나가는 데 도움이 된다.

---

1 일반적으로 성과 지표(success metrics)와 대응 지표(counter metrics)로 구분한다. 성과 지표는 성공 여부와 성과를 판단할 기준이 되는 수치를 의미하는데, 성과 지표만 만족한다고 성공한 것이 아니라는 점에 착안해 대응 지표도 같이 필요하다. 예를 들어 어떤 제품의 기능 추가 개수가 성과 지표라 하면, 기능 추가로 인한 버그 발생 횟수가 대응 지표가 될 수 있다. 즉, 추가된 기능이 많다고 해서 성공하는 것이 아니라 이에 따른 발생 버그 또한 적어야 실질적인 성공이라고 판단할 수 있다. – 옮긴이

대응 지표

실제 변화 기대사항에서 벗어나는 결과가 있는지 식별하기 위해 대응 지표를 사용한다. 예를 들어, 신규 스토리지를 설치하면 대용량의 데이터를 훨씬 더 빠르게 처리할 것이므로 서버는 더 많은 부하를 더 빠르게 처리할 수 있기 때문에 서버의 성능도 더 빨라질 것으로 기대하게 된다. 이때 성능 지표로는 서버의 디스크 I/O 및 데이터 평균 전송량 등을 사용할 것이다. 이때 대응 지표로 고려해야 할 영역은 로드 밸런서로, 로드 밸런싱 기능에 어떤 급격한 변화가 있는지 확인해보는 것이다. 왜냐하면 스토리지 교체 때문에 기존에 적용되어 있던 로드 밸런싱 알고리즘이 특정한 서버로 트래픽이 몰리게 한다든가 하는 다른 결과를 보여줄 수 있기 때문이다. 대응 지표의 또 다른 예로는 네트워크 포트별 트래픽 양, CPU, 메모리 변화 추이도 고려해볼 수 있다. 스토리지 변경에 직접적으로 영향을 받는 지표로 보이지는 않지만, 간접적으로 어떤 부작용이 유발되는지 확인, 관찰해봐야 되는 척도가 될 수 있다.

다음 다이어그램은 IT 거버넌스 스코어카드를 설명하는 사례다.

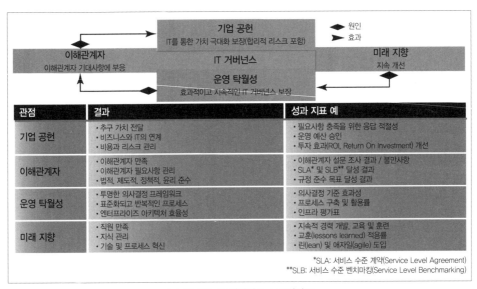

▲ 그림 2.2 IT 거버넌스 스코어카드

IT 거버넌스는 추진 조직의 상황과 대상 환경에 맞춰서 진행해야 한다. 혁신의 형태와 변화의 크기가 다양하기 때문에 추진하는 과제들의 성격도 달라진다. 이전에 다른 영역에서 추진했던 과제와 거의 동일한 기대 효과와 동일한 변화 방식을 현재 추진하고자 하는 대상 영역에 적용하려고 할 때도 대상 영역의 운영 모델과 적용 모델이 다르기 때문에 IT 거버넌스 방식도 달라져야 한다.

IT 거버넌스 계획과 거버넌스 프로세스를 정의하려면 전체 변경 대상 범위와 추진 전략을 점검해야 한다. 변경에 영향받는 비즈니스 프로세스와 애플리케이션을 식별해내는 일이 상당히 중요하며, 운영 모델과 적용 모델을 결정할 때 이 대상들과 관련된 비용, 효과, 리스크, 혹시라도 발생할 수 문제점들이 어떤지를 분석해봐야 한다. 운영 모델과 적용 모델에 맞추어 거버넌스 계획과 거버넌스 프로세스를 정의하고, 거버넌스를 수정해야 경우에는 변화 관리에도 영향을 줄 수 있기 때문에 변화 관리 영향의 검토도 함께 진행해야 한다.

▌구현 전략

구현 전략을 설명하기 위해 IT 제품과 서비스를 이용하는 방법을 세 가지로 구분했다. 첫 번째는 인하우스^{in-house} 방식이다. 기업 IT 시스템 구현에 지금까지 사용해왔던 전형적인 방법이며, 필요 리소스의 소유권을 취득하고 비용을 부담하는 방식이다. 이 경우 적용 솔루션을 운영하기 위해 필요한 운영 직원들을 고용하고 IT 거버넌스 전체를 자체적으로 추진한다.

두 번째는 **운영 서비스 공급자**^{MSP, managed service provider}를 활용하는 방식이다. 해당 기업에서는 필요 IT 리소스의 구매, 운영 관리를 위해 외부 서비스 공급자와 계약을 체결한다. 기업과 MPS 간 서비스 수준 계약^{SLA} 방식의 법적 구속력이 있는 계약을 체결하기 때문에 기업에서도 어느 정도의 IT 거버넌스 통제권을 유지할 수 있다. 기업에서는 MSP에게 상호 합의된 이윤과 운영비를 지불한다. 이 방식을 활용할 경우 규모의 경제 효과로 기존의 데이터 센터보다 저렴할 수 있다. 예를 들어 MSP가 자동화 도구들을 다양한 곳에 적용해서 좀 더 효율적인 운영 방식을 사용하는 경우, 기존과 동일한 수준의 서비스를 제공받는다고 봤을 때 비용 부담이 줄어들 수도 있다. 그러나 기존 사내 기업의 담당자가 수행했던 일이 서비스 공급자로 이전됨에 따라 거버넌스 변경도 필요해진다.

세 번째는 **클라우드 서비스 공급자**^{CSP, cloud service provider}를 활용하는 방식이다. CSP는 하드웨어와 소프트웨어를 구매하고 자체적으로 담당자를 고용해 데이터 센터를 운영한다. CSP는 기업이 필요로 하는 기능들을 서비스화해 제공하고 기업은 필요한 IT 기능을 서비스 구독 방식으로 이용한다. 이 모델에서 전체 IT 거버넌스의 통제권은 CSP에게 있다.

다음 도표는 아웃소싱 모델, MSP와 CSP 간 차이점을 보여준다. IT 전략과 관련 거버넌스 계획을 수립할 때는 서비스 모델, 적용 모델, 구현 옵션을 반영해 추진해야 한다.

운영 서비스 공급자(MSP)	클라우드 서비스 공급자(CSP)
• 사용자(고객)가 기술 및 운영 절차 지시	• CSP가 기술 및 운영 절차 지시
• 네트워크 운영 센터(NOC, network operations center) 서비스	• 네트워크 운영 센터 없음
• 고객 헬프 데스크 서비스	• 헬프 데스크 서비스 없음
• 원격 모니터링 및 고객을 위한 자산 관리	• 고객이 모니터링 및 자산(asset) 관리 책임자
• 예방 자산 유지 보수 관리	• 고객이 자산 유지 보수 책임자
• 예측 가능한 과금 모델	• 종량제(사용한 만큼) 과금 모델

▌ 변화 관리

변화를 추진할 때는 문화적으로, 조직적으로, 정책적으로 마찰이 발생하는데 그 이유는 사용 기술 때문이라기보다는 이미 고착화된 현재의 규범을 바꾸려고 하기 때문이다. 그래서 클라우드 컴퓨팅을 도입하고자 할 때는 비즈니스 모델의 변화를 통해 얻을 수 있는 효과에 초점을 맞출 필요가 있다. 새로운 성장 동력, 신규 제품 전략, 경제성 유지 압박에 지속적으로 대처하고 혁신을 추진해가려면 다양한 영역에서의 변화를 고민해나가야 한다. 클라우드 컴퓨팅으로 전환하는 일을 복잡하게 만드는 요인들은 다음과 같다.

- 신규 지식 필요

- 인프라의 동적^{dynamic} 특성

- 신규 클라우드 서비스 관리 도구

- 급변하는 시장 변화와 혁신 속도 가속화

- 신규 관리 모델

- 소유권 분산

- 최적화 노력 지속

클라우드로 전환할 때는 기술의 변화뿐만 아니라 구성원의 사고방식과 조직 문화의 변화도 함께 고려해야 한다. 다음 표는 클라우드로 전환할 때 함께 변경을 고려해야 할 영역들을 설명한다. 이것과 함께 조직 문화, 필요 기술 역량, 구성원의 마인드셋도 변화의 대상이다.

영역	전환 전	전환 목표
보안 프레임워크	인프라 중심	데이터 중심
애플리케이션 개발	긴밀한 결합	느슨한 결합
데이터	대부분 구조화	대부분 비구조화
비즈니스 프로세스	대부분 순차적	대부분 병렬적
보안 제어	기업 책임	책임 공유
경제성 모델	대부분 자본 지출(CAPEX)	대부분 운영 지출(OPEX)
인프라	대부분 물리적	대부분 가상화
IT 운영	대부분 수작업	대부분 자동화
기술 운영 범위	현지/지역적	국제적/글로벌

클라우드 전환에 필요한 주요 변화 관리 전략을 구축한 이후에 클라우드 서비스를 이용하는 것이 이상적이다. 변화 관리 계획을 수립할 때는 변화 내용을 조직 내로 신속하게 전파하고, 팀과 구성원이 변화 내용을 잘 이해하고 숙지하게 해서, 구성원들의 적극적인 참여와 노력을 이끌어내는 데 초점을 맞춰야 한다. 변화 추진을 위한 변화 관리 계획 및 커뮤니케이션 계획을 수립하고, 구성원들의 변화 추진 지원, 구성원들의 사고방식과 기술 역량을 현대화해나가는 동시에, 변화의 필요성, 변화 내용, 변화로 인한 효과와 장점

들을 구성원들이 잘 인지할 수 있도록 관련 데이터와 메시지를 기반으로 지속적으로 소통해나가야 한다. 성과 지표와 대응 지표를 검토해 기업 문화가 어떻게 얼마만큼 변화하고 있는지를 측정하고 시기적절한 변화의 메시지들이 모든 소통 채널로 잘 전파되고 있는지도 점검해나가야 한다.

클라우드 컴퓨팅으로 간다는 것은 곧 변화를 의미한다. 변화를 계획하고 추진해나갈 때 가장 어려운 영역 중 하나는 관련 구성원들의 태도와 사고방식을 변화시키는 것이다. 그렇기 때문에 리더는 변화 추진의 목표를 항상 이해하고 숙지해야 하고, 변화 추진의 성과 지표와 대응 지표를 적절히 활용해서 변화의 내용, 변화의 속도, 변화의 진척 수준을 관리해나가는 일이 상당히 중요하다. 검토 핵심 질문으로는 각 팀 구성원이 비전이 무엇인지 아는가 하는 것이다. 다음 사진처럼, 코끼리 전체를 볼 수 있는가 아니면 코끼리의 다리, 눈, 코처럼 각 부위만을 보고 있는가? 각 부위들이 전체 코끼리와 어떻게 연결되어 있는지 이해하고 있는가?

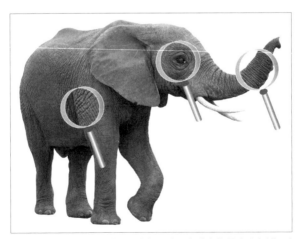

▲ **그림 2.3** 구성원은 코끼리를 보고 있는가? 코끼리 부위들이 어떻게 연결되어 있는지 이해하고 있는가?

예를 들어 다음과 같은 질문을 해볼 수 있다.

- 구성원은 이 변화 과제가 성공할 수 있을 것이라 믿는가?
- 고객과 서비스 공급자도 우리의 추진 내용을 이해하고 있는가?

- 구성원은 추진 일정 계획대로 진행하는 데 필요한 시간과 리소스가 적절하다고 생각하는가?
- 일을 수행하기에 적합한 구성원이 적재적소에 배치되어 제대로 일을 수행하고 있는가?
- 함께 참여하고 있는 그룹은 각자가 누구에게 무엇을 받아서 처리해야 하는지, 또 누구에게 무엇을 넘겨줘야 하는지를 잘 이해하고 추진하고 있는가?
- 전사적으로 표준 용어와 용어의 의미를 정의해서 잘 사용하고 있는가?

IT 산업을 하나의 원주민 종족으로 비유해보면, 이 종족은 그들이 사용하는 언어, 용어, 표준 문구를 갖고 있을 것이다. 이 IT 종족 내에는 클라우드 집단이 있어 그들만이 사용하는 방언이 있다고 가정하자. 종족 구성원 사이에 통용되는 관습, 의식, 그들만의 인사법도 있다. 관습과 방언 사용 방식을 통해 부족 사람들은 이 사람이 외부인인지 이 분야에 새로 들어온 사람인지, 또 부족에 위협이 될 만한 사람인지를 쉽게 식별하기도 한다. 공통 관행과 주변 인식이 부족한 상태이거나, 혹은 전혀 다른 언어를 사용하고 있을 경우, 이 집단들이 힘을 합쳐서 변화를 함께 추진해 성공적으로 진행해나가는 것이 가능한 일인가? 불가능한 일일 것이다.

클라우드로 전환하는 과정에서 점차 더 많은 서비스^{things-as-a-service} 방식을 사용하게 되는데, 변화 관리와 커뮤니케이션 계획을 통해 진행 방향을 정하고 체계적으로 추진해나갈 필요가 있다. 효과적인 커뮤니케이션 계획과 IT 거버넌스 전략을 심도 있게 다루려면 몇 권을 채울 정도로 범위가 상당히 크고 넓다. 변화 관리 계획과 전략을 수립하고 실행하기 위한 지침은 다음과 같다.

- 소통할 때는 해당 종족의 언어를 사용한다.
- 업계 표준 용어 및 의미를 사용한다.
- 가급적이면 권위 있는 소스를 활용한다.
- 모든 소통 시 데이터 기반으로 분석한 통찰을 제공한다.
- 기회가 있을 때마다 변화를 통해 얻어지는 장점들을 설명한다.
- 리더는 해당 종족의 언어, 관습과 의식에 익숙해야 한다.

다음 도표에서 설명하듯이 수요 영역의 거버넌스와 공급 영역 거버넌스의 관련성을 명확하게 해서 효율성과 효과를 높여나가야 한다. 항시 프로세스 개선 프로그램을 통해 성과지표의 적절성도 주기적으로 평가해 적절하지 않은 경우 해당 지표를 삭제하거나 변경하고, 필요시 적절한 신규 지표를 추가해나가야 한다.

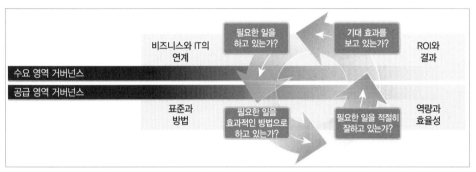

▲ 그림 2.4 IT 거버넌스와 추진 효율성 간 연결고리

▌ IT 서비스 관리

클라우드 컴퓨팅 솔루션을 구축할 때는 서비스 관리 프레임워크를 사용하게 된다. 클라우드 솔루션 설계 시에는 관련 조직의 서비스 관리 역량, 운영 스킬, 지속적 개선을 위한 준비 상태 등을 고려해서 진행해야 한다. 여러 기업에서는 **IT 서비스 관리**[ITSM, IT service management]의 효율성과 효과를 높이기 위해 **IT 인프라 라이브러리**[ITIL, IT Infra Library] 기반 산업 표준 프로세스를 도입하고 있다. ITIL은 ITSM을 4개의 영역으로 구성한다.

- **IT 인프라**: IT 서비스와 직접 관련된 기술 컴포넌트. 예를 들어, 서버에서 실행되는 **RHEL**[Red Hat Enterprise Linux] OS 인스턴스 등이다.
- **지원 서비스**: 고객 대면 IT 서비스를 제공하는 데 필요한 기본 인프라. IT 내부 서비스는 지원 서비스라 할 수 있다. DNS 서버를 예로 들면 호스트 이름을 사용해 RHEL 인스턴스를 사용할 수 있게 해준다.

- **IT 서비스**: 고객의 요청에 따라 제공되는 서비스. 각 IT 서비스는 해당 IT 인프라를 이용해 구현된다. IT 서비스는 IT 인프라 세트에 서비스 수준 계약^{SLA} 항목들과 운영 비용을 차별화해 여러 종류의 서비스로 나눌 수 있다. 예를 들면, 같은 RHEL 인스턴스라도 서비스 조건에 따라서 골드 서비스 또는 실버 서비스 형태로 제공할 수 있는 것이다. 골드 서비스에는 24×7 지원을 포함시키고, 실버 서비스에는 지원 조건을 8×5로 해서 서비스 가격을 상대적으로 저렴하게 제공될 수 있다.
- **ITSM 프레임워크**: IT 서비스 구현과 관련된 모든 활동을 관장하는 프로세스와 표준. IT 서비스의 등록, 운영, 해지할 때 사용하는 서비스 관리 프레임워크다. ITSM 프레임워크는 관련 IT 인프라, 지원 서비스, IT 서비스들의 관계를 정의하고 운영에 필요한 기능을 제공한다. 서비스 공급자들이 IT 서비스를 제시하고, (잠재) 고객은 해당 IT 서비스를 주문하고 사용한다.

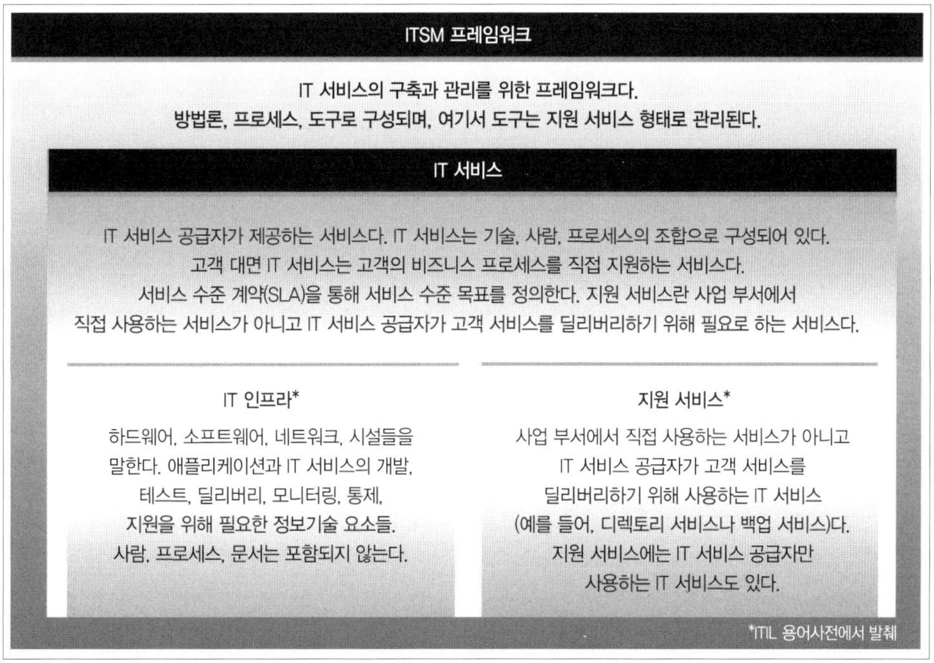

ITSM 프레임워크

IT 서비스의 구축과 관리를 위한 프레임워크다.
방법론, 프로세스, 도구로 구성되며, 여기서 도구는 지원 서비스 형태로 관리된다.

IT 서비스

IT 서비스 공급자가 제공하는 서비스다. IT 서비스는 기술, 사람, 프로세스의 조합으로 구성되어 있다.
고객 대면 IT 서비스는 고객의 비즈니스 프로세스를 직접 지원하는 서비스다.
서비스 수준 계약(SLA)을 통해 서비스 수준 목표를 정의한다. 지원 서비스란 사업 부서에서
직접 사용하는 서비스가 아니고 IT 서비스 공급자가 고객 서비스를 딜리버리하기 위해 필요로 하는 서비스다.

IT 인프라*

하드웨어, 소프트웨어, 네트워크, 시설들을 말한다. 애플리케이션과 IT 서비스의 개발, 테스트, 딜리버리, 모니터링, 통제, 지원을 위해 필요한 정보기술 요소들. 사람, 프로세스, 문서는 포함되지 않는다.

지원 서비스*

사업 부서에서 직접 사용하는 서비스가 아니고 IT 서비스 공급자가 고객 서비스를 딜리버리하기 위해 사용하는 IT 서비스 (예를 들어, 디렉토리 서비스나 백업 서비스)다. 지원 서비스에는 IT 서비스 공급자만 사용하는 IT 서비스도 있다.

*ITIL 용어사전에서 발췌

▲ **그림 2.5** ITSM 프레임워크

서비스를 제공하기 위한 IT 인프라를 구축하는 것과 ITSM 프레임워크를 혼동해서는 안 된다. ITSM 프레임워크의 핵심은 인프라 컴포넌트를 관리하는 것이 아니라, IT 서비스를 구축하는 데 필요한 모든 활동을 오케스트레이션하는 것이다.

예를 들어, 고객이 RHEL 골드 서비스를 요청하면 Red Hat Satellite[2]를 활용해 OS 이미지를 배포하는 것뿐만 아니라 CMDB^{Configuration Management Database}에서 서비스를 모델링하는 것, 이벤트 및 영향도 관리 모듈을 설정하는 것, 해당 운영 수준 계약^{OLA, operational level agreement}이 SLA에 포함되어 있는지 확인하는 것, 고객 대면 포털의 서비스 항목에 진행 내용을 리포팅하는 것 등을 포함해 관리할 수 있다. 이 같은 방식으로 ITSM 프레임워크를 활용해 IT 서비스와 관련된 요소들을 구조화하고, 서비스 오퍼링에 필요한 활동들을 구성 관리할 수 있다.

ITSM 적용 방법 외에도 다음과 같은 모범 사례도 적용해볼 수 있다.

- **기업 전체에 엄격한 표준 규칙 준수 시행**: 조직 내 거버넌스를 민첩하게 적용하고 변화를 신속히 달성하고자 할 때, 몇 가지 핵심 제약 조건을 강제화하면 상당히 효과적이다. 아마존의 제프 베조스^{Jeff Bezos}가 2002년에 "모든 [아마존] 팀은 앞으로 서비스 인터페이스만을 활용해 시스템 데이터와 제공 기능을 사용해야 한다. 이를 따르지 않을 경우 사직 처리된다."라고 강제적 제약 형태의 지시를 한 사례는 인터넷을 통해 아마존 밖에까지 널리 알려져 있는 내용이다. 인터페이스의 형태와 스타일은 해당 팀에서 결정해야 할 사항이지만, 언급된 제약 규칙을 따르지 않는 직원은 회사를 사직해야 했었다. 조직 내에 요구사항과 제약사항을 작지만 강력하게 시행하는 방식은 현대 IT 관리 영역에서 자주 다루는 주제다. 조직 운영 차이점 때문에 전체 조직 대상으로 새 모델을 강제화할 수 없는 경우에는, 모델을 검증할 수 있는 적절한 규모의 파일럿 프로젝트를 추진해서 성공을 입증하는 과정을 거치는 일이 상당히 중요해진다.

---

2   레드햇에서 만든 인프라 관리 솔루션 제품명이다. – 옮긴이

- **IT 표준화**: 표준화를 통해 운영 효율성을 확보할 수 있고, 전체 비용을 절감할 수 있으며, 신규 기능을 제공할 때 필요한 시간을 줄일 수 있다. 표준화를 통해 절감할 수 있는 수준은 전체 산업 평균으로 2/3로 알려져 있는데[3] 활용률을 높여서 실현되는 수치다. 대부분의 IT 구축 영역에서의 경제적 가치는 소프트웨어 개발 플랫폼으로 표준화를 적용하고, 또한 표준화된 운영 프로세스에 맞추어 지원 인력의 업무 효율성을 높여나가면서 올라간다.

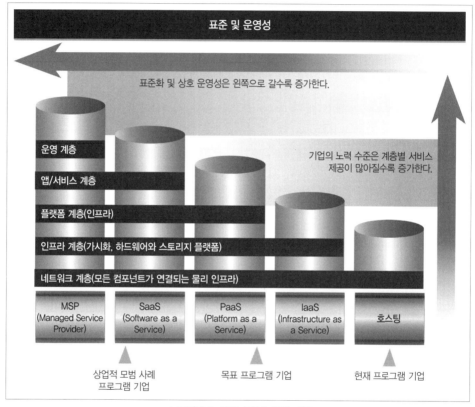

▲ 그림 2.6 공유 서비스 환경 개념

---

3 표준화를 하면 약 66% 수준의 노동력 절감을 할 수 있다. – 옮긴이

- **IT 변화 관리 표준화(프로세스 및 도구)**: ITIL 도입의 일환으로서, 해당 기업이 보유하고 있는 IT 자산에 대해 정확한 지식을 확보하는 것이 중요하며 ITIL 도입을 위한 변환 과제의 첫 번째 단계다. 일단 자산 식별이 1차 완료되면, 자산 변경 통제 지침과 관련 통제 프로세스를 가동하고 엄격하게 지켜지게 해야 한다. 이것은 인시던트 관리[incident management](복원 서비스, 사고 유형 및 동향 분석, 소통 개선), 문제 관리[problem management](근본 원인 분석, 기존 오류 문서화), 변경 관리[change management](예상치 못한 장애 최소화, 규정 준수를 위한 승인 관리, 신규 서비스 지원)를 효율적으로 처리하기 위한 기반이 된다. 이 프로세스가 표준화되지 못하고 다양한 버전으로 운영하게 되면 문제를 야기할 수 있고, 고객은 쉽게 그 문제점을 인지하게 된다. IT 변화 관리 표준화의 목표는 투명하고 효율적이며 일관된 프로세스와 서비스를 제공하는 것이다.

- **고객 요청 베이스 모델[customer-mandated model]에서 고객 중심 모델[customer-focused model]로 전환**: 고객 요청 베이스 모델 환경에서 솔루션 설계를 할 때는 최종 사용자의 요구사항과 지시사항을 기반으로 한다. 이러한 환경에서 솔루션을 유지 관리할 때의 문제점은 기술적으로 다양한 버전의 유사 솔루션들이 나올 수 있다는 것이다. 반면 고객 중심 모델에서는 광범위한 사용자와 시장[marketplace] 요구사항을 충족시킬 수 있는 솔루션을 설계한다. 솔루션 오퍼링은 서비스 사용 대상으로 정의된 특정 고객 세그먼트에 초점을 맞춘다. 예를 들어, 아마존 웹 서비스[Amazon Web Services]에서는 특정 버전의 윈도우와 특정 버전의 리눅스/유닉스만을 서비스하기 때문에 온디맨드 방식의 서비스를 매우 저렴하게 고객에게 제공할 수 있는 것이다.

- **모든 공유 서비스[shared service] 적극 활용**: 다음 다이어그램에서는 클라우드 기반 서비스를 활용해 얻을 수 있는 상호 운용성 및 효율성을 설명하고 있다. 표준화되는 컴포넌트가 점차 많아짐에 따라 서비스 개발 시간과 노력도 줄어들고, 전반적인 시스템 복잡성도 감소한다. 기업 서비스와 클라우드 서비스 수준이 성숙해감에 따라 기업의 퍼포먼스[performance]가 점차 높아지면서 전문화된 IT 서비스를

할 역량이 갖춰지고, 이를 통해 각 비즈니스 프로세스에 특화된 애플리케이션을 제공할 수 있게 된다.

- **공통 표준 딜리버리 패턴 활용**: 클라우드 컴퓨팅 솔루션을 설계할 때는 기존 클라우드 서비스를 실시간으로 활용해 구성하는 방식으로 설계해야 한다. 다음 도표는 표준 딜리버리 패턴이 가져야 하는 공통 개념을 설명하고 있다. 이 도표에서 맨 왼쪽은 전사적 패턴 혹은 소프트웨어 세트를 나타내며, 특정 사업 부서를 지원할 때 적용할 수 있다. 이 도표에는 공통 개발 환경의 개념도 포함되어 있다. 공통 개발 환경은 PaaS 혹은 표준 전사 개발 환경 및 표준을 의미하며, 특정 배포 패턴에 맞는 소프트웨어 컴포넌트들을 사용한다. 산업에서 인증된 솔루션을 신속하게 개발하고 적용하려면 개발 환경과 운영 환경을 산업 표준에 맞추어 구성하고 검증하여 개발에서 실제 서비스 환경으로 배포되는 절차가 잘 연계되어 동작되도록 해야 한다.

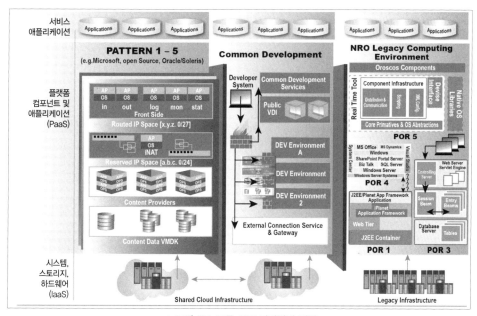

▲ 그림 2.7 공통 표준 딜리버리 패턴

클라우드 컴퓨팅 솔루션 카탈로그 아키텍팅

ITIL 권장사항에 부합하려면 제공 가능한 기술 서비스는 고객이 인식할 수 있는 형태의 엔터프라이즈 IT 서비스로 표현돼야 한다. 공급 조직에서 제공하는 IT 서비스 카탈로그에는 고객이 클라우드 솔루션을 검토, 선택, 획득하는 데 필요한 모든 정보를 제공해야 한다. 하향식^{top-down} 접근법(비즈니스 관점에서)과 상향식^{bottom-up} 접근법(기술 및 가용 기술 서비스 뷰 기반) 모두 사용되고 있지만, 업계 모범 사례를 통해 살펴보면, 상향식 접근법이 훨씬 더 효율적이라는 사실을 알 수 있다. 그 이유는 상향식 접근법이 활용 가능 기술과 기술 서비스처럼 실제 존재하는 것을 기반으로 하기 때문이다.

기술 서비스를 클라우드 솔루션으로 매핑하려면 아키텍처와 딜리버리 관련 표준이 필요하다. 이 영역에 표준화가 되어 있지 않으면 IT 외부와 IT 내부 경계 간 매핑이 불가능하다(예를 들어 RHEL 빌드 및 딜리버리 표준을 유지하고 있지 않은 경우, 고객이 RHEL 골드 서비스를 주문할 때마다 고객은 다른 빌드 버전을 받게 될 수 있다). IT 서비스 관리의 목적과 취지에 부합하려면 아키텍처와 딜리버리 관련 표준을 전체 기술 영역에 걸쳐 정의하고 강제화해야 한다.

클라우드 컴퓨팅 솔루션을 개발할 때는 가용 서비스를 표준화와 재활용 관점에서 비즈니스 요구사항과 효율적으로 매핑될 수 있는 형태로 구조화하는 일이 상당히 중요하다. ITIL에서는 이 작업을 서비스 설계라고 하며, 서비스 설계 단계에서는 신규 비즈니스 요구사항과 향후 비즈니스의 전개 방향도 솔루션 개발 시 반영해야 한다. 클라우드 솔루션 개발 시 고려해야 하는 비즈니스 측면은 다음과 같다.

- 비즈니스 프로세스 및 기능 서비스 요구사항 정의(예: 텔레세일즈^{telesales}, 송장 발행, 주문, 신용 확인)
- 서비스 공급자가 기업 고객이나 사용자에게 제공하고 있는 서비스나 솔루션(예: 이메일, 비용 청구)
- 제공 서비스의 수준, 범위 및 품질을 명시하는 서비스 수준 계약^{SLA}

- 인프라: 서버, 네트워크, 스위치, 클라이언트 기기 등 사용자에게 서비스를 제공하기 위해 필요한 IT 장비 일체
- 인프라 보안 및 운영에 필요한 환경 요구사항
- 비즈니스 프로세스 실행할 때 요구되거나, 서비스 제공을 위해 필요한 데이터
- 비즈니스 프로세스의 기능 요구사항을 구현하거나, 데이터를 가공 처리하는 애플리케이션
- SLA에 명시된 서비스 품질을 제공하기 위해 필요한 각종 **운영 수준 계약**[OLA], 공급계약서, 기타 기반이 되는 계약서
- 모든 관련 작업을 실행하기 위해 필요로 하는 지원 서비스
- 서비스의 실행과 운영에 필요한 모든 프로세스 혹은 절차
- 레벨 2와 레벨 3 수준의 지원 서비스를 사용자와 관련 서비스 컴포넌트에게 제공하는 내부 지원 팀
- 레벨 2와 레벨 3 수준의 지원 서비스를 사용자와 관련 서비스 컴포넌트에게 제공하기 위해 필요한 외부 협력 업체 혹은 판매업체

클라우드로 가는 것 자체가 모든 것의 해답은 아니다. 클라우드가 적합한지 판단해보기 위해서는 먼저 솔루션 컴포넌트 각각에 대해 개별적으로 평가해야 한다. 각 솔루션 컴포넌트가 클라우드 환경에서 장점들이 있다고 평가되면, 다음으로는 다른 컴포넌트와의 관계를 식별하고, 상호 연계, 상호 의존성을 분석해봐야 한다. 그 결과 장점들이 그대로 유지되거나 더 늘어난다면 클라우드로 가는 것이 좋은 선택이 된다. 이러한 방식으로 진행함으로써 분석 데이터 기반으로 효율적이고 수월한 소통을 할 수 있게 되고, 관리 가능한 리스크 범주 안에서 기술, 전략, 경제성 측면의 비즈니스 요구사항들을 균형 있게 반영한 솔루션을 개발해나갈 수 있다.

다음은 ITIL 권장사항들이다. 각 솔루션 컴포넌트는 다음과 같은 구성 관리 템플릿의 9개 범주에 맞춰서 문서화해야 한다.

- **설명**^{description} : 표준화된 다이어그램과 간단한 텍스트 형태로 개별 솔루션 컴포넌트를 설명한다.

- **수명 주기**^{life cycle} : 기업 내 솔루션 컴포넌트의 개별 수명 주기를 정의한다. 기업에서 관리하는 솔루션 수명 주기는 벤더^{vendor}에서 얘기하는 솔루션 수명 주기와는 다른데, 이는 기업에 적용된 솔루션은 기업에 적용할 때 기업 표준에 맞추어 벤더 솔루션을 커스터마이징할 수도 있기 때문이다.

- **프로비저닝**^{provisioning} : 솔루션 컴포넌트의 프로비저닝 방법을 기술 관점에서 설명한다. 솔루션 컴포넌트에 필요한 프로비저닝 프로세스는 산출물 관리 프로세스와 운영 매뉴얼^{runbook}에서 설명한다.

- **구성 관리**^{configuration management} : 구성 관리 프레임워크에서 솔루션 컴포넌트의 설치/구성과 관련된 요구사항을 설명한다. 여기에는 CMDB 템플릿과 구성 관리 보고서가 있다.

- **보안**^{security} : 배포 및 운영 단계 동안 반드시 충족해야 하는 솔루션 컴포넌트 보안 요구사항을 기술적, 프로세스 측면에서 설명한다.

- **모니터링**: 솔루션 컴포넌트의 작동 상태를 모니터링하는 데 필요한 기능

- **프로세스 및 운영 매뉴얼**: 프로비저닝 같은 솔루션 컴포넌트와 관련된 일회성 작업을 설명한다. 운영 매뉴얼에는 일상 작업 방법에 초점을 맞추어 기술하고, 특정 솔루션과 관련된 예상 문제에 대한 조치 방법도 같이 기술한다. 예를 들면 하우스 클리닝, 백업/복원, 감사, 장애 조치가 있다. 프로세스 설명서와 운영 매뉴얼에는 솔루션 컴포넌트의 프로비저닝, 운영, 해지를 포함해서 수명 주기 전체를 설명해야 한다.

- **재무**^{financials} : 기술 기반 비용을 **자본 지출**^{CAPEX, Capital Expenditure} 및 **운영 지출**^{OPEX, Operational Expenditure}로 설명한다. 여기에는 IT 서비스 관련 비용 항목은 포함하지 않는다. 예를 들면 시스템 관리자 지원 업무 같은 항목인데, 이 비용은 관련 IT 서비스 오퍼링에 따라 달라질 수 있다.

- **청사진**^{blueprint} : 솔루션 컴포넌트의 기술 구현에 관한 내용을 자세하게 설명한다. 엔지니어링 팀의 경우, 하나의 컴포넌트를 여러 고객을 대상으로 개발하는 방법

을 청사진에 정의하며, 해당 컴포넌트에 대한 기술 상세 정보도 함께 기술한다.

솔루션 자체는 다음 12가지 범주에서 문서화해야 한다.

- **설명**: 표준화된 다이어그램과 간단한 텍스트 형태로 개별 솔루션 컴포넌트를 설명한다.
- **비기능 요구사항**^{NFR, non-functional requirements}: 솔루션 요구사항은 표준에 맞고 명확하게 기술해야 한다. NFR에는 두 가지 범주가 있다.
    - 역량^{capabilities} 요구사항: 인프라 컴포넌트가 제공하는 기능과 특징을 설명한다.
    - 품질^{QoS, qualities of service} 요구사항: 역량 요구사항에서 표현되지 않은 사용자 기대사항을 기술한다.
    - RPO^{Recovery Point Objective}(복구 시점 목표) 및 RTO^{Recovery Time Objective}(복구 시간 목표): 데이터 센터 내 장애 전환^{failover}, 데이터 센터 간 장애 전환 목푯값을 기술한다.
- **필수 솔루션 컴포넌트**: 각 솔루션에서 필요로 하는 솔루션 컴포넌트를 기술한다.
- **수명 주기**: 주로 솔루션에서 사용하는 개별 솔루션 컴포넌트의 수명 주기를 기반으로 솔루션 수명 주기를 기술한다.
- **프로비저닝**: 솔루션 프로비저닝은 사용된 솔루션 컴포넌트의 프로비저닝 집합이다. 단, 일부 솔루션의 경우 사전에 다른 솔루션을 프로비저닝할 필요가 있을 수 있다.
- **구성 관리**: 구성 관리 프레임워크에서 솔루션 컴포넌트의 설치/구성과 관련된 요구사항을 설명한다. 여기에는 CMDB 템플릿과 구성 관리 보고서가 있다.
- **보안**: 솔루션 보안은 솔루션 단위로 기술하지 않고 개별 솔루션 컴포넌트 단위로 기술해야 한다. 이 경우 대부분의 솔루션은 추가 보안 고려사항이 필요하지 않다.
- **모니터링**: 전체 솔루션 모니터링은 개별 솔루션 컴포넌트 모니터링 기능의 집합이다. 솔루션 차원의 모니터링에는 각 솔루션 컴포넌트로부터 발생한 이벤트의

관계를 정의하거나 중복성을 제공하는 방법을 정의해야 할 경우도 있다. 이 경우 복원력 평가 영역에 설명하고 있는 시나리오 내용과 해당 정의 내용이 상호 일치해야 한다.

- **복원력 평가**^resiliency assessment: 기술 관점의 장애 시나리오를 모두 설명하되 운용 실수로 인한 장애는 포함하지 않는다. 여기에는 장애 설명, 모니터링 컴포넌트가 장애를 감지하는 방법, 복원 조치 방법을 기술한다. 장애 영향도는 대체적으로 다운타임, 데이터 손실과 같은 QoS 유형 NFR 항목으로 표현하고, 장애 시나리오 중에서 가장 심한 케이스가 솔루션 단위의 QoS NFR이 된다.
- **프로세스 및 운영 매뉴얼**: 사용된 솔루션 컴포넌트 단위로 표현하고 정리한다. IT 서비스 프로세스를 솔루션 컴포넌트 단위로 기술한다 하더라도 IT 서비스는 솔루션을 매핑해서 구성한 것이기 때문에, 컴포넌트 프로세스의 포장^wrapping 역할을 하는 IT 서비스만의 프로세스 단계도 사용하게 된다.
- **재무**: 솔루션에서 사용하는 컴포넌트의 기술 기반 비용을 자본 지출^CAPEX 및 운영 지출^OPEX로 표현한다.
- **청사진**: 해당 솔루션과 관련된 청사진 목록을 기술한다. 솔루션 컴포넌트를 조합해 솔루션을 구성하고 솔루션 컴포넌트가 제공하는 기능만을 활용하는 경우에는 솔루션 자체 청사진은 기술하지 않는다.

ITSM 프레임워크를 통해 IT 서비스와 솔루션을 매핑하는 것이 상당히 중요하며 솔루션 컴포넌트, 솔루션, 딜리버리 패턴의 관계 정보도 함께 관리한다. 다음과 같은 방법으로 추진할 수 있다.

- 고객이 IT 서비스를 주문한다.
- IT 서비스와 하나의 솔루션을 매핑한다.
- 솔루션에 필요한 솔루션 컴포넌트와 복합 솔루션 컴포넌트를 식별한다(배포는 솔루션 단위로 되는 것이 아니고 솔루션 컴포넌트 단위로 한다).
- 각 솔루션 컴포넌트를 배포한다.
- 솔루션 컴포넌트를 활용해 솔루션을 재구성하고 IT 서비스와 솔루션을 매핑한다.

┃ 요약

클라우드 컴퓨팅 솔루션 구축에 성공하려면 효과적인 IT 거버넌스와 변화 관리 기반 위에서 추진해야 한다. 2장에서는 클라우드 구현 전략 옵션과 IT 서비스 관리를 상세히 다뤘고, 이를 통해 클라우드 도입 한계점을 넘고자 했다. 또한 서비스 공급업체의 제공 서비스를 고객에게 소개하고 설명할 때 사용하는 솔루션 카탈로그에 대해서도 다뤘다.

03

설계 고려사항

클라우드 컴퓨팅은 기술의 혁신이기보다는 경제성 관점의 혁신이라 할 수 있다. 설계, 경제성 모델, 리스크 프로파일, 전략, 기술 결정 과정을 통해 클라우드 컴퓨팅의 여러 관점을 생각해볼 수 있다. 이 절에서는 여러 가지 사고 과정 진행 방법, 즉 클라우드의 핵심을 벗어난 잡음 제거, 실제 해결해야 할 비즈니스 과제에 지속적으로 집중하는 방법, 비즈니스 과제를 해결해나갈 솔루션과 매핑하는 방법을 설명한다.

3장에서 다루는 내용은 다음과 같다.

- 설계를 위한 기초: 사고 과정
- 설계를 위한 기초: 기술 관점이 아닌 경제성 관점에서의 클라우드
- 설계를 위한 기초: 계획 수립
- 비즈니스 전략 및 목표 이해

▌ 설계를 위한 기초: 사고 과정

클라우드는 단순하고 빠르기도 하면서 많은 문제를 해결해준다고 여겨져 왔다. 기업에서 클라우드 설계 작업에 깊이 들어가기 시작하면서, 클라우드로 가는 것이 언제나 단순한 것도 아니고, 항상 저렴한 것만도 아니며, 또 기대하는 만큼의 결과가 무조건 나오는 것도 아니라는 사실을 이해하기 시작했다. 클라우드 도입 사례를 보면 사회 문화 관점에서 상당한 어려움을 많이 겪었던 경우도 있었다. 설계 결과도 도입 기업들의 다양한 기대사항에 부응하지 않는 경우가 많았다. 그래서 이 책 전반에 걸쳐 설명하는 것은, 초기 식별된 요구사항들은 클라우드 도입 프로젝트를 추진하기 위한 목적으로 먼저 활용하고, 프로젝트 진행 과정 속에서 요구사항 검증에 필요한 추가 데이터를 수집하고 분석 과정을 통해 신속히 요구사항을 구체화해나가야 한다는 점이다. 궁극적으로 성공적인 설계를 하려면 경제성 관점, 전략 관점, 기술 관점 요구사항들과 관련 리스크들이 동시에 조화를 이룰 수 있게 해야 하며, 이들 요구사항 간의 균형을 맞추는 과정을 통해 리스크와 경제성이 잘 조율된 상태를 유지할 수 있다.

클라우드 컴퓨팅을 도입하면, 도입으로 인한 변화의 영향도가 거의 모든 구성원에게까지 미치게 되는데 이것은 우리 산업에서는 드문 일이다. 변화를 받아들이는 데는 많은 어려움이 동반된다. 변경된 프로세스와 변경된 작업 방법에 맞춰가면서 변화 과정을 받아들여야 한다. 구성원들이 정신적, 감정적으로 변화 과정을 받아들이지 못하면 프로젝트는 지연되고 예산은 초과될 것이며, 결국 실패할 수도 있다. 변화를 수용하고 기업 문화의 변화로 이끌 수 있는 길은 오직 데이터를 활용하는 방법뿐이다.

예를 들어, 어떤 기업에서 개발자에게 앞으로 추진할 프로젝트는 다른 클라우드 공급자를 활용해야 한다고 지시했다고 가정해보자. 이 개발자가 다른 클라우드 공급사를 활용하려면 기존의 프로세스와 작업 방법을 변경해야 할 것이며, 신규 시스템과 애플리케이션, 도구를 익히는 데까지 상당한 학습 곡선을 거쳐야 될 수도 있다. 기존 환경에서 클라우드로 가는 경우가 아니라 기존 클라우드에서 다른 클라우드로 전환하려는 경우를 예로 든 것이다. 이 경우 만약 이 개발자가 이전 공급업체와 협력 관계가 좋았다면, 프로젝트가 잘 진행될 것인가? 만약 이 개발자가 기존 도구와 프로세스에 아주 익숙해서 상당히 효율적면서도 빨리 일처리를 해왔다면? 그런데 만약 신규 공급자가 서버를 30% 더 저렴한 가격에 제공할 수 있다는 사실을 개발자가 알게 된다면 어떻게 될 것인가? 그러면 개발자는 동일한 예산으로 지금보다는 3배 많은 서버를 취득해 활용할 수 있게 될 것이다. 좀 더 나아가서 더 많은 컴퓨팅 리소스뿐만 아니라 도구 통합, 프로세스 자동화 도구가 제공되어 전체 생산성이 10배 이상 증가한다면 어떻게 될까? 이처럼 클라우드 도입을 촉진하는 데 데이터를 활용하는 것이 상당히 도움이 된다.

설계 고려사항 논의를 위해서는 사고 과정을 일관성 있게 진행해야 한다. 프로세스 지향적 사고process-oriented thinking를 일관되고 체계적으로 진행하면 다음과 같은 몇 가지 일을 성취하는 데 도움이 될 것이다.

- 잡음 제거
- 복잡한 절차의 신속한 진행
- 제약 및 목표에 대한 집중 유지
- 관련 분석 결과의 빠르고 정확한 해석
- 제약 조건을 충족하는 최적의 솔루션 식별
- 전략 최적화 기회를 신속하게 식별

▎ 설계를 위한 기초: 기술 관점이 아닌 경제성 관점에서의 클라우드

대부분의 사람들이 믿고 있는 것과는 달리, 클라우드는 기술 혁신이라기보다는 경제성 관점의 혁신이다. 클라우드는 가상화 기술을 기반으로 하는데 가상화는 새로운 기술이 아니다. 가상화는 60년대 초 IBM 메인프레임, 즉 CP-40을 시작으로 50년 이상 된 기술이다. 과거 수십 년 동안 IT 담당자들은 업무와 과업 워크로드를 처리하기 위해 더 나은 하드웨어와 더 나은 시스템 활용률을 확보하려 노력해왔다. 가상화 기술 개발은 IBM 연구소와 MIT의 과학자와 수학자로부터 시작됐으며, 복잡한 계산 수행에 활용하려는 목적이었다. 그들은 많은 일을 완료하려고 노력했는데, 그 당시 한 시스템에서는 하나의 과업만 수행해야 한다는 제약이 있었다. IBM은 여러 개의 인스턴스를 생성해서 동일한 시간에 더 많은 작업을 완료할 수 있는 방안을 연구했는데, 이 과정에서 메모리 가상화 기술을 개발했다. 가상화 기술은 1963년경에 처음 개발됐고, 상업용 가상화 시스템은 1967년경 최초로 출시됐다.

이 책 전반에서 반복적으로 논의하는 내용은 성공적인 클라우드 설계를 위해서는 전략 관점, 기술 관점, 경제성 관점 요구사항들의 균형을 맞춰야 한다는 것이다. 클라우드 컴퓨팅과 가상화는 기술 관점의 혁신이 아니다. 컴퓨팅 리소스를 최대한 낮은 가격에 최대한으로 활용하자는 전략은 가상화 기술이 나오기 전부터 있었고, 오랜 기간 동안 지속돼왔던 것이기 때문에 전략 관점에서의 혁신으로 보기에는 무리가 있다. 클라우드는 경제성 관점에서의 진정한 혁신으로 봐야 한다. 클라우드의 주된 이슈는 기술 관점적이었다기보다는 "어떻게 사용료를 계산해서 고객에게 청구할 것인가?"와 같은 질문에 있었다. 즉, 초 단위, 분 단위, 시간 단위의 기간 동안 프로세서, RAM을 얼마만큼 사용했는지, 정확하게 비용을 청구하는 방법을 찾기가 쉽지 않았다는 것이다. 사용자가 시간당 사용료 기반에서 특정 컴퓨팅 리소스를 일정 기간 동안 사용할 수 있고, 또 이 컴퓨팅 리소스를 잠시 멈춰둔다거나, 반납도 할 수 있게 해주고, 그리고 사용한 기간에 대해서만 사용 비용 청구를 받는다는 것은 경제성 관점에서 볼 때 진정한 혁신으로 인식됐다(AWS가 초기 IaaS 종량제pay as-you-go 모델이라고 알려져 있다). 고가의 컴퓨팅 리소스를 구매하는 데 막대한 자본을 투자하지 않고도 해당 컴퓨팅을 바로 사용할 수 있고 또 사용한 만큼의 운영 비용만 지불하면 된다는 사실은 비즈니스를 추진하는 조직에게 상당히 긍정적인 영향력이 된다. 이 같은 공급사의 비즈니스 모델 혁신을 통해 기업들은 구축 초기부터 대규모 자본을 투자할 필요성이 줄어들었으며, 또한 이러한 장점들을 벤치마킹해 각종 리소스를 서비스형 모델로 공급하려는 시도들이 확대됐다.

클라우드는 새로운 기술, 새로운 사고 과정, 새로운 설계 접근 방식을 필요로 하기 때문에 전략 관점, 기술 관점, 경제성 관점 측면에서 균형을 잡아가는 데 많은 시간과 노력이 든다고 이 책 초반에 언급했다. 성공적인 아키텍처를 수립하려면 전략, 경제성, 기술 측면의 요구사항을 동시에 해결해야 한다. 기술 관점에서는 거의 완벽한데 구축 비용이 너무 많이 든다면 결코 좋은 설계라 할 수 없다. 기술 관점에서는 완벽하고 비용도 적절한데 전략 관점에서 볼 때는 잘못된 경우도 좋은 설계라 할 수 없을 것이다. 전략 측면, 경제성 측면, 기술 측면, 이 모두를 다 반영해야 성공적인 설계라 할 수 있다. 이 때문에 클라우드 아키텍트에게 필요한 역량은 새로운 사고 과정이다. 즉, 서비스 이름, 마케팅 자료에 설명된 수준의 기능 이해를 넘어서 각 서비스와 기능의 차별화된 특징과 속성을 활용해 계층별로 체계적으로 해결해나가는 연구 과정을 말한다. 클라우드 아키텍트는 높은 기술력과 함께 경제성 관점, 리스크 관점의 전략을 이해하고 정리해나갈 수 있는 역량도 필요로 한다. 성공적인 클라우드 아키텍트들은 기술의 고수라기보다는 CFO에 더 가깝다고 생각해야 한다. 성공적인 클라우드 아키텍트는 변화를 목표로 하는 과제가 추진됐을 경우, 예상 비즈니스 리스크를 식별할 수 있어야 한다. 경제성 측면에서 볼 때, 단기적 및 장기적으로 비즈니스에 미치는 영향은 무엇인가? 해당 사업부가 이 변화로 인해 어떤 문화적인 영향을 받을 것인가? 사업 부문은? 전체 회사 측면에서는? 구성원들에게는 어떤 영향을 줄 것인가? 회사 조직 구조를 바꿀 필요는 없는가? 이렇듯이 클라우드 아키텍트가 과업을 추진하는 데는 기술 지식 이상의 것이 필요하다. 클라우드 아키텍트는 기술 관련 미팅에서처럼 전략 관련 미팅을 하는 데도 익숙해야 한다. 사업 재무 지식과 비즈니스 경제성 측면의 지식 등에 관한 교육 수강을 하는 것도 관련 기술 교육만큼 중요하다.

클라우드가 기술 관점의 혁신이라기보다는 경제성 관점의 혁신이기 때문에, 설계 진행 과정에서 기술 정보는 사고 과정의 뒷부분에서 다룰 내용들이 될 것이다. 여러 사례를 통해 볼 때 기술 정보는 요구사항이 아닌 최종 결정 요소가 됨을 알 수 있다. 협상 불가능한 요구사항들로 그룹화해서, 각 요구사항들의 기본 개념과 경제성 측면에서의 영향도 분석을 진행해보면 그것들이 전략 관점과 일맥상통한 것인지 아닌지를 식별해낼 수가 있다. 요구사항들을 충족시킬 수 있는 솔루션 방안들이 너무 많이 제시되는 경우라고 한다면, 요구사항 변경을 시도해볼 수도 있고, 전략 최적화 작업도 대안이 될 수도 있으며, 경제적 관점의 요구사항들을 재검토해볼 수 있다. 그렇다고 기술적인 내용이 필요하지 않거나 가치가 없다는 말은 아니다. 핵심은 기술 관점의 상세 내용은 솔루션의 방향이 어느 정도 결정되는 상황에서 미세 조정을 하거나 최적화하고 좀 더 완벽한 형태로 만들 때 사용한다는 것이다.

예를 들어, 오늘날의 외과 수술을 보면 중세 때의 수술과는 비교할 수 없을 만큼 발달되어 있다. 로봇을 사용해 상세하고 정교하게 레이저 유도 외과 수술을 하는 시대이기 때문에 수술 내용과 방향이 잡히면 이러한 기술을 활용해 좀 더 정교하게 수술을 진행할 수 있는 것과 유사하다고 할 수 있다.

클라우드 아키텍트의 사고 과정은 다음 다이어그램과 같다.

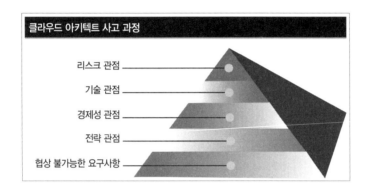

빌딩 건축 프로젝트를 진행하려면 건축을 위한 견고한 토대가 필요하다. 클라우드 설계도 마찬가지다. 진행하다가 부분적으로라도 설계 방향을 변경하려고 하면 비용이 많이 들기도 하고 쉽지 않을 수 있다. 고층 건물을 짓는다고 가정해보자. 한창 20층쯤 건물을 올리고 있는 가운데에 기반 영역에 치명적인 결함이 있다는 사실이 발견돼 전체를 다 허물고 다시 처음부터 건축을 진행해야 하는 상황이 된다면 얼마나 고통스러울 것인가? 클라우드 설계에서도 설계를 성공적으로 하기 위해 필요한 요소들이 있다. 다수의 설계자들은 스토리지, 컴퓨팅, 네트워크 같은 기반 기술을 가지고 시작한다. 그리고 프로젝트 진행 과정에서 실제로 제대로 된 방향으로 진행되고 있는지 모르는 채 기술적으로 점점 더 깊이 들어가는 경우도 많다. 그러다 예산 심의 과정이나 프로젝트 중간 보고 때 진행

승인이 나지 않거나 중단되는 상황을 겪기도 한다. 다이어그램에서 보여주는 것처럼 이 프레임워크는 추진 방향이 다르다. 기술 요소는 절차상 뒤에서 다룬다. 이러한 사고 과정에 따라 설계를 진행할 경우, 제일 먼저 해야 할 일은 협상 불가능한 것들을 식별해 정리하는 것이다. 협상 불가능한 요구사항의 예를 들면 법적 요건들, 지리적 특성, 산업 특성에 따른 요구사항, 프로젝트 목표, 전략적 요소 등이 있다. 이 같은 협상 불가능한 제약사항, 요구사항이 기반이 되고 그 위에 다른 요건들을 올려놓아야 한다. 만약 이 중에서 변화 가능성이 있는 것이 있다고 하면, 그것은 실제 요구사항이 아닐 수도 있고, 협상 불가능한 요구사항으로 다뤄서는 안 된다. 일단 협상 불가능한 요구사항들의 집합을 정리하고 나면, 상세 분석을 통해 프로젝트의 성공 요소들을 도출해낸다. 예를 들면 비즈니스 동인business drivers, 추진 전략, 솔루션 가치 제안value proposition, 경제성 모델, 기업과 해당 산업에서 선호하는 특징을 식별하는 일들이다. 다이어그램처럼 설계를 진행할 때는 항상 이와 같은 사고 과정의 순서로 진행해야 하며, 협상 불가능한 요구사항과 제약사항을 정리하는 것부터 진행해서 위의 계층으로 올라가는 방식으로 진행하되, 위 계층의 과업을 진행할 때는 아래 계층에 정리된 목표와 제약사항을 충족시킬 수 있도록 관련된 분석과 방안을 도출해야 한다.

모든 추진 상황에서 시나리오를 개발하거나, 설계를 하고, 컴포넌트를 구축할 때도 동일한 사고 과정으로 진행해야 하며, 다음과 같은 순서의 질문을 참조할 수 있다.

- 협상 불가능한 제약사항과 특성에는 어떤 것들이 있는가?
- 경제성을 나타낼 수 있는 항목에는 어떤 것들이 있고 각각의 영향도는 어떠한가?
- 위의 것들이 추진 전략에 어떤 영향을 미치는가?
- 차별성을 나타낼 수 있는 기술 항목과 특성에는 어떤 것들이 있는가?
- 비정상적인 것들이 있는가? 추진 내용과 관련해 심각한 리스크가 있는가? 경제성 관점에서 영향도는 어떠한가?

▌설계를 위한 기초: 계획 수립

계획을 미리 만들어놓는다는 건 불가능한 일이다. 계획을 수립하는 사람을 아키텍트 또는 설계자라 부른다. 일련의 정교화된 계획을 수립하지 않고서는 건물을 지을 수 없다. 경계 범위 분석, 사이트 계획 작성, 건물 면적 설계 등의 관련 과업을 통해 아키텍트(설계자)는 설계의 대상 범위와 규모를 정의하고, 프로젝트가 항상 그 범위 안에서 추진되게 한다. 설계 결과물에 대상 범위를 벗어난 것들이 있을 경우 부적격의 사유가 되고, 나아가서 잘못된 설계물로 판단받기도 한다.

클라우드 아키텍처와 설계는 거의 동일한 방식으로 운영된다. 먼저 추진해야 할 일의 범위를 정하는 것이다. 즉, 수용 가능한 요구사항과 수용 불가능한 요구사항을 식별해서 정리해야 한다. 그리고 모든 질문의 궁극적인 목적은 어떤 것이 프로젝트의 성공 요인이고 어떤 것이 실패 요인인지를 명확하게 이해하는 데 있다. 이것은 마치 집을 짓는 것과 유사한데, 건물을 설계할 때 만약 차고 공간으로 5대의 차를 주차할 수 있게 했는데, 부엌으로 사용할 공간이 없다면 잘된 설계라 할 수 있겠는가? 요구사항이 다 취합됐는지 확인하는 작업을 누락했기 때문에, 협상 불가능한 제약이나 필수 요건을 반영하지 못했다고 볼 수 있다. 클라우드 컴퓨팅을 추진함에 있어서도 마찬가지다. 만약 올바른 요구사항을 다루고 있지 않다면, 제대로 된 설계 결과물을 만들어낼 수 있을 것인가? 그래서 첫 번째 질문은 "올바른 요구사항을 어떻게 식별해낼 것인가?"여야 한다.

올바른 요구사항을 식별해내기 위해서는 진행형 방식의 질문을 활용해야 한다. 즉, 첫 번째로 원하는 것과 필요로 하는 것들을 식별해낼 수 있는 질문을 하는 것이다. 그래서 협상 불가능한 것들을 식별하고, 그 요구사항과 제약사항의 기반이 되는 것은 무엇이며, 출처가 어디인지 정리한다. 어떤 변화가 발생한다고 하더라도 해당 질문에 대한 답이 항상 같은 것들이란 무엇인가? 이러한 것들은 가격 조건이 더 좋아진다고 해서, 또 최근 트렌드를 소개하는 잡지 기사들 때문에 변경되지 않는다. 기반이 되는 요소들은 정말 협상 불가능한 것들이다. 현재까지 수집한 데이터와 이해하고 있는 사실들을 기반으로 정리함으로써, 협상 불가능한 기반과 계층을 가진 설계 결과물이 어떠한지를 개략적으로 이해할 수 있게 된다. 이 단계에서는 건축할 대상의 범위를 그렸고, 다음 단계에서는 이 범위를 이해한 상태에서 이 위에 올릴 요소들의 설계를 시작할 것이다.

협상 불가능한 요구사항과 제약사항은 반드시 경제성 관점, 전략 관점, 기술 요소를 조합해서 표현해야 한다. 설계를 성공적으로 진행하려면 이들 요소를 필요로 한다. 따라서 설계 기반이 되는 계층에 이들 요소가 있어야만 하는 것이다. 기반을 제대로 구축하기 위해서는 이 협상 불가능한 요소들이 서로 조화가 될 수 있도록 정리해야 하며, 제약사항과 구축 범위 내에서 균형을 맞춰야 제대로 된 설계를 진행해나갈 수 있다.

설계를 계속 성공적으로 진행해나가기 위해서는 많은 요소를 고려해야 한다. 이번 단계에서 진행해야 할 요소는 범위 설정이며, 그러기 위해서는 아직까지 구분선이 없는 영역이 어디인지를 이해해야 한다. 수집된 요구사항과 제약사항 목록을 토대로 수용 가능한 것과 수용 불가능한 것을 분리해나감으로써, 더 진행해봤자 효과가 없어 보이는 것은 초기에 제거하고 효과가 있는 것에 집중할 수 있도록 하는 것이다. 이 중에는 필수적이면서 협상 불가능한 요구사항이 있다. 이런 것은 이미 정해져 있는 것이고 변경할 수 없는 요소다. 예를 들면, 지리적 요건 같은 것이다. 지리적 요건은 대체로 협상할 수 없는 영역에 속한다. 예를 들어 서비스가 필요한 곳에 서버가 배치돼야 한다는 지리적 요구사항이 있을 경우, 서비스를 할 지역이 캘리포니아라면 싱가포르에서 구축할 때의 비용이 조금 더 싸다고 해서 싱가포르에 구축하게 되지는 않을 것이다. 협상 불가능한 요구사항과 제약사항은 솔루션을 설계할 때와 설계 시나리오를 개발할 때 큰 영향을 줄 수 있다. 여기서 핵심은 설계를 위한 기반이 되는 것에는 어떤 것이 있는지 식별해내는 것이다. 변하지 않을 것을 먼저 찾아서 그것을 기반으로 하여 시작하자. 다음은 설계 단계에서 사용되는 협상 불가능한 요구사항의 특성이다.

- **기업 규모**: 기업 규모가 설계의 특정 요소에 긍정적인 영향을 미칠 수는 있지만, 기업 규모 자체가 설계를 좌우하지는 않는다. 예를 들어, 회사 규모가 최소한 어느 정도는 돼야 클라우드를 사용할 수 있다는 조건은 없다. 기업 규모는 시스템 크기, 경제성, 리스크, 부하 분배, 서비스 믹스^{service mix} 같은 설계 요인에 영향을

미칠 수 있다. 각 요소는 전략 관점, 경제성 관점, 기술 관점에서 봐야 한다. 마이크로소프트에서 조사 연구한 결과에 따르면, 다양한 규모의 기업 대부분이 SaaS^{Software-as-a-Service}와 인프라 호스팅 서비스 둘 다 사용한다는 사실을 보여줬다. 그중에서 직원이 100명 미만인 기업 그룹이 SaaS와 인프라 호스팅 서비스를 가장 많이 이용하고 있다고 한다. 좀 더 작은 규모의 기업도 PaaS^{Platform-as-a-Service}를 이용할 가능성이 높다고 한다.

- **관련 산업 분야**: 각 산업별로 해당 산업이 지닌 특성을 반영한 요구사항이 있고, 컴플라이언스 수준도 천차만별이며, 리스크를 다루는 방법도 다양하다. 마이크로소프트에서 수행한 조사 연구에 따르면 정부와 교육 산업에서 SaaS 사용을 주도하고 있으며 60% 이상의 조직에서 적극적으로 사용하고 있다고 한다. 정보기술은 모든 산업 분야의 기반처럼 유비쿼터스^{ubiquitous}하게 펼쳐져 있는 계층이지만, 보안 요구사항은 각 산업별 세부 구현 방안 수립 내용에 큰 영향을 준다. 이 같은 내용은 한 클라우드 컴퓨팅 도입 연구에서 조사 분석된 내용으로, 규제 업종과 비규제 업종으로 구분해 비교 분석한 결과 확연한 차이가 있음을 보여줬다.

규제 업종 중의 한 예로 보험사들의 경우 프라이빗 클라우드를 선호한다고 조사됐는데, 그 이유는 프라이빗 클라우드가 퍼블릭 클라우드보다 보안성이 높다고 여겨지고 있기 때문이라고 한다. 여러 연구 결과들에 따르면 프라이빗 클라우드가 퍼블릭 클라우드보다 보안성이 높다는 것은 사실이 아닌 잘못된 평가라고 보고하고 있지만, 이러한 오해는 아직까지도 여러 산업 부문에 걸쳐 팽배해 있다. 그럼에도 불구하고 산업 협회 커뮤니티 클라우드의 인기는 높아졌다. 은행업계도 보안에 민감한 업종이며 OS/2의 지원 중단 이슈 때문에, 2014년 OS/2에서 윈도우 7으로 강제 전환되면서 좀 더 새롭고 정교한 기술이 빠르게 도입됐다. 이후 다시 윈도우 10으로의 전환을 통해 큰 변화를 겪었고, 이를 통해 클라우드 컴퓨팅이 상당히 매력적인 옵션으로 떠올랐는데, 그 이유는 이메일, 파일 공유, 노트 공유 같은 기능이 기업의 관리 업무와 백오피스 업무를 처리할 때 효율성을 제공했기 때문이었다. 여러 정부기관들에도 다양한 방법으로 클라우드 컴퓨팅을 활용할 수 있는 기회가 많지만, 사실 대부분의 사용자들이 오해를 많이 하고 있는 실정이다. 오늘날 퍼블릭 클라우드를 사용하는 것이 정부기관들 입장에서 볼 때 가장 큰 기회가 될 수 있는 데도 불구하고, 정부기관들은 보안 문제를 이유로 사용을 검토하는 것조차 두려워한다. 이러한 가운데 미 연방정부에서는 FedRAMP^{Federal Risk Authorization and Management Program} 같은 프로그램을 통해 각 정부기관의 교육을 꾸준히 진행해왔다.

비규제 업종들의 경우 이야기가 많이 다르다. 소매 유통 시장에서 도입하는 클라우드 유형은 대부분 IaaS나 PaaS 솔루션이었다. 소매 유통 업종에 속한 기업들이 클라우드 업체와 사용 서비스를 선정할 때는 주로 보안, 가용성 및 공급업체 성숙도로 판단했다. 언론사의 경우 클라우드 컴퓨팅을 활용하는 데 총력을 기울이고 있다. 오늘날 미디어 시청자는 다양한 채널을 통해 어떤 콘텐츠에든 접근할 수 있기 때문에, 이것이 바로 클라우드 서비스 공급업체와 애플리케이션 개발자가 멀티 스크린 엔터테인먼트 방식의 서비스를 제공할 수 있도록 클라우드 기반을 적극적으로 모색하는 이유다. 대부분의 업계에서는 클라우드를 활용해 통합하고 자동화를 진행하여 각종 업무(물류, 영업 지원, HR, 제품 개발, 제품 수명 주기 관리, 제조 운영 등) 혁신을 추진해나가고 있다.

- **지리적 환경: 현재 위치는 어디인가? 향후 어디에 위치해야 하는가?** 클라우드 컴퓨팅은 물리적 데이터 센터로 구성되며, 데이터 센터를 구축할 때 반드시 고려해야 할 다섯 가지 요소는 다음과 같다.
  - 데이터 센터 빌딩을 구축하는 데 필요한 물리적 공간
  - 대용량 네트워크 연결 가용성
  - 저렴한 전기 사용 비용
  - 해당 관할법, 정책 및 규정
  - 클라우드 컴퓨팅 수출 시장은 다음 그림과 같다.

처음 세 가지 요소는 자연 환경 관점에서 고려해야 할 물리적 제약사항에 따라 결정된다.

- 지리적 요건
- 기상 조건 및 자연재해 위험
- 전력 및 냉각을 위한 재생 에너지 리소스 가용성(물, 지열 또는 바람)
- 범죄, 테러, 기업 스파이 활동으로 인한 안전성 위협

이 다음으로 중요한 것은 대용량 인터넷 접속을 할 수 있는 근접성이다. 왜냐하면 얼마나 많은 사용자를 지원할 수 있느냐로 데이터 센터의 가치를 측정하기 때문이다. 대부분의 인터넷 트래픽을 나르고 있는 주요 네트워크 트렁크 혹은 인터넷 백본과의 근접성도 중요하게 고려해야 할 요소다. 데이터 센터는 서버를 냉각시키기 위해 엄청난 양의 에너지를 소비한다. 에너지 가격이 저렴한 지역은 매우 매력적이다. 지역 관할법, 정책 및 규정과 관련된 고려사항은 뒤에서 다룬다.

오늘날 미국 기업이 전 세계적으로 클라우드 컴퓨팅 시장을 선도하고 있지만, 그렇다고 해서 미래의 리더십이 보장되는 것은 아니다. 글로벌 클라우드 시장에 독일의 SAP 또는

일본의 후지쯔Fujitsu, 중국의 알리바바Alibaba 같은 기업이 강력한 글로벌 경쟁자가 되어가고 있기 때문이다.

기업들에게 퍼블릭 클라우드 서비스는 중요한 전략적 요소로 자리매김하고 있다. IDC에 따르면 2018년까지 퍼블릭 클라우드가 전 세계 소프트웨어, 서버 및 스토리지 지출 증가의 절반 이상을 차지할 것이라고 한다. 그 예로는 현재 퍼블릭 클라우드에 90% 이상의 애플리케이션을 보유하고 있는 글로벌 기업 제너럴 일렉트릭General Electric이 있다. 또한 퍼블릭 클라우드 도입이 증가함에 따라 SaaS 사용도 계속 늘어났는데, 2018년까지 전체 퍼블릭 클라우드 지출의 약 55%를 차지할 것이라 한다.

- **관련 법률 및 기타 외부 법령**: 특정 관할 지역 법률, 정책 및 법령은 클라우드 공급자와 클라우드 사용자에게 상당한 영향을 미칠 수 있다. 기업에서 클라우드를 사용하는 데 영향을 미칠 수 있는 법률 및 정책 관련 문제는 다음과 같다.
  - 사용자의 예민한 데이터와 소스 코드를 비인가된 접속으로부터 차단해야 한다는 것과 이것을 클라우드 공급자가 보장할 것이라는 보안 규정
  - CSP가 보유하고 있는 데이터의 기밀성 및 개인 정보 보호: 클라우드 공급자, 협력업체, 정부기관에서 기업의 사용 내역과 활동을 모니터링할 수 없을 것이라는 기대감
  - 운영상 발생한 문제점으로 인한 손해의 책임에 대한 명확한 설명
  - 지적 재산권 보호
  - 클라우드 기반 서비스를 사용해 생성했거나 수정한 데이터의 소유권, 관리 규정, 통제에 관한 내용
  - 교환 가능성fungibility과 이식성portability: 한 클라우드 서비스에서 다른 클라우드 서비스로 데이터와 리소스를 이전하거나 이동시킬 수 있는 능력
  - 규정 관련 요구사항을 사용자가 잘 준수하고 있는지 감사하고 검증할 수 있는 기능
  - 지역 법률 관할권에 대한 명확한 이해

기업들의 클라우드 컴퓨팅 정책 관련 추진 방법은 다양하며 각 기업이 가진 우선순위에 따라 결정된다. 정책 수립과 관련해서 가장 큰 주제 영역은 사용자 보안 및 개인 정보 보호와 관련된 내용일 것이다. 많은 데이터 센터가 미국에 위치해 있기 때문에, 미국 패트리어트법PATRIOT Act, 국토안보법의 시행, 미 연방정부가 정보 공개를 위해 사용하는 기타 정보 수집 도구 등이 주제와 관련해 고려해야 할 내용이 될 것이다. 이러한 정책들 중에서 가장 심리적으로 불편하게 만드는 측면 중 하나는 정부가 CSP에게 특정 사용자 정보 제출을 요청했을 때 CSP가 사용자에게는 통지하지 못하게 막는 규정이다. 클라우드 사용에 영향을 줄 수 있는 그 밖의 정책 이슈로는 HIPAAHealth Insurance Portability and Accountability Act, 샤베인스옥슬리법Sarbanes-Oxley Act, GLBAGramm-Leach-Bliley Act, SCAStored Communications Act,[1] 연방공개법, 민사소송규칙, 이디스커버리e-discovery[2] 등이 있다.

유럽위원회European Commission가 채택한 **일반 데이터 보호 규정**GDPR, General Data Protection Regulation은 유럽연합EU 시민의 데이터 보호를 강화하기 위한 목적으로 2016년 4월 승인됐다. 2018년 5월 25일부터 발효되면서 대부분의 기업에서 GDPR을 준수해야 하는 건으로 난항을 겪고 있다. 클라우드 컴퓨팅과 관련될 경우 문제는 더욱 심각해질 수 있다. 조사 연구 결과에 따르면 클라우드 공급자의 1%만이 GDPR 규정에 맞는 데이터 처리 방식을 갖고 있다. 실제로 암호화 키를 고객이 관리하게 하는 기능을 제공하는 클라우드 공급자는 1.2%, 보안 암호 설정을 강제화하는 기능을 제공해 GDPR 필수 입력 정보 규정을 통과할 수 있는 클라우드 공급자는 2.9%에 불과했다. 오직 7.2%만이 적절한 SAML 통합 지원을 갖고 있다.[3]

---

1   SCA(Stored Communications Act)는 제3자 인터넷 서비스 제공업체가 보유한 '저장된 유선 및 전자 통신 및 거래 기록'에 대한 자발적이고 강제적인 공개를 다루는 법률이다. 1986년 전자 통신 개인 정보 보호법 타이틀 II로 제정됐다. – 옮긴이

2   디스커버리(Discovery)는 증거개시제도 혹은 소 제기 전 증거조사제도라고 번역할 수 있는 영미법계(Common Law, 미국/영국 등의 법률) 국가의 민사소송 절차 중 하나로, 사전 심리 단계에서 법적 소송 당사자가 소송 상대방이나 제3자로부터 소송과 관련된 증거를 수집할 수 있도록 허용하는 제도다. 이디스커버리(e-discovery)는 디스커버리에 전자 문서를 뜻하는 'e'를 붙인 것으로, 미국에서 2006년부터 도입되어 활용됐는데, 이전 디스커버리 시대의 증거 자료가 문서 형태로 된 자료였다면, 이디스커버리 시대에서는 '전자 문서'의 형태를 띤다. 전자 문서의 범위는 매우 넓어, 워드, 엑셀, PPT 같은 개별 파일뿐만 아니라 이메일, 데이터베이스, 오디오와 비디오 파일, 소셜미디어, 웹사이트 등 다양한 형태가 포함된다. 또한 전자 문서의 경우 일반 문서보다 수정, 조작이 쉬우므로 수정 및 업데이트 기록이 담긴 타임스탬프(timestamp) 등 메타데이터도 중요한 자료다. – 옮긴이

비즈니스 전략 및 목표 이해

설계를 위한 사고 과정을 표현하는 삼각형 다이어그램에서 두 번째 계층은 구축 기업의 비즈니스 전략과 목표를 전체적으로 이해하는 영역이다. 클라우드 솔루션 설계를 하는 이유는 구축 기업의 비즈니스 전략과 목표 달성을 지원하고 발전시켜나갈 수 있게 하는 것이며, 그렇지 못할 경우 실패로 간주될 것이다. 클라우드 프로젝트의 추진 방향이 기업의 비즈니스 전략, 비즈니스 목표와 일치되게 하기 위해서는 비즈니스 책임자와 비즈니스 목표와 전략을 논의하고 주요 성과 지표 및 성과 달성 목표 수준에 대해 합의해야 한다. 클라우드 컴퓨팅 추진 목표 중 자주 사용되는 지표는 다음과 같다.

- **민첩성**agility : 클라우드 컴퓨팅은 온디맨드 셀프 서비스와 빠른 탄력성elasticity을 제공하므로 민첩성이 향상된다. 이러한 클라우드 컴퓨팅의 특성을 활용해 기업은 혁신 과제 진행, 신제품 및 신규 서비스 출시, 신규 시장 진입과 같이 급변하는 사업 환경에 신속하게 대응할 수 있다. 사업 환경에서 비즈니스를 민첩하게 조정해나가기 위해서는 기존 프로세스를 개선하거나 신규 비즈니스 프로세스를 신속하게 만들어 적용할 수 있는 능력을 필요로 한다. 클라우드 컴퓨팅은 개발 리소스를 온디맨드 방식으로 바로 사용할 수 있게 함으로써 개발 및 테스트를 진행하기 위해 리소스를 구매procurement하고 설치, 구성에 소요되는 시간 지연을 없앨 수 있다. 또한 리소스의 자동 스케일링 기능을 사용해 서비스 품질 수준을 유지해나갈 수 있고 비용 절감도 가능하다. 또한 기업에서 필요한 역량 확보를 클라우드 기반 전략으로 진행하고자 할 때, 조직 내에 해당 역량에 관한 교육은 필수가 아니라 선택사항이 된다.

---

3   SAML(Security Assertion Markup Language)은 네트워크를 통해 여러 컴퓨터에서 보안 자격 증명을 공유할 수 있게 하는 공개 표준이다. 한 대의 컴퓨터가 하나 이상의 다른 컴퓨터를 대신해 몇 가지 보안 기능을 수행할 수 있게 하는 프레임워크를 설명한다. 위키백과의 내용을 빌려 좀 더 자세히 소개하면, SAML은 인증 정보 제공자(identity provider)와 서비스 공급자(service provider) 간의 인증 및 인가 데이터를 교환하기 위한 XML 기반의 개방형 표준 데이터 포맷이다. 보안 어서션 마크업 언어, 보안 추가 마크업 언어라고도 한다. SAML은 OASIS 보안 서비스 기술 위원회의 산물이다. SAML은 2001년으로 거슬러 올라가며, 최신 SAML 업데이트는 2005년에 게시됐다. 그러나 프로토콜 개선은 선택적, 추가 표준을 통해 꾸준히 추가되고 있다.

SAML이 기술하는 가장 중요한 요구사항은 웹 브라우저 통합 인증(SSO)이다. 통합 인증은 인트라넷 수준에서 일반적이지만(이를테면 쿠키를 사용해) 인트라넷 밖으로 확장하는 것은 문제가 있기 때문에 상호 운용 기술이 범람하게 됐다(이 밖에 브라우저 SSO 문제를 해결하기 위한 최근의 접근은 오픈 ID 커넥트 프로토콜이 있다). – 옮긴이

- **생산성**productivity : 클라우드를 통해 생산성 높은 협업 근무 환경을 만들어갈 수 있다. 클라우드 기반 이메일, 인스턴트 메시징, 음성 통신, 정보 공유 및 개발, 이벤트 스케줄링, 온라인 콘퍼런스 회의는 이미 기업에서 많이 사용하고 있는 도구다. 또한 클라우드 환경에서는 이미 개발된 내용을 공유하거나 공유된 것을 서로 사용하는 공유 비즈니스 생태계를 만들어갈 수 있다.

- **품질**quality : 기업에서 클라우드를 사용할 경우 상세 사용 정보를 분석할 수 있는데, 이를 통해 어디에서 어떤 방시으로 IT기 운영되고 있는지 이해할 수 있게 됨으로써 더 나은 품질의 IT 서비스를 받을 수 있는 환경을 만들어갈 수 있다. 데이터를 통해 운영 상황을 더 자세히 파악하면, 계획을 더 효과적으로 수립할 수 있고 리소스도 적절하게 분배할 수 있어서 효율성을 높여나갈 수 있다. 클라우드를 사용할 경우 웹 포털을 사용해 필요한 리소스를 구성하고 자동으로 프로비저닝할 수 있기 때문에 기존 환경보다 훨씬 높은 수준의 관리 역량을 확보하게 된다. 규모의 경제성 덕분에, 재해 복구를 위해 필요한 중복 시스템을 구축하는 비용과 노력이 상대적으로 적게 든다. 클라우드 환경에서 서버 통합, 리소스 최적화, 자산 활용률 증가, 씬thin 클라이언트 사용을 통해 효율성을 향상시킬 수 있고, 탄소 배출량이 줄면서 환경 보호에 도움이 된다.

- **비용 절감**: 클라우드 컴퓨팅 환경에서는 프로세서, 메모리, 스토리지 및 네트워크 리소스의 배정과 이동이 거의 실시간으로 가능해 효율적인 리소스 최적화가 가능하기 때문에 IT 비용을 절감할 수 있다. 클라우드를 사용하면 애플리케이션 서버에 접속할 수 있는 UIuser interface만 실행하면 되기 때문에, 고사양의 고가 클라이언트 디바이스를 낮은 사양의 저렴한 클라이언트 디바이스로 교체하면 상당한 비용을 절감할 수 있다. 커뮤니티 클라우드는 기업 커뮤니티가 서로 공유 가능한 공통 리소스를 공유하고 해당 비용을 서로 분배할 수 있는 환경을 제공한다. 기업의 전략 목표가 부채와 투자금의 사용 개선을 통한 금융 자본 활용을 극대화하는 것이라고 한다면, 클라우드 컴퓨팅을 도입할 경우 운영 지출OPEX 방식으로 비용 지출을 할 수 있기 때문에 이 전략에 직접적으로 부합하게 된다.

- 클라우드 서비스 공급자로서의 신규 비즈니스 기회 파악: IT 서비스 품질이 뛰어난 기업은 퍼블릭 IaaS, 퍼블릭 PaaS 공급자로의 전환이 쉽다. 클라우드 환경에 맞게 서비스를 제공하면 바로 대규모 글로벌 시장에서 접근 가능한 서비스가 될 수 있다.

- 리스크가 적은 작업은 클라우드 환경의 온디맨드 서비스 방식으로 옮겨 진행하면, 해당 작업의 운영 리스크 대비 효과성을 높여나갈 수 있다. 또한 파트너십과 리스크 공유를 통해 리스크를 완화하는 방식으로 관리가 가능하기 때문에 여러 온디맨드 방식의 비즈니스 기회를 발견할 수도 있다. 운영 장애나 법 제도, 규정 준수와 밀접하게 관련된 비즈니스 프로세스도 함께 공유하고 대응함으로써 관련된 리스크를 줄여나갈 수 있다. 또한 기업 리스크 중에는 소프트웨어 애플리케이션, 인프라 컴포넌트, 특정 서비스와 관련되어 있는 경우도 있다. 그리고 리스크 대비 효과 측면의 비교 연구를 통해 기업 활동 중 효과가 낮은 것은 경쟁력 강화 측면에서 외부 서비스를 활용할 수 있는지 검토해봐야 한다. 이러한 온디맨드 클라우드 서비스 활용 전략을 바탕으로 기업은 시장 점유율, 매출, 수익, 비용을 개선할 수 있는 기회를 식별해낼 수 있을 것이다.

- 기업의 제품 라인을 혁신적이고 획기적인 형태로 변화시키는 것도 좋은 목표가 된다. 기존의 제품 공급 방식을 유틸리티 방식이나 단품 형태의 공급 방식으로 바꾸어 시장 개발을 시도할 경우, 수익성 향상으로 이어질 수도 있다. 예를 들어, 기업이 개발해 사용하고 있는 서비스에 온디맨드 형식을 입히고 기능 향상을 통해 셀프 서비스 모델화하여 시장에 제공하는 전략도 있을 수 있다. 온디맨드 포털을 통해 판매하는 제품 서비스가 기존 제품 라인 공급에 부정적인 영향을 주는 경우가 있을 수도 있다. 이때는 비용 편익 교환^{cost-benefit exchange} 분석을 진행해봐야 한다. 이를 통해 신속한 서비스 기능 확대와 대상 확장을 추진해서 더 많은 가치를 제공해나갈 수 있다.

- 기업 경쟁력 관점에서 차별화 포인트에 속하지 않는 프로세스에 대해서는 투자를 줄이고 SaaS 서비스를 활용하는 전략으로 가면 기업의 재무제표를 크게 향상시킬 수 있다. 이 전략이 도움이 되는 분야는 다음과 같다.
  - 비즈니스 관리 영역: 직원 역량 관리, 복리후생 관리, 보상 계획 및 **인적 자원 관리**HCM, human capital management
  - 회계 **재무 관리**FM, financial management 영역: 회계 처리, 재무 및 규정 준수 보고, 부동산 관리, **사베인스옥슬리**SOX, Sarbanes-Oxley, 각종 세무 업무, 바젤BASEL II, 수주 및 매출 관리, 비즈니스 성과 관리, 리스크 관리
  - **고객 관계 관리**CRM, customer relationship management: 영업, **비즈니스 인텔리전스**BI, business intelligence, **고객 경험 관리**CEM, customer experience management, 비즈니스 분석, 콜 센터 관리, 캠페인 관리, SFAsales force automation, 영업 분석
  - SCMsupply chain management: 구매, **공급업체 관계 관리**SRM, supplier reltionaship management, 재고 관리, 물류, 수입 컴플라이언스 프로세스
  - **제품 수명 주기에서 생산 관리**PLM, manufacturing management of product lifecycle: 생산 설비, 생산 능력, 인력 관리
  - **정보기술**IT, information technology 서비스: IT 아키텍처 설계, 데이터 센터 운영, 소프트웨어 개발
- 기업 본사 업무: 연구 개발R&D, 커뮤니케이션, 전략 및 포트폴리오 관리, 법률 및 마케팅
  - 내부 비즈니스 프로세스와 복잡도를 향상시키는 관점에서 어떤 비즈니스 프로세스를 CSP로 옮기면 좋을지 고민해볼 수 있다. 예를 들어 특정 IT 운영을 온디맨드 공급자로 전환하는 것을 고려해보는 방안, 비용 절감을 위해 SaaS 형태의 서비스를 활용하는 방안 등 다양할 수 있다. 전사 관점에서 적용할 것인지, 팀 단위 소규모로 적용할 것인지도 고려해야 한다. 경영진은 또한 어떤 비즈니스 프로세스가 경쟁 우위 확보를 위해 해당 사업 부서의 관리하에 있어야 할지를 결정하고, 처리하기에 복잡한 프로세스의 경우는 처리 절차를 줄이

거나 복잡한 절차를 단순화할 수 있게 하여 업무 처리 효율성을 높여나갈 수 있다.

○ 클라우드 컴퓨팅 환경에서 온디맨드 방식의 개인 생산성 향상 도구를 활용해 협업 환경과 정보 공유 방식을 개선한 사례도 많이 있다. 이 영역은 개인 정보와 개인이 만든 자산이 기업의 사적 지적 재산으로 분류해야 하는지에 대한 논쟁의 주제로 사용될 수 있다. 사용자 커뮤니티에서도 서로 협업을 진행하는 동안 공유 플랫폼, 생태계 기반의 비즈니스 서비스 환경에서 누군가가 자산을 만들었을 때 그 자산의 지적 재산권 처리를 어떻게 해야 하는지와 같은 유사한 이슈를 제기할 수 있다. 그러므로 기업 규정에는 개인 정보 취급 시에 데이터 소유권을 식별하고 정의하는 내용이 포함돼야 하고, 기업 전략 프로세스에는 개인 정보와 기업 정보 분할 관련 정책과 규정을 포함해야 한다. 이러한 이슈를 해결하기 위한 보완책으로 보안 스토리지를 활용하고 접근 제어 서비스를 이용하는 방안이 적합한지 자주 검토된다.

• 공공 정보 영역의 경우, 공공 위치^{public location}에서 누군가가 개인 정보 또는 기업 정보에 접근하거나 저장을 시도하는 것은 금지해야 한다. 이는 기업 정보 관리 규정 혹은 개인 정보 데이터 관리 규정을 통해 진행해야 하며, 지방 조례나 국가 차원 관련법도 여기에 영향을 줄 수 있다. 외부에 공개되는 정보는 법적인 이디스커버리 기준에 부합하는 수준에서 감시 및 관리돼야 한다. 개인 정보와 기업 정보를 공공 공간에 저장하거나 공공 공간에서 사용해야 할 때는 개인 정보, 기업 정보로 분류하고 다른 정보와 분리하고 격리시켜서 효과적으로 관리될 수 있게 해야 한다. 다음 다이어그램에서는 비즈니스 프로세스의 다양한 특성을 나타내는 컴포넌트를 표현한다.

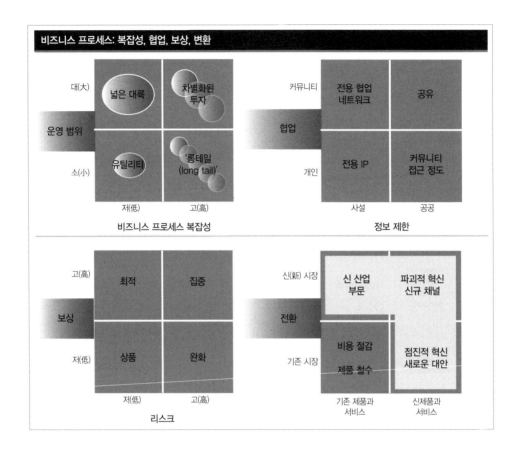

비즈니스 프로세스: 복잡성, 협업, 보상, 변환

클라우드 컴퓨팅 서비스 도입 여정을 산으로 비유하자면 다음 그림과 같이 대부분 2개의 큰 언덕을 만나게 된다. 이 언덕을 넘어서 성공적으로 클라우드 도입을 진행해나가기 위해 클라우드 아키텍트는 비즈니스 전략과 비즈니스 동인을 만족시킬 수 있는 솔루션을 구축하는 데 주력해야 하고, 비즈니스 측면에서 의도하고 있는 고객 가치 제안customer value proposition에 집중해서 진행해야 한다.

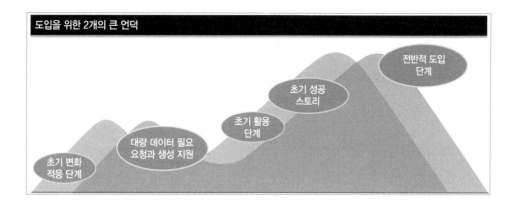

클라우드 컴퓨팅 도입 과정에서 널리 사용되는 비즈니스 동인은 다음과 같다.

- 비용 유연성: 고정 비용을 변동 비용으로 전환하고 필요에 따라 지불하는 모델 구현
- 비즈니스 확장성: 유연하고 비용 효율적인 컴퓨팅 환경 확보
- 시장 적응력 강화: 신제품/서비스 출시 시간 단축, 고객 반응 실험과 비즈니스 전략 실험 지원
- 복잡성 단순화: 최종 사용자에게는 제품 및 서비스를 최대한 쉽고 단순하게 소개하면서도 제품과 서비스 관리 측면에서는 정교함을 높임
- 상황에 따른 가변성 향상: 제품과 서비스에 대한 사용자 경험을 더 잘 이해하여 고객을 향한 제품 적합성을 높임
- 생태계 접근성 강화: 신규 비즈니스 모델을 주도해서 만들고 적용해볼 수 있는 상거래 가치 네트워크 조성

이러한 비즈니스 동인을 달성하기 위한 비즈니스 전략은 다음과 같다.

- 제품 및 서비스 최적화: 고객 가치 제안을 향상시키고 현 산업 가치 사슬value chain을 개선하며, 클라우드를 활용해 고객 가치 제안을 점진적으로 향상시켜가는 동시에 기업의 효율성을 향상시킨다.

- 마켓플레이스^{marketplace} 혁신: 고객 가치를 높이고 산업 가치 사슬의 디지털 트랜스포메이션을 통해 고객 가치 제안을 확대한다. 이 경우 새로운 수익원을 만들어낼 수도 있고 생태계에서 역할 변경을 수반하기도 한다.
- 시장 교란^{market disruption}: 신규 고객 요구사항과 고객 세그먼트를 개발해나가면서, 산업 가치 사슬을 새롭게 구성하고 신규 고객 가치 제안을 창출하는 데 초점을 맞춘다.

기존 산업 가치 사슬에서 탈피한다거나 새롭게 구축하는 과정을 통해 가치 사슬을 강화^{value chain enhancement}해나갈 수 있다. 기존 가치 사슬에서 기업의 위치를 유지하기 위해 애쓰고 있는 경우 클라우드 도입이 도움이 될 수 있다. 클라우드 환경에서 파트너십과 협업을 통해 기업의 역량과 효율성을 높일 수 있기 때문이다. 기업 혁신을 위한 목표를 달성하려면, 새로운 운영 역량 확보, 기존 산업에서 기업의 역할 변경, 새로운 시장 또는 새로운 산업으로 진입하는 방법을 사용해야 한다.

기업의 목표가 고객 가치 제안을 개선하는 데 있다면, 현재의 제품 및 서비스의 품질을 개선하고 고객 경험을 향상시켜나감으로써 수익 증대를 창출할 수 있다. 기업은 클라우드 컴퓨팅 서비스를 통해 새로운 유통 경로에 빠르게 접근할 수 있고, 다양한 결제 지불 방법을 활용할 수 있기 때문에 기존 고객 세그먼트와 주변 고객 세그먼트를 끌어들일 수 있다. 또한 이러한 활동을 통해 신규 시장의 니즈를 감지해낼 수 있으며, 더불어 새로운 고객 세그먼트를 끌어들여 수익 기회로 만들어갈 수 있다.

클라우드에서 제공하는 다양한 경제성 관련한 특징을 통해서도 혁신적인 비즈니스 모델을 만들어내기도 한다. 예를 들면, 1달러의 비용을 사용했을 때 반드시 1달러의 수익이 날 수 있게끔 모델을 만들면 가능하다. 클라우드 컴퓨팅에서 제공하는 경제적인 결제 지불 관련 특징은 다음과 같다.

- 온디맨드: 실제로 기업에서 서비스를 사용한 만큼만 비용 발생
- 예약^{reserved}: 기업에서 미리 필요한 양의 서비스 공급자 리소스를 할인된 가격으로 확보하고 지불

- 스팟 마켓^{spot market}: 해당 리소스의 수요에 따라 오픈 마켓 경매 모델에서 리소스를 확보하고 지불

▎ 요약

클라우드 컴퓨팅 솔루션을 설계하려면 일관되고 체계적이며 프로세스 지향적인 사고가 필요하다. 클라우드 컴퓨팅은 어떤 특정 기술에 관한 것이 아니라 고도로 표준화되고 자동화된 IT 인프라 위에 구축된 운영, 경제성, 비즈니스 모델에 관한 것이다. 솔루션 설계를 성공적으로 진행하려면 범위를 공식화해야 하고, 그 범위 내에서 설계 수행과 관련 업무를 진행해나가야 한다. 구축 범위를 문서화하고 기업의 IT 거버넌스를 통해 구축 범위를 잘 관리해나가야 한다.

클라우드 솔루션 설계를 하는 이유는 구축 기업의 비즈니스 전략과 목표 달성을 지원하고 발전시켜나가기 위해서이며, 그렇지 못할 경우 실패로 간주될 것이다. 클라우드 프로젝트의 추진 방향이 기업의 비즈니스 전략과 목표와 일치되게 하려면 비즈니스의 목표와 전략을 철저히 이해해야 한다. 무엇보다도 중요한 것은 사업 부서의 책임자와 주요 성과 지표 및 성과 달성 수준, 즉 성공 기준에 대해 합의해야 한다는 점이다.

04

비즈니스 동인,
성과 지표 및 사용 사례

재무 관점에서 프로젝트를 평가하는 방법은 여러 가지가 있다. 대부분의 IT 프로젝트와 마찬가지로 클라우드 솔루션을 구축할 때도 ROI 성과 지표를 활용해 쉽게 비교 평가할 수 있다. 그럼에도 불구하고 대부분의 경우 ROI만으로 모든 것을 평가할 수 있는 건 아니다. 클라우드로 가면 여러 재무 관점 성과를 창출해낼 수 있겠지만 ROI 성과 지표와 직간접적으로 관련된 여러 중요 요소의 효율성도 높이고 최적화할 수 있기 때문이다. 이절에서는 클라우드 솔루션의 경제성 측면에서의 영향도를 살펴보면서, 고려해야 할 사항을 살펴본다.

▍투자수익률

투자수익률, 즉 ROI^{Return on Investment}는 프로젝트 투자 결정을 내릴 때 가장 많이 사용되는 지표다. 이것은 투자 비용 대비 얻게 되는 효과를 측정한다. ROI는 백분율이기 때문에 ROI를 활용하면 여러 옵션을 평가할 때 매우 쉽고 빠르게 비교할 수 있다. ROI를 높이는 방법은 수익을 증대시키거나 비용을 낮추든가 하는 네 가지의 경우가 있다. 재무 관점에서 사용할 수 있는 수단은 다음과 같다.

- 투자를 줄인다.
- 매출을 늘린다.
- 업무 관련 비용을 절감한다.
- 매출 달성에 필요한 기간을 단축한다.

클라우드 컴퓨팅을 도입하면 이러한 재무 관점의 수단이 작동될 수는 있겠지만, 네 가지 모두를 동시에 작동한다는 것은 불가능에 가깝다. 이 요소 간의 관계는 클라우드 도입 시 ROI에 영향을 주는 가장 중요한 측면이기는 하지만 절대적인 평가 기준이 되는 것은 아니다. 퍼블릭 클라우드로 마이그레이션하는 프로젝트를 예로 들어 다음과 같은 결과를 상상해볼 수 있다. 초기 투자비 감소, 운영 비용 증가, 수익 변동은 없고, 투자를 줄임으로써 마진^{margin}은 늘어날 수 있다. 전체 관점으로 보면 투자를 낮출 수 있기 때문에 전체 투자 대비 수익률의 증가폭이 지속적으로 늘어날 수 있다. 이런 상황에서 매출이 늘어난다고 하면 이익률은 높아질 것이고 매출 목표 달성에 필요한 시간은 단축될 것이다.

이러한 재무 요소 간의 역학 관계는 프로젝트, 서비스 모델 및 구성 모델에 따라 달라진다. 프라이빗^{private} 구성 환경에서는 완전히 다른 역학 관계를 갖게 된다. 사내^{in-house}에서 외부로, 사내에서 사내로, 두 경우의 수익률은 다를 것이다. 전략 선택에 따라 매출과 수익 속도의 관계가 달라지기 때문에 ROI가 증가할 수도 있고 악화될 수도 있다. 제품과 서비스의 특장점과 품질을 높이면 시장 가치가 높아지면서 매출은 늘어나게 된다. 자동화를 하면 통제된 비용으로 더 많은 매출을 창출할 수 있으며 비즈니스 규모를 확장해나가는 데 도움이 된다.

클라우드로 가기 위해서는 균형 잡힌 접근 방법론이 있어야 하다. 데이터 기반 방법론을 활용하면 목표와 기대 효과를 정의하고 리스크 관리 기법을 정의하는 데 효과적이기 때문에, 이를 통해 기업에 적합한 최적의 전략을 수립하고 최선의 추진 방안을 선택할 수 있게 된다. 클라우드 도입 ROI에 영향을 줄 수 있는 여러 동인과 자료가 있다. 생산성, 속도, 규모, 품질 측정과 관련된 여러 자료를 수집한다. 일반적인 ROI는 주어진 수익에 대한 비용이라는 점에서 간단히 계산해낼 수 있다. 클라우드로 갈 때의 ROI는 효율성 향상, 기회 비용, 투자 패턴 등 다른 요소가 있다는 점에서 조금 다르다. 클라우드 추진 전략과 기존 IT 전략을 비교 평가할 때는 다음과 같은 추가 지표도 수집해 고려해야 한다.

- 효율성 증대로 인한 매출 및 이익 증대
- 기존 시스템이 변동되는 수요를 따라갈 수 없어서 발생한 매출 손실
- 독립형 시스템, 비표준화 환경을 관리하는 데 필요한 운영 비용
- 신규 시스템이나 신규 서비스를 구매, 개발, 구축할 때 소요되는 자본 투자 비용 감소
- 필요에 따라 성공 기반 성장 및 투자
- 기존 모델에서 진행했을 때의 자본 투자 규모 대비 클라우드로 갔을 때의 투자 규모

ROI에 영향을 주는 요소는 다음과 같다.

- 생산성: 유틸리티 기반 서비스를 활용해서 고객이 실제로 필요한 만큼 온디맨드 방식으로 리소스를 프로비저닝해 사용할 수 있다. 또한 인프라 CAPEX와 인프라 투자 기회 비용을 줄이고, 고객 대응력 향상을 통해 고객 만족도를 향상시킬 수 있다.
- 리소스 활용도: 시간대에 따라 사용량의 변화가 있는 서비스 부하에 맞게 서버 크기를 능동적으로 관리할 수 있기 때문에 특정 기능이나 특정 부서에 전용으로 할당하는 서버를 지정할 필요가 없어진다.

- 사용량 기반 비용: 공급자 인프라 활용률이 높아질수록 사용 고객별 인프라 비용이 줄어든다. SaaS 서비스의 경우에도 유사하다. 과거에는 소프트웨어 소유권, 사용자 수, 지원, 유지 보수 비용을 고려한 높은 라이선스 비용을 지불하고 사용했으나 해당 소프트웨어 서비스의 활용률을 높여서 라이선스 비용을 낮추는 개념이다.

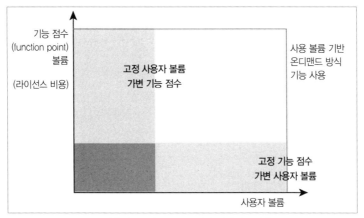

▲ 사용자 수 대비 소프트웨어 라이선스 비용

- 전문성과 규모: 사용자 규모가 늘어날수록 비용을 줄일 수 있는 규모의 경제성과 기술 전문성을 통해 CSP가 IT 비용을 줄일 수 있게 해준다.

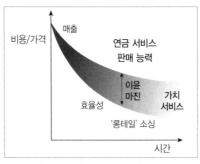

▲ 비용과 시간을 기준으로 창출되는 수익

- IT 리소스 프로비저닝 속도 향상: 기업에서 필요한 리소스를 신속하게 확보할 수 있도록 지원한다. 또한 이 모델은 리소스 구성을 할 때 가시성을 높여서 여러 옵션 중 필요한 것을 선택해 구성할 수 있게 한다. 이러한 방식은 신제품이나 신규 서비스를 배포할 때 소요되는 시간을 획기적으로 단축할 수 있다. 탄력적 elastic 프로비저닝을 활용하면 기업에서 사업 규모를 확장하고자 할 때 필요한 IT 리소스를 쉽고 빠르게 확보할 수 있다. 신속 실행 rapid execution을 활용하면 필요한 리소스를 구성할 때 필요한 시간을 절약할 수 있고 새로운 비즈니스 운영 모델을 만들어나갈 수 있다.

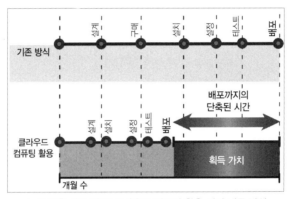

▲ IT 구축 사례 비교: 클라우드 컴퓨팅 활용 대비 기존 방식

- 실행 속도 향상을 통해 제품 수명 비용 모델 lifetime cost model 실행력 강화: 자산을 매입할 필요성이 줄어들면서 매입 자산의 감가상각비가 감소하고 관리 효율성도 늘어나기 때문에 제품, 서비스 원가가 줄어들고 그래서 제품 수명 비용 모델에 긍정적인 효과가 있다. 비용 절감률이 높다는 것은 곧 투자 회수 시간이 단축되고 ROI가 커진다는 의미이며 수익성도 더욱 빠르게 증가한다는 뜻이다.

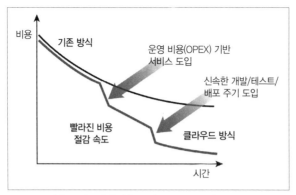

▲ 클라우드 컴퓨팅의 비용 절감률과 기존 비용 절감률 비교

- IT 자산 관리 프로세스: IT 자산 취득 시에 해당 자산의 장기 운영 관점의 영향도, IT 서비스 유지 보수 비용 관점의 영향도를 검토하지 않고 진행될 수 있는 리스크를 줄일 수 있다. 또한 이미 정의된 운영 실행 환경 설계 산출물을 기반으로 하드웨어, 소프트웨어, 서비스를 선택할 수 있게 하기 때문에 설계 환경과 운영 실행 환경의 차이를 줄이고 서비스 품질을 최적화해나갈 수 있다.

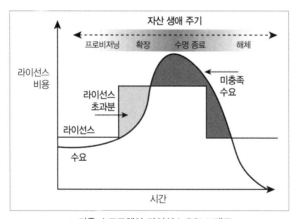

▲ 기존 소프트웨어 라이선스 ROI 그래프

클라우드 컴퓨팅은 기술의 혁신이기보다는 경제성 관점의 혁신이라 할 수 있다. 인프라는 노후화되는 요소이기 때문에 이를 현대화하기 위해서는 상당한 투자가 들어간다. 전체 자산 포트폴리오에서 지출 대비 수익 비율을 어떻게 최적화할 수 있는가? 기존 방식

대로 추진하면 기존과 유사한 결과를 얻을 것이다. 모델을 바꿔서 경제성을 높이려면 현대화를 진행해야 한다. 클라우드 도입을 하면서 기업은 경제성 측면에서 비즈니스 모델을 변경할 수 있고, 전체 IT 포트폴리오에 대해서도 비용 효율적이면서도 민첩하게 자산의 생애 주기를 관리할 수 있다. 현재 보유하고 있는 역량과 구성 컴포넌트를 활용해 설계를 진행할 수 있고 런타임 성능을 최적화할 수 있다. 또한 클라우드 서비스를 활용해 구축 시간 단축, 초기 진입 비용 감소, 제품/서비스 출시 시간 단축, 경쟁력 향상, 비즈니스 규모 확대를 통한 추가 사업 기회와 잠재 고객 확보를 도입 목표로 할 수 있을 것이다. 커뮤니케이션, 정보 교환, 온라인 가상 회의 같은 클라우드 기반의 협업 서비스를 함께 활용하면 신속하고 효율적으로 고객과 사용자에게 좀 더 나은 고부가가치 서비스를 전달할 수 있을 것이다.

클라우드가 제공하는 경제성 특징 때문에 이전에는 불가능했던 비즈니스 기회가 새롭고 다양하게 창출되고 있다. 이때 비즈니스 기회는 앞의 그림에서 설명하고 있는 **롱테일**^{Long} Tail과 연관해서 설명할 수 있다. 즉, 효율성을 높여가면 매출 기회가 늘어나고 이윤도 시간이 지남에 따라 증가한다는 것을 말해준다. 경제성 관점에서 혁신을 추진하면 효율성 증대, 비용 절감의 결과물을 얻을 수 있고, 또한 추진하면서 나오는 부산물은 추가 수익 창출 기회로 활용할 수 있다. 여기서 매출 기회란 지금까지 소외돼왔던 시장에 클라우드를 통해 접근할 수 있게 됨으로써 발생하는 부분이다. 과거에는 수익성 측면에서 적절하지 않아서 진입하지 못했던 신규 시장과 신규 대상도 클라우드 도입을 통해 진입이 가능할 수도 있다. 이전에는 추진하기에 리스크가 많아서 진행하지 못했던 사업 기회도 이제는 비용을 낮출 수 있고 마진을 높일 수 있어서 그 리스크를 상쇄할 수 있다면, 좋은 매출 창출 기회가 될 수 있을 것이다.

흥미롭게도, IT 인프라 시장에서도 이와 비슷한 양상을 보인다. 컴퓨팅 리소스의 비용은 급격히 감소하는 반면 기존 구축 관리 비용은 빠르게 증가하고 있다. 이러한 사실은 클라우드 기반 생태계에서는 새로운 사업 기회가 된다. 새로운 클라우드 서비스 공급자가 시장에 진입하고 있고 인수합병^{M&A} 케이스도 늘었다. 경제성 측면에서 혁신을 추진하면 기존 관행에 항상 지대한 변화와 영향력을 주게 된다. 이러한 혁신을 통한 변화 과정을 통해 관련 기업과 전문가들은 여러 기회를 찾아낼 수 있을 것이다. 예를 들면, 신규 서비스 공급자가 되거나 기존 서비스 공급자를 합병해 신규 사업 영역으로 진출하는 것이다.

클라우드 컴퓨팅은 기술의 혁신이기보다는 경제성 관점의 혁신이기 때문에 신규 매출 기회는 인력 기반 및 IT 기반일 수 있다. 이 기회라는 것은 새로운 형태의 서비스일 수도 있고, 기존 서비스를 새로운 경제성 모델에 기반해 변형한 것일 수도 있다. 이러한 매출 기회를 통해 기존 서비스의 품질을 향상시킬 수 있는데, 마진 개선, 규모 증가, 현재 서비스에 대상 고객 범위가 커지기 때문에 재투자를 고려할 수 있기 때문이다. 클라우드 컴퓨팅을 도입하면 리소스와 자산의 활용도를 높일 수 있고, 효율성을 높여서 운영 및 공급 시간을 단축할 수 있으며, 운영 비용을 절감할 수 있다. 클라우드 컴퓨팅 생태계를 통해 구매자, 판매자 모두에게 사업 관행과 방식에 있어 큰 변화가 일어나고 있다.

고객 서비스 목록, 복합 서비스, 가격 정책이 지속적으로 변경되기 때문에, 이 변경에 따른 서비스 품질도 함께 고려해야 한다. 최근에 한 서비스 공급자가 제공하는 클라우드 서버 사양 중 하나에 대해 성능 비교를 한 적이 있는데 몇 가지 놀라운 결과가 나왔다. 이 공급자는 여러 리전^{region}에서 동일한 클라우드 서비스를 제공하고 있다. 테스트를 위해 두 리전을 선정했고 동일한 인스턴스 유형과 서버 스펙을 선택했기 때문에, 차이점은 다른 데이터 센터에 구성됐다는 점뿐이었다. 같은 CPU, 메모리 테스트 방법을 사용해 두 서버의 벤치마킹 테스트를 진행했다. 동일한 서비스 공급업체 내에서 리전이 다르다는 이유만으로도 서버 서비스의 품질이 700% 가까이 차이를 보였다. 이번에는 동일한 인스턴스 유형과 서버 스펙을 여러 공급자 대상으로 벤치마킹 테스트를 진행했다. 결과를 보면 서비스 가격 측면에서 동일한 인스턴스 유형과 서버 스펙임에도 3,200% 이상 차이가 났고, 서비스 품질도 상당한 차이를 보였다. 차이점이 무엇인가? 왜 이렇게 편차가 클까? 왜 클라우드가 다 동일하지 않은 것인가? 클라우드라고 말한다고 해서 다 클라우드일까? 꼭 그렇지는 않다.

기본 ROI 계산은 매우 간단한데 말 그대로 투자 비용 대비 기대 수익이다. 클라우드를 활용함으로써 얻을 수 있는 직간접적인 다양한 이점을 검토하면서 배웠던 주요 포인트는 다음과 같다.

- 클라우드는 경제성 관점의 혁신이다.
- 클라우드를 활용하면서 얻게 되는 이점은 모두 경제성 측면과 관련이 있다.
- 차세대 설계자, 아키텍트, IT 리더가 클라우드 기반에 솔루션을 설계하고 추진해나가기 위해서는 비즈니스의 원리, 비즈니스 전략, 일반 경제, 관련 기술에 대한 이해뿐만 아니라 비즈니스 리스크, 리스크 경감 방법 등 다양한 융합된 기반지식이 필요하다.

동일한 서버의 성능이 700%씩이나 차이가 나고, 동일한 스펙을 가진 인프라 서비스의 가격이 3,200%나 차이가 나는 이유는 무엇인가? 클라우드 ROI를 계산할 때는 다른 관점에서의 장점도 비교 검토해봐야 한다. 이와 관련해 SLA^{service level agreement}상의 여러 가지 품질 지표를 예로 들어보자. SLA는 제공할 서비스 품질을 수치적으로 표현한 후 서비스 수준 관리의 지표로 사용한다. 예를 들어, 서비스 가용성이 99.999, 99.90이라고 할 때 수치가 높을수록 서비스 품질이 더 높다고 인식된다. 서비스 품질은 실제로 무엇을 의미하는가? 이 주제는 책 전반에 걸쳐 더 다룰 것이나, 서비스 품질을 이해하기 위해서 여러 가지 질문을 해볼 수 있다. 서비스는 이중화되어 있는가? 시스템 복원력은? 동네 창고 같은 곳에 들어보지도 못한 조립형 시스템^{white box}을 갖다 놓고 서비스하는 수준인가? 아니면 높은 수준의 데이터 센터에 동일한 브랜드, 고성능, 최신의 최고 사양 하드웨어로 구축된 곳에서 서비스하는 수준인가? 기술 지원 수준은 어떤가? 최신 패치 적용 및 보안 기능이 강화된 OS인가? 24×7 지원이 되는가? 기술 지원 팀의 수준과 서비스 품질은 어떠한가? 이러한 요소가 동일한 스펙임에도 불구하고 다양한 서비스 가격대가 존재하는 이유가 될 수 있다.

클라우드 컴퓨팅의 차별점으로는 유틸리티 컴퓨팅 서비스를 실시간으로 프로비저닝해 사용할 수 있다는 점도 있지만, 고객의 비즈니스 가치를 높여갈 수 있도록 더 높은 수준의 서비스를 제공할 수 있다는 것도 큰 차별점이라 할 수 있다. 이 같은 특성 때문에 클라우드 도입 과정에서 많은 기업이 기술 중심 서비스에서 비즈니스 가치 중심 서비스로 빠르게 전환하려고 한다. 이러한 전환 노력은 거의 모든 서비스와 대부분의 산업 영역에서 볼 수 있으며, 한쪽 끝단에는 유틸리티 인프라 서비스가 포진해 있고 다른 영역에는 거의 대부분의 서비스 공급자가 전체 업무 처리 기능과 애플리케이션을 비즈니스 중심의 서비스로 전환해 공급하고 있다.

▎ ROI 지표

클라우드 컴퓨팅 솔루션에 맞게 비즈니스 케이스를 설계하고 구축할 때, 클라우드 솔루션과 해당 비즈니스의 요구사항이 잘 정렬될 수 있게 하기 위해 다음 영역의 성과 지표를 활용할 수 있다.

- **시간 관련**: 클라우드 솔루션을 사용하면 리소스 프로비저닝에 필요한 시간, 복수 개의multi-sourcing 옵션을 검토할 때 필요한 시간을 줄일 수 있기 때문에 고객에게 특정 비즈니스 프로세스를 제공하는 데 필요한 시간을 최적화할 수 있다. 또한 정보기술 서비스 기업에서는 서비스 수행 관련 지표를 달성하는 데 필요한 시간을 줄일 수 있으며, 이를 통해 IT 총 소유 비용TCO, total cost of ownership도 감소한다.

- **비용 관련**: 클라우드 컴퓨팅을 활용할 경우, 기업에서 사용하는 애플리케이션의 총 소유 비용TCO을 줄일 수 있기 때문에 소유권 사용을 최적화할 수 있다. 예를 들어 라이선스 비용 절감, 오픈소스 활용, SOA 서비스 재사용의 옵션을 사용할 수 있다. 클라우드 환경에서는 IT 사용량에 따라 IT 비용이 정해지기 때문에 특정 IT 서비스 환경을 구축하고 제공하는 데 필요한 비용을 최적화할 수 있다. 자본 비용CAPEX과 운영 비용OPEX을 균형 있게 잘 이용하면 종량제 모델을 좀 더 효과적으로 관리할 수 있다.

- **품질 관련**: 커스터마이징을 통해 사용자 적합성을 높여서 서비스와 제품 품질을 향상시킬 수 있다. 탄소 배출량을 줄이는 데 기여함으로써 생태계 피해를 줄이고 기업의 녹색 지속 가능 목표를 앞당길 수도 있다.

- **마진 최적화 관련**: 클라우드 솔루션 도입을 통해 사업 실행 비용과 공급망 유지 관리 비용을 줄이면, 제품과 서비스 마진이 증가하게 된다. 다양한 클라우드 공

급자들의 서비스를 검토해 필요한 선택폭을 넓히고 피더 서비스$^{feeder\ service}$를 활용해 유연성을 높이면 마진을 최적화하는 데 도움이 될 수 있다.

▌ 핵심 성과 지표

핵심 성과 지표$^{KPI,\ key\ performance\ indicator}$는 목표 달성 여부를 측정하는 데 사용된다. 클라우드 프로젝트를 진행 초반에 다음의 클라우드 컴퓨팅 KPI의 적합성에 대해 검토하고 사전 합의 과정을 거치고 진행해나가면 클라우드 솔루션에 비즈니스 요건을 맞춰가는 데 유리하다.

- 시간 관련
  - **가용성 대 복구 SLA**: 가용성 품질 지표
  - **적시성**^{timeliness}: 서비스 구성/변경 요청에 대해 실행 응답도 – 서비스 선택 결정 시 서비스 준비, 응답의 신속성
  - **처리량**^{throughput}: 트랜잭션 지연 시간, 단위 시간당 처리량으로 워크로드 처리 효율성을 측정
  - **주기성**^{periodicity}: 수요 및 공급 활동 빈도, 진폭
  - **일시적 요청 주기**^{temporal}: 실시간 작업을 통해 산출물을 출력해야 하는 이벤트 주기
- 비용 관련
  - **예측 워크로드**$^{workload-predictable}$ **비용**: 사내$^{on-premise}$와 클라우드의 자본 투자 비용^{CAPEX} 비교 지표
  - **변동성 워크로드 비용**: 사내와 클라우드의 운영 비용^{OPEX} 비교 지표
  - **CAPEX와 OPEX 비교**: 사내 물리적 자산의 TCO와 클라우드 TCO 비교 지표
  - **서버 통합 비율**: 클라우드 인프라에서 사용되는 서버 수와 기존 인프라에서 사용했던 서버 수 비율
  - **워크로드 대 활용률 비율**: 비용 효율적인 클라우드 워크로드 활용률 지표

- 워크로드 유형 할당 관련
  - **워크로드 크기 대비 메모리/프로세서 분산 관계**: 클라우드를 사용하고 있는 IT 자산 워크로드의 비율
  - **인스턴스 대 자산 비율**: IT 통합 비율과 통합 비용
  - **복잡성 감소 수준(%)**: 물리적 리소스 자산 수 대비 게스트 운영체제[OS] 인스턴스 수
  - **테넌시 대 인스턴스 비율**: 리소스낭 테넌트 수, CPU와 메모리 사용률
  - **생태계(공급망) 선택성**[ecosystem optionality]: CSP로 마이그레이션한 이후 기업 서비스를 지원하기 위해 상품화된 자산, 서비스를 사용한 내역 추적

- 품질 관련
  - 경험: 서비스 사용자가 경험한 품질
  - 기본 서비스 품질 지표(가용성, 신뢰성, 복원력, 응답성, 처리량, 관리 용이성, 보안)
  - 사용자 만족도
  - 고객 유지율
  - 매출 효율성

- 단위 매출당 마진 증가
  - 서비스 사용료 증가율
  - SLA 응답 오류율
  - 불량 응답 빈도
  - 지능형 자동화 비율(자동 응답(에이전트) 수준)

- 마진
  - 수익 효율성: 매출당 마진 증가를 창출할 수 있는 능력
  - 서비스 사용료 증가율
  - 시장 침투[disruption] 비율: 수익 증가율 대비 신제품 고객 사용 비율

비즈니스 목표 핵심 성과 지표

고려해야 할 비즈니스 목표 KPI는 다음과 같다.

- 비용 절감 속도
- 도입 / 도입 해제 비용
- 소유권 사용 최적화
- 프로비저닝 속도
- 마진 증가율
- 동적 사용$^{dynamic\ usage}$ 비율
- 탄력적 프로비저닝과 서비스 관리 비율
- 리스크 및 컴플라이언스 개선

경제 목표 지표

비슷한 맥락에서 수치화할 수 있는 경제성 관련 목표 지표는 다음과 같다.

- 자본 지출^{CAPEX} 회피 금액
- 유틸리티 형태로 사용한 비용
- 시장 진입 장벽이 낮아지면서 발생한 매출
- 공유 인프라 비용
- 관리 오버헤드 비용 절감 금액
- 즉시 애플리케이션 사용 등록한 건수
- 즉시 애플리케이션 종료 옵션 활용 건수
- 특정 SLA 준수율
- 비용 대비 효과 비율

공급자별, 서비스별, 전략별 서비스 품질과 가격 대 서비스 품질을 명확하게 비교할 수 있는 지표도 있다. 도입 기업의 목표 및 기대 효과에 맞게 클라우드 솔루션을 잘 배치해야만 이러한 수준의 지표를 사용하는 것이 의미가 있고 ROI 달성을 위한 지표 중심의 커뮤니케이션도 빠르게 진척시킬 수 있다. 이와 같이 관련 데이터와 지표를 활용하면 기업 내 공감대 형성, 관련 사내 정치 제거, 문화적 도입 촉진을 진행하는 데 도움이 된다.

❙ 일반 사용 사례

https://www.scribd.com/document/17929394/Cloud-Computing-Use-Cases-Whitepaper (Saved copy)는 특정 기업에 가장 적합한 솔루션을 식별하는 데 참조로 사용할 수 있는 클라우드 사용 사례로, 가장 전형적인 클라우드 사용 사례 중 일부를 설명하고 있다.

 여기서 간략히 설명하고 있는 운영 요구사항에 관한 상세 내용은 11장 '운영 요구사항'에서 다룬다.

❙ 요약

기업에서 투자를 검토할 때는 항상 ROI가 핵심 주제다. 클라우드 컴퓨팅 솔루션에 대한 투자를 검토할 때도 마찬가지다. 아키텍트는 제안하고 있는 솔루션이 어떻게 기업에게 가치를 제공하는지 확실히 알아야 하고, 또 그 내용을 커뮤니케이션할 때는 비즈니스 용어로 설명해야 한다. 4장에서 설명한 지표는 여러 산업 영역에서 효과적으로 사용해온 것이다. 주요 비즈니스 동인을 조기에 식별하고 각각의 비즈니스 동인과 직접적으로 관련된 솔루션 기능과 필요 역량을 명확히 해야 한다. 일반적인 사용 사례는 '일상생활day in the life' 시나리오를 설명하는 데 유용하기 때문에 비즈니스 담당자와 솔루션 가치를 설명할 때 활용하면 효과적이다.

05

아키텍처 경영진 결정사항

클라우드가 모든 것을 바꾸고 있다. 클라우드 서비스 시장에는 매일 변화가 일어나고 있다. 솔루션, 서비스, 가격 모델, 소비 모델, 데이터 센터 위치 리전^{region}에도 변경이 발생하기 때문에 클라우드로 가기 위한 전략, 선택할 기술, 경제성 관점 영향도, 리스크 상황도 같이 변화가 생긴다.

오늘날에는 고객이 필요한 솔루션, 솔루션 컴포넌트를 RFI, RFP, RFQ 형태로, 아니면 스프레드시트 형태와 같은 요구사항 문서 형태로 공급자에게 이메일로 전송해 답변을 받는 절차가 일반화됐다. 이 문서에는 프로젝트 추진 전문가들이 필요한 내용을 기술해놓았는데, 주로 비즈니스 요구사항, 현재 상태 정보, 최근에 접하게 된 혁신 사례 기사를 기반으로 구성한 내용이다. 고객 측면에서는 주로 이 요구사항 문서를 여러 공급자에게 보내는데, 요청 답변 기일을 포함해서 발송한다. 서비스 공급자는 일반적으로 요청 내용 분석에 따라 최소한의 내용으로 답변을 하고 가격 관련 정보도 포함하기도 한다. 필요할 경우 전화 통화나 이메일을 통해 요구하는 사항이 무엇인지 가능한 한 정확하게 이해해가면서 대응하게 된다.

이 프로세스는 매우 형식을 갖춘 거래 과정처럼 느껴진다. "파란 셔츠를 원해요." "프렌치 소매 스타일, 버튼다운이 있는 파란 드레스 셔츠 스타일을 원해요." "가지고 있는 파란색 셔츠를 보여주시고, 가격 정보도 알려주세요." 이런 방식으로 관련 업무를 진행하면 수동적이면서 매우 느릴 수밖에 없다. 멈추고, 기다리고, 시작하는 절차와 관련 절차 진행에 필요한 커뮤니케이션의 연속 형태로 프로세스가 구성되어 있다. 업무 절차가 직렬 방식으로 흘러가기 때문에 현재 단계를 완료해야 다음 단계로 넘어갈 수 있다. 여기에 사용하는 도구도 수동 방식이고, 절차도 중간중간 연결이 끊어져 있으며, 일단 느리다.

다음 도표는 현재 보편적으로 사용하는 프로세스다. 이 프로세스는 서비스 공급자 입장에서 표현된 것이기는 하지만, 이 프로세스와 연관된 다른 당사자(이용자, 공급자, 총괄책임자, 컨설턴트, 채널 파트너) 관점에서 보더라도 사실상 동일한 패턴을 적용해 표현할 수 있다.

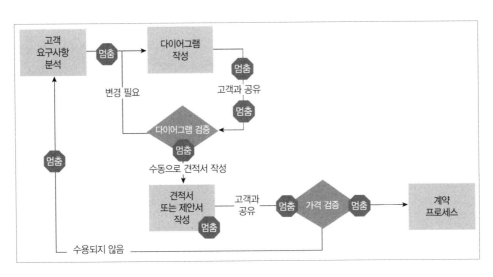

클라우드로 가게 되면 처리 방법이 완전히 달라진다. 이 방법은 더 이상 사용할 수가 없다. 제품과 서비스가 거의 매일 출시, 업데이트, 변경 또는 폐기되면서 시장이 너무 빠르게 변하고 있다. 고객은 현 상태를 따라갈 수 없는 상태인데, 이러한 상황에서 어떻게 필요한 솔루션을 기획해서 서비스 공급업체에게 전달하고 답변을 받고 하는 일을 진행할 수 있겠는가? 불가능에 가깝다고 본다. 서비스 공급업체도 그들의 제품 카탈로그에 있는 내용을 간신히 따라가고 있는 상태다. 서비스 공급업체마다 수천 개의 제품과 서비스를 제공하고 있는데, 고객 영역에서 이 내용을 다 습득할 수 있는 방법은 없다. 시장에 이미 있거나 진입 중인 다양한 서비스 공급업체가 수백, 수천 개라면 그 종류와 내용은 어마어마할 것이다. 과거 대표 공급자 두세 업체와만 얘기했던 시대는 지났다. 여기에 전 세계적으로 이용 가능한 공급자별 리전의 수도 곱해보자. 이용 가능한 잠재적 조합은 수조 개에 달할 것이다. 기업이 지금까지 사용해왔던 기존 방식으로(느리고 수동이면서 멈추고 기다려야 하는 절차) 클라우드 도입을 추진하는 것은 불가능하다. 필요 데이터를 수집하고, 정규화하고, 비교하고, 설계를 최적화하고, 전략적 파트너를 선택하는 이러한 절차를 어떻게 해야 가능할까?

무엇을 바꾸어야 하는가? 언급된 바와 같이, 과정을 완전히 뒤집을 필요가 있다. 도구는 자동화돼야 한다. 협업은 실시간으로 이뤄져야 한다. 분석을 통해 필요한 정보를 이해하는 일은 반드시 필요하지만 더 이상 차별화 요소가 되지는 않는다. 가격 정책, 가격 요구사항으로 접근하기보다는 먼저 경제성을 염두에 두고 설계할 필요가 있다. 기술 설계를 진행하기 전에 기술 관점, 전략적 관점, 경제성 관점 요구사항, 리스크를 균형 있게 만족시킬 수 있는 솔루션을 정의하는 일을 협업해나가야 한다. 고객 측에서 고객이 필요한 것을 서비스 공급자에게 알리는 대신, 비즈니스 과제와 예상 리스크를 가지고 커뮤니케이션해나가야 한다. 생각이 바뀌어야 하는데, 클라우드 솔루션에 비즈니스 과제를 매핑하고 제공 기술에다가 업무를 연결해야 한다.

기업 구성원의 사고방식, 업무 처리 절차, 접근 방식이 바뀌어야 경영진이 추진에 박차를 가할 수 있고, 팀에 동기를 부여하며, 전략적 관점, 경제성 관점 목표와 리스크를 효과적으로 관리해나갈 수 있다. 상호 협력하고 통찰력 습득 기반 방식을 채택하면 이전의 방식, 즉 느리고 순차적이며, 멈추고 기다리고 진행하는 패턴의 방식을 다음의 도식에서 보여주는 것 같은 고속의 유선형 병렬 작동 방식으로 변환할 수 있다.

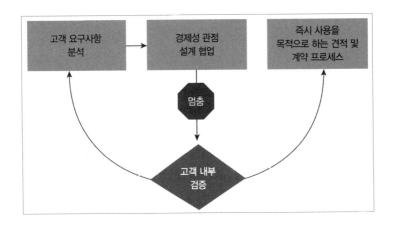

▌통찰력을 얻기 위한 반전: 프로세스

오늘날에는 우리 산업과 잘 맞지도 않는 절차나, 산업이 추가하는 방향과도 다른 업무 처리 프로세스를 사용하는 경우가 많다. 앞에서 설명한 것처럼, 고객이 스스로 연구해서 필요하다고 판단하는 것을 정의한 후 그러한 필요한 것을 서비스 공급자가 갖고 있는지 문의하는 방식으로 한계를 두고 진행한다. RFI 프로세스도 어느 정도 공감할 수 있는 통찰력을 제공할 수 있게 해주지만, 실질적으로 협업해가기에는 불가능한 방법이며, 질의 응답 세션의 한 버전일 뿐이다. 질문을 받지 않거나 질문 자체가 잘못된 경우, 공감할 수 있는 통찰력을 만들고 공유할 수 있는 기회를 놓치게 된다.

▌실시간 협업

변화의 수준도 높고 변화의 속도도 빨라서 오늘날 클라우드 시장에서는 실시간 협업 방식으로 진행하지 못하면 목표를 달성하기가 어렵다. 우리 산업에서는 움직이는 타깃에 맞춰가는 것이 더 이상 불가능해 보인다. 제품 전략, 경제 및 비즈니스 모델, 소비 모델, 서비스 출시 모델, 가격 정책이 수시로 변화하는 상황이기 때문에 무엇이 어떻게 바뀌고 있는지 다 수집하기 어렵고, 정교화하거나 비교하는 일은 더욱더 힘들다. 특히 공급사가 한두 개라도 힘든데 상당히 늘어나는 상황이기 때문이다.

▌요구사항이 아닌 도전 과제 표현

클라우드가 거의 모든 것을 바꾸고 있다.' 업무 처리를 위해 인프라 서버 같은 리소스가 몇 시간 정도 필요한 경우, 클라우드 환경을 활용하면 즉시 구매해서 사용할 수 있고 다 사용했으면 바로 반납하면 된다. 사용 시간 단위는 초, 시간, 일, 월 단위일 수 있고 연 단위가 될 수도 있다. 어떤 문제 상황이나 해결해야 할 문제가 있어서 솔루션이 필요할 때 해당 솔루션이 그 시점에 준비되어 있지 않다는 것이 오늘날 IT 구축에 깔려 있는 전제사항이다. 그렇다면 솔루션을 먼저 취득한다고 생각하지 말고 일단 해결할 문제를 솔루션과 가능한 한 최대한으로 나열해서 관련지어 보고, 문제점과 도전 과제를 정리하고 논의해가면서 당장 필요한 솔루션만을 필요할 때 구매하는 것이다. 그리고 문제가 해결됐으면 그 솔루션은 반납하면 되기 때문에 더 이상 비용을 내지 않아도 된다.

도전 과제를 정리해서 문제 해결 참여자에게 설명하고 논의를 하는 행위는 관계성과 파트너십을 증대시킨다. 서비스 공급자는 일상적으로 글로벌 시장의 니즈에 귀를 기울여 듣고 적절한 답변을 한다. 서비스 공급자 입장에서 볼 때 힘든 점은 요구사항 문서를 받아 해석하고 그것이 왜 필요한지 어떤 것이 해결해야 할 문제인지를 이해하는 부분이다. 대부분의 경우 서비스 공급자가 직접 고객과 고객이 안고 있는 문제 및 당면 과제를 듣거나 논의하는 자리에 참석하지 않았었다. 그래서 요구사항 위주의 내용을 간단히 설명하는 것이 고객과 공급자의 일상적 대화 패턴이었고, 비즈니스 당면 문제나 해결 필요 과제는 대화에 포함되지 않았다. 고객이 안고 있는 도전 과제를 서비스 공급자와 논의하지 않는 이유는 여러 가지가 있을 수 있는데, 예를 들면 사내 정치, 자만심, 경험 부족, 부실한 계획 수립, 실수로 간과, 회사 정책, 한정된 절차가 가능한 이유다. 지금까지 진행해왔던 클라우드 프로젝트를 통해 서비스 공급자가 배운 점 중의 하나는 가장 성공했던 프로젝트에서는 고객 구성원과 공급자 전문가를 비롯한 참여자가 적극적이면서 협조적이고 상호 공감하는 통찰력을 이끌어낼 수 있는 방식으로 참여했고, 모든 참여자가 프로젝트 성공을 위해 헌신하고 전념하는 자세를 가졌다는 것이었다. 도전 과제를 공유하는 방식으로 진행하면 상호 공감하는 통찰력을 이끌어낼 수 있다.

▌자동화하고 조력하는 것

기업 경영진은 끊임없이 투자, 수익, 리스크의 균형을 유지하려 한다. 오늘날 우리가 사용하는 많은 도구와 프로세스는 잘 연결되어 있지 않고 수동적이면서 느리다. 급변하는 시장 상황에서 기업 경영진은 더 많은 데이터를 수집하고 필요 핵심 정보를 더 빨리 얻고 싶어 한다. 오늘날 클라우드 환경에서 성공하려면 자동화하고 통합하고 조력하는 일이 매우 중요하다. 사용하고자 하는 플랫폼, 시스템, 도구, 프로세스는 전략 관점, 기술 관점, 경제성 관점의 필요사항, 리스크와 직접적인 연관성이 있어야 하며, 이 필요사항을 해결하기 위해 자동화되고 통합되는 방식으로 구성돼야 한다. 데이터를 수집하는 이유는 실시간으로 필요 핵심 정보를 기반으로 관련 의사결정을 하기 위해서이며, 이를 위해 수집된 데이터를 목적에 맞게 매핑, 연계, 비교하며 진행하게 된다. 목적 없이 데이터만 수집하면 아무 의미가 없을 수 있다.

▌기술 논의 중단: 전략

대부분의 경우 클라우드의 도입 초기 단계부터 어떤 기술을 사용해야 할지 논의하기 시작한다. 기술 요소나 기술 방향성 정립을 위해 최근까지 상당한 검토가 있었을 수도 있고, 조직 구조가 지원하는 기술별로 되어 있기도 할 것이다. 재무 관점에 볼 때 무언가를 바꾼다는 것은 어렵고 비용이 많이 든다는 인식이 있을 수 있다. 또한 변화를 두려워하는 사람들도 있을 텐데, 이로 인해 정치적으로 그들에 대한 평가가 바뀌거나 역할이 바뀔 수도 있고, 조직 구조가 바뀌면서 역할과 책임이 함께 변할 수도 있으며, 이전 기술을 사용해 일을 해왔던 사람에게는 기술 세트의 중요한 변화가 필요할 수도 있기 때문이다.

전략 수립 과정에서 방향을 결정하게 되고, 이것을 구현하는 것이 기술이다. 기술은 전략을 수립하는 데 영향을 줄 수는 있지만 전략 수립 자체를 좌지우지할 만큼의 영향을 주지는 않는다. 클라우드가 나오기 전의 프로젝트에서는 거래량이 가장 높은 지점에서의 활용률이 설계와 엔지니어링의 기준이 됐다. 가장 높은 거래량이 1분 정도밖에 지속되지 않더라도 이 피크타임 때의 워크로드에 맞춰 인프라 크기와 규모를 결정했다. 그러나 클라우드 환경에서는 설계 기준이 바뀐다. 피크타임 기준이 아니고 일상 시간대나 거래량이 낮은 시간대의 워크로드에 맞춰 구성하고, 자동화, 스크립팅을 사용해 거래량에 따라 동적으로 인프라 크기와 규모를 확장할 수 있게 설계한다. 이를 통해 경제성을 향상시키고 수립된 전략에 맞는 기술을 사용하게 된다.

▎ 가격 정책이 아닌 경제성: 경제성

클라우드에서 설계를 진행할 때는 생각의 전환이 필요하다. 추진 프로젝트에서 필요한 전체 기술 요소를 취득하는 데 들어가는 비용을 고민하는 방식에서, 솔루션 설계를 통합적 관점에서 추진하면서 비용 최적화 부분도 같이 다루는 방식으로 바꾸는 것이다. 오늘날 인프라 설계 진행 과정에서는 일반적으로 네다섯 번 정도 반복적인 이터레이션을 거치는데, 우선 합리적인 과정을 통해 선정된 기술 요소와 방안을 정리한 후, 그 내용을 레이어 아키텍처에 맞게 잘 구성한 다음에 예산 기준에 맞는지, 비용이 적절한지를 관련 팀과 같이 확인하는 작업을 한다. 여기서 사용한 기술 요소는 기술 팀에서 선호하는 것이라 할 수 있다.

그런데 설계를 시작할 때부터 비용 관점도 고려해서 진행한다면, 반복적인 검토 과정과 검토 노력을 제거할 수 있고, 현 프로세스에서 설계를 끝낼 수 있다. 또한 기술적으로 정리하고 결정한 세부사항은 추진 전략이나 예산과 비용에 영향을 주기보다는 구현 세부사항에 더 영향을 미친다는 사실을 명심해야 한다. 기술적으로 정리된 설계 세부사항이 추진 전략 관점에 영향이 없고 예산과 비용 관점에서 큰 차이를 보이지 않는다면 솔루션 전략과 예산 계획을 확정하고 구현을 논의하는 단계로 넘어간다. 만약 구현 논의 중에 결함showstopper[1]이나 문제점이 발생하더라도 필요에 따라 방향을 전환할 수 있다. 왜냐하면 기존 프로세스에서 진행했던 4~5라운드가 빠지기 때문에 이에 해당하는 비용과 시간이 있기 때문이다.

기술적으로 솔루션을 완벽하게 하려고 하다 보면 때때로 너무 비용이 커서 감당할 수 없거나, 추진 전략 내용과 동떨어진 결과가 되기도 한다. 비용을 최소화해서 솔루션을 설계하려고 하면 기술적 요건을 충족할 수 없기도 하고, 너무 많은 리스크 요인이 들어오기도 한다. 성공적으로 솔루션 설계를 하기 위해서는 모든 요소를 균형 있게 검토하고 반영해야 한다.

---

1 'showstopper' 또는 'Show Stopper'의 어원은 박수갈채를 받는 명연기를 의미했으나, 최근에는 하드웨어나 소프트웨어를 못 쓰게 만드는 버그를 의미하기도 한다. 이 경우는 진행 과정을 멈추게 하는 어떤 상황이나 이벤트가 적당하겠다. – 옮긴이

▋ 서버가 아닌 솔루션: 기술

예산, 비용 등 경제성 논의와 추진 전략 관점의 논의 대상으로 기술적 내용은 더 이상 화두가 되지 않는다. 클라우드가 지닌 경제성 관점의 혁신적 특징 때문에, 클라우드 기술 환경은 전략적 관점, 경제성 관점 요구사항 및 관련 리스크를 해결해나가는 데 잘 부합할 수 있게 됐다. 그래서 클라우드 환경을 활용하는 기업에서는 비즈니스 전략, 활용 기술의 선택, 경제성을 동시에 할 수 있다. 예를 들어, 계절적 요인으로나 서비스 특징상 주기성을 띠는 제품을 서비스하는 기업의 경우, 필요 시점에 해당 서비스의 거래 요구량에 맞는 인프라를 실시간으로 구성하고 완료된 후에는 추가 구성분이 자동으로 마감되도록 진행할 수 있다. 자동 스케일링 기능을 프로그램해두면, 인프라에 대한 선투자가 거의 필요하지 않다.

솔루션을 성공적으로 구축하면 필요에 맞추어 서비스를 활용하게 된다. 활용할 수 있는 서비스는 기업 내부에서 제공되는 서비스와 기업 외부에서 제공하는 서비스를 다 포함한다. 기업에서는 기업의 비즈니스 전략과 경제성에 맞는 최선의 길을 결정하며 나아갈 것이다. 거의 대부분의 경우에, 솔루션을 서비스 방식으로 사용하는 것이 기업의 의사결정 지표와 경영성과표^{scorecard}상에서 최적의 선택이 될 것이다.

▋ 원가를 낮추는 것이 사업에 반드시 도움이 되는 것은 아니다: 리스크

경영진은 종종 리스크와 경제 성과의 균형을 맞출 필요가 있다. 리스크를 더 많이 안고 간다고 하면 비용을 낮출 수 있다. 리스크와 비용은 상호 반비례하는 관계에 있는 것 같다. 클라우드로 간다는 것은 패러다임을 바꾸는 기회로 볼 수 있다. 변화의 시작은 관점의 변화로부터 비롯된다. 클라우드는 경제성 관점의 혁신이기 때문에 대부분의 가격 모델은 규모의 경제에 기반을 두고 있다.

인프라 서비스를 구매할 때는 필요에 따라서 운영 서비스도 함께 포함시킬 수도 있다. 운영 관리자, 보안 전문가, 기사, 엔지니어로 구성된 운영 팀에서 운영 서비스를 하고 시간당 서비스 가격으로 서버 사용료와 함께 과금되는 구조일 수 있다. 기존 운영 상황에서 구성원의 보안 인식 부족, 업무 이후 시간 고객 전화 응대 거부감으로 이슈가 있는 상황이라고 하면 전문적 지식과 경험, 24×7 운영, 자동화, 모범 사례를 보유하고 있는 외부 클라우드 운영 서비스를 활용하는 편이 훨씬 리스크가 적을 것이다.

앞에서 언급한 바와 같이, 동일 구성 서버에 대해 저비용 공급업체와 고비용 공급업체의 가격 차이가 3,200%나 되는 상황이다. 각 서비스별로 보장하는 서비스 품질, 자동화, 지원, 보안, 패치, 관리, 모니터링의 수준이 다르고 가격도 천차만별이다. 비용이 더 저렴해 보인다고 해서 해당 클라우드 서비스가 비즈니스 과제와 프로젝트 추진 상황에 최적의 선택이 되는 것은 아니다. 클라우드는 툴박스 안에 들어 있는 도구들 중 하나다. 드라이버를 못 박을 때 사용해서는 안 된다. 클라우드도 마찬가지로 클라우드에 적합한 작업에 사용할 때 적합한 도구가 된다.

▎도입은 선택사항이다: 문화

대로 한복판에서 놀고 있다면, 결국 차에 치일 수밖에 없다. 변화하거나 변화시킨다는 것은 어려운 일이다. 변화를 받아들이는 일은 때때로 불가능해 보이기도 한다. 변화를 받아들이는 확고한 노력이 있을 때 클라우드로 가는 여정은 훨씬 더 나아진다. 회색 지역이나 어중간한 추진 노력으로는 불가능하다. 클라우드 서비스로 가고자 할 때는 대충, 적당히, 임의로 결정해서 진행할 사안은 아니다. 클라우드로 간다는 것은 경제성을 상당히 높일 수 있는 전략적인 변화다. 클라우드는 여러 가지 방법으로 기업을 변화시킬 수 있다. 일단 클라우드는 추진하는 조직의 상황에 맞는 속도로 시작할 수 있다. 모든 것을 한꺼번에 들어올려 옮길 이유가 없다. 하이브리드 전략은 클라우드 전환을 시작하는 여정에서는 가장 안전하고, 제어하기 쉽고, 비용 효율적인 방법 중 하나다. 클라우드로 가는 여정은 단거리 달리기가 아니다. 그렇다고 마라톤으로 생각할 필요도 없다. 실시간 데이터, 분석, 시나리오 계획, 모델, 데이터 정규화, 항목별 비교하는 과정을 통해 클라우드 서비스가 현재 상황에 적합한지 명확히 분석해봐야 한다. 핵심적인 작은 업무 범위부터 시작해 점진적으로 진행하는 것을 추천한다.

클라우드 도입하는 과정에서 변화는 잔물결을 일으킬 수 있고, 편광 효과가 있을 수도 있다. 적합한 시기에 적합한 커뮤니케이션이 필요하며, 커뮤니케이션을 할 때는 목적에 맞는 데이터를 수집, 처리해서 효과적으로 전달하는 것이 중요하다. 구성원의 사고방식을 바꾸고, 변화를 받아들이며, 궁극적으로 문화적 거부감을 제거하기 위해서는 데이터를 활용하는 것이 도움이 된다.

반복적으로 수행하는 일, 정해진 절차, 구조, 역할, 책임은 기업 활동에서 익숙한 것이다. 이 모든 것이 친숙하기도 하다. 변화를 받아들이기 위해 중요한 부분은 변화의 필요성과 변화로 인해 얻게 되는 장점을 이해하는 것이다. 기술력이 부족하면서 혁신을 한다는 건 어려운 일이다. 변화해야 하는 이유를 이해하지 못하거나 잘못 이해하는 경우에도 변화한다는 건 어려운 일이 된다. 오랫동안 친숙하게 사용해왔던 프로세스를 새로운 것으로 바꾸는 건 매우 불편한 일인 것이다. 조직 구성을 바꾸고 맡은 역할과 책임을 바꿔서 일을 진행해나간다는 건 쉬운 일이 아니다. 적합한 시기에 적절한 데이터로 적합한 커뮤니케이션을 하는 것이 변화를 만들어가는 데 매우 중요하다. 변화 관리는 클라우드 성공의 큰 부분이다. 기업 문화와 사고방식을 클라우드 도입에 맞춰 바꾸기 위해서는 끊임없이 변경 내용에 대해 소통하고, 반복해서 교육하고, 변화하는 데 우선순위를 정해서 집중하는 것이 핵심이다. 문화적 변화 없이 클라우드를 도입하려는 경우 실패한다.

클라우드 도입을 성공적으로 하기 위한 또 다른 키 포인트는 필요 기술 역량 향상 영역이다. 기업 환경이 빠르게 변화하고 있고 기술도 급격하게 변화하고 있다. 기업에서 구성원은 1년에 한두 번 이상 업무 관련 교육을 받는다. 대부분의 경우 직무 적합성과 필요 역량을 향상시키기 위해 스스로 자기 개발을 한다. 기업 내에 클라우드 환경이 자리 잡기 시작할 때 구성원의 기술 역량이 따라오지 못할 경우 클라우드 도입을 어렵게 만드는 요인이 된다. 클라우드를 도입할 때는 경제성 효과, 전략적 효과를 기대하면서 리스크를 감수한다. 하지만 기술 팀 구성원은 정치, 전략, 리스크 소통, 재무 분석, 실적 지표 정보를 다루는 것을 어려워하고 관련 교육을 받지 않은 상태가 대부분이다. 기술 유형은 오래지 않아 새로운 것으로 대체될 수 있기 때문에 차세대 아키텍트는 사업, 재무, 기술, 정치 등 여러 방면의 스킬을 복합적으로 필요로 할 것이다. 차세대 환경에서 아키텍트가 좀 더 나은 가치를 고객에게 전달하기 위해서는 기술 관리자 관점보다는 CFO 관점에서 생각하고 진행해갈 필요가 있다.

▍경영진을 위한 기술

클라우드 솔루션 아키텍처 설계 단계에서 중요한 사항 중 하나는 경영진도 클라우드 솔루션의 평가 모델과 구축 모델 몇 가지에는 익숙해져야 된다는 것이다. 클라우드를 활용한 비즈니스 전략과 투자 경제성을 논의할 때 기술 선택과 리스크 내용도 함께 논의해야 하므로 편안하고 친숙한 수준의 클라우드 관련 개념을 지니는 것이 중요하기 때문이다. 서비스 모델(IaaS, PaaS, SaaS)은 해당 프로젝트에서 어떤 클라우드 서비스를 구축하고 사용할지 방향성 결정에 크게 영향을 주는 요소다.

경영진을 위한 클라우드 서비스 모델

클라우드 서비스를 사용하는 기업 구성원의 역량은 서비스 모델을 선택할 때 크게 고려할 요소다. 예를 들어, 시스템 운영 관리자가 인프라를 관리한다. 만약 서비스 모델 중 IaaS를 선택했다면, 기업에서는 이들의 지식과 역량을 유지하고 성장시킬 필요가 있다. 클라우드 환경에서는 기반 인프라가 서비스로 제공되기 때문에, 운영 관리자는 이러한 변화를 경력 성장의 새로운 기회로 활용해 장기적 관점에서 기업 성장에 기여할 수 있을 것이다. 예를 들면, 셰프^{Chef} 및 퍼핏^{Puppet} 같은 언어로 인프라 스크립팅 기술을 배우는 것이다.

소프트웨어	플랫폼	인프라
• 총 비용 절감 • 애플리케이션 및 소프트웨어 라이선스 • 지원 비용 절감 • 백엔드 시스템 및 용량	• 다양한 개발 언어 및 프레임워크 지원 • 다양한 호스트 환경 • 유연성 • 선택의 허용 및 제품종속(lock-in) 감소 • 자동 용량 확장 능력	• 자동 시스템 용량 확장 능력 • 통합 네트워크 및 IT 리소스 풀 (pool) • 셀프 서비스와 온디맨드 리소스 • 고신뢰성 및 복원력

전문 소프트웨어 개발 업체의 경우 클라우드 도입 시 PaaS 서비스를 선택할 수 있다. 플랫폼에는 개발자가 즉시 개발할 수 있는 환경, 즉 관련 모든 컴포넌트, 프레임워크, 드라이버, 부품이 조화롭게 구성되어 있다. 시장에는 다양한 종류의 플랫폼이 있고 이들은 각각 여러 종류의 것을 개발하고 운영할 수 있게 타깃팅되어 있다. 소프트웨어를 개발할 때 반드시 PaaS를 사용해야 되는 것은 아니지만, 널리 보급되어 있는 방법이다. 예를 들어 기업에서 개발 목적으로 특정 플랫폼을 선정했다고 할 경우, 사내 개발자는 이 플랫폼에 친숙해질 필요가 있다. 만약 이때 자바^{Java}가 그들이 전문적으로 사용해왔던 언어라고 하면, 마이크로소프트 애저$^{Microsoft Azure}$ PaaS 서비스의 경우 새로운 환경에 적응하는 데 시간이 상대적으로 더 들어갈 수 있기 때문에 새로운 자바 역량 도입을 더디게 할 수 있다.[2] 팀은 선택한 플랫폼에 따라 추가적이고 지속적인 훈련이 필요할 수 있다. 현재 기술 세트와 잘 맞지 않는 플랫폼이 선택되거나 선택한 전략에 대한 역량이 부족한 경우, 플랫폼을 통해 얻게 되는 이점보다 노력과 시간 투자가 훨씬 더 들어갈 수가 있다.

인프라가 별도로 필요 없는 서비스도 있다. 필요한 기능과 특징이 모두 포함되어 있는 소프트웨어 서비스를 일정 가격으로 제공하는 SaaS 서비스 유형이 여기에 속한다. 라이선스는 보통 기업 단위 또는 사용자 단위처럼 특정 단위 기준으로 적용된다. SaaS 모델은 도입률도 높고 구축 속도도 빠르다. SaaS가 기업에서 필요로 하는 서비스를 모두 갖고

---

2   이 부분은 MS사가 반드시 자신들만의 특화된 기술을 사용하는 것은 아니다. 현재는 다양한 프로그래밍 언어가 컨테이너라는 기술로 동일한 플랫폼에서 실행되기 때문에 큰 제약은 없다. – 옮긴이

있지는 않지만, 필요 제공 서비스가 있는 경우에는 상당히 도움이 된다.

경영진을 위한 배치 모델

클라우드 도입을 진행하는 과정에서 클라우드 서비스 모드 결정, 관련 성과 지표 선정, 성과 목표 확정을 했으면, 다음 절차는 솔루션의 구성 방식 및 구현 스타일을 정의하는 것이다. 각 서비스 모델은 여러 개의 구성 방식 및 구현 모델을 가질 수 있다. 예를 들어 IaaS가 선택한 서비스 모델이라고 할 경우, 이 서비스 모델 내에서 인프라를 구성하는 방식에는 프라이빗, 퍼블릭, 전용, 공유 등 여러 가지 옵션이 있다. 퍼블릭 클라우드 인프라 서비스 방식을 사용할 경우 여러 다양한 구성 옵션을 사용할 수 있고, 비용을 포함해서 여러 가지 경제성 관련 옵션과 이에 따른 사용 모델이 있다.

기업에서 클라우드 구성 방식을 선택하는 데 영향이 큰 것은 리스크 요인이다. 리스크는 운영 업무, 경제성 측면, 기술 측면, 보안 영역 등 모든 영역에 걸쳐 있는 항목이 있다. 클라우드 솔루션의 구성 방식 모두 각각의 운영 리스크를 갖고 있다. 프라이빗 클라우드 구성 방식은 고객이 고객의 자산으로 관리하기 때문에 상대적으로 리스크가 낮은 것으로 인식되고 있다. 그것이 맞든 틀리든 사람들은 남보다 자신을 더 신뢰하는 경향이 있다. 구성 방식에 대한 리스크 측면의 인식이 근거 없는 것으로 여러 번 판명됐지만, 이 같은 인식이 아직도 여전히 남아 있다.

클라우드 구성 방식을 선택할 때는 사이버 보안 측면에서도 고려가 필요하며, 인프라를 업데이트하고 패치하는 것이 사이버 보안의 핵심 부분이다. 서비스 공급업체가 기반 인프라를 관리할 때는 사전 예방적으로 인프라 패치 업데이트가 실행된다. 상대적으로 자체 관리하는 환경에서는 여러 가지 이유로 패치 또는 보안 업데이트를 실행하지 않는 경우가 많다. 이러한 상황도 클라우드 구성 방식을 선택하는 데 고려돼야 한다.

클라우드 구성 방식을 프라이빗처럼 기업 내부 조직에서 소프트웨어와 시스템을 관리할 때는 업그레이드할 때 시간이 더 걸릴 수 있으나, 기업 내부 책임자나 관리자가 전체 관리 통제를 하기 때문에 소프트웨어와 업데이트의 구현 방법과 시기를 결정할 수 있고 이를 준비하고 테스트하는 데 필요한 시간을 조직 내에서 결정해 가져갈 수 있다는 장점도 있다. 또 다른 운영 리스크는 인터넷 접속 제한 때문에 클라우드 서비스를 활용할 수 없는 경우다. 클라우드를 도입하는 기업이 증가함에 따라, 기업에서 인프라를 확보하는 절차는 기존 방식과는 상당히 달라졌고 필요시 즉시 준비하는 형태로 변경했으나 사용 서비스의 수가 증가함에 따라 통제는 더욱 어려워지는 경향이 있다. 제대로 모니터링하고 적절하게 관리하지 않으면 월말에 클라우드 스티커 쇼크$^{sticker\ shock3}$를 받을 수 있다.

IaaS 솔루션 경우 서비스에 필요한 서버 유형, 스토리지의 브랜드, CPU 제조업체와 같은 기술 세트는 클라우드 서비스 공급자가 모든 결정을 내린다. 고객에게는 추상화된 형태의 정보만 제공되고 기술 호환성 같은 측면의 내용은 공개되지 않는 경우가 많다. 기술적 측면에서 옵션을 검토하지 않을 경우 이동성 및 상호 운용성 리스크를 초래하는 경우가 발생할 수 있고 데이터 보안에 대한 우려가 있을 수 있다. 그럼에도 불구하고 가능한 한 많은 케이스를 소화해낼 수 있는 솔루션을 설계하고 보안성 측면의 검토를 충분히 한다면 이러한 우려를 신속하게 해소할 수 있을 것이다. 퍼블릭 인터넷상에서 활용할 수 있는 서비스는 언제나 잠재적 보안 이슈를 갖고 있다. 그래서 보안은 끝이 없는 주제이며 보안 이슈는 외부에서 나올 수 있고, 기업 내부에서, 또 가끔은 전혀 예상하지 못했던 영역에서 발생한다. TJX[4] 및 HVAC[5] 진입점을 기억하자.

경영진을 위한 구현 모델 및 IT 거버넌스

구현 모델은 주로 IT 거버넌스에 의해 결정된다. 프라이빗 모델로 구축되는 경우가 아니면 클라우드 서비스 거버넌스는 사용 고객의 권한 밖의 일이다. 이러한 이유로, 클라우드 서비스를 도입할 때 법률, 보안, 규제, 지역 관할법과 관련된 리스크가 있을 수 있다. 현재 진행 중인 프로젝트에 이러한 리스크가 있다고 한다면, 클라우드 서비스 도입은 정보 기술 표준을 강화하는 방향으로 추진돼야 하고 관련된 영역에 힘을 좀 더 실어야 한다.

---

3   매월 말 클라우드 공급업체로부터 발행하는 과금 청구서 금액에 따른 충격 – 옮긴이
4   TJX라는 미국 기업에서 발생한 대규모 보안 침해 사고 – 옮긴이
5   'Heating, Ventilation, Air Conditioning'의 약어로서, 장비/사물인터넷을 통한 보안 취약점 – 옮긴이

준수해야 할 기준의 내용에 따라서 추가 인프라 투자, 관련 교육, 추진에 필요한 시간이 추가로 확보돼야 할 수 있다. 아무리 최고의 클라우드 컴퓨팅이라고 하더라도 초기에 이러한 규정을 준수하지 못한 채 진행했거나 요구되는 수준이 되지 못하면 실패로 끝나게 된다.

클라우드 컴퓨팅 도입 전략은 경영진의 결정이 확정되고 투자 약속이 확정되면 추진할 수 있다. 클라우드 도입 전략으로 가장 널리 사용되는 것은 다음과 같다.

- 경쟁 우위 확보: 고객 관계의 조직적 전략적 재창출 목표, 제품 및 서비스 혁신, 신규 비즈니스 모델 구축, 현재 비즈니스 모델 개선 등
- 진보된 전략적 의사결정 벡터 확보: 빅데이터로부터 통찰을 끌어내고 광범위한 분석 기능 활용, 애플리케이션 서비스 간 원활한 데이터 공유 강화, 데이터 기반 및 사실 기반^{evidence-based} 의사결정 활용
- 긴밀한 협업 체계 구축: 비즈니스 생태계 전반에서 전문가의 지식을 더 쉽게 찾고 사용할 수 있도록 하는 것을 목표로 함. 기업 내부의 개발 조직과 운영 조직 간 효과적인 통합 방안과 확장된 생태계상 협업 체계를 필요로 하는 전략임

이러한 도입 전략을 지원하는 데 사용할 수 있는 비즈니스 모델 변화 전략은 다음과 같다.

- 고객 셀프 서비스 모델을 통해 더 많은 비즈니스 요구사항 해결
- 단일(제한된) IT 공급자 방식에서 복수 IT 공급자가 참여하는 생태계로 전환
- 설계/구축/유지 관리 및 기술의 식별/조정/도입의 조합을 80/20에서 20/80으로 변경
- 업무/노동 집약적 HW/SW 통합 프로젝트에서 가치 중심의 IT 서비스 관리로 전환
- 전용^{dedicated} 단일 테넌시에서 공유^{shared} 서비스 멀티테넌시로 전환
- 지원 업무 조직, 코스트 센터 조직에서 실질적인 가치를 제공하는 비즈니스 센터로 전환

▎요약

클라우드 구축 시 여러 의사결정의 최종 결정은 주로 기업 경영진이 내리게 된다. 왜냐하면 필요한 투자 수준과 조직에 미치는 영향도 때문에 경영진이 의사결정을 해야 하는 불가피한 상황이 있을 수 있기 때문이다. 솔루션 아키텍트는 핵심 추진 팀의 구성원으로서 유관 경영진의 관점을 이해하고 관리하는 데 집중해야 한다. 그래서 이러한 과제는 양방향 의사소통을 통해 어려운 개념을 효과적으로 전달하면서, 신규 비즈니스, 운영 모델, 경제성 모델을 함께 정립해나갈 수 있게 해야 한다. 여러 프로젝트에서 솔루션 아키텍트는 경영진 수석 강사의 역할을 하기 위해 캐스팅되기도 한다. 2018년 초 마크 저커버그 Mark Zuckerberg 페이스북 최고경영자CEO가 미 상원에서 소셜미디어 데이터 보호 우려에 대해 증언하면서 이러한 역할의 중요성이 명확히 인식됐다. 비록 고위급 리더가 새로운 소셜미디어 법과 규정 제정을 심각하게 고민하고 있겠지만, 그가 여러 관련 미팅에서 클라우드 컴퓨팅 비즈니스 모델과 기술에 대한 기초 수준의 질의를 통해 보여준 것은 현대 기술에 관한 이해가 코믹할 만큼 무지하다는 것이었다. 5장에서는 교육받은 내용으로 성과를 내는 데 오랫동안 사용할 수 있는 기초 내용을 다룬다.

06

이행을 위한 아키텍팅

"승리한 전사는 먼저 이기고 나서 전쟁터에 나가는 반면, 패배한 전사는 먼저 전쟁에 나갔다가 승리를 노린다."

— 손자병법^{The Art of War} / 손무^{Sun Tzu}

『손자병법』이 전쟁과 주요 전투에서 어떻게 싸우는지에 대한 전략을 가르치는 책이라고 오해하는 경우가 있다. 사실 『손자병법』은 싸움을 피하는 방법에 관한 것이다. 길고 지루한 전투는 비용이 많이 들고, 느리고, 통제하기가 매우 힘들다. '승리한 전사는 먼저 이기고 나서'라는 첫 인용문에서 손자(孫子)는 준비, 상황 인식, 통제 가능한 환경, 관련 세부 사항에 대한 관심, 시작하기 전 결과물을 결정하는 데 집중한다. 『손자병법』의 교훈은 환경을 알고 상황을 인식하는 것, 즉 입체적 위치와 상황을 파악하는 데 있다. 지금 갖고 있는 데이터가 최신 정보이고 정확한 내용인가? 데이터는 믿을 만한 소스에서 온 것인가?

명확하게 사고하고 있는가? 감정과 편견이 통제되고 있는가? 외부 영향과 비판을 점검하고 있는가? 데이터를 기반으로 말하고자 하는 내용이 표현되고 있는가?

클라우드로 간다는 것이 전쟁을 한다는 의미는 아니지만, 확실히 전투처럼 느껴질 수 있다. 클라우드 신봉자는 대의명분을 위해 무엇이든 기꺼이 했던 십자군 원정처럼 보일 수 있다. 클라우드 전환에는 특정한 패턴, 모양, 크기가 있지 않다. 클라우드로 전환하기 위해서는 무엇보다도 먼저 가장 최신의 정보와 정확한 데이터가 필요하다. 성공적으로 클라우드로 전환한 기업은 성공을 확인한 후에 전환 작업에 들어간다. 성공을 확인하려면 집중할 곳을 명확하게 해야 하고, 준비, 환경 통제, 상황 인식이 필요하다. 『손자병법』의 교훈처럼 클라우드로 전환함에 있어서 명확한 집중, 세밀한 준비, 세심한 계획을 갖고 있지 않으면 전환 작업을 시작하기 전에 이미 실패하게 된다.

6장에서 다루는 내용은 다음과 같다.

- 사용자 특성
- 애플리케이션 워크로드
- API^{application programming interface}(애플리케이션 프로그래밍 인터페이스) 사용

▌ 사용자 특성

클라우드는 어린이와 같다. 클라우드는 독특한 성격, 기발함, 강점과 약점이 있고 동일한 것은 없다. 클라우드는 아이들처럼 서로 다르게 행동하고 다른 규칙을 따르는 것처럼 보이며, 때때로 그들은 최악의 시기에 잘못된 행동을 하기도 한다.

공급자마다 제공하는 클라우드 솔루션은 다 다르다. 성공적인 전환을 위해서는 클라우드 공급자에 대한 철저한 이해와 실사(實査)가 필요하다. 클라우드로 전환하기 위해서는 공급자도 고객을 깊이 이해해야 하지만 고객이 공급자를 더 많이 이해하는 관점에서 접근해야 한다. 기존의 IT 구축 과정은 소비자가 모든 세부사항 및 사업자의 점검 요구사항을 제공하는 것으로 시작된다. 그런 다음 공급자는 해당 요건을 충족하는 설계를 제안하는

방식이다. 클라우드 솔루션을 구축하려면 이러한 방식의 생각을 뒤집어야 한다. 서비스 공급업체가 먼저 그들의 역량, 특성, 속성, 그리고 소비자가 고려할 수 있는 지원 서비스를 효과적으로 전달해야 한다. 프로세스와 접근 방식을 역전(逆轉)해서 접근해야 한다는 것은 클라우드 전환과 관련된 문화적 변화 과제의 핵심이다. 이제는 고객 영역에서 전략적 관점, 경제성 관점, 기술적 관점의 선택을 주도적으로 진행해나가야 한다. 이전에는 서비스 공급업체가 솔루션 실사, 권고안 작성, 솔루션 비용 통제를 담당했고, 필요할 때 부족한 상황을 겪기보다는 평소에 조금 남는 형태로 운영되는 편이 낫기 때문에 거의 모든 경우에 보수적으로 솔루션 용량을 준비하고 관리했다.

이제는 특성과 속성을 검토하는 일이 고객의 책임이 된다. 면밀한 검토를 통해 여러 조직과 부서에 걸쳐 내부적인 협력과 조직 간 조율하는 일을 할 필요성도 발생한다. 서비스 공급업체도 솔루션의 설계, 구축, 지원 및 유지 관리하는 데 심층적인 세부사항을 공유해야 하기 때문에 거의 실시간으로 대응하게 된다. 추가 조사가 필요한 세부사항은 다음과 같다.

- 애플리케이션 특성
- 애플리케이션 종속성
- API 요구사항
- 기술 서비스 소비 요구사항
- IT 자동화를 지원하는 데 필요한 조직의 능력
- 소비 기업의 확장 가능한 설계 기법 사용
- 소비 기업의 데이터 보안 및 제어 요구사항
- 소비 기업의 트랜스포메이션 준비 상태

클라우드 아키텍처는 최종 사용자를 이해하는 것으로부터 시작한다. 클라우드 서비스 공급자는 대상 가동률 및 사용 패턴을 사용해 고객의 인프라 설계를 가이드한다. 고객이 서비스 공급자의 특정 서비스의 활용 가치를 누리려고 하면 고객의 비즈니스 운영 패턴이 공급자의 목표 대상과 잘 맞아야 한다.

규모의 경제는 CSP가 이윤을 창출하는 방법이다. 이를 위해 리소스 풀을 사용해 여러 테넌트 간 리소스를 공유한다. 물리적 리소스와 가상 리소스는 모두 사용자 요구에 따라 동적으로 프로비저닝되고 디프로비저닝^{de-provisioning}된다. 리소스 풀링^{pooling}은 위치의 다양성도 제공한다. SaaS의 경우 사용자는 하드웨어 위치를 지정하거나 관련 정보를 갖고 있지 않다. 경우에 따라 고객은 국가나 리전 위치를 지정할 수 있다.

클라우드 컴퓨팅 경제성을 높이기 위해서 IT 리소스 프로비저닝을 자동화하는데, 이때 일반적으로 가상화 기술을 사용한다. 그래서 종종 가상화 기술이 클라우드 컴퓨팅을 정의한다는 가정으로 이어진다. 실제로 클라우드 컴퓨팅의 경제성은 고객 모집단 지푯값에 따라 달라진다. 즉, **고유 고객 세트 수**^{Number of Unique Customer Sets}(n), **고객 세트 사용률**^{Customer Set Duty Cycles}$(\lambda,\ f)$, **상대적 사용률 변위**^{Relative Duty Cycle Displacement}(t), **고객 세트 부하**^{Customer Set Load}(L) 같은 값이다.

이러한 지푯값이 정의되면 최대 수요 수준을 충족하는 데 필요한 최소 물리적 IT 리소스 요구사항을 설정할 수 있다. 다음 페이지의 그림은 이 개념을 세 가지 시나리오로 설명한다. 각 시나리오별로 다른 고객 세트를 보여주고 있는데, 각각 한 단위(1 유닛)의 최대 부하를 요구하면서 소비자 요구 사용률은 비슷한 반면, 각 시나리오의 사용률 변윗값은 다르다. 이 작은 차이는 운영상의 상당한 차이로 이어진다.

- 시나리오 A와 시나리오 B의 최대 수요는 시나리오 C의 최대 수요보다 30% 더 많다.
- 시나리오 B는 최소 수요가 0이다.
- 시나리오 C 전환 부하 요건은 다른 두 가지 요건보다 50% 낮다.
- 고객이 필요한 리소스를 개별적으로 소유하는 경우, 3개의 유닛이 필요할 것이다. 시나리오 A와 시나리오 B는 동일한 총 유닛을 필요로 한다. 반면에 시나리오 C는 동일한 수요를 지원하기 위해 최대 2개의 유닛만 있으면 되므로, 결과적으로 30%의 리소스 절감이 가능하다.

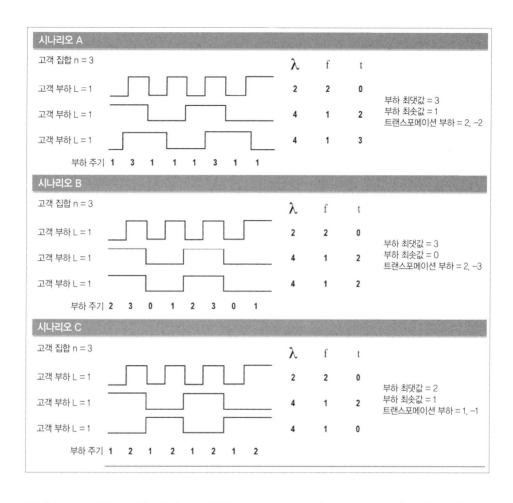

클라우드 경제성 모델을 확대하기 위해 CSP는 주요 사용자 지표를 거의 실시간, 지속적으로 모니터링해서 기본 물리적 인프라에서 필요한 변경이 가능하게 해야 한다. 이는 클라우드 컴퓨팅 서비스 경험의 특징인 바라는 대로 리소스가 무한정 늘어날 것 같은 '무한 리소스의 환상illusion of infinite resource'을 경험하게 한다.

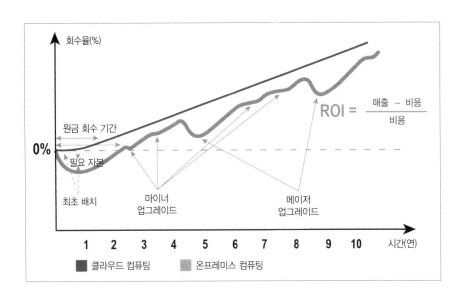

대상 사용자 기반의 특성을 이해하고 관련 정보를 통해 더 나은 솔루션 설계를 할 수 있다. 주요 서비스 운영 기간 동안 최저의 비용과 최고의 편익을 제공할 수 있는 공급자가 가장 적절한 서비스 공급자일 것이다. 클라우드 컴퓨팅 경제성 모델에 맞게 솔루션을 구현할 경우 사내 시스템에 구축할 때보다 투자수익률을 실질적으로 개선할 수 있다. 위의 그림은 프라이빗 클라우드를 구축했을 때의 사례를 보여준다. 2009년 부즈 알렌 해밀턴 Booz Allen Hamilton 연구에 따르면, 클라우드 컴퓨팅 전략이 1,000대 서버 배포의 수명 주기 비용을 50~67% 절약할 수 있다고 한다.

이 연구는 클라우드 전환에 더 많은 서버가 포함되거나 더 빠른 마이그레이션 일정이 포함됐을 때 편익 비용 비율BCR, benefit-cost ratios도 증가했음을 보여줬다. 또한 딜로이트Deloitte 연구 결과에서도 클라우드를 적용할 때 기존 데이터 센터 옵션에 비해 투자수익률이 높고 투자 회수 기간도 짧다는 것을 보여준다.

154

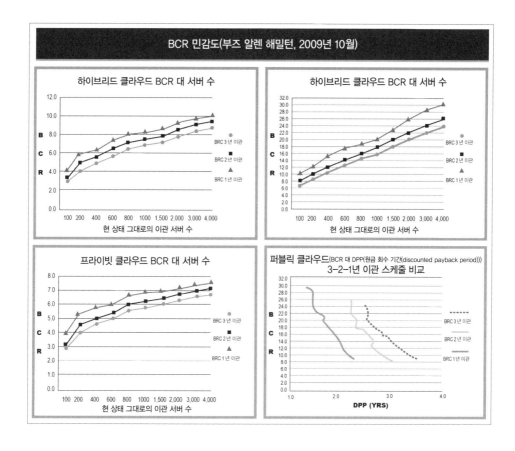

클라우드 솔루션 아키텍트는 다음과 같은 사용자 모집단 특성을 문서화하고 검증하는 작업을 진행해야 한다.

- 애플리케이션 또는 서비스에 대해 예상되는 동시 사용자 수
- 연간 사용자 증가율
- 사용자 수요 변동성과 시간 주기(즉, 하루 중 시간, 요일, 주, 월)별 거래 변동 패턴
- 사용자의 지리적 위치별 사용량 차이
- 모바일 디바이스, 모바일 애플리케이션 사용 빈도와 전체 인구 범위
- 모바일 디바이스의 유형, 모델 및 운영체제
- 디바이스 소유권 옵션

- 기능 개체 간 관계성을 기반으로 한 사용자 특성의 변동성. 예를 들어, 조직별 사용 비용 혹은 전체 사용자의 사용 비용 변동 패턴
- 비즈니스 연속성 또는 재해 복구의 중요성: 최종 사용자 위치, 최종 사용자 디바이스, 운영 프로세스 고려사항, 사용 주기에 따라 결정됨

▌애플리케이션 설계

기존 애플리케이션 유지 보수 운영 비용을 절감하는 수단으로 클라우드 컴퓨팅을 활용하려는 기업들이 있다. 이런 경우 클라우드 솔루션 아키텍트는 해당 애플리케이션이 클라우드 환경으로 옮겨갔을 때 개선이 될지 개악이 될지를 판단해야 되는데, 이때 결정적인 요소는 애플리케이션의 성숙도다. 또한 애플리케이션 특성은 CSP를 선택할 때도 중요한 요소가 되곤 한다. 예를 들어, 레거시legacy 애플리케이션들 중에는 데이터, 특정 프로세스, 기타 관련 애플리케이션들과 밀접하게 결합되어 있는 경우도 있기 때문이다. 이것은 상품 방식으로 기술을 서비스하는 모델로 변환하는 것을 매우 어렵게 만든다. 기능과 데이터 간 의존성이 기능 안에 함축되어 있고 관련 문서도 부실한 상황에서는 상품화를 위해 필요한 표준화 작업이나 구성 변경 방안을 만드는 일 자체가 쉽지 않기 때문이다.

클라우드 친화적인cloud-friendly 애플리케이션은 느슨하게 결합된loosely coupled 형태로 되어 있는데, 예를 들면 모듈화된 컴포넌트 구조와 레스트풀RESTful 인터페이스를 갖고 있어서 현대적 클라우드 기반 인프라에 더 쉽게 적응할 수 있도록 한다. 그래서 클라우드로 기존 애플리케이션을 클라우드 환경에 맞게 새로 개발해야 할 때는 이 특성을 반영해 설계해야 한다. 전통적인 방식의 경우를 보면, 애플리케이션이나 인프라 환경을 구축할 때 특정 공급업체의 기술이나 공급업체의 고유 기능을 과감하게 활용해 진행했던 기업이 많이 있었고, 이것은 곧 기업의 시장 경쟁력 차별화와 고객 가치를 높여나가기 위해 적용해왔던 기반 방법론이었다. 이러한 방법론을 토대로 구축 기획 부서에서는 해당 기업에 적용하기 위해 필요한 인프라 변경 요구사항을 구축 필수 요구사항 혹은 최소 요구사항 형태로 인프라 시스템 관리 조직에 전달한다. 조직적으로 해당 인프라를 구축, 운영을 담당하는

부서인 경우, 이 최소 요건은 특정 기술 구매 및 기술 설정으로 해석을 하게 된다. 만약 이 영역이 관리형 서비스 공급업체나 시스템 통합업체로 아웃소싱되는 경우라면, 구매 팀에서는 이 요구사항을 **제안 요청**[RFP, request for proposal]이나 **견적 요청**[RFQ, request for quote]으로 해석하게 된다. 그런 다음 경쟁력 있는 공급업체에서는 이 요구사항에 맞춘 솔루션 방안, 구축 비용을 포함한 제안서를 제출한다. 기술적 평가와 비용 편익 분석이 완료되면 솔루션 딜리버리 업체가 선정되고, 계약 체결, 자금 집행의 순서로 진행이 된다.

클라우드 서비스 공급업체를 선정할 때 이 같은 전통적인 접근 방식으로 진행하면 치명적인 문제점을 야기할 수 있다. 첫째, 클라우드 컴퓨팅 환경은 클라우드 서비스 공급자에 의해 상품 서비스로서 설계되어 있고 관리되기 때문에 일반적으로 최종 고객으로부터 기술 구성 요청, 변경 요청을 받지 않는다. 이 같은 특성으로 인해 클라우드 환경에서는 과거 특정 공급업체 종속적 또는 특정 기술 종속적인 역량을 활용하던 방식과는 다른 접근 방식이 필요하다. 둘째로, 클라우드 공급업체는 솔루션을 설계할 때 이미 결정된 활용 기술과 자체 투자해 확보한 컴포넌트를 기반으로 진행한다. 또한 CSP의 서비스 가격은 특정 고객별로 가격 정책을 다르게 가져가지 않고 대상 시장의 역동성을 기반으로 결정된다. 요컨대, RFP나 RFQ 요건을 CSP에게 전달한다 하더라도 CSP로부터 RFP 요건에 맞는 서비스를 제시받거나 기술 서비스 가격이 조정되거나 하는 일은 거의 없을 것이다.

클라우드 서비스를 확보하는 방법은 기존의 IT 솔루션 확보 방식과는 근본적으로 180° 차이가 난다. 이는 기존 구매 프로세스 감독 및 통제를 무너뜨릴 수 있을 뿐만 아니라 예상치 못한 구축 과제, 비용 발생, 애플리케이션 설계 변경, 마이그레이션 프로젝트 실패로 이어질 수 있다. 이러한 패턴은 IT 업계 전반에 걸쳐 반복적으로 관찰돼왔다. 이 문제의 근본 원인은 클라우드 솔루션 아키텍트가 클라우드 IT 서비스를 확보할 때는 거기에 맞는 구매 프로세스로 가이드했어야 했는데 기존 IT 서비스 확보 방식대로 진행하도록 방치해뒀다는 것이다.

애플리케이션 마이그레이션

애플리케이션 심사^{screening}는 특정 애플리케이션이 클라우드로 이행할 준비가 됐는지 여부를 확인하는 첫 번째 단계다. 이는 일반적으로 시스템/애플리케이션 담당 부서와의 인터뷰 프로세스를 통해 클라우드 마이그레이션 준비 상태와 마이그레이션이 제공할 수 있는 가치를 식별하는 방식으로 진행된다. 인터뷰 프로세스는 필요 데이터를 찾아내는 과정 중의 하나로, 마이그레이션을 위한 애플리케이션을 식별하는 동시에 기존 IT 및 보안 아키텍처를 잘 이해하는 데 도움이 되며, 이는 마이그레이션 전략을 실행할 때 발생할 수 있는 많은 복잡성을 완화하는 데도 도움이 된다. 인터뷰를 진행할 때는 기업의 애플리케이션 포트폴리오를 평가하는 데 도움이 되는 질문으로 구성된 질문지를 활용해야 한다. 취합된 인터뷰 답변은 다음 사항을 결정하는 데 초점을 맞춰 분석돼야 한다.

- 이 애플리케이션을 구축하기에 가장 적절한 환경은 무엇인가? 고객이 소유하거나 고객이 운영하는 데이터 센터의 물리적 하드웨어부터 가상화된 플랫폼까시, 프라이빗 클라우드, 퍼블릭 클라우드 등
- 각 애플리케이션의 SPAR 특성(확장성^{scalability}, 성능^{performance}, 접근성^{accessibility}, 신뢰성^{reliability})
- 각 애플리케이션의 SOAR 준비 상태(보안^{security}, 조직^{organization}, 아키텍처 복원력 architecture resilience)[1]

또한 이러한 분석 과정을 통해 가장 영향력이 큰 비즈니스 동인 식별, 애플리케이션 보안 준비 상태 측면에서 강점과 약점, 애플리케이션 품질 특성에서 강점과 약점을 명확하게 표현해야 한다.

클라우드로 이동해야 할 애플리케이션을 파악한 후 이들 시스템에서 처리한 정보의 데이

---

1   저자가 사용한 SOAR의 약어는 일반적으로 IT에서 사용하는 SOAR(Security Orchestration, Automation and Response)의 약어와 좀 다른데, 의도적인지는 알 수 없으나 전체적으로는 유사한 의미로 해석된다. SOAR은 다양한 보안 위협에 대한 대응 프로세스를 자동화하고 조율해 SOC(Security Operation Center) 직원의 단조롭고 반복적인 업무를 효과적으로 줄이고, 각종 보안 사건에 빠르고 정확하게 대응할 수 있게 도와주는 보안 패러다임이다. - 옮긴이

터 분류^{data classification}(개인식별정보^{PII}, 기밀 정보 등)를 완료해야 한다. 이는 관련 주제 전문가^{SME, Subject Matter Expert}와 GRC^{Governance, Risk Management, and Compliance} 팀의 의견을 통해 이뤄져야 한다. 고객 측면에서 명확하게 이해해야 할 사항은 CSP는 공유 책임 모델로 운영되기 때문에 CSP는 클라우드의 보안을 제공하지만, 클라우드로 입력하는 정보의 보안 책임은 고객에게 있다는 것이다. 데이터 분류는 사내에서 관리할 정보와 클라우드로 이동할 정보를 결정하는 데 도움이 되며, 규정준수 요구사항을 충족할 수 있는지 확인하는 데도 도움이 된다.

애플리케이션 포트폴리오 정보는 모든 관련 영역과 상호 연관이 있는 영역으로부터 수집해 정리해야 한다. 서비스 모델(SaaS, PaaS, IaaS)과 구축 모델(퍼블릭, 커뮤니티, 하이브리드)을 선택할 때는 기업의 목표와 규정 준수 요구사항 및 제약사항을 기반으로 진행돼야 한다. 데이터가 어디에 저장될 것인지, 암호화가 필요한지, 정보가 유휴 상태에서 어떻게 암호화될 것인지, 동작 중에 어떻게 암호화할 것인지, 암호화를 누가 관리할 것인지에 대한 고민이 중요하다. 이러한 질문 과정을 통해 어떤 모델을 선택해야 하는지 판단할 수가 있다. 또한 이 애플리케이션 심사 산출물에는 장기적으로 해당 애플리케이션의 전략을 결정하는 데 필요한 정보도 포함해야 한다. 장기적 옵션에는 일반적으로 폐기^{retirement}, 리팩토링^{refactoring}, 리빌딩^{rebuilding} 또는 리프트 앤 시프트^{lift and shift}가 포함된다.[2]

▌ 애플리케이션 워크로드

애플리케이션 워크로드는 사용자 특성에 따라 달라지며 클라우드 컴퓨팅 솔루션을 설계할 때 반영해야 할 주요 요소다. 솔루션 아키텍트는 클라우드 기술 서비스의 프로비저닝, 디프로비저닝 자동화 특성을 활용해 애플리케이션의 확장성과 비용 효율성을 향상시킬 수 있다. 리프트 앤 시프트 애플리케이션 마이그레이션 전략을 추진할 때 주로 간과하는

---

2 애플리케이션 심사는 Quick Assessment와 In-Depth Assessment(IDA)로 나뉠 수 있는데, 전문업체 또는 전환 전문가의 도움으로 이 과정을 거쳐 4R, 6R 또는 7R로 애플리케이션을 분석 평가한 후 전환 계획을 수립한다. IDA에서는 심도 있는 전환 계획도 수립할 수 있으므로 이때 TCO도 산정한다. – 옮긴이

영역은 워크로드 변동에 기반한 가상 머신의 동적 인스턴스 관리 자동화 부분이다. 애플리케이션 워크로드의 가변성을 고려해 솔루션을 설계 혹은 재설계해야만 클라우드 구축 투자를 통한 긍정적인 경제성을 얻을 수 있다.

정적 워크로드

정적 워크로드는 특정 영역 내에서 시간에 따른 리소스 활용률이 균일함을 보여준다. 정적 워크로드가 있는 애플리케이션은 리소스 요구사항이 일정하기 때문에 사용량에 맞게 탄력적으로 과금하는 클라우드의 장점을 활용할 가능성이 적다. 워크로드의 주기적 패턴은 실제 구현 환경에서 매우 흔하게 볼 수 있다. 예를 들면 월 급여, 월 전화 요금, 연간 자동차 검사, 주간 현황 보고서, 출퇴근 시간 대중교통 이용이 있다. 이러한 업무는 뚜렷한 주기적 패턴으로 발생하기 때문에, 고객은 붐비지 않는 시간대에는 리소스를 디프로비저닝해서 최적의 리소스를 가동함으로써 비용 절감을 실현한다.

일생에 한 번인 워크로드

주기성 패턴을 띠는 워크로드 중 아주 특별한 사례로 전체 기간 중에서 딱 한 번 최고점이 발생하는 경우가 있다. 이 최고점은 개별적인 사건이나 업무와 연관되기 때문에 미리 알려지는 경우가 대부분이다. 이때 필요한 IT 리소스를 확보하기 위해 클라우드 탄력성을 사용한다. 이 사례에서는 알려진 시점에 수행될 수 있기 때문에 IT 리소스를 프로비저닝하고 디프로비저닝하는 것을 수동으로 수행하는 경우가 많다.

예측할 수 없는 무작위 워크로드

예측할 수 없는 무작위 워크로드는 주기적 패턴의 워크로드를 일반화한 형태로서 예측은 불가능하지만 이를 대비한 시스템의 탄력성이 필요하다. IT 리소스의 계획되지 않은 프로비저닝 및 디프로비저닝이 필요하며, 따라서 변화하는 워크로드에 맞춰 리소스 수를 조정하기 위해 IT 리소스의 프로비저닝과 디프로비저닝을 자동화해야 한다. 애플리케이선은 장기적으로 볼 때 지속적으로 변화하는 워크로드 패턴을 갖는다. 일반적으로 지속적으로 늘어나거나 지속적으로 감소하는 형태를 보인다. 지속적으로 애플리케이션의 워크로드가 변경될 때 클라우드 탄력성은 동일한 속도로 리소스를 프로비저닝하거나 디프로비저닝되게 할 수 있다.

다음 표는 4장 '비즈니스 동인, 성과 지표 및 사용 사례'에서 다뤘던 솔루션 사용 사례와 이 장에서 설명한 애플리케이션 워크로드, 그리고 표준 운영 요구사항 간 상호 관련성을 설명한다. 이 표를 활용하면 애플리케이션 사용자 요구사항을 기반으로 해서 클라우드 솔루션 운영 요구사항의 초안을 준비할 수 있다.

		사용 사례						
		최종 사용자에서 클라우드로	기업에서 클라우드에서 최종 사용자로	기업에서 클라우드로	기업에서 클라우드에서 기업으로	프라이빗 클라우드	클라우드 공급업체의 변경	하이브리드 클라우드
사용자 워크로드 요구사항	정적(static)							
	주기적							
	일생에 단 한 번							
	예측 불가							
	계속 변경							

		최종 사용자에서 클라우드로	기업에서 클라우드에서 최종 사용자로	기업에서 클라우드로	기업에서 클라우드에서 기업으로	프라이빗 클라우드	클라우드 공급업체의 변경	하이브리드 클라우드
운영 요구사항	아이디	X	X					X
	열린 클라이언트	X	X	X	X	X	X	X
	연합 아이디		X	X	X			X
	위치 인식		X	X	X	X	X	X
	사용량 측정 및 모니터링		X	X	X	X		X
	관리 및 거버넌스		X	X	X	X		X
	보안	X	X	X	X	X	X	X
	배포		X			X		X
	트랜잭션 및 동시성				X			
	상호 운용성				X			X
	산업별 표준			X	X			X
	VM 이미지 형식		X	X	X	X	X	X
	클라우드 스토리지 API		X	X	X			X
	클라우드 데이터베이스 API		X	X	X			X
	클라우드 미들웨어 API		X	X	X			X
	데이터 및 애플리케이션 연합		X	X	X			X
	운영 SLA	X	X	X	X	X	X	X
	수명 주기 관리		X	X	X			X

▌애플리케이션 범주

기본 클라우드 모델을 활용해 구축한 기업의 애플리케이션, 비즈니스 프로세스의 가치가 높아지면 높아질수록 클라우드 전환의 가치는 더 높아진다. 그렇기 때문에 기업에서 사용하는 애플리케이션을 기업의 주요 달성 목표와 애플리케이션이 구축될 클라우드 옵션별로 분류하는 것이 중요하다. 몇 가지 요소를 사용해 애플리케이션을 분류할 수 있다. 이러한 분류를 통해 클라우드로 전환하는 애플리케이션에 적합한 배포 모델을 선택할 수 있다. 보안 개인 정보 보호 규정 요구, 고유 기술 요구사항, 민첩성, 탄력성 요구사항이 분류할 때 사용하는 요소다. 애플리케이션 분류 프로세스는 기업마다 다르지만 클라우드 솔루션 아키텍트를 통해 프로세스 전반에 걸쳐 다음과 같은 교육, 리딩 및 조언을 기대할 수 있다.

클라우드 배치 모델 선택 | 상위 수준 결정 기준

	지역 거치 (Local Housing)	관리형 서비스 (Managed Service)	퍼블릭 클라우드(IaaS)	퍼블릭 클라우드(PaaS)	퍼블릭 클라우드(SaaS)	프라이빗 클라우드(IaaS)	프라이빗 클라우드(PaaS)	프라이빗 클라우드(SaaS)
보안	높음	합리적	적은 보안성	적은 보안성	적은 보안성	높음	높음	높음
핵심 비즈니스 기능	모든 소유권 및 온프레미스 운영	앱 소유권 유지	앱 소유권 유지	앱 소유권 유지	통합 아웃소싱	모든 소유권 및 온프레미스 운영	모든 소유권 및 온프레미스 운영	모든 소유권 및 온프레미스 운영
특화된 비즈니스 요구사항	높은 커스터마이징	앱의 커스터마이징 (약간의 인프라)	앱의 커스터마이징	앱의 커스터마이징	커스터마이징 거의 없음	앱의 커스터마이징	앱의 커스터마이징	커스터마이징 거의 없음
특화된 기술 요구사항	표준 기술 스택의 제약	비표준 HW 공급 능력	표준 기술 스택의 제약	약간의 비표준 기술 스택 제공 능력	상관없음	약간의 비표준 기술 스택 제공 능력	약간의 비표준 기술 스택 제공 능력	상관없음
민첩성/동적 용량에 반응	적음	장기 협약	온디맨드	온디맨드	온디맨드	온디맨드	온디맨드	온디맨드
자본 투자	HW, SW, 앱의 소유	SW 및 앱 소유	적음부터 없음	적음부터 없음	적음부터 없음	HW, SW, 앱의 소유	HW, SW, 앱의 소유	HW, SW, 앱의 소유
환경의 제어	종합적 제어	소프트웨어 및 앱 제어	앱을 제어	앱을 제어	제어 거의 불가	전체 제어	전체 제어	전체 제어
시작 적시성	느림	보통	보통	보통	빠름	보통	보통	빠름

범주화^{categorization} 프레임워크를 사용하면 특정 애플리케이션을 클라우드로 마이그레이션할 때의 난이도 대비 가치를 개략적으로 상대 평가할 수 있는 구조화된 접근 방식을 확립할 수 있다. 또한 클라우드의 주요 특성이 애플리케이션 운영에 얼마나 중요한 가치를 제공하는지 식별할 수 있다.

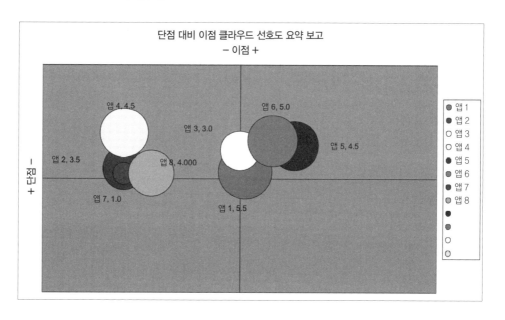

이 예제 다이어그램에서 원의 크기는 클라우드 선호도의 크기를 보여준다. 클라우드 마이그레이션의 난이도는 애플리케이션 종속성, 애플리케이션 클라우드 친화성, 관련 보안, 규정 준수 요구사항 같은 요인에 의해 결정된다. 클라우드로 전환하면서 얻게 되는 효과는 확장성, 민첩성, 탄력성, 그리고 기업이 클라우드로 전환하고자 하는 동기로부터 도출된다. 가장 인기 있는 SaaS 애플리케이션 범주는 다음 표에 나와 있다.

SaaS 애플리케이션	설명
고객 관계 관리	마케팅 자동화 및 판매 추적
기업 리소스 관리	워크플로우 및 생산성 가시성 향상
회계	정확한 재무 정리 및 추적
프로젝트 관리	프로젝트 범위, 요구사항, 진행 상황, 변경사항, 의사소통 및 납품 마감일 추적
이메일 마케팅	마케팅 및 관계 구축 자동화 및 최적화
비용 청구 및 송장 처리	비용 청구 프로세스 시간 단축
협업	커뮤니케이션 및 직원 생산성 향상
웹 호스팅 및 전자상거래(e-commerce)	인터넷 기반 비즈니스 프로세스 자동화
인적 자원 관리	좀 더 효율적인 스케줄링, 급여 자동화 및 채용
공공 부문, 규정 준수 및 EDI	규정 모니터링 및 제도 시행으로 규정 준수 및 의사소통 개선
업종별 애플리케이션	산업별 특화 애플리케이션 구축
금융 거래 처리	금융 자산의 거래

▎애플리케이션 종속성

애플리케이션 종속성은 애플리케이션을 클라우드로 이행하는 것을 어렵게 하는 요인이다. 애플리케이션 마이그레이션 순서를 지정하는 것까지 영향을 주거나 마이그레이션을 할 수 있을지 없을지 실현 가능성까지 영향을 줄 수 있다. 애플리케이션 종속성에는 다음과 같은 것이 있다.

- 공유 통신 채널
- 공유 아키텍처
- ID 및 접속 관리
- 공유 데이터

솔루션 아키텍트를 통해 다음과 같이 가장 적절한 해결책 옵션에 대한 합의점을 이끌어내야 한다.

- 공유 서비스 계층^{layer} 생성 및 구축
- 클라우드 환경으로 서비스를 복제
- 기존 서비스를 클라우드 서비스로 대체

▎ API의 사용

애플리케이션 API는 애플리케이션을 연결하는 연결고리이며, 사용자와 클라우드 서비스 연계를 논의할 수 있게 한다. API를 통해 비즈니스 민첩성, 유연성 및 상호 운용성도 가능하게 한다. 이러한 소프트웨어 모듈은 웹상에서 상호 연계할 때 사용하는 기술로서뿐만 아니라 비즈니스 모델 동인으로서 재사용, 공유, 수익화를 가능하게 하는 기업의 핵심 자산이 되고 있다. 기업은 API를 이용해 기존 서비스의 범위를 넓히거나 새로운 수익원을 창출해가고 있다. 사실상 기존 시스템, 3자 제공 시스템, 3자 제공 데이터의 액세스 권한을 제공하는 최종 제품이기도 하다.

인프라 API는 클라우드 컴퓨팅 리소스를 프로비저닝, 디프로비저닝하고 시스템 크기를 조절할 때 사용된다. 클라우드 솔루션 설계를 진행할 때는 다음과 같은 주요 솔루션 컴포넌트를 고려해야 한다.

- 서비스 엔드포인트^{endpoint}를 API로 생성 및 게시
- 사내 또는 클라우드에 API 배포
- 솔루션 수명 주기 동안 API를 제어하기 위한 버전 관리 사용
- 솔루션 관련 웹 서비스의 관리 및 모니터링

주요 API 설계 스타일은 SOAP$^{Simple\ Object\ Access\ Protocol}$와 REST$^{Representational\ State\ Transfer}$다.

SOAP

SOAP는 요청과 응답에 사용할 때 매우 복잡한 XML$^{eXtensible\ Markup\ Language}$을 사용한다.

종종 수동으로 요청을 생성하는 경우는 SOAP의 오류에 대한 편협성 때문에 애플리케이션이 취약해진다. WSDL^{Web Services Description Language}(웹 서비스 설명 언어)은 SOAP와 함께 웹 서비스 사용을 정의하는 데 사용된다. WSDL을 통해 **통합 개발 환경**^{IDE, Integrated Development Environment}에서 프로세스를 완전히 자동화할 수 있다. 이러한 연결성 때문에 SOAP 사용의 어려움은 프로그래밍 언어에 따라 달라진다. SOAP의 중요한 특징은 오류 처리다. 요청에 오류가 있는 경우 응답에는 문제를 해결하는 데 사용할 수 있는 정보가 포함되어 있다. 오류 리포트에는 오류 처리를 자동화하는 데 사용할 수 있는 표준 코드도 있다.

REST

REST는 경량 SOAP의 대안이다. 간단한 URL을 사용하며 네 가지 작업(GET, POST, PUT, DELETE)을 처리할 수 있다. REST 유연성은 **자바스크립트 객체 표기법**^{JSON, JavaScript Object Notation}, CSV^{Comma Separated Value}, RSS^{Really Simple Syndication}를 사용해 데이터를 반환하는 능력에 있다. 이것은 원하는 구문 분석 형식만으로 출력이 전달될 수 있음을 의미한다.

SOAP와 REST의 장점

SOAP와 REST의 장점은 다음과 같다.

SOAP의 장점	REST의 장점
플랫폼, 언어 및 전송 독립성	웹 서비스와 상호작용하는 데 값비싼 도구가 필요하지 않음
분산된 엔터프라이즈 환경에 대한 향상된 지원	소규모 학습 곡선
표준화 개선	효율성(SOAP는 모든 메시지에 XML을 사용하며, REST는 더 작은 메시지 형식을 사용)
사전에 구축된 상당한 확장성으로 WS* 표준 채택	빠른 속도(광범위한 처리 필요 없음)
내장 오류 처리	설계 철학에 있어 웹 기술에 더 가까워짐
특정 개발 언어를 통한 더 많은 자동화	

기술 아키텍처 요구사항

주문형 방식으로 클라우드 컴퓨팅 서비스를 사용한다. 따라서 서비스 공급업체는 사용자가 사용하는 모든 리소스의 사용량을 측정하고 모니터링한다. 모든 리소스는 리소스별 특정 측정 기준과 측정 단위를 갖고 있으며 사용자에게 청구 요금을 계산할 때 사용한다. 대부분의 기업에서는 이러한 방식으로 IT 사용량을 측정하지 않는다. IT 플랫폼에 리소스 측정 센서를 설치하지도 않는다. IT는 지금까지 총 비용, 총 필요 용량 요구사항만을 추적 관리하는 공유 비용 센터로 간주됐었다. 이로 인해 애플리케이션을 CSP로 전환할 때 서비스 사용률과 예상 비용을 추정하기가 매우 어렵다. 인프라 분석은 특정 애플리케이션, 비즈니스 프로세스 및 조직 부문별로 리소스 사용의 추정치를 얻기 위해 사용된다. 이는 일반적으로 비즈니스 사례와 그에 따른 비용 편익 분석에서 가장 어려운 측면 중 하나다. 인프라 분석 결과를 통해 데이터 IaaS 서비스 옵션, 관리형 인프라 서비스 옵션, 기업 소유 데이터 센터 옵션 간 경제적 비교를 할 때 의미 있는 정보를 얻을 수 있다.

법률/규제/보안 요구사항

기술 서비스가 글로벌화되어 가는 특성이 계속 확장됨에 따라 글로벌 법과 현지 법, 현지 규정을 모두 준수하려고 할 때 오는 복잡성은 더욱 커진다. 미국 정부 대상 시장에서 가장 큰 흐름의 변화는 보안 규정 준수compliance 관점에서 접근하던 것이 보안 리스크 관리 관점으로 이동해가는 것이다. 이러한 이동을 다루는 관련 지침은 다음과 같다.

- 보안 평가, 인증 및 클라우드 컴퓨팅 제품과 서비스의 지속적인 모니터링을 위한 표준 접근 방식을 제공하는 **연방 리스크 및 권한 관리 프로그램**FedRAMP, Federal Risk and Authorization Management Program

- **국방성**DoD, Department of Defense 클라우드 컴퓨팅 보안 요구사항: DoD의 고유한 요구사항을 충족하도록 FedRAMP 보안 요구사항을 확대한다.

- ICD 503은 DCID 6/3 및 6/5를 대체하고 정보기술 시스템의 보안 리스크 관리를 위한 정보 커뮤니티 정책을 수립한다. 여기에는 보안 인증^certification과 인가^accreditation가 포함된다.

클라우드 컴퓨팅 환경 내에서 이러한 규정 준수를 보장하는 것은 매우 어려운 일이다. 법률, 규제 및 보안 요구사항은 클라우드 서비스 공급자 옵션을 선별하고 적절한 CSP 영역을 선택하며 필요한 보안 제어를 검증하는 데 사용된다.

▍비즈니스 연속성 및 재해 복구(BCDR)

클라우드 인프라는 시나리오에 따라 BCDR^business continuity and disaster recovery을 실현하는 데 있어 뚜렷한 장점이 될 수 있는 몇 가지 특성을 갖고 있다.

- 신속한 탄력성과 온디맨드 셀프 서비스 특성을 통해 실제 재해 복구 상황이 발생했을 때 신속하게 제약 없이 재해 복구 시스템을 구축할 수 있는 유연한 인프라를 제공한다.
- 광범위한 네트워크 연결로 운영 리스크를 감소시킨다.
- 클라우드 인프라 공급업체는 제공되는 모든 서비스를 지원하는 고도로 자동화되고 탄력적인 인프라를 갖추고 있다.
- 사용량에 따른 지불^pay-per-use 방식은 BCDR 전략 실행에 따른 투자 자본 지출이 없고 큰 비용 절감을 할 수 있음을 의미한다.

클라우드 서비스에서 고려해야 할 시나리오는 다음과 같다.

- **사내 BCDR로서의 클라우드**: 기존 사내 인프라 BCDR 계획의 유무와 상관없이, 클라우드 공급자가 사내 인프라에서 재해 발생 시 대체 시설의 공급자로 간주되는 경우

- **동일한 클라우드 공급업체의 BCDR**: 이미 한 클라우드 제공업체에 인프라를 배치할 것을 고민하고 있다. 이때 고려되는 리스크는 같은 클라우드 공급자의 해당 리전이나 가용성 영역 중 하나의 인프라 일부에서 문제가 발생했을 때다. 이 경우 비즈니스 연속성 전략은 동일한 클라우드 공급자 인프라의 다른 영역으로 서비스 복원, 장애 전환^{fail-over}하는 것으로 초점을 맞춘다.
- **다른 클라우드 제공업체의 BCDR**: 동일한 공급업체로부터 서비스를 복원하는 대신 다른 공급업체로부터 서비스를 복원해야 한다는 점을 제외하면 이전과 유사한 시나리오다. 클라우드 공급자의 전체 장애 리스크 케이스도 해결할 수 있다.

재해 복구^{DR, disaster recovery}에는 당연히 복제가 필요하다. 재해 복구 시나리오 간의 주요 차이점은 어디서 복제가 발생하는가다. **비즈니스 연속성**^{BC, business continuity} 질문을 통한 상세한 분석을 진행해 BC와 DR의 주요 이슈를 식별해낼 수 있다.

▌경제성

클라우드 서비스 공급자는 일반적으로 세 가지 서비스 비용 지불 옵션을 제공한다.

- 주문형^{on-demand}: 사용한 양에 대해 비용 지불
- 예약형^{reserved}: 지정된 기간 동안 특정 양의 서비스를 사용하기로 약속하는 경우
- 스팟형^{spot}: 소비자가 가격과 수요를 맞추기 위해 시장 경매 모델을 사용

각각 장단점이 있지만, 모두 운영 요건과 가격 변동에 대한 고객의 민감성을 이해해야 한다. 경제성 심사 질문을 통해 클라우드 서비스 비용에 대한 고객의 민감도와 다양한 과금 모델의 중요성을 평가할 수 있다.

❚ 조직 평가

디지털 트랜스포메이션과 클라우드 컴퓨팅으로 마이그레이션한다는 의미에는 비표준화되고 문서화가 잘되어 있지 않은 환경에서 고도로 표준화되고 엄격히 문서화된 환경으로 전환한다는 것도 포함된다. 이 전환은 조직 거버넌스가 상당히 효과적으로 돼야 하는 매우 도전적인 과제이며, 상당한 변경 관리 과제를 진행해야 될 수도 있다. 기업이 클라우드 컴퓨팅으로 성공적으로 전환하는 전략은 구성원을 집중적으로 훈련하고 교육하는 프로그램과 결합돼야 한다. 조직 평가를 통해 교육 프로그램이 제대로 구비되어 있는지 식별하거나, 적절한 조직 POC를 식별할 수 있다.

조직 거버넌스는 기업의 목표와 목적에 맞게 조직 구조, 의사결정 권한, 업무 흐름 및 승인 지점을 정의해 기업의 리소스를 최적으로 사용할 수 있는 목표 워크플로우를 생성한다. 조직이 원하는 결과와 적절한 측정 기준을 정의한 경우에만 거버넌스를 효과적으로 할 수 있다. 조직 리더십과 경영진은 원하는 결과가 무엇인지, 누구에게 결과의 책임이 있는지, 다음 단계로 이동시키기 위한 상신^{escalation}(上申) 결정 기준이나 촉발제^{trigger}는 무엇인지, 그리고 시스템이 원하는 결과를 잘 전달하고 있는지를 모니터링하기 위해 어떤 지표를 사용할 것인지를 명확히 할 수 있어야 한다. 의사결정자에게 필요한 투명성과 적시성을 제공할 수 있도록 전체 거버넌스 프로세스를 지속적으로 평가해서 조정해나가야 한다.

클라우드로 전환할 때 기업은 일상 업무는 내려놓고 다음과 같은 주제를 다차원적으로 수용해나가야 한다.

- **보안 프레임워크**: 인프라 중심에서 데이터 중심으로
- **애플리케이션 개발**: 밀접한 결합$^{tightly\ coupled}$에서 느슨한 결합으로$^{loosely\ coupled}$
- **데이터**: 대부분 구조화된 것에서 구조화되지 않은 것으로
- **비즈니스 프로세스**: 대부분 직렬에서 대부분 병렬로
- **보안 제어**: 기업 책임에서 공유 책임으로

- **경제 모델**: 대부분 투자 자본 비용에서 운영 비용으로
- **인프라**: 대부분 물리적 환경에서 가상 환경으로
- **IT 운영**: 대부분 수동에서 대부분 자동화
- **기술 운영 범위**: 현지/지역별에서 국제적/글로벌로

영역	전환 전	전환 후
보안 프레임워크	인프라 중심	데이터 중심
애플리케이션 개발	밀접한 결합	느슨한 결합
데이터	대부분 구조화	대부분 비구조화
비즈니스 프로세스	대부분 순차적	대부분 병렬적
보안 제어	기업 책임	공유 책임
경제 모델	자본 지출(CAPEX)	운영 지출(OPEX)
인프라	대부분 물리적	대부분 가상화
IT 운영	대부분 수작업	대부분 자동화
기술 운영 범위	현지/지역	국제적/글로벌

클라우드 전환 프로그램을 가동하기 전에 기업은 집중적인 조직 변화 관리 전략을 준비해야 한다. 적용할 조직 변화 관리 프로세스를 통해 변화 내용과 적용 시기를 조직 구성원 전체와 명확히 소통하여 이에 대한 이해와 공감대를 형성해야 하고, 관련 팀과 구성원들로부터 변화에 대한 수용과 헌신을 이끌어내야만 한다. 정기적으로 기업 문화가 적절한 속도로 변화하고 있는지, 모든 소통 채널이 잘 활용되고 있어서 바른 정보가 전달되고 있는지 체크해봐야 한다.

▌요약

클라우드 컴퓨팅은 여러 면에서 혁신적이다. 클라우드 트랜스포메이션은 전사적으로 파급 효과를 가져올 수 있다. 혁신 과제를 진행할 때 가장 어려운 부분은 조직 내 사람의 마음과 생각을 바꾸는 것이다. 적절한 계획 수립, 부지런한 준비, 상황 인식, 환경 제어 등이 클라우드 컴퓨팅 도입을 통한 혁신을 성공하게 하는 탄탄한 기반을 만들어줄 것이다.

솔루션 전략, 경제, 기술 선택사항 및 리스크 프로필에 부합하는 클라우드 서비스 공급자와 협업하면 클라우드 전환을 통한 가치를 극대화할 수 있다. 기업에서 변화가 필요한 경우 변화 관리 및 의사소통 계획은 매우 중요하다. 리더십은 정확하고 관련성이 있는 지표와 데이터를 지속적으로 측정하고 비교하며 진행률, 채택률, 잠재적 리스크, 문화적 변화 속도를 측정해야 한다. 진행이 느려지면 도입이 뒤처질 수도 있다. 도입이 느려지면 프로젝트 일정이 미끄러질 수 있다. 환경과 상황을 꾸준히 지켜보자. 현재 상황을 지속적으로 모니터링하고 측정하며 전환 목표와 비교하자. 준비가 관건이나. 준비 없이 전투에 나가서 승리를 찾는 패배한 전사가 되지 않도록 하자.

07

기반 클라우드 아키텍처

클라우드로 전환하려고 할 때는 처음 시작이 어려울 수 있다. 6장 '이행을 위한 아키텍팅'에서 논의한 바와 같이, 클라우드로 전환하는 계획과 방안 수립을 고객 측에서 주도적으로 해야 하기 때문이다. 이 변화는 양날의 검과 같다. 양쪽 모두를 벤다. 클라우드로 전환하면 고객 측에서 설계, 기술의 선택, 경제성, 리스크에 대해 훨씬 더 많은 통제권을 갖게되기 때문이다. 고객 관점에서 보면 고객은 서비스 공급자가 제공하는 솔루션을 설계해본 경험이 미약한 상황일 수 있기 때문에 솔루션 설계와 아키텍팅을 직접 수행해야 한다는 점에 부담이 클 수 있다.

기반 클라우드 아키텍처^{baseline cloud architecture}를 기초 구성요소로 활용해 설계 아이디어를 구체화할 수 있다. 이 같은 공통 설계 방식을 활용하면 솔루션 개발을 촉진할 수 있다. 표준 클라우드 컴퓨팅 패턴 사용을 장려하고자 할 때 기반 아키텍처가 도움이 된다. 여기서 클라우드 컴퓨팅 패턴을 클라우드 서비스 요구사항으로 볼 수 있고, 기반 아키텍처는 관련 요구사항을 충족하기 위한 솔루션 공통 아키텍처 컴포넌트와 유용한 모델을 제공한다.

이번 장은 계층 구조처럼 앞 절에서 다룬 내용을 이어지는 절에서 활용하는 방식으로 설명할 것이다. 기반 컴퓨팅 컴포넌트는 웹 계층, 애플리케이션 계층 및 데이터베이스 계층으로 나누어 구성하고 각 계층은 각각의 스토리지를 갖는다. 스토리지 속성은 설계 요구사항에 따라 변경된다. 현대적 설계는 거의 대부분 웹, 애플리케이션, 데이터베이스 계층으로 나누어져 있다.

이런 종류의 계층화를 **티어링**^tiering이라고 한다. 아키텍처 설계 산출물을 보면 대부분 서너 개의 티어^tier를 갖고 있다. 일반적으로 티어란 환경 진입점에서 목표 데이터까지 논리적으로 분리해놓은 계층의 수를 말한다. 예를 들어 3 티어 아키텍처는 웹 계층, 애플리케이션 계층, 데이터베이스 계층으로 구성되어 있다. 단일 서버 아키텍처는 하나의 가상 서버 혹은 하나의 물리적 서버 위에 3개의 계층 모두를 배치해놓은 경우다.

7장에서 다루는 내용은 다음과 같다.

- 기반 아키텍처 유형
- OSI 모델 및 계층 설명
- 복잡한 아키텍처 유형
- 하이브리드 클라우드를 위한 아키텍팅

▌ 기반 아키텍처 유형

기반 아키텍처의 유형은 다음과 같다.

단일 서버

단일 서버 템플릿은 1개의 가상 서버 또는 물리 서버에 웹 서버, 애플리케이션, 데이터베이스를 함께 구성한다. **램프 스택**(LAMP^{Linux, Apache, MySQL, PHP} Stack)이 하나의 예다. 단일 서버 아키텍처는 실 운영 환경에서는 흔하지 않은데, 그 이유는 하나가 뚫리면 전체가 뚫리는 본질적 보안 리스크가 있기 때문이다. 이 아키텍처는 일반적으로 개발 환경 구성 시에 사용되며, 개발자는 서로 다른 서버들, 어떨 때는 다른 데이터 센터에 배치되어 있는 서버 간의 통신, 접속 이슈가 없기 때문에 기능 개발에 좀 더 많이 집중할 수 있다.

단일 사이트

단일 서버 아키텍처를 여러 개의 계층으로 나누고 각 계층은 별도의 컴퓨팅 인스턴스에서 동작되는 3 티어 아키텍처를 생성할 수 있다. 모든 컴퓨팅 리소스가 동일한 데이터 센터에 위치하기 때문에 단일 사이트 아키텍처라 부른다. 단일 사이트 아키텍처에는 중복 여부에 따라 비중복, 중복 두 가지 버전이 있다.

비중복 3 티어 아키텍처

중복되지 않은 3 티어 아키텍처는 비용과 리소스를 절약할 수 있지만 운영상 리스크가 높다. 어떤 구성 컴포넌트 하나라도 장애가 발생하면, 단일 장애 지점single point of failure으로 거래가 발생할 수 없게 된다. 그래서 이 방식은 일반적으로 개발 또는 시험 환경에만 사용한다. 다음 그림은 각 계층을 별도의 서버(가상 또는 물리 서버)로 구성한 것을 표현한 것이다. 이 방식의 설계는 실 운영 환경에 적용하지 않는 것이 좋다.

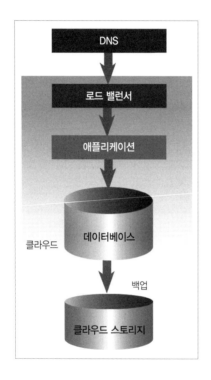

중복 3 티어 아키텍처

중복 3 티어 아키텍처는 동일한 컴포넌트 세트를 중복해 구성한다. 추가 컴포넌트는 설계 복잡성을 증가시키지만 장애 시 대체 작동failover 및 복구 보장 관점에서 필요하다. 중복 인프라를 설계하려면 각 계층 내의 컴포넌트 확장 계획뿐만 아니라 계층 간 트래픽의 흐름 유형도 정의해야 한다.

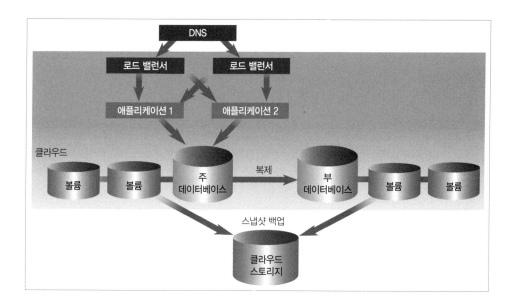

단일 장애 지점

중복 아키텍처를 구성하면 단일 디바이스, 단일 컴포넌트로 아키텍처의 취약점인 단일 장애 지점 리스크를 제거할 수 있다. 한 계층을 하나의 컴포넌트로 구성하면, 하나의 출입구만이 있을 뿐이다. 그러나 동일한 디바이스나 컴포넌트를 하나 더 추가해 이중으로 구성하면 거래의 흐름이 다중화되기 때문에 하나의 디바이스에 장애가 발생해도 다른 하나가 거래를 지속할 수 있다.

중복 대 복원력

중복^{redundancy}과 복원력^{resiliency}은 종종 혼동되는 용어다. 서로 연관된 용어이기는 하지만 의미를 바꿔서 사용할 수는 없다. 중복은 실패를 방지하기 위해 행해지는 것을 의미하며, 문제가 발생하기 전에 행한다는 것을 함축하고 있다. 반면 복원력은 해결^{resolve}이라는 단어에서 파생됐고 문제가 발생한 후 해결책을 찾는 방법과 관련된 용어다. 중복은 문제 발생 이전이고 복원력은 문제 발생 이후다. 예를 들어, 복제를 해서 중복 데이터베이스를 만들어 이중화할 수 있다. 동일한 컴포넌트를 여러 개 배치하고 데이터의 복사본을 여러 개 만들어 구성하는 것을 중복 설계라고 한다. 이중화된 데이터베이스의 주^{primary} DB에 장애가 발생하면 부^{secondary} DB는 주 DB로 승격되어 처리하던 부하를 가져가기 시작하고, 장애가 발생했던 DB 영역에는 자가 복구^{self-repair}가 진행된다. 대체 작동, 자가 복구 기능이 복원력에 해당되는 용어다. 서로 연관된 용어이기는 하지만 다른 의미인 것이다.

수평 스케일링

XYZ 기업에서는 대외에서 접속하는 용도로 웹 서버 한 대를 활용해 웹사이트를 구축했다. 최근에 중단 사고가 있었고 이를 해결하기 위해 각 계층마다 중복 컴포넌트를 두는 방식으로 현재의 설계를 변경하기로 해 가용 예산이 필요해졌다. 그런데 대부분의 기업에서는 중단 사고가 한 번 발생한 경우에는 시스템 요구 등급을 조정할 수 없는 경우가 많기 때문에 이중화 구성에 필요한 예산을 추가로 받기란 어려운 일이다.[1] 하나의 웹 서버로 운영되고 있는 상황에서 또 다른 웹 서버 하나를 더 추가함으로써, 즉 웹 서버 계층을 수평적으로 확장해^{horizontal scaling} 단일 장애 지점 리스크를 제거해야 한다. 그러면 들어오는 트래픽을 두 서버로 전달하려면 어떻게 해야 하는가? 요청이 들어오는 패킷을 어떤 웹 서버로 보내야 하는가, 어떤 경로를 통해 들어와서 나가게 할 것인가? 이를 위해 물리적 구성은 어떻게 해야 하는가?

부하 분산이란 주요 설계 컴포넌트이며 중복 설계 시 함께 사용한다. 단일 로드 밸런서로 구성할 경우 트래픽을 여러 서버로 분산하는 데 도움이 되지만, 단일 로드 밸런서 자체가 또 다른 단일 장애 지점이 된다는 리스크를 갖게 된다. 그래서 이중화를 할 때는 2개 이상의 로드 밸런서를 설계에 포함한다. 대부분의 로드 밸런서는 여러 형태의 트래픽 분산 패턴을 제공한다. 트래픽을 제어하고 분산하는 방법을 결정할 때는 여러 가지 고려해야 할 점이 있다. 트래픽 유형, 콘텐츠, 트래픽 패턴, 요청을 처리하는 서버의 용량이 트래픽 분산과 관련된 요소다. 로드 밸런서는 분산 로직에 따라 트래픽 분산을 하게 되는데 이것이 물리 계층에서는 어떻게 처리되는지 살펴보자.

---

1   시스템 구축 요구 등급은 IT 아키텍처 설계 지침 중의 하나로 시스템의 중요도, 용도, 사용 패턴에 따라 구성 등급을 부여하고 등급별로 시스템 구축 요구사항을 명시해놓은 기준임 – 옮긴이

▌OSI 모델 및 계층 설명

좀 복잡한 시스템을 설계해야 하는 경우, OSI 스택^{stack} 모델을 활용하면 아주 유용하다. 설계를 할 때는 OSI 스택의 각 계층별로 검토해야 하며 각 계층별로 사용 목적을 갖고 있다. 다음 다이어그램과 같이 설계는 항상 제일 아래 계층인 물리 계층에서 시작해서 위 스택으로 검토 작업을 한다. 요즘의 로드 밸런서는 대부분 OSI 스택의 모든 계층에서 작동한다. 질문을 해보자. 여러 로드 밸런서가 여러 대의 서버 인스턴스에 물리적으로 연결되어 있다고 했을 때 로드 밸런서가 다양한 트래픽마다 흐름 경로를 어떻게 생성하고 통제하는가? 여러 개의 스위치가 필요할 수도 있으나, 요즘은 대부분의 로드 밸런싱 장치가 스위치의 포트 밀도, 라우터의 라우팅 기능, 로드 밸런싱 장치의 분산 로직 기능을 모두 하나로 통합하고 있어서 설계를 단순화할 수 있고 경비도 절약할 수 있다.

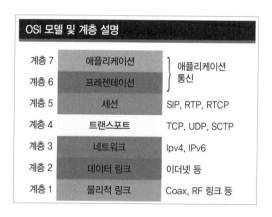

웹 계층과 애플리케이션 계층은 동일한 서버에 구성하기도 한다. 보안 관점에서 보면 이것이 쟁점이 될 수 있는데, 서버에 장애가 발생하면 두 서비스 모두 동작하지 않기 때문이다. 대부분의 경우 이 두 계층을 합쳐서 통합하는 형태로 설계를 하는데, 2개의 계층이 다른 서버로 분리되어 있을 때보다 성능을 현저히 증가시킬 수 있기 때문이다. 2개의 서버로 구성할 경우에는 서버 간 네트워크 연결을 통해 트래픽이 오고 가기 때문에 시스템 버스를 사용할 때보다는 성능 저하가 심하다.

단일 서버 설계에서 단일 사이트 설계로, 단일 사이트 설계에서 단일 사이트 중복 설계로 진행할 때는 순서상 이전 설계를 기반으로 진행한다. 다음 그림은 컴포넌트, 서버, 로드 밸런서를 추가해 단일 사이트 중복 설계를 위한 기반 아키텍처를 설명한다. 중복 설계를 할 때 웹 계층과 애플리케이션 계층은 동일한 가상 서버 혹은 물리 서버에 두는 것으로 했고, 로드 밸런서를 추가해 트래픽 부하를 여러 서버로 분산시켰다. 데이터베이스 서버는 마스터−슬레이브^{master-slave} 구조로 구성했고 마스터 DB에서 슬레이브 DB로 복제된다. 이 중복 아키텍처는 시스템 가용성 이슈로 하나의 컴포넌트가 다운됐을 때도 애플리케이션 서비스를 지속할 수 있게 한다. 복원력 고려사항으로는 데이터베이스 스토리지를 RAID로 구성하는 것과, 데이터베이스 백업 및 복원 방법, 애플리케이션과 디바이스가 상태 및 세션 정보를 처리하는 방법, 데이터 또는 스토리지가 손실됐을 경우 데이터베이스 재구성 방법이 있다.

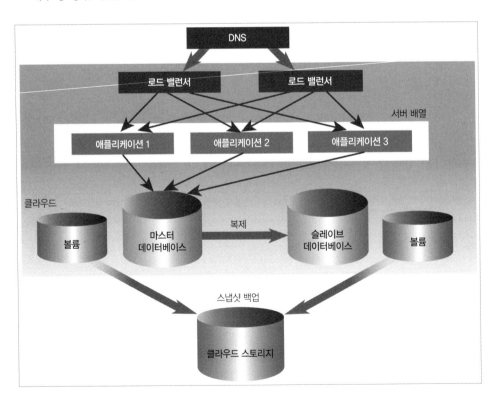

논리 설계와 물리 설계

논리 설계를 하든 물리 설계를 하든 표현하고자 하는 것을 명확히 하는 것이 매우 중요하다. 논리 다이어그램은 어떻게 트랜잭션이 논리적으로 흐르는지 보여준다. 그래서 논리 설계 과정 중에서는 시스템의 논리적 흐름에 초점을 맞추고 물리적 구성 관련 내용은 제외한다. 반면에 물리 설계 레이아웃은 물리적 특성과 속성에 집중하고 논리적 세부사항과 구성은 다루지 않는다. 이 절에서는 특별히 언급하지 않는 한 논리 도식도를 사용한다.

자동 스케일링 아키텍처

클라우드 컴퓨팅의 주요 특징 중 하나는 필요할 때 필요한 것을 언제든지 사용할 수 있는 능력이다. 자동 스케일링은 애플리케이션 사용자의 요구가 시간에 따라 변화함에 따라 수평적으로 확장(즉, 실행 중인 서버 인스턴스의 수 축소 또는 증가)할 수 있는 기능을 말한다. 자동 스케일링은 종종 언급된 기반 아키텍처 내의 웹/앱 계층에 주로 활용한다. 도식도는 트래픽의 양과 시스템 임곗값 설정에 따라 서버를 동적으로 추가하도록 구성된 경우다.

자동 스케일링 기능을 통해 서버 구성을 동적으로 관리할 수 있도록 사전에 로드 밸런서 구성을 해둬야 한다.

▌ 복합 아키텍처 유형

복합 아키텍처의 유형은 다음과 같다.

멀티 데이터 센터 아키텍처

단일 사이트 중복 설계를 하면 인프라 계층 내에서 발생하는 다양한 서버 장애 이슈를 해결할 수 있다. 만약 사이트 전체에 장애가 나거나 해당 사이트로 접속을 할 수 없는 상황이 발생할 경우, 해결 방안은 무엇이 있을까? 예를 들어, DNS를 실수로 변경해 트래픽을 다른 데로 보내면서 사이트 접속을 할 수 없는 상황이 됐다면 어떻게 해야 하는가? 지금까지는 이 문제를 해결하기 위해 대체적으로 비용이 많이 들어가는 솔루션을 채택했었다. 즉, 지리적으로 분리된 별도의 사이트에 중복 설계를 하는 방안이다. 단일 사이트 중복 설계를 하면 인프라 비용이 거의 두 배로 증가하고, 만약 여기에 지리적 중복 설계 방안을 채택할 경우에는 첫 번째 사이트 인프라 구축 비용만큼의 추가 비용이 들어갈 것이다.

클라우드 솔루션을 활용하면 중복, 복원력, 재해 복구를 위한 설계 방식이 획기적으로 바뀐다. 아키텍치 기본 설계 원리는 클라우드를 활용할 경우 달라진다. 예를 들어 지금까지 인프라 설계를 할 때는 최고 거래량을 예측하고 그 거래량을 감당할 수 있는 시스템을 설계했으나, 클라우드를 활용할 경우에는 이러한 설계 방식 대신에 바로 하위 수준에서 트래픽 흐름을 설계할 수 있다. 또한 클라우드를 활용하면 단일 데이터 센터, 여러 데이터 센터 사이트에 설치해야 인프라 중복량과 설치 상면의 크기를 획기적으로 줄일 수 있다. 그리고 인프라 소비 패턴을 바꿔갈 수 있다. 전통적으로 사내에 설치되어 운영해왔던 애플리케이션의 일부는 SaaS 제품으로 전환할 경우 사내 인프라가 필요 없어진다. 또한 데이터 센터 한 곳의 상면 필요량이 줄어들면 두 번째 데이터 센터의 필요 상면 크기도 줄일 수 있어서 기존 방식보다 중복 설계 전략을 쉽게 수립할 수 있다.

만약 중복 설계를 여러 데이터 센터를 대상으로 계획할 때는 새로운 설계 이슈를 고려해야 한다. 트래픽을 한 데이터 센터로 보내는 방법, 또 다른 데이터 센터로 보내는 방법은? 센터 하나는 활성active 상태로 운영하고 다른 하나는 백업backup 센터로 운영할 것인가? 아니면 둘 다 활성 상태로 운영할 것인가? 장애가 발생해서 백업 센터를 활용해 운영했을 경우 다시 활성 상태로 복구된 센터로 전환하는 방법과 절차는? 복원 계획에서 수정해야 하는 부분은? 장애 전환 전후의 데이터 동기화 방법과 절차는?

글로벌 서버 로드 밸런싱

여러 사이트 간 트래픽 흐름을 처리하는 메커니즘은 많은데, 거의 대부분 DNS 정보를 변경하는 방식을 활용하고 있다. DNS 정보를 변경하는 데는 때때로 몇 시간이 걸릴 수 있다. 그러나 운영 사이트에 장애가 발생해 이중화된 사이트로 전환해야 하는 경우 트래픽은 이중화된 사이트로 최대한 빨리 넘어가야 한다. 이때 글로벌 서버 로드 밸런싱GSLB, global server load balancing을 활용하면 장애 발생 시 사전 계획된 작업을 진행할 수 있다. GSLB는 각 사이트별로 접근 가능한 퍼블릭 장비를 필요로 하기 때문에 대체적으로 비용이 높다. 지속적인 해킹 시도로부터 서버를 안전하게 보호하기 위한 해결책도 함께 고민해야 한다.

지금까지 전통적인 방식으로 고비용으로 구축된 GSLB는 클라우드를 활용하면 GSLB 서비스 형태로 구축할 수 있으며, GSLB는 관리형 서비스로 월간 사용료를 내면 된다. 또한 서비스 공급자는 지리적 다양성과 장애 전환을 처리할 수 있도록 지역적 배치와 분리된 가용성 구역을 포함한 추가 옵션을 제공하고 있다. 필요 중복 수준과 장애 조치 속도의 결정은 고객이 진행해야 한다. 서비스 공급자별 지역zone 수준의 중복과 리전region 수준의 중복은 여러 가지 측면에서 큰 차이점이 있다.

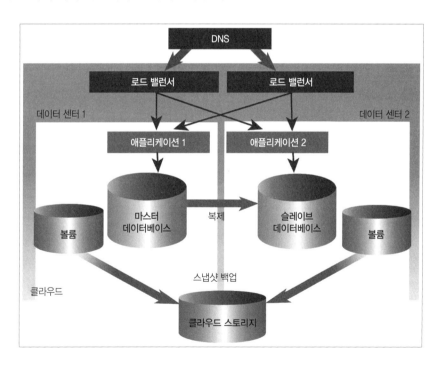

데이터베이스 복원력

데이터베이스를 구축할 때 마스터–슬레이브 구성을 하는 것은 일반적이지만, 대량 트랜잭션과 트래픽이 높은 환경에서 데이터베이스 장애가 발생할 경우 다뤄야 할 몇 가지 이슈가 있다. 데이터베이스는 수많은 요청을 받아 쓰고 읽고 하는 트랜잭션 처리를 지속적으로 한다. 데이터베이스 백업은 시간이 많이 걸리고 노력이 많이 들어가는 프로세스다. 복원과 동기화 역시 상당한 시간을 필요로 한다. 거래량이 많은 경우에는 데이터베이스를 활성^{active}–활성^{active}으로 구성하고 양방향 복제를 통해 두 데이터베이스 서버 간 데이터를 동기화할 수 있다. 이 경우 복잡도는 증가하지만 중복을 통한 서버가 서비스를 할 수 있는 용량이 늘어나고 복원력도 높아진다. 필요에 따라 단일 사이트에 구성할 수도 있고 여러 사이트에 걸쳐 구성할 수도 있다.

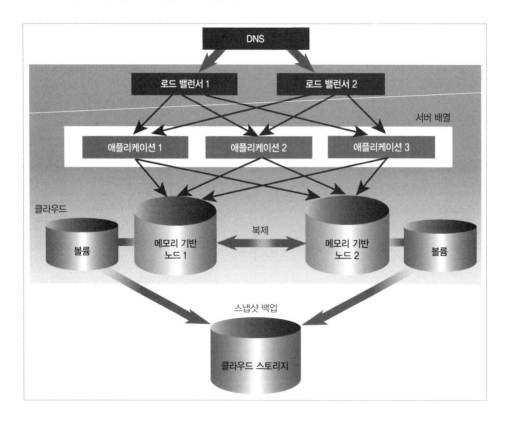

캐싱과 데이터베이스

아키텍처를 설계할 때는 콘텐츠 유형도 고려해야 한다. 예를 들어, 캐싱^{caching} 기술의 사용 유무와 사용 범위에 따라서 데이터베이스 서버 부하, 로드 밸런싱 설계, 데이터베이스 서버 크기, 스토리지 유형, 스토리지 속도, 스토리지 처리 및 복제 방법, 네트워크 구성, 네트워크 대역폭 요구사항도 달라진다. 최근 조사에 따르면 기업에서 사용하는 데이터의 80~90%는 비정형 범주에 속한다고 한다.

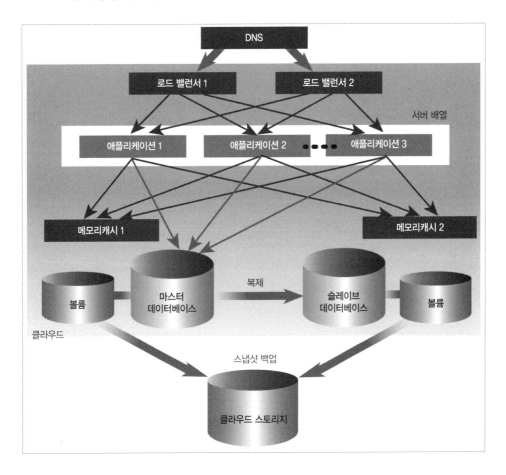

경고 기반과 큐 기반 확장성 설정

웹 계층과 애플리케이션 계층은 동일한 배포 이미지를 여러 서버에 구성할 수 있기 때문에, 이중적인 확장 아키텍처를 설계할 수 있다. 즉, 그림에서 보듯이 프론트엔드front-end 웹 서버의 확장성과 백엔드back-end 애플리케이션 서버의 확장성을 둘 다 확보할 수 있는 배열array 구조의 웹사이트 형태가 그 예다.

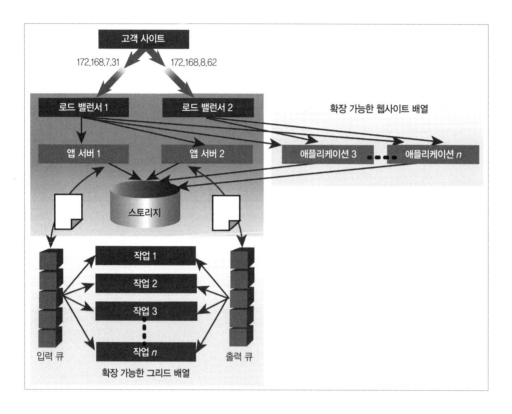

하이브리드 클라우드 사이트 아키텍처

하이브리드 클라우드 사이트 아키텍처는 퍼블릭 클라우드, 프라이빗 클라우드 인프라, 전용 호스팅 서버를 복합적으로 활용해 구축하는 경우로 주로 사이트 이중화, 애플리케이션 확장성 확보에 사용한다. 이를 위해서는 서비스 공급업체 간 데이터 및 인프라 이동성^{portability}이 필요하다. 하이브리드 접근법을 활용하기 위해서는 동일 기능 서버를 여러 개의 퍼블릭 클라우드와 프라이빗 클라우드로 이식할 수 있어야 한다. 이 아키텍처는 CSP의 종속성 리스크를 회피하기 위한 방법으로 사용할 수 있고, 여러 클라우드 서비스 공급자의 클라우드 리소스 풀을 활용하는 데도 사용된다. 하이브리드 접근 방식은 하이브리드 클라우드와 하이브리드 IT 환경 모두에서 활용할 수 있다.

확장성 확보를 위한 멀티 클라우드 아키텍처

멀티 클라우드 아키텍처는 하나의 퍼블릭 클라우드 혹은 프라이빗 클라우드 환경에서 애플리케이션 호스팅의 유연성을 강화하기 위해 주로 사용한다. 예를 들어, 추가 서버 용량이 필요할 경우를 대비해 확장성 확보 방안 측면에서 다른 퍼블릭 클라우드 환경을 활용하는 방식이다.

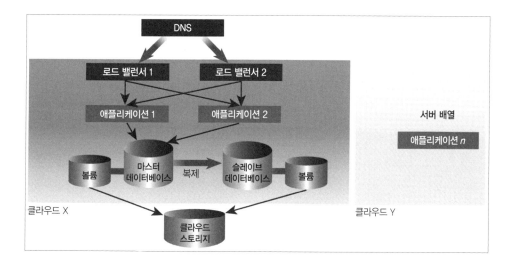

장애 전환 멀티 클라우드 아키텍처

멀티 클라우드 아키텍처를 비즈니스 연속성 확보를 위해 활용하는 경우, 다른 클라우드 서비스 공급자 환경이라 할지라도 동일한 서버 템플릿과 스크립트를 사용해 리소스를 구성하고 시작할 수 있게 하면 재해 상황에 빠르게 대처할 수 있다. 이 옵션을 사용하려고 할 경우에는 퍼블릭 IP 주소, 프라이빗 IP 주소, 공급자 서비스 수준 계약[SLA]을 함께 고려해야 한다. 사용 중인 클라우드 환경 전체에 장애가 발생해 다른 클라우드 서비스 공급업체로 변경하고자 할 경우, 멀티 클라우드 아키텍처는 이를 비교적 쉽게 마이그레이션할 수 있는 환경을 확보할 수 있다.

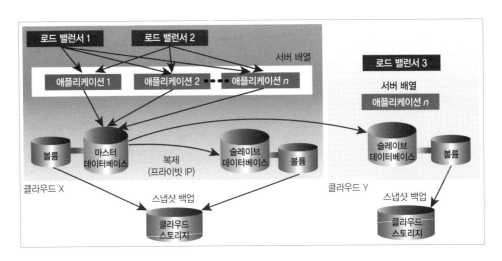

한 클라우드 서비스 공급자 플랫폼상의 서버와 다른 공급자 플랫폼의 서버 간 데이터를 안전하게 주고받는 방법 중에는 퍼블릭 IP 주소와 VPN을 활용하는 방법이 있다. 이 접근 방식에서 다양한 클라우드 인프라 간 오고 가는 모든 데이터(프라이빗 클라우드 간에 사용되는 경우는 제외)는 퍼블릭 IP를 통해 전송된다. 다음 다이어그램은 각기 다른 2개의 클라우드 환경을 암호화된 VPN을 사용해 연결 구성한 내용을 설명한다.

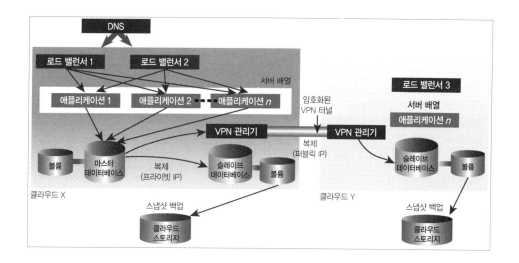

클라우드와 전용 호스팅 아키텍처

하이브리드 클라우드 솔루션은 기존 사내 데이터 센터나 기타 데이터 센터의 서버를 보완하는 목적으로 퍼블릭 클라우드와 프라이빗 클라우드 리소스를 활용하는 방법이다. 이는 데이터의 물리적 위치 요구사항을 준수해야 할 때 사용하기도 한다. 만일 데이터베이스를 클라우드 컴퓨팅 플랫폼으로 전환할 수 없는 경우라 할지라도, 애플리케이션 티어에는 그러한 요구사항이나 제약이 없을 수 있다. 이러한 경우 클라우드 환경과 기존 데이터 센터 간 퍼블릭 IP와 암호화된 터널 방식을 제공하는 **가상 사설망**^{VPN, virtual private network}을 활용해 하이브리드 아키텍처를 구성할 수 있다.

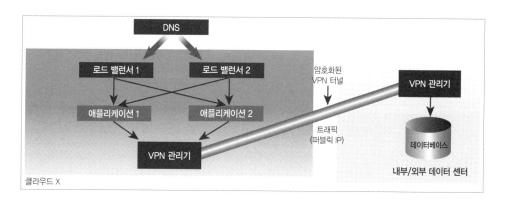

▌하이브리드 클라우드를 위한 아키텍팅

하이브리드 클라우드의 다양한 개념을 설명한다.

하이브리드 사용자 인터페이스

다양한 사용자 그룹으로부터 발생하는 워크로드를 탄력적 환경에서 호스팅되고 있는 하나의 애플리케이션이 비동기적으로 처리하도록 구성되어 있고 나머지 애플리케이션은 정적static 환경에 구성되어 있다고 하자. 이때 애플리케이션은 다른 사용자 그룹으로부터 다양한 워크로드를 받고 처리한 후 응답하게 된다. 어떤 사용자 그룹은 워크로드가 일정한 반면, 어떤 사용자 그룹은 주기적, 일생에 한 번, 예측 불가, 지속적으로 변화하는 패턴의 워크로드를 갖고 있다. 사용자 그룹의 크기와 워크로드 동작을 예측할 수 없는 환경에서, 각각의 사용자 그룹이 가장 적합한 환경에서 일처리를 할 수 있도록 보장하고 예기치 않은 워크로드 때문에 애플리케이션 성능에 문제가 발생하지 않도록 하이브리드 사용자 인터페이스를 구성한다. 사용자의 다양한 워크로드를 지원하는 UIuser interface 컴포넌트는 클라우드 환경에 탄력적으로 동작하도록 배치하고, 기타 처리를 담당하는 애플리케이션 컴포넌트는 정적 환경에 배치한다. 이때 클라우드 환경에 위치한 UI는 탄력성을 갖도록 구성하는 한편, 다른 애플리케이션과는 커플링이 되지 않도록loose coupling 메시징을 사용하는 방식으로 구성한다.

하이브리드 처리

다양한 워크로드를 처리하는 기능은 클라우드 환경에 탄력적으로 구성하는 반면, 나머지 애플리케이션은 정적 환경에 구성한다. 다양한 워크로드를 처리하기 위해 애플리케이션의 기능을 분산하는 형태로 구성한다. 애플리케이션에 접속하는 사용자 그룹의 규모는 예측 가능하지만 사용하는 기능은 그룹과 사용 시기에 따라 달라진다. 대부분의 기능은 일정한 워크로드 패턴을 처리하겠지만, 일부 처리 컴포넌트는 주기적, 일생에 한 번, 예측 불가, 지속적으로 변화하는 패턴의 워크로드를 처리해야 한다. 다양한 워크로드를 가진 처리 컴포넌트는 클라우드에 탄력성을 갖도록 구성된다. 호스트 환경 간에 메시징을 사용하는 비동기적 구성을 통해 느슨한 결합이 보장되게 한다.

하이브리드 데이터

클라우드 환경에 탄력성을 보장하는 저장 장소에 다양한 크기를 가진 데이터를 배치하고 애플리케이션은 정적 환경에 배치한다. 애플리케이션을 처리 방식에 맞게 분산해 극단적으로 차이가 나는 다양한 크기의 데이터를 처리하게 한다. 이때 데이터는 주기적으로 대량 생성됐다가 삭제되는 경우도 있고, 무작위로 증가하거나 감소하는 경우도 있으며, 어떤 데이터는 일정하게 증가하거나 감소하는 패턴을 보인다. 사용자 수와 애플리케이션 액세스 수는 일정한 패턴을 보일 수 있으며, 이 경우 기타 애플리케이션 컴포넌트가 처리해야 하는 워크로드는 일정할 수 있다. 정적 방식으로 구성된 호스팅 환경에서 처리하기에는 적합하지 않았던 다양한 크기의 데이터 프로세싱을 클라우드 환경에서 탄력성을 보장하는 스토리지를 활용하면 상당한 효과를 볼 수 있다. 클라우드 환경에 데이터를 배치한다고 하더라도 정적 방식에서 호스팅되는 환경과 클라우드 환경 모두에서 데이터 접근 컴포넌트를 활용해 데이터 처리가 가능하다.

하이브리드 백업

재해 복구를 위해 주기적으로 애플리케이션에서 데이터를 추출해 클라우드 환경의 탄력성을 보장하는 저장 장소에 아카이브archive한다. 비즈니스 탄력성 및 연속성과 관련된 요구사항의 방안을 만드는 일은 쉽지 않다. 기업에서는 감사를 위해 데이터를 매우 오랜 기간 동안 보관해야 하는 법과 규정도 있다. 이 경우 애플리케이션을 로컬 데이터 센터에 분산 배치하고 주기적으로 데이터와 데이터의 이력 및 상태 정보를 보장하는 방식으로 추출해 클라우드 스토리지로 복제하면 이에 대한 솔루션으로 활용할 수 있다.

하이브리드 백엔드

데이터를 집중적으로^{data-intensive} 처리하는 백엔드 기능과 다양한 종류와 크기의 워크로드를 저장할 수 있는 스토리지를 클라우드 환경에 배치하고, 다른 모든 컴포넌트는 정적 데이터 센터에 배치하는 방식이다. 다양한 워크로드를 처리하기 위해 애플리케이션의 기능을 분산하는 형태로 구성한다. 대부분의 기능은 주로 일정한 패턴의 워크로드를 처리하겠지만, 일부 처리 컴포넌트는 주기적, 일생에 한 번, 예측 불가, 지속적으로 변화하는 패턴이 워크로드를 처리해야 한다. 다양한 워크로드를 처리해야 하는 애플리케이션 컴포넌트는 탄력적인 환경에 있어야 하며, 대량의 데이터를 처리해야 하므로 가용성과 데이터의 적시성 확보 또한 매우 중요하다. 그래서 애플리케이션 컴포넌트와 처리해야 할 데이터를 탄력적인 클라우드에 배치한다. 이 애플리케이션 컴포넌트를 실행하려면 비동기 메시지 방식의 명령을 보내야 하는데, 이 메시지는 정적 환경에서 만들어지며, 큐^{queue} 방식의 메시지 지향^{message-oriented} 미들웨어를 통해 전달된다. 정적 환경에 배치되어 있는 데이터 액세스 컴포넌트는 클라우드 환경에 배치되어 있는 처리 컴포넌트가 처리해야 할 데이터의 위치도 메시지에 포함해 전달해야 한다. 클라우드 환경에 있는 처리 컴포넌트는 전달받은 메시지 기반으로 데이터 처리를 수행한다. 클라우드 백엔드 환경에서 필요로 하지 않는 데이터는 정적 데이터 센터에 데이터의 상태 정보와 함께 유지 관리된다.

하이브리드 애플리케이션 기능

다양한 워크로드를 처리하는 애플리케이션이 사용자 인터페이스, 프로세싱, 데이터 처리 기능으로 구성되어 있다고 할 때, 이 애플리케이션 기능의 일부는 탄력적인 클라우드 환경에 배치하고 같은 유형에 속하는 애플리케이션의 일부 다른 기능은 정적인 환경에 배치하는 형태다. 분산된 애플리케이션 컴포넌트는 다양한 워크로드를 처리하는데, 이것은 애플리케이션 스택(사용자 인터페이스, 프로세싱, 데이터 처리) 모두에서 일어난다. 애플리케이션 컴포넌트는 사용자 그룹이 필요로 하는 기능을 제공하지만, 사용자 그룹에 따라 제공하는 기능은 달라진다. 워크로드 관련 요구사항 외에, 애플리케이션 컴포넌트 프로비저닝 환경 결정에 영향을 주는 이슈들도 있다. 유사 요구사항별로 애플리케이션 컴포넌트를 그룹화해서 최적의 환경에 배치한다. 컴포넌트 간 상호 의존성을 줄이기 위해 느슨한 결합을 보장하는 비동기 메시지 방식을 활용한다. 특정 기능에 대한 사용자 요청에 대해서는 적절한 처리 환경으로 원활하게 리다이렉션redirect하기 위해 로드 밸런서를 활용하기도 한다.

하이브리드 멀티미디어 웹 애플리케이션

웹사이트 콘텐츠는 주로 정적 환경에 구축해 운영한다. 캐싱하기 어려운 멀티미디어 파일은 고성능 서비스를 위해 탄력적 클라우드 환경에 분산시켜 운영한다. 전 세계적으로 분포되어 있는 사용자 그룹을 지원하기 위해 웹사이트를 분산 구축할 필요가 있다. 대부분의 웹사이트가 정적인 콘텐츠를 갖고 있지만, 사용자에게 스트리밍돼야 하는 멀티미디어 콘텐츠도 크게 늘어나고 있다. 정적 웹사이트 콘텐츠는 사용자가 액세스할 수 있는 정적 환경에 배치하지만, 스트리밍 콘텐츠는 사용자 UI에서 빠르게 액세스할 수 있도록 탄력적 클라우드 환경에 배치한다. 스트리밍 콘텐츠 검색이나 멀티미디어 콘텐츠 링크 같은 정적 콘텐츠를 사용자 클라이언트 브라우저로 보내면 사용자는 브라우저를 활용해 멀티미디어 콘텐츠를 액세스한다.

하이브리드 개발 환경

실제 운영 환경을 복제해서 개발 및 테스트 환경을 실제 운영 환경과 비슷하게 구성할 수 있으며, 이 환경은 신규 애플리케이션을 개발하고 테스트하는 데 활용한다. 애플리케이션을 개발하기 위해서는 개발, 테스트, 운영 단계에 이르기까지 각 단계별로 다양한 환경을 필요로 한다. 개발 단계 때는 하드웨어 요구사항이 다양하기 때문에 필요한 리소스를 유연하게 확장할 수 있어야 한다. 테스트 단계에서는 다양한 운영체제에서 애플리케이션 기능을 검증하거나 다른 클라이언트 소프트웨어를 활용해 검증하는 등 다양한 테스트 환경이 필요하며, 부하 테스트load test를 수행하기 위해서도 시스템 리소스를 필요로 한다.

실 운영 환경에서는 보안과 가용성 같은 품질 요소가 리소스 유연성보다 더 중요하다. 애플리케이션 운영 환경은 유사 네트워크 주소, 유사 데이터, 동일한 기능을 사용해 개발 및 테스트 환경에서 운영 환경을 시뮬레이션하는 형태로 진행할 수 있다. 애플리케이션 마이그레이션은 애플리케이션 컴포넌트를 변환하거나 실행 모듈의 호환성을 확보하는 방식으로 진행할 수 있다. 특정한 상황에서의 애플리케이션 동작을 검증하는 데 필요한 추가 테스트 리소스를 개발 환경에만 연계하는 경우도 있다.

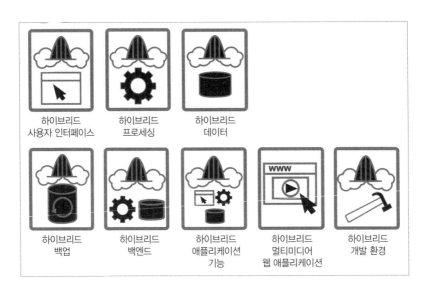

지금까지 각 패턴별 특징과 속성을 살펴봤다. 이들 패턴을 기반으로 상호 운용성, 적용 모델을 정확하게 시각화하고 경제성 분석, 필요 기술 선택, 잠재 전략을 비교 분석할 수 있다. 설계 도구를 사용해 솔루션을 모델링하고 테스트할 때도 각 패턴의 속성과 관련 지표를 활용할 수 있다. 기업의 요구사항과 목표에 맞게 패턴의 특징, 속성, 성과 지표를 잘 활용하면 솔루션 구축 과정을 성공적으로 해나갈 수 있을 것이다.

▌요약

기대 전략, 경제성, 기술, 리스크 속성 간 균형을 맞춰야 성공적으로 클라우드 솔루션 설계를 할 수 있다. 설계가 복잡해지는 것이 반드시 더 좋은 것은 아니며 추가 리스크를 발생시킬 수 있다. 요구사항 정리를 잘하는 것은 설계의 시작점이지 종착점이 아니다. 아키텍처를 설계하고, 평가하고, 비교하는 과정을 통해 통찰을 찾아낼 수 있다. 이렇게 얻어진 통찰을 통해 요구사항을 수정하거나 변경을 위한 피드백 프로세스를 가동하게 된다. 변경되거나 조율된 요구사항을 기반으로 신규 설계 시나리오를 만들게 되고 이를 통해 더 많은 통찰을 확보할 수도 있다. 전략, 경제성, 기술 요구사항과 리스크가 균형이 잡힐 때 조직 내 반대되는 부분도 가라앉거나 균형에 맞게 조정이 될 것이다. 설계 복잡도를 증가시켜야 하는 경우는 협상 불가능한 요구사항을 수용해야 할 때만으로 국한할 필요가 있다.

08

솔루션 참조 아키텍처

8장에서는 클라우드 솔루션 설계의 시작점으로 사용할 수 있는 참조 아키텍처를 소개한다. 주요 요구사항 충족에 필요한 기본 컴포넌트와 관련 절차 위주로 알아본다. 구축 기업의 구체적인 상황과 상세 요구사항, 특정 공급자의 구체적인 기술, 솔루션 언급은 하지 않았다. 실제 기업 상황에 맞는 솔루션 아키텍처를 설계하려면 해당 기업의 구체적이고 상세한 요구사항 수집과 분석, 클라우드 공급업체의 서비스 포트폴리오, 솔루션 아키텍트의 경험, 프로젝트 참여자의 협업을 통해 단단하게 구체화하면서 검증해나가야 한다.

이 참조 아키텍처는 CSCC^{Cloud Standards Customer Council}(클라우드 표준 고객 협의회)™에서 개발된 것이다. CSCC는 기업의 성공적인 클라우드 컴퓨팅 도입 가속화를 돕고자 구성된 조직으로, 클라우드 도입에 필요한 참조 자료를 사용자에게 제공하기도 하고, 기업의 요구사항이 클라우드 표준 개발 조직에서 협의하고 진행해나갈 수 있는 기회를 제공하기도 한다. 전체 참조 아키텍처는 http://www.cloud-council.org/resource-hub.htm을 참조하자.

8장에서 다루는 내용은 다음과 같다.

- 애플리케이션 보안
- 웹 애플리케이션 호스팅
- 퍼블릭 네트워크
- API 관리
- 전자상거래
- 빅데이터 분석
- 블록 체인
- IoT 아키텍처
- 하이브리드 통합 아키텍처

▌ 애플리케이션 보안

이번 참조 아키텍처는 특정 클라우드 공급자 환경에서 애플리케이션 보안을 확보하는 데 필요한 주요 컴포넌트를 설명하고 있다. 특정 공급자의 클라우드 서비스를 사용하려면 공급자가 제공하는 보안 서비스와 서비스 관련 컴포넌트, 이의 사용 옵션을 명확하게 이 해해야 하고, 이를 기반으로 하여 애플리케이션의 개발, 구축, 운영 환경에 맞도록 클라 우드 아키텍처를 수립해야 한다.

그림 8.1의 아키텍처는 클라우드 서비스 솔루션의 보안 확보에 필요한 컴포넌트와 역 할role에 대해 설명한다. 솔루션은 적용 네트워크에 따라 3개의 영역으로 구성된다. 네트 워크는 퍼블릭 네트워크, 클라우드 네트워크, 엔터프라이즈 네트워크라는 3개의 영역으 로 구분하고 각 영역별로 별도의 보안 정책이 적용된다.

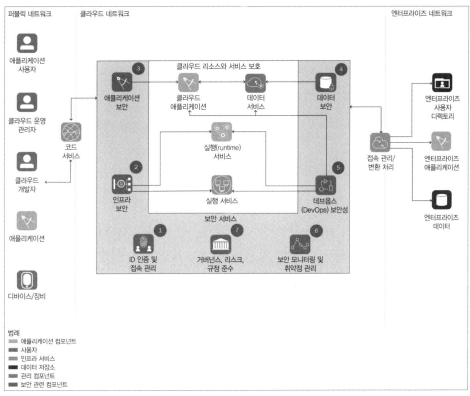

범례
- 애플리케이션 컴포넌트
- 사용자
- 인프라 서비스
- 데이터 저장소
- 관리 컴포넌트
- 보안 관련 컴포넌트

▲ **그림 8.1** 클라우드 서비스 솔루션 보안 아키텍처

퍼블릭 네트워크(일반적으로 인터넷) 영역에는 클라우드 솔루션을 다루는 사용자 그룹, 사용자 디바이스, 관련 애플리케이션이 있고, 주요 역할로는 애플리케이션 사용자, 클라우드 운영 관리자, 클라우드 개발자가 있다.

엔터프라이즈 네트워크 영역에는 기존 엔터프라이즈용 컴포넌트, 예를 들어 사용자 디렉토리, 애플리케이션, 데이터 시스템이 있으며, 클라우드 네트워크에 있는 클라우드 솔루션과 연계된다.

클라우드 네트워크 영역에는 클라우드 서비스 제공에 필요한 클라우드 솔루션의 주요 컴포넌트가 배치되어 있다. 예를 들어 클라우드 애플리케이션, 데이터 서비스, 실행 서비스, 인프라 서비스이며, 보안 서비스와 밀접하게 연계되어 있다.

1. **ID 인증 및 접속 관리**: ID의 생성, 변경, 삭제를 관리하고 클라우드 운영 관리자, 애플리케이션 개발자, 애플리케이션 사용자의 인증 및 접속 관리

2. **인프라 보안**: 네트워크, 접속 관리, 인프라 컴포넌트 보안 관리

3. **애플리케이션 보안**: 애플리케이션 위협, 취약점, 보안 대책 등

4. **데이터 보안**: 데이터 종류별, 데이터 상태별(저장, 처리) 보안 레벨 정의, 데이터 보호 정책 설정 및 적용

5. **데브옵스 보안성**: 클라우드 서비스, 클라우드 애플리케이션, 인프라 컴포넌트의 개발, 사용, 배포, 유지 등 영역에서 보안을 강화하는 데 필요한 절차

6. **보안 모니터링 및 취약점 관리**: 클라우드 인프라, 데이터, 애플리케이션의 사용과 상태를 실시간으로 모니터링 및 대응

7. **거버넌스, 리스크, 규정 준수**: 보안 정책, 감사audit, 규정 준수 정도, 기업 정책 준수도, 솔루션 관련 정책, 관련 법안 준수도 측정, 조치

▎웹 애플리케이션 호스팅

웹 애플리케이션 호스팅 아키텍처는 정적static 및 동적dynamic 콘텐츠 웹 페이지를 http와 https로 서비스한다. 정적 콘텐츠는 표준화된 웹 페이지 구조를 기반으로 텍스트text, 이미지image, 영상video, 음향sound 파일로 구성된 특화된 내용을 담고 있다. 동적 콘텐츠는 사용자 선택에 따라 실시간으로 콘텐츠가 구성된다. 요청 전문을 기반으로 응답 전문이 구성되며, 주로 서버단에 연계되어 있는 데이터베이스를 활용해 구성된다. 애플리케이션 서버는 사용자의 요청 내용에 따라 다른 응답 내용을 보내게 된다. 그림 8.2에서 보는 바와 같이 이 아키텍처에서는 애플리케이션 서버application server가 핵심 컴포넌트이며, 각 컴포넌트에는 상황에 따라 수명 주기 관리, 운영 관리, 거버넌스 관리 역량을 포함할 수 있다.

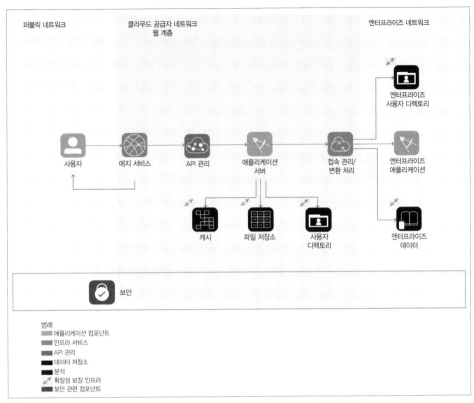

범례
- 애플리케이션 컴포넌트
- 인프라 서비스
- API 관리
- 데이터 저장소
- 분석
- 확장성 보장 인프라
- 보안 관련 컴포넌트

▲ **그림 8.2** 웹 애플리케이션 호스팅 클라우드 아키텍처

▮ 퍼블릭 네트워크

퍼블릭 네트워크 영역에는 사용자와 에지 서비스가 있다. 사용자는 다양한 디바이스와 시스템을 사용해 웹 애플리케이션을 다룬다. 에지 서비스의 기능에는 애플리케이션 콘텐츠를 전송하는 역할이 있으며, 이를 위해 사용되는 구성 컴포넌트에는 방화벽, DNS^domain name system(도메인 이름 시스템) 서버, 로드 밸런서, CDN^content delivery network이 있다.

클라우드 공급자 네트워크 컴포넌트

클라우드 공급자가 제공하는 네트워크 컴포넌트는 다음과 같다.

웹 서비스 티어

일반적으로 웹 서비스 호스팅 티어tier는 CSP에 있고, 동적 웹 콘텐츠를 생성하기 위한 프로그램 로직이 위치한다. 웹 애플리케이션 서버를 3 티어 구조로 구축하는 경우가 있는데, 이 경우 웹 서버 풀pool과 애플리케이션 서버 풀을 연계히고자 로드 밸린서를 사용한다. 그 밖의 구성 컴포넌트로는 파일 저장소, 웹 애플리케이션 서버, 사용자 디렉토리 및 캐시가 있다.

- **API 관리 기능**: 애플리케이션 사용에 필요한 서비스 엔드포인트를 제공하는 것이 목적이며, 서비스는 보안, 확장성, 구성, 접속, 거버넌스, 분석, 구축 및 관리의 범주로 구분할 수 있다.
- **접속 관리 / 변환 처리**: 기존 엔터프라이즈 시스템으로 보안 접속 관리를 보장하는 것이 목적이다. 이를 위해 웹 컴포넌트와 기존 엔터프라이즈 시스템 간 주고받는 데이터를 필터링, 집계 또는 수정할 수 있다. 이 참조 아키텍처에서 접속 관리 / 변환 처리 컴포넌트는 웹과 엔터프라이즈 티어 사이에 위치하며 주요 기능으로는 엔터프라이즈 데이터 접속 관리, 데이터 변환 및 엔터프라이즈 서비스 보안 접속 관리가 있다.

엔터프라이즈 네트워크 컴포넌트

기업에서는 다양한 애플리케이션을 호스팅하고 여기에는 중요한 비즈니스 솔루션도 포함되어 있으며, 또한 인프라 지원 업무도 함께 필요로 한다. 애플리케이션 영역에는 클라우드 기반 서비스로부터 필요한 데이터를 가져와서 통합되는 데이터 소스가 구성되어 있다. 클라우드에서 분석하고, 분석한 결과물은 사내 시스템으로 전달한다.

서비스 티어

서비스 티어에는 엔터프라이즈 애플리케이션, 엔터프라이즈 사용자 디렉토리 및 엔터프라이즈 데이터가 있다. 엔터프라이즈 사용자 디렉토리는 사용자 정보를 보관하고 있으며 사용자 접속 인증 수행을 지원한다. 엔터프라이즈 데이터에는 엔터프라이즈 애플리케이션 인증, 권한 부여 기능 수행에 필요한 시스템 목록뿐만 아니라 각종 데이터의 메타 정보, 프로파일 정보가 포함된다. 엔터프라이즈 애플리케이션 영역에서는 클라우드 공급자의 데이터를 처리하고, 분석 영역에서는 비즈니스 목적과 목표 달성에 필요한 분석 결과물을 생성한다.

보안 컴포넌트

보안 컴포넌트에는 ID 및 접속 관리, 데이터 및 애플리케이션 보호, 보안 인텔리전스가 포함된다.

▌ API 관리

API는 모든 클라우드 컴퓨팅 솔루션의 중심이기 때문에 적절한 관리를 위한 기능을 필요로 하며, API 전달, API 사용과 다양한 사용자 계층 관리뿐만 아니라, 서비스 관리, 장치 관리, 애플리케이션도 관리가 돼야 한다.

API 관리에 대한 자세한 내용은 https://slidelegend.com/cscc-cloud-customer-architecture-for-api-management_59fc74001723dd6ae4d97181.html을 참조하자.

▌ 전자상거래

그림 8.3은 퍼블릭 네트워크, 클라우드 서비스 공급자, 엔터프라이즈 네트워크의 3개 영역에 걸친 전자상거래 솔루션을 보여준다. 퍼블릭 네트워크 영역에는 상거래 사용자와

전자상거래 채널이 있으며, 전자상거래 채널은 사용자 상호 연계를 지원한다. 에지 서비스는 퍼블릭 네트워크와 클라우드 서비스 공급자[CSP] 사이의 트래픽을 처리한다. 클라우드 서비스 공급자는 상품화, 위치 인식, B2B2C 상거래, 결제 처리, 고객 관리, 분산 주문 관리, 공급망 관리, 창고 관리 등 종합 전자상거래 기능을 호스팅할 수 있다.

엔터프라이즈 네트워크 영역에는 기존 엔터프라이즈 시스템을 나타내며, 조직에서 사용 중인 비즈니스 애플리케이션, 데이터 저장소 및 사용자 디렉토리가 있다. 처리된 결과는 접속 관리 / 변환 처리 컴포넌트를 통해 요청자에게 제공된다.

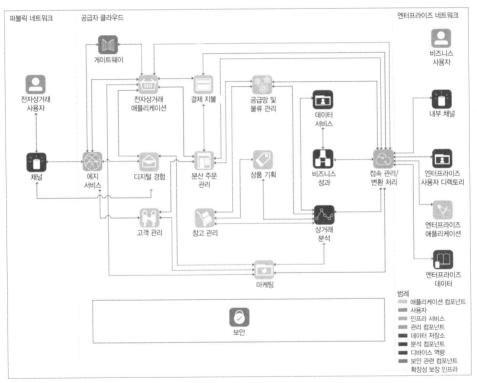

▲ **그림 8.3** 전자상거래를 위한 클라우드 컴포넌트 관계도

퍼블릭 네트워크 컴포넌트

퍼블릭 네트워크에는 데이터 소스와 API, 사용자 및 에지 서비스가 있다. 전자상거래 사용자는 클라우드 공급자 플랫폼 또는 조직 네트워크를 통해 상용 솔루션에 접속한다. 이 채널은 고객 접속 모드 또는 고객이 접속하는 채널과는 관계없이 일관되고 개인화된 경험을 제공한다. 이 영역의 주요 기능은 다음과 같다.

- 웹사이트
- 모바일
- 연결 디바이스

에지 서비스는 인터넷에서 CSP나 엔터프라이즈 네트워크로 데이터를 안전하게 전송하기 위해 필요하고, 최종 사용자 애플리케이션도 지원한다. 주요 기능은 다음과 같다.

- DNS 서버
- CDN
- 방화벽
- 로드 밸런서

클라우드 공급자 컴포넌트

제조업체가 전자상거래 애플리케이션을 통해 직접 공급자에게 주문할 수 있기 때문에, 전자상거래 공급자는 이 같은 새로운 채널과 시장을 통해 직접 거래할 수 있는 유통망 확보가 가능해진다. 소매점도 전자상거래 애플리케이션에 접속해 고객에게 납품 창구 역할을 하기 때문에, 고객에게 편의를 제공할 수 있고 신규 고객 확보와 브랜드 홍보가 가능하다. 주요 기능은 다음과 같다.

- 모바일 디지털 및 스토어store
- 제품 검색 및 개인 설정

- 카탈로그
- 주문 관리^{order capture}
- 마켓플레이스^{marketplace}

고객이 인상적인 디지털 경험을 하게 하는 것이 고객 확보의 핵심이며, 다음과 같은 기능을 포함해야 한다.

- 콘텐츠
- 연합 검색^{federated search}
- 사회 참여^{social engagement}
- 디지털 메시징

게이트웨이는 사용자가 스마트 기기를 통해 검색, 쇼핑, 결제를 하는 관문 역할을 하기 때문에 중요한 컴포넌트다. 고객 관리는 모든 고객 커머스 채널, 고객과 관련된 모든 트랜잭션 수명 주기를 관리한다. 온라인 고객 관리의 한 예로는 고객이 온라인 쇼핑 중에 고객이 쇼핑카트를 비우거나, 여러 화면을 계속 오고 가는 사용자 행동 패턴을 모니터링하여 실시간으로 채팅 앱을 활용해 고객에게 실시간으로 적절한 오퍼를 제시하는 것이다. 고객 관리 기능에 인지 컴퓨팅과 자연어 처리 기술이 활용되면서 그 효과가 상당히 향상됐다.

이 영역의 주요 기능은 다음과 같다.

- **고객 관계 관리**^{CRM, customer relationship management}
- 로열티 관리^{loyalty management}

결제 처리는 신용카드 또는 **온라인 이체**^{EFT, electronic fund transfers}를 사용하는 결제 거래를 처리하며, 사용자 역할은 다음과 같다.

- 상인
- 고객

- 가맹점 결제 처리 서비스 공급자
- 가맹점 은행(결제 프로세스와 다른 경우)
- 고객 은행 또는 은행 발급 신용카드 또는 구매 카드

반면 결제 게이트웨이는 전자상거래와 결제 처리 서비스 사이의 중재자 역할을 한다. 웹 사이트에서 결제 프로세서로 직접 정보를 전송하는 것은 보안 요건상 금지한다. 결제 게이트웨이 서비스는 주로 결제 처리 공급업체 혹은 결제 게이트웨이 사업자가 제공한다.

분산 주문 관리는 접수된 주문 처리를 직접 매장에서 직접 고객에게 전달하거나, 물류 센터, 창고에서부터 배송하는 주문 처리를 위한 흐름을 관리한다. 이를 통해 확장된 공급망 네트워크를 통해 고객이 다양한 채널을 통해 유연한 주문 처리를 하고, 고객이 최상의 서비스를 받는 경험을 제공한다. 주요 기능은 다음과 같다.

- 주문 관리 및 주문 처리 흐름 조율
- 글로벌 재고^{inventory} 가시성
- 반품 관리

공급망 관리는 제품 수명 주기, 공급망, 재고, 유통, 파트너 제휴를 계획하고 관리하는 기능을 갖고 있다. 물류 관리는 구매, 생산, 입고, 운송을 위한 내부 물류를 다룬다. 이 영역의 주요 기능은 다음과 같다.

- 공급망 관리
- **제품 수명 주기 관리**$^{PLM, product life cycle management}$ 및 제조
- 소싱 및 조달
- 공급업체 및 파트너 데이터 통신
- 트랜잭션 이벤트 대장
- 운송 관리 및 최적화

창고 관리는 효율적인 창고 관리 운영을 하기 위해서다. 현대화된 창고를 관리하는 조직에서는 창고 관리 무선 네트워크, 모바일 컴퓨터, **무선 주파수 식별**^{RFID, Radio Frequency Identification} 기술, 음성 인식 애플리케이션, 바코드를 결합해 창고 관리 운영을 개선한다. 이를 통해 기업은 이동 근무자까지도 참여시켜서 효율성을 높이고 고객 서비스를 강화할 수 있다. 창고 관리의 주요 기능은 다음과 같다.

- 창고 재고 관리
- 재고 최적화
- 재고

상품 기획은 상품이나 서비스-마케팅 권리를 관리하는 것을 의미하며, 목표는 이윤, 총수익, 제품 저장 수명을 최적화하는 것이다. 이 영역의 주요 기능은 다음과 같다.

- 상품 분류 관리
- 상품 가격 관리 및 최적화
- 제품 배치

상거래 분석은 판매와 사업 수익을 향상시키고자 구매자의 동선을 최적화하는 데 활용한다. 예를 들면, 구매자의 동선 분석을 적시에 진행해 고객 필요사항에 적합한 대안을 고객 채널을 동원해 제시하는 방법이다. 다양한 관점, 포괄적인 고객 정보, 예측 분석을 통해 개인 맞춤형 접속이 가능하다. 이 영역의 주요 기능은 다음과 같다.

- 디지털 분석
- 교차 채널 분석
- 소셜 커머스 및 감성 분석
- 상품 분석 및 최적화

마케팅 영역은 고객에게 개인 맞춤형 오퍼링, 콘텐츠, 제품 발표의 활동을 통해, 고객이 필요한 제품 조사, 적절한 제품 구매 결정, 거래 완료까지의 전 과정을 지원한다. 제품의 시장 점유율을 높이려면 소비자 쇼핑 행태와 소비 형태를 이해하는 것이 상당히 중요한 시대가 됐다. 이 영역의 주요 기능은 다음과 같다.

- **마케팅 리소스 관리**^{MRM, marketing resource management}
- 캠페인 관리
- 실시간 권장사항

데이터 서비스는 데이터에 접속, 복제 및 동기화하는 기능을 제공하며, 상품 재고 관리 및 운송 유통 관리를 지원한다. 또한 엔터프라이즈 데이터 및 애플리케이션에서 보고서를 생성하고 집계하는 데 사용할 수 있다.

비즈니스 성과 컴포넌트는 상거래 활동을 모니터링, 목표 대비 진행 상황 추적, 시장 변동과 수요에 대응하여 수정된 고객 오퍼링의 업무 지원에 필요한 **핵심 성과 지표**^{KPI, key performance indicator} 및 성과 관리 기능, 경고 기능을 지원한다. 특정 관리 역할에 맞는 대시보드^{dashboard} 구성을 해서 관련 지표 및 성과 데이터를 보여준다. 상거래 분석 및 데이터 서비스는 고객 활동의 실시간 가시성을 지원하고 개별 트랜잭션까지 세분화할 수 있는 기능을 제공한다.

대체적으로 소매업체는 정확한 실적 관리를 위한 몇 가지 기본적인 지표를 활용한다. 소매업체가 사용하는 KPI는 다음과 같다.

- 특정 스토어 또는 특정 웹사이트별 거래 고객 수
- 변환율^{conversion rates} : 실제로 매장 또는 웹사이트 방문자가 구매하는 비율
- 구매 품목의 평균 매출가액
- 쇼핑 바구니 크기
- 총 마진

변환 및 연결 컴포넌트는 엔터프라이즈 시스템과 외부 시스템 간의 연결 필요시에 보안 접속 관리를 할 수 있는 기능을 제공하며, 데이터 필터링, 집계, 수정 또는 포맷 변경의

기능을 수행할 수 있다. 이 영역의 주요 기능은 다음과 같다.

- 엔터프라이즈 보안 접속 관리
- 데이터 변환
- 엔터프라이즈 데이터 접속 관리
- 추출, 변환 및 로딩

엔터프라이즈 네트워크 컴포넌트

엔터프라이즈 네트워크 컴포넌트는 사내 시스템과 사내 시스템 사용자를 지원하며, 주요 기능은 다음과 같다.

- 매장[in-store]
- 콜센터

상거래 솔루션의 중요한 데이터 소스로는 엔터프라이즈용 애플리케이션이 있다. 기업은 클라우드 서비스를 사용하기로 하고 기존[legacy] 애플리케이션을 운영하기도 한다. 엔터프라이즈 애플리케이션은 다음과 같다.

- 재무 관리
- 인적 자원 관리
- 계약 관리

엔터프라이즈 데이터

기업의 주요 비즈니스 솔루션과 이를 지원하는 인프라를 구성하는 애플리케이션은 엔터프라이즈 데이터 컴포넌트를 사용한다. 이 애플리케이션을 분석 서비스의 주요 데이터 소스로 활용된다. 이 영역의 주요 기능은 다음과 같다.

- 참조 데이터
- 트랜잭션 데이터
- 활동/빅데이터
- 운영 마스터 데이터

엔터프라이즈 사용자 디렉토리는 클라우드 사용자와 엔터프라이즈 사용자의 사용자 프로필을 관리한다. 사용자 프로필은 로그인 계정과 접속 통제 목록을 제공한다. 보안 서비스와 에지 서비스에서 엔터프라이즈 사용자 디렉토리를 사용해 엔터프라이즈 네트워크, 서비스, 클라우드 공급자 서비스에 대한 접속을 통제 관리한다.

보안

보안 서비스에는 클라우드 및 엔터프라이즈 환경에서 ID 및 접속 관리, 데이터 및 애플리케이션 보호, 실행 가능한 보안 인텔리전스 지원이 있으며, 보호 대상 데이터의 위치와 데이터의 종류를 이해하고자 카탈로그와 사용자 디렉토리를 사용한다. 이 영역의 주요 기능은 다음과 같다.

- ID 및 접속 관리
- 애플리케이션 및 데이터 보호
- 데이터 암호화
- 인프라 및 네트워크 보호
- 애플리케이션 보안
- 데이터 관련 처리 내역 모니터링
- 데이터 계보 관리^{data lineage}
- 보안 인텔리전스

▎ 모바일

이 절에서 설명하는 아키텍처 요소는 클라우드 서비스 공급자와 연관된 모바일 호스팅 환경을 구성하는 데 사용된다. 모바일 애플리케이션은 시작 변동형 사용량 패턴을 갖고 있고 서버 영역의 데이터를 사용하는 경우가 많다. 클라우드 컴퓨팅 환경은 수평적 확장성과 탄력성 특성을 갖고 있기 때문에 이러한 유형의 워크로드에 최적의 환경을 제공한다.

모바일 앱에서 발생시키는 데이터 트랜잭션의 빈도와 데이터양은 전통적인 엔터프라이즈 시스템에서 관리하던 데이터양 및 빈도와는 비교가 안 되게 크기 때문에 때때로 관리에 어려움을 겪는 경우가 있다. 클라우드 컴퓨팅에서는 애플리케이션별 데이터베이스를 탄력적으로 구성해 운영할 수 있기 때문에 이 어려움을 해결하는 데 상당히 중요한 역할을 하며, 애플리케이션별 데이터베이스를 구성하는 아키텍처는 모바일 앱에서 엔터프라이즈 시스템 및 리소스를 접속해야 하는 필요성도 줄여줄 수 있다.

모바일 아키텍처 컴포넌트

그림 8.4는 모바일 클라우드 솔루션의 상위 레벨 아키텍처이며, 4 티어 구조를 갖는다.

- 모바일 컴퓨팅 디바이스
- 모바일 디바이스에서 클라우드 서비스에 연결하는 퍼블릭 네트워크
- 필요한 서비스를 호스팅하는 공급업체 클라우드 환경

그림 8.4는 기존 엔터프라이즈 애플리케이션, 서비스 및 데이터를 포함하는 엔터프라이즈 네트워크를 묘사한다.

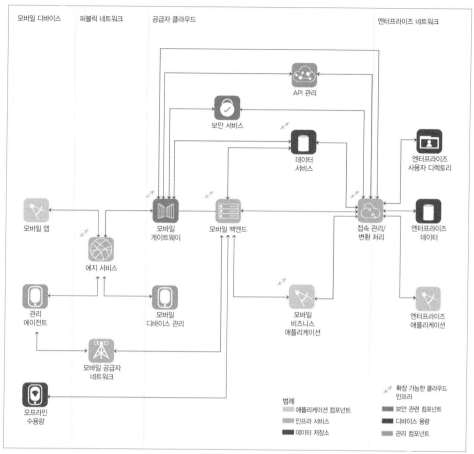

범례
- 애플리케이션 컴포넌트
- 인프라 서비스
- 데이터 저장소
- 보안 관련 컴포넌트
- 디바이스 용량
- 관리 컴포넌트
- 확장 가능한 클라우드 인프라

▲ 그림 8.4 클라우드 고객 모바일 아키텍처

모바일 디바이스 컴포넌트

모바일 애플리케이션은 사용자가 모바일 디바이스로부터 모바일 서비스를 활용하는 데 있어 핵심 수단이다. 모바일 애플리케이션은 일반적으로 REST 인터페이스를 기반으로 동작하는 API를 통해 백엔드 서비스와 통신한다. 모바일 앱의 두 가지 핵심 컴포넌트는 다음과 같다.

- 공급자 프레임워크
- 엔터프라이즈 **소프트웨어 개발 키트**[SDK, software development kit]

관리 에이전트는 기업 정책을 적용할 때 사용하며, 모바일 디바이스에 정책을 저장, 적용, 관리하는 SDK 구성 중 하나다. 예를 들어 SDK는 데이터를 안전하게 디바이스에 저장하고 동기화하는 방식의 오프라인 기능도 제공하는데, 모바일 앱이 디바이스에 보안 데이터를 저장해 활용할 수 있는 기능을 개발할 때 활용할 수 있다.

퍼블릭 네트워크 컴포넌트

에지 서비스는 와이파이 또는 모바일 공급자 네트워크를 사용해 모바일 디바이스와 애플리케이션을 모바일 게이트웨이에 연결한다. 주요 구성 컴포넌트는 다음과 같다.

- 도메인 이름 시스템[DNS] 서버
- 방화벽
- 로드 밸런서
- CDN

이동통신사 네트워크는 최종 사용자에게 서비스를 판매하고 제공하는 데 필요한 요소를 소유, 통제한다. 여기에는 일반적으로 주파수 스펙트럼 할당(http://en.wikipedia.org/wiki/Radio_spectrum), 무선 네트워크 인프라(http://en.wikipedia.org/wiki/Wireless_network), 백홀[back haul] 인프라(http://en.wikipedia.org/wiki/Backhaul_8telecommunications9), 과금 시스템, 고객 관리 시스템, 프로비저닝 시스템(http://en.wikipedia.org/wiki/Provisioning) 마케팅 조직, 정비 조직이 위치한다.

공급자의 클라우드 서비스 컴포넌트

모바일 게이트웨이는 모바일 애플리케이션에서 모바일 전용 솔루션 서비스를 활용하고자 들어오는 진입점 역할을 하며, 데이터 서비스와 엔터프라이즈 사용자 디렉토리를 사용할 수 있다. 모바일 게이트웨이는 모든 채널로부터 들어오는 요청을 받아서 처리하는 공통 게이트웨이 개념을 가진 API 생태계 컴포넌트로 구성할 수 있다. 모바일 게이트웨이에서 제공하는 기능은 다음과 같다.

- 인증/승인
- 정책 시행
- API/호출 분석
- API/역방향 프록시proxy

모바일 백엔드 서버는 모바일 애플리케이션에 런타임 서비스를 제공한다. 이를 위해 애플리케이션 로직 구현, 데이터 유지 관리, 모바일 서비스 사용, 애플리케이션 로직 및 API 실행 환경이 필요하다. 여기서 애플리케이션 로직은 엔터프라이즈 네트워크와 통신하고 서비스 공급자 외부에 상주하는 다른 애플리케이션과 통신할 수 있다. 모바일 백엔드에서 제공하는 기능은 다음과 같다.

- 애플리케이션 로직/API 구현
- 모바일 앱 운영 분석
- 알림 푸시push
- 위치 서비스
- 모바일 데이터 동기화
- 모바일 앱 보안

모바일 디바이스 관리MDM, mobile device management는 모바일 디바이스 정보를 관리하고, 엔터프라이즈 소유 디바이스를 추적하는 서비스를 제공하며, 엔터프라이즈 네트워크에 연결되는 디바이스도 관리한다. MDM에서 제공하는 기능은 다음과 같다.

- 엔터프라이즈 앱 배포
- 모바일 디바이스 보안

- 디바이스 관리
- 디바이스 분석

모바일 비즈니스 애플리케이션은 모바일 디바이스를 활용해 비즈니스를 수행하는 데 필요한 엔터프라이즈 특화된 기능 혹은 특정 산업에 특화된 기능을 의미하고, 엔터프라이즈 애플리케이션과 엔터프라이즈 데이터를 활용하기 위한 게이트웨이 기능을 수행하기도 하며, 사용량 추적 및 분석 컴포넌트를 포함하기도 한다. 모바일 비즈니스 앱에서 제공하는 기능은 다음과 같다.

- 모바일 디바이스 근접 서비스 및 분석
- 캠페인 관리
- 비즈니스 분석 및 보고
- 워크플로우/업무 흐름 규칙

API 관리는 이용 가능한 서비스 엔드포인트를 알리고, API 검색, 카탈로그, 관리 기능 수행용 API, API 버전 관리와 같은 서비스 이행 기능을 제공한다. API 관리 영역에서 제공하는 기능은 다음과 같다.

- API 검색/문서화
- 관리

데이터 서비스 컴포넌트는 데이터를 신속하게 접속하기에 적합한 형태로 저장한다. 여기에는 엔터프라이즈 데이터의 추출 과정이 포함될 수 있다. 데이터 서비스 컴포넌트에서 제공하는 기능은 다음과 같다.

- 모바일 앱 데이터/NoSQL
- 파일 저장소
- 캐시[cache]

보안 서비스 컴포넌트는 인증된 사용자만 모바일 클라우드 서비스에 접속할 수 있게 하고 데이터를 보호한다. 모든 환경에 걸쳐 보안 관점의 가시성을 높여서 문제가 있을 경우 빠른 식별과 신속한 조치를 취할 수 있는 보안 인텔리전스를 강화한다. 보안 관련 컴포넌트에서 제공하는 기능은 다음과 같다.

- ID 및 접속 관리
- 데이터 및 애플리케이션 보호
- 보안 인텔리전스
- 기업 혁신 및 접속 관리
- 엔터프라이즈 보안 접속 관리
- 전환transformation

엔터프라이즈 네트워크 컴포넌트

엔터프라이즈 네트워크 컴포넌트는 엔터프라이즈 비즈니스 서비스를 활용하도록 백엔드와 접속 관리 기능을 제공하며, 제공하는 컴포넌트는 다음과 같다.

- 엔터프라이즈 사용자 디렉토리
- 엔터프라이즈 데이터
- 엔터프라이즈 애플리케이션

▎엔터프라이즈 소셜 협업

그림 8.5는 엔터프라이즈 소셜 협업enterprise social collaboration을 설명하기 위한 아키텍처로, 구성 컴포넌트로는 엔터프라이즈 소셜 플랫폼 지원 서비스, 데이터 및 서비스 통합에 필요한 내부용 확장 포인트와 외부용 확장 포인트가 있고, 모듈화해 적용할 수 있다. 최종 시스템 아키텍처를 정리하려면 소셜 협업 플랫폼과 사내 시스템 간의 인터페이스를 신중하게 고려해서 설계해야 한다.

엔터프라이즈 소셜 협업용 클라우드 고객 참조 아키텍처

다음 절에서는 엔터프라이즈 소셜 협업을 위한 클라우드 고객 참조 아키텍처를 설명한다.

아키텍처 개요

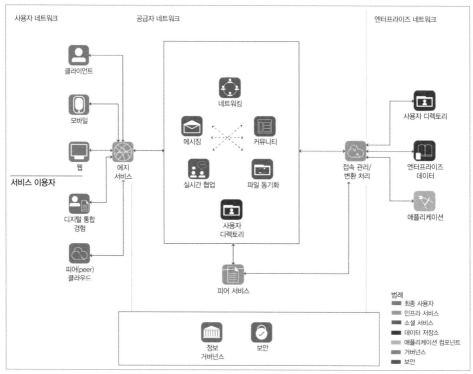

▲ **그림 8.5** 엔터프라이즈 소셜 협업의 요소

사용자 네트워크

사용자 네트워크에서는 최종 사용자가 클라우드 공급자의 서비스를 다룬다. 사용자가 사용하는 서비스는 데스크톱(클라이언트), 모바일 및 웹 애플리케이션으로 분류된다. 최종 사용자는 엔터프라이즈 소셜 협업 서비스로 요청을 보내고, 엔터프라이즈 소셜 협업 서비스가 처리한 결과 내용을 받는다. 최종 사용자 간을 상호 연계하는 서비스도 포함될 수 있다. 다음과 같은 다양한 클라이언트 앱을 활용한 소셜 네트워크를 상호 연계하는 기능을 제공하는 것이 가장 중요한 요소다.

- 웹 애플리케이션(웹 브라우저를 통해)
- 모바일 애플리케이션
- 데스크톱 리치^{rich} 클라이언트

서비스 이용자

최종 사용자가 소셜 서비스를 직접 다루는 것뿐만 아니라, 다른 애플리케이션 인터페이스를 활용해 소셜 서비스를 다룰 수도 있다. 다음은 최종 사용자가 간접적으로 소셜 서비스를 사용하고 기여하는 방식을 설명한다.

- 통합된 디지털 경험은 사용자가 참여한, 사용자에게 특화된, 사용자와 관련성이 있는 유의미한 서비스를 온라인을 통해 사용자가 경험하게 하는 것이며, 주요 기능은 다음과 같다.
  - 콘텐츠
  - 디지털 메시징
  - 사회 참여
  - 연합 검색
  - 개인화
  - 분석
- 핵심 비즈니스 프로세스 구현에 사용된 주변 클라우드 서비스 혹은 적시 요구사항을 충족하도록 개발되는 클라우드 서비스도 소셜 서비스가 제공하는 콘텐츠, 기능, 인터페이스를 활용하기도 한다. 이 소셜 서비스는 다음과 같은 형태로 제공된다.
  - SaaS^{Software-as-a-Service}
  - 클라우드 서비스(API)
  - PaaS^{Platform-as-a-Service}

공급업체 네트워크

공급업체 클라우드 컴포넌트 영역에는 다음과 같은 기능이 있다. 에지 서비스는 최종 사용자와의 접속 관리 옵션과 인터넷, 공급업체의 클라우드 네트워크, 엔터프라이즈 네트워크 간에 데이터를 안전하게 전달하는 데 필요한 기능을 제공한다. 이 영역의 주요 기능은 다음과 같다.

- DNS^{Domain Name System}
- CDN
- 방화벽
- 로드 밸런서

엔터프라이즈 소셜 서비스는 소셜 애플리케이션을 활용해 보안을 유지하면서 협업을 위한 정보 공유를 표방한다. 비즈니스 프로세스상으로 녹아 들어가기도 하고, 다른 애플리케이션들과 통합되거나 다른 경험들과 합쳐져서 사용자의 경험을 증대시키는 방식으로 융합된다. 이 영역의 주요 기능은 다음과 같다.

- 네트워킹
- 커뮤니티
- 파일 동기화
- 실시간 협업
- 메시징
- 사용자 디렉토리

소셜 서비스를 적용하는 사례 중에는 외부 솔루션 제공 기능을 활용하도록 주변 서비스를 사용하는 경우가 있다. 주변 서비스는 소셜 서비스를 구성하는 데 주변 서비스를 활용할 수도 있고 서비스 공급자 클라우드 환경 내에서 자체적으로 서비스하는 형태가 될 수도 있다. 주변 서비스는 클라우드 서비스 공급업체의 클라우드 거버넌스 및 보안 모델에 따라 그 서비스 형태가 결정되며, 제공하는 기능 유형은 다음과 같다.

- **기능 확장**: 이미 정의된 엔터프라이즈 소셜 서비스 활용 범위 내에서 기능 활용성을 높임
- **경험 향상**: 기존 엔터프라이즈 소셜 서비스의 기능 및 도구 추가
- **기반 서비스**: 소셜 서비스 기반 기능 강화

정보 거버넌스 컴포넌트는 조직 정책을 시행하기 위한 기능을 제공하고, 주로 정보 및 기능 공유와 관련된 접속 권한을 통제하는 절차에 초점을 맞추며, 제공하는 기능은 다음과 같다.

- 로그온/온보딩on-boarding 승인 프로세스
- 관련법 준수
- 규정 준수(PII, PCI, HIPPA, FINRA, FedRAMP 등)
- 감사 보고
- 데이터 손실 방지
- 기업 정책

보안

통합 관점에서 볼 때, 엔터프라이즈 소셜 협업 솔루션을 구현하고자 보안 관점에서 고려해야 할 사안이 있을 수 있다. 주로 고민되는 사안은 다음과 같다.

인가된 사용자만 데이터, 도구, 애플리케이션에 접속할 수 있게 하면서 무단 접속을 차단하려면 서비스 사용 인증 기능이 필요하다. 엔터프라이즈 사용자 디렉토리를 클라우드 환경과 동기화하는 것은 사내 환경을 클라우드로 확장하는 데 도움이 된다. 이러한 인가와 접속 권한 요건을 충족하기 위해 엔터프라이즈 소셜 서비스가 제공하는 기능은 다음과 같다.

- 사용자 온보딩 기능/오프보딩 기능
- 대량 사용자 정보 등록 및 업데이트
- 관리 도구를 통한 사용자 정보 등록

연합 ID 관리^{Federated Identity Management}는 반복적인 사용자 정보를 입력하고 네트워크로 보내는 행위를 줄이려는 목적으로 SSO^{Single Sign-On} 기능을 사용한다. SSO를 사용하면 인증된 사용자는 별도의 인증 없이 다른 애플리케이션을 사용할 수 있다.

SAML^{Security Assertion Markup Language}은 다른 조직과 시스템 연계 시, 엔터프라이즈 디렉토리 서비스와 함께 SSO를 활용하고자 할 때 사용한다. SAML은 비밀번호 대신 서명 확인^{assertion} 문서를 신분 증명으로 활용하도록 만들어진 표준이며 현재 널리 사용되고 있다. 엔터프라이즈에서는 웹 애플리케이션 리소스의 비밀번호를 내부적으로 관리하는 방식을 활용하고 있는데, 이 같은 방식의 배경은 다음과 같다.

- 비밀번호 요구사항 관리
- 2단계 인증 요구사항 관리
- 비밀번호 변경 주기 관리
- OAUTH^{open authorization} 사용: OAUTH는 API 인증을 위한 오픈소스 방법론이고 웹 애플리케이션, 데스크톱 애플리케이션 및 타사 확장 기능에 적용 가능하다.

데이터 보안은 권한이 부여된 사용자만 고객 데이터에 안전하게 접속할 수 있도록 하는 것이 목적이다. 그러려면 서비스 취약성 및 데이터 센터의 물리적 침해로부터 데이터를 보호해야 한다. 또한 표준 CSP 프로세스 및 절차와 결합된 기술을 계층적으로 사용해야 한다. 이와 관련된 내용은 다음과 같다.

- 플랫폼 및 프로세스
- 모든 릴리스에 대한 보안 검사 목록
- 지속적인 자동 헬스 체크^{health check}를 통한 보안 준수
- 데이터 센터
- 중복성^{redundancy}: 단일 장애 지점을 방지하기 위한 애플리케이션, 전원, 네트워크 등 시스템 이중화
- 직원 활동 기록 등의 물리 환경 모니터링

- 접속 제어 및 화재 예방 시스템
- 네트워크 및 인프라 방어
- 계층화된 방화벽 인프라
- 네트워크 침입 탐지 시스템
- 수동 처리 프로세스
- 직무 정의 분리
- 업무 수행 분리: 예시로 코드 변경 접속 권한자와 운영 구성 제어자 간의 활동 분리
- 구축 전 코드 검토
- 정기 해킹 침투 테스트
- 감사 로그 및 보안 관련 이벤트 분석
- 개인 정보 보호 및 데이터 소유권 정책
- 암호화 및 전자 메일 보안
- 전송 중인 데이터 암호화
- 저장 데이터 암호화
- 애플리케이션 및 서버 레벨에서 실시간 바이러스 방지
- 전자 메일 메시지에서 스팸 제거

접속 관리 / 변환 처리 컴포넌트는 백엔드 엔터프라이즈 시스템으로 안전하게 접속할 수 있게 하며, 데이터 필터링, 집계, 수정 또는 포맷 변경의 기능을 수행한다. 이 영역의 주요 기능은 다음과 같다.

- 엔터프라이즈 시스템 보안 접속 관리
- 변환
- 엔터프라이즈 데이터 접속 관리
- 추출, 변환 및 로딩

엔터프라이즈 네트워크

엔터프라이즈 네트워크 영역에 사내 시스템 컴포넌트가 위치한다. 엔터프라이즈 소셜 서비스와 엔터프라이즈 애플리케이션 간의 통합이 반드시 필요한 것은 아니지만 일부 사용사례에서는 통합해 사용되는 것을 볼 수 있는데, 사용되는 서비스는 다음과 같다.

- 사용자 디렉토리
- 엔터프라이즈 데이터

엔터프라이즈 애플리케이션은 비즈니스 목표와 목표를 달성하도록 운영 중인 기존 애플리케이션을 말하며, 클라우드 서비스와 상호 연계해야 할 수 있다. 이러한 일반적인 사례로는 조직 이메일 애플리케이션을 들 수 있다.

▮ 빅데이터 분석

BDA^{big data analytics}는 주로 경쟁 우위 구축, 혁신 추진 및 수익 증대 목적으로 활용하며, 데이터 분석을 위한 비용 효율적인 클라우드 기반 솔루션을 제공한다. 빅데이터의 중요성이 커지면서 조직은 이 데이터로부터 의미 있는 통찰력을 도출하도록 노력하고 있으며, 비즈니스 요구에 적시에 대응할 수 있는 조직 역량을 확보하는 것이기 때문에 상당히 중요하게 다뤄진다.

그림 8.6의 아키텍처는 클라우드를 활용한 엔터프라이즈 BDA 업무를 핵심 위주로 간략하게 설명하고 있으며, 세 가지 네트워크 영역, 즉 퍼블릭 네트워크, 클라우드 서비스 공급업체 네트워크, 엔터프라이즈 네트워크로 구성되어 있다.

BDA 아키텍처는 데이터 레이크^{data lake} 아키텍처와 유사하며, 구조화된 데이터와 구조화되지 않은 데이터 모두 분석을 위한 데이터 소스가 될 수 있다. 데이터 통합 컴포넌트와 스트림 컴퓨팅 엔진이 이들 데이터를 모아서 변환시키고 나면 여러 저장소로 저장된다. 이들 데이터는 목적에 맞게 서로 간 보강, 변환, 상관 및 요약이 되고, 그 결과물은 API를 통해 최종적으로 사용자가 활용하게 된다. 머신 러닝^{machine learning}이나 자연어 처리 같은 인지 컴퓨팅 기술도 데이터를 처리하는 절차, 즉 추출, 통합, 식별, 탐색하는 과정을 자동화하는 데 활용할 수 있다.

이 아키텍처는 전체 분석 수명 주기에 활용 가능한 내용을 담고 있으며 데브옵스 환경을 위한 데이터 레이크 솔루션에도 적용할 수 있다. 이 경우 서비스 카탈로그 관련 엔터프라이즈 메타 정보 영역에 메타데이터와 의미 정의를 추가하는 방법을 사용한다. 서비스 카탈로그 항목은 거버넌스 분류, 거버넌스 규칙 및 정책과 합쳐져서, 데이터가 데이터 레이크로 유입, 유출될 때 데이터 관리를 자동화할 수 있게 된다. 다음 절에서는 각 필수 컴포넌트를 간략히 설명한다.

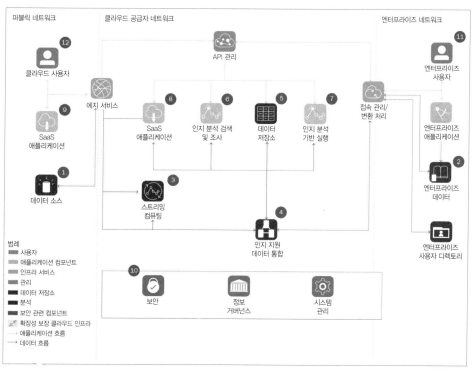

▲ **그림 8.6** 클라우드상에서 BDA 솔루션

퍼블릭 네트워크 컴포넌트

퍼블릭 네트워크 영역에는 클라우드 사용자, SaaS 애플리케이션, 데이터 소스 및 에지 서비스가 있다.

클라우드 사용자는 퍼블릭 네트워크를 통해 분석 클라우드 솔루션으로 접속한다. 클라우드 사용자는 다음과 같은 역할자이며 반드시 사람일 필요는 없다.

- 지식 노동자 및 시민 분석가
- 데이터 과학자
- 애플리케이션 개발자
- 데이터 엔지니어
- **최고 데이터 관리자**^{CDO, Chief Data Officer}

퍼블릭 네트워크 영역에서 일어나는 구체적인 모양새는 다르겠지만 공통적인 특징은 다음과 같다.

- 셀프 서비스가 요구된다.
- 데이터 품질 및 입증 지표 관련한 분석 작업에 필요한 대량 데이터 접속을 요구한다.
- 여러 도구와 기능을 필요로 한다. 오픈소스 형태이거나 온디맨드 방식 서비스일 수도 있다.
- 협업이 필요하다.

데이터 소스는 외부, 공공 등 다양할 수 있으며, 일반적인 빅데이터 시스템 내에는 복수의 정보 소스가 포함되어 있다. 빅데이터 시스템과 빅데이터 분석을 종종 데이터 처리, 데이터 볼륨, 데이터의 다양성, 데이터 불일치와 같은 특징으로 설명한다. 그래서 에지 분석 서비스도 요구되곤 한다. 일반적인 데이터 소스의 종류는 다음과 같다.

- 기계 및 센서

- 이미지 및 비디오

- 소셜social

- 인터넷 데이터셋dataset

- 날씨 정보

- 그 외의 다양한 데이터 소스

에지 서비스는 데이터가 인터넷에서 데이터 분석 처리 시스템으로 안전하고 확실하게 전달되도록 한다. 데이터가 클라우드 서비스 공급자의 데이터 통합 서비스 포인트 또는 데이터 스트리밍 서비스 포인트로 접속하려면 **도메인 이름 시스템**DNS 서버, CDN, 방화벽, 로드 밸런서 같은 컴포넌트를 필요로 한다.

공급자 클라우드 컴포넌트

클라우드 서비스 공급자는 분석 솔루션과 분석에 필요한 컴포넌트를 지원한다. 이 컴포넌트는 데이터를 분석하고, 저장하고, 결과 처리를 위한 데이터를 준비하는 데 사용된다. 클라우드 서비스 공급업체 제공 요소는 다음과 같다.

- API 관리

- 데이터 저장소

- 스트리밍 컴퓨팅

- SaaS 애플리케이션

- 인지cognitive 지원 데이터 통합

- 인지 분석 검색 및 조사

- 접속 관리 / 변환 처리

- 인지 분석 기반 실행

데이터 접속 컴포넌트는 고객의 데이터 접속 요건을 충족하도록 데이터 저장소와 상호 연계하는 기능과 다음의 서비스를 활용한다.

- 데이터 접속
- 데이터 가상화
- 데이터 연합
- 개방형 API

스트림 처리 기능은 센서, 메시징 시스템, 실시간 피드[feeds]와 같은 장치로부터 대량의 데이터를 수집하고 처리하는 데 사용한다. 이러한 데이터는 대체적으로 상당히 다이내믹하고, 분초 단위를 다투며, 연속적이라는 특성이 있다. 기존에 데이터를 저장한 후에 끌어서[store and pull] 처리하는 모델은 응답 대기 시간이 짧거나 실시간 스트리밍 애플리케이션을 필요로 하는 곳에는 사용할 수 없다. 스트림 처리 기능은 다음과 같다.

- 스트리밍 분석
- **복합 이벤트 처리**[CEP, Complex Event Processing]
- 데이터 보강[data enrichment]
- 실시간 데이터 추출

인지 지원 데이터 통합 컴포넌트는 데이터를 캡처, 검증, 처리하고 분석 데이터 레이크 저장소로 이동시키는 일을 담당하며, 검색–조사–실행 중심–통찰 컴포넌트가 데이터 접속 컴포넌트를 통해 데이터 레이크의 데이터를 활용한다. 머신 러닝, 자연어 처리 등 다양한 인지 기술을 활용해 데이터 수집과 통합을 자동화할 수 있다. 데이터 통합 기능은 다음과 같다.

- 배치 추출[batch ingestion]
- 데이터 캡처 변경
- 문서 해석 및 분류
- 데이터 품질 분석

데이터 저장소^{data repository}는 데이터를 안전하게 저장하는 곳으로, 분석 도구나 최종 사용자가 이곳의 데이터를 사용하며 분석 환경의 핵심이다. 운영 및 트랜잭션 데이터 저장소(OLTP, ECM 등)는 이 컴포넌트에 포함되지 않고, 데이터 소스 컴포넌트 내에서 동작한다. 데이터 저장소 유형은 다음과 같다.

- 랜딩 존^{landing zone} 및 데이터 아카이브^{data archive}
- 이력^{history}
- 심층 조사 분석
- 샌드박스^{sandbox}
- 데이터 웨어하우스^{data warehouse} 및 데이터 마트^{data mart}
- 예측 분석

최종 사용자들은 현대 데이터 과학 기술을 사용한 인지 분석의 검색 및 조사 방법을 통해 복잡한 데이터 저장소들과 쉽게 연계 구성 및 상호 연계를 할 수 있다. 또한 이 방법은 정형 및 비정형 콘텐츠로부터 의미 검색 기능도 가능하게 함으로써 새로운 견해와 완전한 데이터 온톨로지^{ontology} 뷰를 제공하며, 다음과 같은 기능을 제공한다.

- 데이터 과학
- 데이터 검색 및 설문조사 / 데이터 쇼핑

인지 실행 중심 컴포넌트는 비즈니스 관점에서 의미 있고 실행 중심 통찰력을 도출하고자 다양한 데이터 소스를 통합적으로 분석한다. 이 영역에서 사용되는 기법은 다음과 같다.

- 시각화 및 스토리보드
- 리포팅, 분석 및 콘텐츠 분석
- 의사결정 관리
- 예측 분석 및 모델링
- 인지 분석
- 통찰력 서비스^{Insight as a Service}

클라우드 서비스 공급자의 SaaS 애플리케이션을 사용해 지원, 관리 또는 강화하려는 것은 다음과 같다.

- 고객 체험
- 새로운 비즈니스 모델
- 재무 실적
- 리스크
- 부정 사용과 이에 대한 대비책
- IT 경제학

접속 관리 / 변환 처리 컴포넌트를 통해 백엔드 엔터프라이즈 시스템과 안전하게 접속 관리를 할 수 있고, 데이터 필터링, 집계, 수정, 포맷 변경 기능을 수행할 수 있다.

- 엔터프라이즈 시스템 보안 접속 관리
- 변환
- 엔터프라이즈 데이터 접속 관리

엔터프라이즈 네트워크

엔터프라이즈 네트워크에는 사내 시스템, 엔터프라이즈 애플리케이션, 엔터프라이즈 데이터, 사용자가 있다. 엔터프라이즈 데이터에는 엔터프라이즈 애플리케이션에 활용하는 데이터뿐만 아니라 메타데이터도 포함된다. 엔터프라이즈 데이터는 데이터 통합 영역 또는 데이터 저장소로 직접 유입될 수 있으며, 데이터의 종류는 다음과 같다.

- 참조 데이터
- 마스터 데이터
- 트랜잭션 데이터
- 애플리케이션 데이터
- 로그 데이터

- 엔터프라이즈 콘텐츠 데이터
- 이력 데이터
- 보관 데이터

엔터프라이즈 사용자 디렉토리에는 사용자 프로파일을 갖고 있으며, 클라우드 및 엔터프라이즈 사용자 모두 다 포함된다. 사용자 프로파일은 로그인 계정과 접속 제어 대상을 관리한다. 보안 서비스와 에지 서비스는 데이터 접속 권한을 관리하도록 이 정보를 사용한다.

전체 환경에 걸쳐 상호 연계하는 유비쿼터스 서비스는 다음과 같다.

정보 관리 및 거버넌스 컴포넌트는 중요한 비즈니스 데이터의 신뢰성과 표준화되고 정확한 뷰가 유지되게 하며, 제공되는 기능은 다음과 같다.

- 데이터 수명 주기 관리
- 마스터 및 엔티티 데이터
- 참조 데이터
- 데이터 카탈로그
- 데이터 모델
- 데이터 품질 규칙

보안

보안 컴포넌트는 데이터를 보호하는 역할을 하며, 제공하는 기능은 다음과 같다.

- 상세 수준에서 데이터 마스킹 또는 숨기기
- 데이터 보안
- ID 및 접속 관리
- 인프라 보안

- 애플리케이션 보안
- 데브옵스 보호
- 보안 모니터링 및 인텔리전스
- 보안 거버넌스

시스템 관리는 일반적으로 IT 리소스와 클라우드 기반 서비스를 계획, 설계, 제공, 운영, 통제하기 위해 수행되는 모든 활동을 의미하며, **서비스 수준 계약**^{SLA, service level agreement}을 활용해 시스템 운영 수준을 정의하고 통제한다.

▌ 블록체인

블록체인은 탈중앙, 암호화된 보안 네트워크를 통해 임의로 수정할 수 없는 분산 컴퓨팅 기술 기반의 원장 관리 기술이다. 피어 투 피어^{peer-to-peer} 복제를 통해 분산 데이터 저장 환경에 원장 공유가 되며, 거래 블록이 커밋될 때마다 거래 내용을 추가하는 방식으로 원장 업데이트가 된다. 참여자는 이 기술을 활용해 사업 수행 방식과 트랜잭션 처리 방식을 획기적으로 바꿀 수 있으며, 지리적 경계를 넘어 투명한 비즈니스 거래를 만들 수 있다.

사업적 관점에서 보면 블록체인을 교환 네트워크로 볼 수 있다. 참여자 간 자산 또는 가치 있는 것, 기타 물건들을 상호 동의하에 전달해야 하는 경우, 이해당사자 간 데이터 프라이버시와 데이터 보안 통제를 보장하면서 진행될 수 있도록 지원한다.

법적 관점에서 볼 때 블록체인 원장 거래를 할 경우, 중개자나 제3의 신뢰할 수 있는 기관의 참여 없이도 서로 간의 거래에 대해 논란의 여지가 없고, 상호 검증할 수 있다.

기술적 관점에서 블록체인은 다른 데이터 저장소에 있는 원장에 트랜잭션을 분산 복제하는 방식으로 원장을 관리하는 기술이다. 비즈니스 블록체인 상황에서 모든 트랜잭션은 암호화되기 때문에 네트워크 참여자는 그와 관련된 장부 내용만 볼 수 있고, 트랜잭션의 안정성이 보장되고 인증, 검증이 가능하다.

블록체인 참조 아키텍처 역량

그림 8.7은 블록체인의 아키텍처에 포함되는 일반적인 노드 역량을 나타내며, 퍼블릭, 클라우드, 엔터프라이즈의 세 가지 네트워크 영역에 걸쳐 표현되어 있다. 각 역량의 위치는 업계 모범 사례로 제시되고 있지만, 솔루션 요구와 필요에 따라 각 역량을 다른 네트워크에 구현해도 된다.

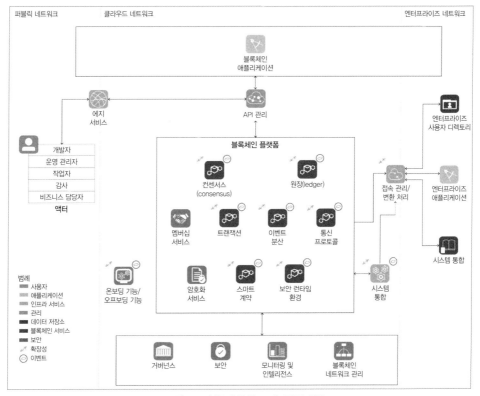

▲ **그림 8.7** 블록체인 참조 아키텍처 역량

퍼블릭 네트워크

퍼블릭 네트워크에는 광역 네트워크, 피어peer 클라우드 시스템, 에지 서비스가 위치한다. 퍼블릭 네트워크상에 있는 데이터는 에지 서비스를 통해 클라우드 서비스 공급자와 엔터프라이즈 네트워크 영역으로 안전하고 확실하게 전송된다. 에지 서비스는 사용자 애플리케이션을 지원하며, 구성 컴포넌트는 다음과 같다.

- 도메인 이름 시스템 서버^{DNSS, domain name system server}
- CDN
- 방화벽
- 로드 밸런서

사용자는 블록체인 애플리케이션을 제작해서 배포하는 블록체인 참여자다. 블록체인 관련 과업 참여자의 예는 다음과 같다.

- 개발자
- 운영 관리자
- 작업자
- 감사
- 비즈니스 담당자

클라우드 네트워크

블록체인 애플리케이션은 블록체인 시스템 최종 사용자에게 비즈니스 역량을 제공하며, 다른 역할 참여자에게도 서비스를 제공할 수 있다. 블록체인 애플리케이션은 웹 서비스 또는 최종 사용자 디바이스 애플리케이션 형태일 수 있고, 서버 측 애플리케이션 서비스와 연계하기도 하는데 이 경우 플랫폼 API를 활용한다. 또 기능 구현 필요에 따라, 데이터베이스 같은 리소스에 접속할 수 있다.

API 관리 영역에는 카탈로그를 게시하고 API를 업데이트하는 기능이 있어 개발자와 최종 사용자가 기존 데이터, 분석 데이터, 서비스를 식별해 재사용할 수가 있어서, 솔루션을 신속하게 조립할 수 있도록 한다. 블록체인 애플리케이션은 블록체인 네트워크와 연계하고자 블록체인 프로그래밍 인터페이스를 사용한다.

블록체인 플랫폼이 필수적인 기능을 지원하고자 블록체인 네트워크 노드나 엔터프라이즈를 활용한다. 각 블록체인 플랫폼은 다르게 구현되지만, 고려해야 할 핵심 기능은 다음과 같다.

- 컨센서스
- 원장
- 멤버십 서비스
- 트랜잭션
- 이벤트 분산
- 통신 프로토콜
- 암호화 서비스
- 스마트 계약
- 보안 런타임 환경

블록체인 플랫폼과 조직 내부 시스템 간 시스템 통합 방법 중에는 API 어댑터와 **엔터프라이즈 서비스 버스**ESB, Enterprise Service Bus를 사용하는 것이 널리 알려져 있다.

접속 관리 / 변환 처리 컴포넌트를 통해 백엔드 엔터프라이즈 시스템과 안전하게 접속 관리를 할 수 있고, 데이터가 클라우드, 블록체인 컴포넌트, 엔터프라이즈 시스템 간에 오고 갈 때 데이터 필터링, 집계, 수정, 포맷 변경 기능을 수행할 수 있다. 이 컴포넌트가 제공하는 기능을 요약하면 다음과 같다.

- 엔터프라이즈 시스템 보안 접속 관리
- 변환

엔터프라이즈 데이터 접속 관리

엔터프라이즈 네트워크 영역에는 엔터프라이즈 사용자 디렉토리, 엔터프라이즈 애플리케이션 및 엔터프라이즈 데이터가 있다. 엔터프라이즈 데이터에는 엔터프라이즈 애플리케이션이 활용하는 데이터뿐만 아니라 메타데이터도 포함된다. 블록체인과 관련된 엔터프라이즈 데이터의 종류는 다음과 같다.

- 트랜잭션 데이터
- 애플리케이션 데이터
- 로그 데이터

블록체인 서비스

블록체인의 기반이 되는 서비스는 다음과 같다.

- 거버넌스
- 보안
- 모니터링 및 인텔리전스

블록체인 네트워크 관리 컴포넌트는 모든 블록체인 네트워크 트랜잭션의 가시성을 제공하고, 비즈니스 프로세스, 성능 및 용량 데이터 지표도 관리하며, 구성과 파라미터 변경을 위한 관리 인터페이스도 제공한다.

그 밖의 중요한 블록체인 개념으로 권한 옵션이 있다.

- 모든 참가자에게 개방되어 있는 비허가 네트워크상에서는 기존 네트워크 규칙에 맞추어 트랜잭션 검증을 한다. 익명의 참가자라도 원장 거래를 볼 수 있다.
- 비즈니스 네트워크처럼 허가된 참가자에게만 네트워크 접근이 가능하기 때문에, 참가자는 자신과 관련된 거래만 볼 수 있으며 허가된 작업만 수행할 수 있다.

블록체인을 사용할 때 트랜잭션 데이터의 일부만 블록체인 원장에 저장된다. 그 밖의 트랜잭션은 별도의 영역에 저장하고 입력 내용은 참조 방식으로 제공되기 때문에 블록체인 원장의 크기가 무리하게 커지지 않게 한다. 스토리지 옵션은 다음과 같다.

- 원장 스토리지

- 데이터 스토리지

블록체인의 상호 연계 옵션은 다음과 같다.

- **커맨드라인 인터페이스**^{CLI, command line interface}

- 클라이언트 SDK

- SDK^{Software Development Kit}(소프트웨어 개발 키트)

IoT 아키텍처

IoT는 물리적 실체(사물)와 정보기술 시스템을 연계해 정보를 도출한다. 이 정보는 여러 애플리케이션과 서비스를 구동하는 데 사용된다. IoT는 태생이 다른 커뮤니티의 시스템을 통합하는 애플리케이션을 다루고 있기 때문에, 여러 독특한 요구사항들을 수용할 수 있는 아키텍처를 갖고 있어야 한다.

사물인터넷^{IoT} 시스템에는 사물이나 인간 활동에 대한 정보를 수집하는 센서가 내장되어 있고, 물리적 대상들에 작용하는 액추에이터^{actuator}와 이를 모니터링하는 기능도 있다. IoT 아키텍처 구현 관점은 다음과 같다.

아키텍처 관점	설명
확장성	시스템에 연결된 센서와 액추에이터의 수, 센서와 액추에이터를 연결하는 네트워크, 시스템과 관련된 데이터양, 데이터 이동 속도, 필요한 처리 능력
빅데이터	기존 데이터를 마이닝해 새로운 통찰력을 만들어내는 능력
클라우드 컴퓨팅	데이터 스토리지 및 확장 가능한 프로세싱 관점에서의 대용량 리소스 사용
실시간	실시간 데이터 흐름 지원 및 연속 이벤트 스트림을 기반으로 적시 대응 능력. 더불어 손상된 데이터를 탐지하고 사용 방지 요건도 있음
고도의 분산 환경	널리 분산되어 있는 디바이스, 시스템 및 데이터

(계속)

아키텍처 관점	설명
이질적 시스템들	이기종 센서, 액추에이터 디바이스, 여러 네트워크 유형, 다양한 연산 처리 컴포넌트
보안 및 개인 정보 보호	주요 개인 정보 보호 주제와 결합된 데이터 보호
컴플라이언스	특정 산업, 세부 분야, 업종에 걸친 규정 준수
통합	기존 운영 기술 시스템, 예를 들어 공장 시스템, 빌딩 제어 시스템 및 기타 물리 관리 시스템과 연계할 수 있는 능력

그림 8.8은 클라우드 컴퓨팅을 기반으로 한 IoT 아키텍처 역량과 이들 간의 관계를 보여준다.

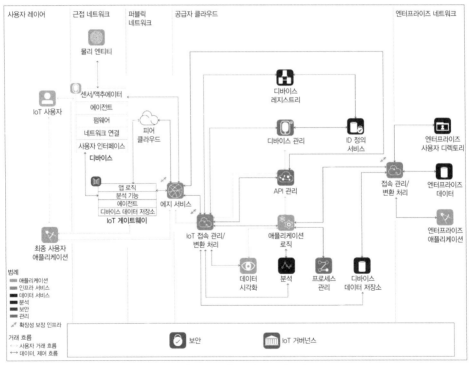

▲ **그림 8.8** IoT용 클라우드 컴포넌트

IoT 아키텍처의 클라우드 컴포넌트는 일반적으로 에지, 플랫폼, 엔터프라이즈의 3 티어 영역에 각각 위치한다.

에지 티어

에지 티어edge tier에는 근접 네트워크proximity network와 퍼블릭 네트워크 영역이 있으며, 사용자 디바이스로부터 데이터를 수신하고 전송하는 역할을 한다. 데이터는 IoT 게이트웨이를 거치거나 에지 서비스를 통해서 CSP로 흐른다.

클라우드 서비스 공급자CSP는 플랫폼 티어에 위치하고, 데이터 흐름을 수신, 처리 및 분석한다. 또한 CSP에는 API 관리, 시각화 기능, 제어 명령을 내리는 기능이 있다.

엔터프라이즈 네트워크 영역은 엔터프라이즈 티어에 위치하고, 엔터프라이즈 데이터, 엔터프라이즈 사용자 디렉토리, 엔터프라이즈 애플리케이션으로 구성된다.

IoT 시스템은 여러 장소에 걸쳐 애플리케이션 로직과 제어 로직을 사용하며, 시간 척도 단위와 데이터셋의 종류에 따라 실행 위치가 결정되기도 한다. 실제로 IoT 디바이스에서 애플리케이션이 실행되는 경우와 게이트웨이에서 실행되는 경우가 있다. IoT 게이트웨이나 IoT 디바이스에서 코드가 실행되는 경우 에지 컴퓨팅edge computing 또는 포그 컴퓨팅fog computing이라 불린다.

사용자 레이어에는 IoT 사용자와 최종 사용자 애플리케이션이 있다. 근접 네트워크에는 IoT 시스템 물리 엔티티와 상호 연계하는 모든 물리 엔티티가 있다. 물리 엔티티는 센서가 측정할 대상들, 액추에이터가 실행할 대상을 말한다.

디바이스에는 센서와 액추에이터가 포함되어 있다. 확장된 IoT 시스템과의 상호 연계는 네트워크 접속 관리를 통해 가능하다. 또한 디바이스는 센서가 모니터링하는 실제 물리적 대상일 수 있다. 그 외 중요한 컴포넌트들로는 센서/액추에이터, 에이전트 및 펌웨어가 있다.

네트워크 연결은 디바이스와 IoT 시스템 간 접속 관리 기능을 제공한다. 이 디바이스는 전력 요구량을 줄이고자 낮은 전력과 낮은 범위를 갖는 경우가 많다. 다른 통신 메커니즘의 대안으로는 블루투스, **블루투스 저에너지**^{BTLE, Bluetooth Low Energy}, 와이파이 또는 2G, 3G, 4G LTE를 이용한 광역 네트워킹이 있다. 사용자 인터페이스는 애플리케이션, 에이전트, 액추에이터, 센서와 사용자 간 상호 연계를 지원한다.

디바이스는 IoT 게이트웨이를 통해 퍼블릭 네트워크로 연결된다. 만약 디바이스가 네트워크 접속 관리에 제약이나 어려움이 있을 경우, 로컬 IoT 게이트웨이를 활용하면 디바이스와의 네트워크 연결 구성이 가능하기도 한다. 또한 IoT 게이트웨이에는 데이터 필터링 기능, 데이터 반응 기능이 있으며 구성 컴포넌트는 다음과 같다.

- 앱 로직
- 분석 기능
- 에이전트
- 디바이스 데이터 저장소

퍼블릭 네트워크

퍼블릭 네트워크에는 광역 네트워크, 기타 클라우드 시스템, 에지 서비스가 위치한다. 대형 IoT 시스템은 작은 IoT 시스템을 결합하는 형태로 만들 수 있으며, 각각의 작은 IoT 시스템은 전체 솔루션 중의 부분들을 담당하게 되기 때문에, '시스템의 시스템^{systems of systems}' 구조가 된다. 이러한 구조에는 타 클라우드 간의 연계가 포함될 수 있다.

데이터는 에지 서비스를 통해 CSP 및 엔터프라이즈 네트워크로 안전하게 흘러갈 수 있다. 에지 서비스의 컴포넌트는 다음과 같다.

- 도메인 이름 시스템 서버
- CDN
- 방화벽
- 로드 밸런서

클라우드 서비스 공급업체

CSP는 핵심 IoT 애플리케이션과 서비스를 제공한다. 여기에는 데이터 스토리지, 분석, IoT 시스템 프로세스 관리 및 데이터 시각화 기능을 포함한다. IoT 접속 관리 / 변환 처리 컴포넌트는 모든 IoT 디바이스 간의 보안 연결 기능을 제공하고, 대량 메시지를 처리, 변환해 적절한 솔루션 컴포넌트로 전달해야 한다. 접속 관리 / 변환 처리 컴포넌트가 제공하는 기능은 다음과 같다.

- 보안 접속 관리
- 메시지 처리(확장성 필수)
- 메시지 변환(확장성 필수)

애플리케이션 로직에는 IoT 디바이스 데이터 처리를 관장하는 핵심 애플리케이션 컴포넌트와 사용자 애플리케이션을 지원하는 기타 서비스가 있으며, 워크플로우 및 제어 로직이 포함되기도 한다. 이벤트 기반 프로그래밍 모델이 자주 사용된다.

사용자는 주로 시각화된 기능을 통해 탐색하고 작업을 한다. 시각화 기능은 다음과 같다.

- 최종 사용자 UI
- 관리 UI
- 대시보드

분석 컴포넌트는 의미 있는 IoT 데이터 정보 패턴을 식별하고 전달하는 데 사용된다. IoT 데이터 정보 패턴은 비즈니스 성과를 표현, 예측, 개선하는 데 사용할 수 있는 것이다. IoT 역량은 다음과 같다.

- 분석 데이터 저장소
- 인지 기능
- 실행 가능한 통찰력
- 스트리밍 컴퓨팅

IoT 영역에서 데이터 저장소는 상당히 중요한 컴포넌트로, IoT 디바이스의 데이터를 저장하고 다른 프로세스 및 애플리케이션과 통합할 수 있게 한다. 디바이스에서 생성되는 데이터는 실시간이고 대량의 데이터일 수 있기 때문에, 디바이스 데이터 저장소는 탄력적이고 확장 가능해야 한다. 디바이스 관리 컴포넌트는 디바이스를 안전하고 안정적으로 클라우드에 연결하도록 효율적으로 관리하는 데 사용되며, 프로비저닝, 원격 관리, 소프트웨어 업데이트, 장치 원격 제어 및 장치 모니터링의 기능을 제공한다.

접속 관리 / 변환 처리 컴포넌트를 통해 백엔드 엔터프라이즈 시스템과 안전하게 접속 관리를 할 수 있고, IoT 시스템 컴포넌트와 클라우드 영역 간 데이터가 오고 갈 때 데이터 필터링, 집계, 수정, 포맷 변경 기능을 수행할 수 있다. 접속 관리 / 변환 처리 컴포넌트가 제공하는 기능은 다음과 같다.

- 엔터프라이즈 보안 연결
- 변환
- 엔터프라이즈 데이터 연결

엔터프라이즈 네트워크

엔터프라이즈 네트워크는 비즈니스별 엔터프라이즈 애플리케이션을 호스팅하는 영역이며, 엔터프라이즈 데이터, 사용자 디렉토리 및 애플리케이션이 위치한다. 주요 IoT 애플리케이션은 고객 경험, 재무 성과, 운영, 이상 거래 탐지를 다룬다.

보안

IoT 시스템을 구축하는 데 있어 보안과 개인 정보 보호를 보장하려면 **정보기술**[IT, Information Technology] 보안 요소, **운영 기술**[OT, Operations Technology] 보안 요소를 함께 고려해야 한다. 보안 주의 수준은 애플리케이션 환경, 비즈니스 패턴, 리스크 평가에 따라 달라진다.

IoT 솔루션의 안전성을 확보하려면 해결해야 할 과제가 있다. 새로운 취약성과 위협을 해결하기 위한 수단 및 메커니즘으로 관리 감독과 관련 절차를 필요로 한다. IoT 시스템과 기존 정보 시스템과의 중요한 차이점은 IoT 시스템에 잠재적인 보안 위협 요소가 더 많다는 것과 IoT 시스템이 보안 위협으로부터 보안이 뚫릴 경우에 인간, 재산, 환경에 해를 끼칠 수 있는 잠재력이 크다는 것이다. 그리고 변경이나 교체가 불가능한 장소에 장비를 설치하는 경우가 많기 때문에, IoT 시스템은 강력한 변경/업데이트/수정 거버넌스를 고려해 설계, 구축돼야 한다. 클라우드 서비스 공급자가 제공하는 컴포넌트도 시간이 지남에 따라 변경될 수 있기 때문에 이들 컴포넌트의 변경을 적절히 관리할 수 있는 거버넌스가 마련돼야 한다.

▌하이브리드 통합 아키텍처

오늘날 대부분의 IT 환경은 하이브리드 형태다. 끊임없이 변화하는 환경에서 현대 디지털 혁신 이니셔티브의 빠른 속도에 맞게 통합 유지해간다는 건 상당히 어려운 과제이기 때문에, 하이브리드 통합 플랫폼 접속 방식이 상당히 중요하다. 하이브리드 클라우드 통합 시나리오는 다음과 같다.

- 클라우드 기반 CRM 시스템의 고객 정보와 사내 ERP^Enterprise Resource Planning 시스템의 고객 정보를 연계해 조회
- 클라우드 기반 인적 자원 관리 시스템과 백오피스 애플리케이션 간의 직원 데이터 통합

하이브리드 통합 참조 아키텍처는 이와 같이 엔터프라이즈에서 일반적으로 겪게 되는 일반적인 패턴을 설명하는 데 사용하며, 다음과 같은 고려사항이 있다.

- **접속 구성**^connectivity : 시스템과 디바이스를 다른 시스템 및 장치와 연결. 데이터베이스 같은 SoR^Systems of Record(기록 시스템)과 상세하고 낮은 수준의 연결 구성이 필요할 수도 있고, 클라우드 네이티브 시스템의 활용을 장려해야 할 수도 있다.
- **배포**^deployment : 시스템이 광범위한 환경에 걸쳐 배포되기 때문에, 통합 대상 컴포넌트는 배치하는 데 있어서 유연성이 있어야 하며, 베어 메탈, 가상 머신 또는 컨테이너에서 실행할 수 있어야 한다.

- **역할**role : IT는 바이모달bi-modal 또는 멀티모달multi-modal 방식 같이 독립된 팀이 서로 다른 속도로 일을 할 수 있게 운영될 수 있다. 하이브리드 통합을 고려할 때는 이러한 이질적인 속도 측면을 고려해야 한다. 따라서 하이브리드 통합을 진행하면, 기존의 IT 조직 운영 개념을 넘어서 사업 영역Line of Business별로 비즈니스 담당자와 IT 부서가 밀접하게 운영되는 방식으로 확장된다. 통합이 복잡한 경우에는 팀 간 협업을 통해 진행하면서, API를 협업 매개 방식으로 활용할 수 있다.
- **스타일**style : API, 이벤트, 데이터를 결합해 원활한 비즈니스 프로세스와 흐름을 만드는 방식으로 엔터프라이즈 통합을 시도할 수 있다.

그림 8.9는 하이브리드 통합 관점에 활용되는 컴포넌트로 구성된 하이브리드 통합 아키텍처를 설명한다.

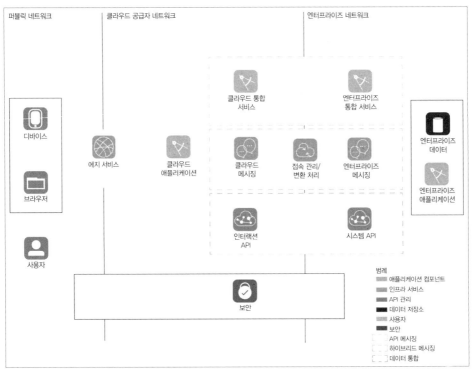

▲ **그림 8.9** 클라우드 고객 하이브리드 통합 아키텍처

하이브리드 통합 아키텍처는 애플리케이션 서비스 간 연계가 쉽고 호환이 되게 할 수 있는 통합 플랫폼을 구성해서 미션 크리티컬 비즈니스 업무 수행을 엔드 투 엔드$^{end-to-end}$로 할 수 있는 역량을 제공한다. 참조 아키텍처는 다음과 같은 3 티어 구조를 갖는다.

- 퍼블릭 네트워크
- 클라우드 서비스 공급업체
- 엔터프라이즈 네트워크

보안은 전체 3 티어에 걸쳐 적용해야 하는 공통 과제다.

퍼블릭 네트워크

퍼블릭 네트워크 영역에는 클라우드 공급자 네트워크에 상주하는 사용자 접속 애플리케이션이 있고 사용자는 브라우저나 모바일 네이티브 앱을 통해 접속한다. 에지 서비스에는 인터넷을 통해 사용자에게 기능과 콘텐츠를 제공하는 데 필요한 다음과 같은 역량이 있다.

- DNS 서버
- CDN
- 방화벽
- 로드 밸런서

클라우드 공급자 네트워크

클라우드 공급자 네트워크에는 여러 종류의 핵심 애플리케이션과 API 서비스가 위치하고 있다. 클라우드 애플리케이션 컴포넌트는 클라우드 환경 내에서 설계 및 개발된 클라우드 네이티브 애플리케이션을 의미하며, 일반적으로 마이크로서비스 아키텍처, 경량 실행 환경, 컨테이너 기술 및 데브옵스 방법론 같은 현대적 기술을 사용한다. 애플리케이션은 외부와 연동하고자 API 서비스 형태로 노출하는 경우가 많으며, 다른 시스템의 데이터를 활용할 때도 해당 시스템에서 제공하는 API 서비스 호출, 메시징, 데이터 통합 서비스를 사용한다.

사업 영역별 담당 팀에서 인터랙션 API를 유지 관리한다. 이들 API는 상세 하위 수준의 시스템 API를 조합해 구성되며, 각 엔터프라이즈 역량에 접속할 수 있게 유지 관리된다. 이 API는 비즈니스 주도형이며, 외부로 노출될 수 있으며, 사용량에 기반한 자금 지원 모델로 수익을 창출할 수도 있다. 또한 인터랙션 API는 사용 가능한 서비스 엔드포인트를 공개해서 클라우드 애플리케이션에서 활용할 수 있게 한다. 이 컴포넌트는 엔터프라이즈 네트워크로 연계해주는 API 게이트웨이로시, API 검색, 카탈로그, 접속 관리 기능을 사용자에게 제공한다. API는 백엔드 서비스, API 버전 관리의 관리 역량과 API 게이트웨이를 통해 연계되어 있기 때문에, 사용자는 API 호출 방식을 활용해 각 역량을 사용한다.

클라우드 메시징 컴포넌트는 엔터프라이즈 네트워크를 통해 빠르고 확장 가능한 대량 이벤트 처리 서비스를 제공한다. 또한 이 컴포넌트는 다중 오픈 이벤트 프로토콜을 지원해야 하고, 엔터프라이즈 메시징 시스템의 비표준 프로토콜도 일반화할 수 있는 기능을 지원해야 한다. 이 컴포넌트는 엔터프라이즈 네트워크로 연결하는 이벤트 게이트웨이로서, 다음을 수행할 수 있어야 한다.

- 대량 메시지 처리
- 마이크로서비스 프레임워크 및 이벤트 기반event-driven 애플리케이션 지원
- 하이브리드 메시징 처리
- 배치 방식 분석 / 실시간 분석 수행
- 애플리케이션과 데이터 통합 가속화

클라우드 통합 서비스 컴포넌트는 신속하고 단순하며 유연한 통합 역량을 제공한다. 기존 EAIEnterprise Application Integration 및 ETL 솔루션과 달리 이 컴포넌트는 목표 역량을 쉽게 통합할 수 있는 도구를 제공한다. 이 컴포넌트의 커스터마이징은 설정 변경 작업을 통해 진행하고 코드 변경 과정을 거치지 않는다. 이 컴포넌트는 엔터프라이즈 네트워크에

있는 SoR로 연결하는 게이트웨이로서, 다음을 수행할 수 있어야 한다.

- 클라우드로 데이터 준비/이동
- 사업 추진 업무 절차 확장
- 메인프레임 데이터와 서비스로 연계 사용
- 애플리케이션 전반에 걸쳐 데이터 일관성 유지
- 사내 애플리케이션과 데이터를 클라우드로 연계

접속 관리 / 변환 처리 컴포넌트를 통해 백엔드 엔터프라이즈 시스템과 안전하게 접속 관리를 할 수 있고, 다음과 같은 역량을 제공한다.

- 엔터프라이즈 보안 연결
- 변환
- 엔터프라이즈 데이터 연결

엔터프라이즈 네트워크

엔터프라이즈 네트워크 영역에는 레거시 애플리케이션, 데이터 및 API가 위치해 있다. 시스템 API를 통해 엔터프라이즈 애플리케이션과 데이터에 접속할 수 있다. 엔터프라이즈 IT 팀에서 유지 관리하며, 일반적으로 세분화된 하위 수준 API들이다. 인터랙션 컴포넌트는 비즈니스 수행용 상위 수준 역량으로 구성하려고 이 API들을 활용한다. 이 컴포넌트는 API 검색, 카탈로그, 접속 관리 기능을 사용자에게 제공한다. API들은 백엔드 서비스, API 버전 관리의 관리 역량과 API 게이트웨이를 통해 연계되어 있기 때문에, 사용자는 API 호출 방식을 활용해 각 역량을 사용한다.

엔터프라이즈 메시징 컴포넌트는 엔터프라이즈 메시지 기능을 수행하는 백본이다. 클라우드 메시징 컴포넌트가 엔터프라이즈로 메시지를 전송할 때 사용하는 기본 메시징 인터페이스로, 수행하는 기능은 다음과 같다.

- 안전하고 신뢰할 수 있는 메시지 처리/전송
- 이기종 애플리케이션 플랫폼 지원
- 고성능 및 대용량 확장 가능한 메시지 전송 기능
- 사용하기 쉬운 관리 및 통제 기능

엔터프라이즈 통합 서비스는 엔터프라이즈 데이터 웨어하우스(ETL) 시스템, 애플리케이션 통합 컴포넌트, 비즈니스 프로세스 관리 시스템을 포함하는 광범위하고 다양한 통합 역량으로 표현되며, 클라우드 통합 서비스 컴포넌트가 엔터프라이즈 영역으로 연계할 때 활용하게 되는 첫 번째 통합 인터페이스다. 주요 제공 기능은 다음과 같다.

- 클라우드로 데이터 준비/이동
- 사업 추진 업무 절차 확장
- 메인프레임 데이터와 서비스로 연계 사용
- 애플리케이션 전반에 걸쳐 데이터 일관성 유지
- 사내 애플리케이션과 데이터를 클라우드로 연계

엔터프라이즈 애플리케이션은 기존 엔터프라이즈 시스템 내에서 엔터프라이즈 비즈니스 프로세스와 로직을 실행하는 애플리케이션이고, 엔터프라이즈 데이터는 기업 내에서 사용되는 기존 트랜잭션 데이터나 데이터 웨어하우스를 나타낸다.

하이브리드 통합 아키텍처의 보안 요구사항은 다음과 같다.

- 데이터 무결성
- 위협 관리
- 솔루션 규정 준수

하이브리드 통합 아키텍처가 제공하는 주요 역량은 다음과 같다.

- ID 및 접속 관리
- 데이터 및 애플리케이션 보호
- 보안 인텔리전스

▮ 요약

8장에서는 주요 현대 비즈니스 솔루션을 지원하기 위한 기본 아키텍처를 설명한다. 이 아키텍처는 효과적인 솔루션을 구축하고자 할 때 출발점 역할을 할 수 있을 것이다. 문서화된 솔루션 설명만으로는 쉽게 구현할 수 없겠지만, 솔루션 구축 팀을 위한 가이드와 참고할 만한 업계 모범 사례를 제공한다고 생각한다. 솔루션 구축 팀 전체에서 이 참조 아키텍처 사례를 공동으로 활용할 경우, 거의 모든 솔루션 설계 작업에 있어 개선 측면, 속도 향상 측면에서 도움이 될 것이다.

09

클라우드 환경 핵심 요소 및 가상화

클라우드 컴퓨팅 솔루션을 설계할 때는 기업의 데이터 센터를 다른 플랫폼으로 단순히 이전하는 방식과는 전혀 다른 관점에서 접근해야 한다. 고도로 자동화되어 있고 다이내 믹하게 운영되고 있는 클라우드 컴퓨팅 플랫폼의 이점을 최대한 발휘할 수 있도록 클라 우드 환경의 탄력성과 확장성을 활용해 운영 효율성과 경제성을 향상시켜야 한다. 9장에 서는 다루는 내용은 이러한 목적 달성을 위한 과업을 수행하고 데이터 센터 아키텍처를 클라우드 특성에 맞게 변경해나가는 데 필수 불가결한 개념이므로 클라우드 컴퓨팅 환경 전환의 성과를 창출하는 데 필요한 기반 지식이다.

9장에서 다루는 내용은 다음과 같다.

- 탄력적 인프라
- 탄력적 플랫폼
- 노드 기반 가용성
- 환경 기반 가용성

- 기술 서비스 소비 모델
- 설계 균형
- 가상화

탄력적 인프라

탄력적 인프라$^{elastic\ infrastructure}$는 미리 구성된 가상 네트워크 서비스, 가상 머신 서버, 가상 스토리지 서비스를 말하고 셀프 서비스 인터페이스를 통해 사용이 가능하다. 이들 서비스는 명시된 서비스 품질 수준 제공에 필요한 IT 인프라 리소스를 확보하고 있고, 각 서비스의 필요성에 따라 리소스 배분이 동적으로 관리된다. 이러한 런타임 인프라는 IaaS 서비스의 핵심 기능으로, 셀프 서비스 화면을 통해 서버, 디스크 스토리지 및 네트워크 연결 구성을 생성, 변경, 제거하는 관리 기능을 할 수 있게 해준다. 실시간으로 관련 인프라 리소스 활용 사항을 모니터링할 수 있게 설계되어 있기 때문에, 모든 리소스 변경 작업, 관리 업무를 자동화할 수 있고, 사용량 과금의 근거가 되는 로그를 모두 추적할 수 있다.

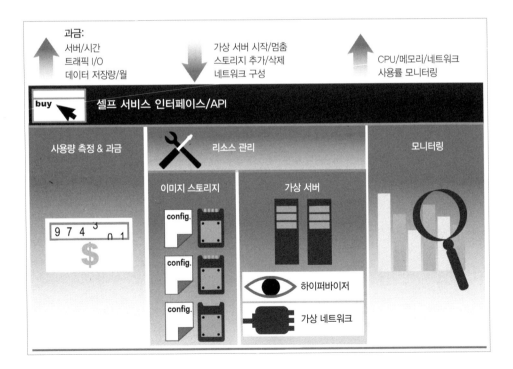

▌ 탄력적 플랫폼

클라우드 컴퓨팅의 필수적인 특성 중 하나는 클라우드 환경에 공유 리소스를 사용할 수 있게 구성해놓는 것이다. 클라우드 컴퓨팅에서 이러한 공통 리소스 공유 특성이 규모의 경제를 가능하게 한다. 탄력적 플랫폼은 탄력적 인프라를 넘어서서 운영체제, 미들웨어 리소스도 공유될 수 있게 하는 것이다. 이들 리소스를 공유하는 방식으로 운영하면 리소스 이용률을 높일 수 있어서 규모의 경제가 향상된다. PaaS 서비스는 공유된 미들웨어 플랫폼 기반 위에 다양한 애플리케이션 구성 컴포넌트를 고객에게 제공한다. PaaS 서비스 공급업체에서는 애플리케이션을 효율적으로 개발, 구축할 수 있도록 **통합 개발 환경**IDE, integrated development environment을 제공한다. 고객은 셀프 서비스 인터페이스를 통해 IDE에 접속하여 맞춤형 애플리케이션을 구성하고 운영하면서 애플리케이션 배포와 테스트를 위한 미들웨어 관리 자동화, 리소스 공유를 수행한다.

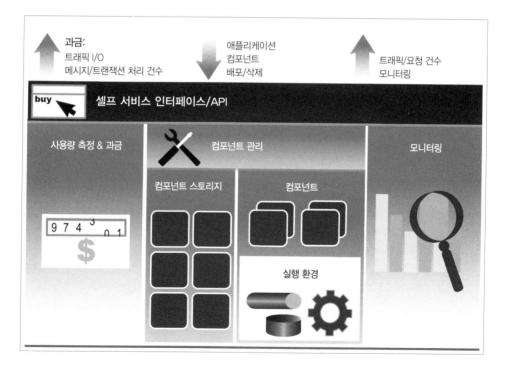

노드 기반 가용성

클라우드 서비스 공급업체에서 탄력적 인프라 또는 탄력적 플랫폼을 제공하는 경우에 서비스 가용성은 서비스 가용성 보장 시간과 보장을 위한 조건 형태로 정의된다. 호스팅하고 있는 애플리케이션의 가용성을 계산할 때도 이 같은 방법을 사용한다. 노드 기반 가용성 개념을 활용해, 서비스 공급업체는 각 애플리케이션 컴포넌트의 가용성을 보장한다.

가용성의 일반적인 정의는 사용자가 명시적 서비스를 접속해서 수행할 수 있는 정도를 말하고 시간의 백분율로 표현된다. 예를 들어, 특정 애플리케이션 컴포넌트가 99.95%의 가용성을 보장한다고 하는 것은 99.95%의 시간 동안 사용할 수 있다는 뜻이다. 다음 그림은 이 예를 묘사하고 있다.

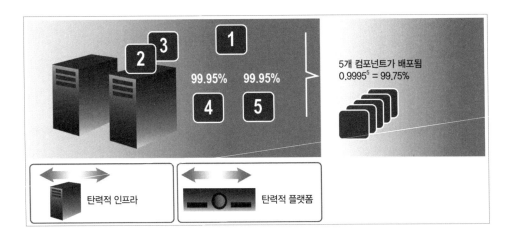

환경 기반 가용성

클라우드 서비스 공급업체는 전체적인 탄력적 인프라 또는 탄력적 플랫폼의 가용성을 표현할 때 환경 기반 가용성 개념을 사용한다. 환경 기반 가용성 계산에서는 개별 애플리케이션 컴포넌트의 가용성은 정의되지 않는다. 최종 사용자와 가용성을 논의할 때 이 개념을 사용하는 것이 더 적합하다. 그림을 참조해 예를 들어 설명하면, 수 개의 가상 서버 위에서 여러 개의 동일한 애플리케이션 컴포넌트로 운영되는 상황에서, 그중 메인 서버나 애플리케이션에 장애가 생긴 경우에도 대체 서버로 교체하는 방식으로 해당 서비스를 정상적인 상태로 유지할 수 있는 능력으로 표현하기도 한다. 다음 그림은 이 예를 묘사하고 있다.

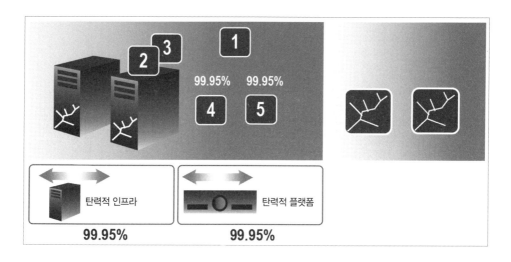

▌ 기술 서비스 소비 모델

운영 지출OPEX, operational expenditure 경제 모델을 지향하는 산업의 한가운데에 IT 서비스 소비 모델이 놓여 있다. 급속도로 증가하고 있는 수요, 계속 발전해나가고 있는 기술, IT에 의존할 수밖에 없는 비즈니스 모델이 같은 고민을 동시에 만족시킬 수 있는 수단으로 인식되고 있다. IT는 이제 더 이상 비용 센터가 아니다. 이전에는 불가능했던 비즈니스 프로세스 및 트랜잭션도 클라우드를 통해 가능해지기도 한다. 전통적인 IT 모델에서 사용한 만큼 지불하는 방식pay-by-use으로 전환하면 일단 장비를 직접 구입하는 비용과 이를 운영 및 유지 보수하는 데 필요한 비용을 막을 수 있다. 오늘날, 급속한 기술 변화와 소비자 수요 변화 때문에 장비를 구매하는 방식은 위험하고 비용이 많이 든다.

기업은 현재 여러 클라우드 컴퓨팅 서비스를 선택할 수 있는 상황에 있다. 프라이빗 클라우드 전략을 도입하면서 퍼블릭 클라우드에서는 일부 엔터프라이즈 애플리케이션들을 가입해 사용하는 방식으로 진행한다거나, 기존 데이터 센터 솔루션의 보완책으로 소스별 서비스 자산과 하이브리드 라우터를 활용하는 방식으로 갈 수 있다. 기업의 IT 조직은 클라우드 서비스 공급업체가 다양한 서비스를 제공하고 있는 현재의 상황을 잘 활용할 수 있는 방안을 지속적으로 모색해야 한다.

어떤 IT 서비스를 활용할 것인지 결정하려면 사업 부서와 IT 부서 간 긴밀한 협업을 필요로 한다. 이러한 협업을 할 때 IT 부서는 사업 부서의 사업 방향을 잘 이해하고 사업의 변화에 유연하게 대처해야 한다. 과거에 보편적으로 진행해왔던 특정 기술 실비와 특정 기술 확보 관점으로 접근해왔던 IT 전략은 현 시대에서는 공감하기 어려운 상황이 됐다. 이러한 변화 상황에서도 IT 부서는 여전히 기업에서 IT 기술을 활용해야 하는 모든 영역에 걸쳐 중심적인 역할을 수행해나가면서, 사업과 기술 서비스 간 신뢰받는 중재 역할자가 돼야 한다. 사업에 필요한 기술 서비스의 구매, 운영, 구축 업무를 관리하고, 필요에 따라서 중개 및 중요한 조정 역할, 기술 지원, 정보기술^{IT} 보안의 업무를 수행하게 될 것이다.

IT 지원 업무를 소비 모델로 변경하려면 필요한 검토 사항은 다음과 같다.

- IT와 기업 재무 관리 전략을 통합하되, 사용자의 요구사항을 사용량 기반 프로세스로 충족시키는 방식으로 진행하며 이때 IT 리소스, 즉 퍼블릭, 프라이빗, 하이브리드 클라우드뿐만 아니라 기존 인프라도 같은 프로세스를 따르게 함
- 전사적 차원의 재무 및 운영 통제 기능 구현
- IT 실행 계획과 거버넌스를 유연하게 운영하면서 사업 관련 IT 서비스를 제안하고, 사업별 IT 서비스 내역을 측정. 이를 통해 각 LOB별 수행된 리소스의 목록과 가시성을 높일 수 있다.
- 서비스별 사용 내역 데이터의 수집을 일관되고 반복적으로 수행하기
- 사용 비용 청구 및 수익 인식 절차의 간소화
- 보고서들 항목에 리소스 사용 내역과 트랜잭션 소유자 연계하기

- 고정 가격, 가변 가격, 티어별, 예약된 시간 및 리소스 상태 책정 기능의 활용
- 비용을 세부 단위 수준으로 보여주면서, 고객이 상세한 사용 내역과 비용을 추적할 수 있는 기능
- 전사 관점 사용량과 비용 추이 및 알림 기능: 각 서비스별 할당된 용량 대비 사용량 비교 데이터, 사용량 추이 및 향후 사용량 예측 정보 기반

▎ 클라우드 설계 균형

클라우드 컴퓨팅 솔루션을 설계할 때의 목표는 다음 네 가지 조직 가이드라인의 균형을 유지하는 것이다.

- 경제 관점 목표
- 운영 관점 목표
- 기술 호환성
- 엔터프라이즈 거버넌스(리스크)

솔루션 아키텍트는 각 가이드라인별 내용을 이해하고, 준수할 수 있도록 문서화해야 한다. 이 가이드라인은 회의와 소통 과정을 통해 클라우드로의 이행 범위와 제약, 추진 기대사항으로 정리할 수 있다. 모두 전체 목표를 충족하는 결과를 기대하지만, 이를 위해서는 관련 조직 간 수많은 협상 과정과 타협 과정을 필요로 하며, 어떤 조직에서는 쉽지 않은 과정이기도 하다.

▎ 가상화

가상화는 클라우드 컴퓨팅의 핵심 기술이며 리소스의 활용률과 효율성을 높인다. 가상화 기술은 컴퓨팅 스택 개념을 통해 활용되고, 이 절에서는 컴퓨팅, 네트워크, 데이터 및 애플리케이션 가상화를 사용하는 방법을 이해하는 데 필요한 배경지식을 설명한다.

컴퓨팅 가상화

각기 다른 애플리케이션이 하이퍼바이저^{hypervisor}를 통해 공통의 기본 물리적 하드웨어를 공유할 수 있다. 또한 하이퍼바이저는 하드웨어를 가상화된 인스턴스로 만드는 기술을 사용하기 때문에, 애플리케이션이 특정 물리적 하드웨어에 종속되는 것을 막을 수 있다. 이를 통해 동일한 물리 서버에서 다양한 운영체제와 여러 미들웨어를 서로 분리되어 실행되는 것처럼 설치할 수 있는데, 각 운영체제는 해당 물리 서버의 CPU^{central processing unit}, 메모리, 디스크 스토리지, 네트워킹의 리소스를 가상화한 리소스를 사용하기 때문이다.

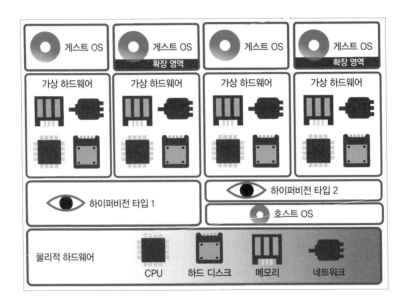

하이퍼바이저는 VMM^{virtual machine monitor}(가상 머신 모니터)이라고도 하며 소프트웨어, 펌웨어 또는 하드웨어 형태로 나와 있다. 가상 시스템의 요청을 하이퍼바이저가 받아서 관리한다.

하이퍼바이저는 두 가지 유형으로 구분된다.

- 유형 1 하이퍼바이저는 베어메탈^{bare-metal} 물리 서버에서 직접 실행되는 방식이고, 베어메탈, 임베디드 또는 네이티브 하이퍼바이저라고도 하며 하드웨어를 직

접 액세스할 수 있는 구조이기 때문에 하이퍼바이저 실행에는 운영체제가 필요하지 않다. 이 유형의 하이퍼바이저는 비교적 작고 하이퍼바이저상에서 실행되는 운영체제를 모니터링할 수 있다. 하이퍼바이저 위에서 여러 개의 가상 시스템이나 여러 게스트 운영체제가 실행되는 경우, 가상 시스템 또는 운영체제 내에서 발생하는 문제는 타 시스템이나 운영체제에 영향을 주지 않는다. 이 유형의 하이퍼바이저 예로는 VMware vSphere/ESXi 제품, XenServer, RHEV[Red Hat Enterprise Virtualization], 오픈소스 KVM[Kernel-based Virtual Machine], 마이크로소프트 Hyper-V가 있다.

- 유형 2 하이퍼바이저는 호스트 운영체제 내에서 실행되는 애플리케이션처럼 설치되어 작동하는 방식이다. 호스트 운영체제에서 관리하며, 유형 2 하이퍼바이저 내에 설치되는 가상 머신은 유형 1의 가상 머신보다 성능이 느리다. 호스티드 하이퍼바이저[hosted hypervisor]라고도 하며, 모든 작업이 호스트 운영체제의 기능과 관련이 있고 그 내부에 다른 운영체제를 설치해 실행할 수 있다. 호스트 운영체제가 여러 정책을 지원하는 기능을 갖고 있다고 하더라도, 호스트 운영체제의 보안 취약성이 있을 경우 하이퍼바이저를 포함한 전체 시스템에 영향을 주게 된다. 널리 사용되는 유형 2 하이퍼바이저로는 VMware 워크스테이션, 마이크로소프트 Virtual PC, 오라클 VirtualBox 및 Parallels가 있다.

유형 1 하이퍼바이저는 서버 시장에서 활성화되어 있는 반면, 유형 2 하이퍼바이저는 대부분 클라이언트 기기에서 주로 사용하고 있다. 그렇지만 유형 1 하이퍼바이저 중 클라이언트 기기에서 실행되는 제품은 **가상 데스크톱 인프라**[VDI, virtual desktop infrastructure] 솔루션에 활용되고 있다.

네트워크 가상화 기술

네트워크 서비스의 가상화에는 다음과 같은 세 가지 주요 접근법이 있다.

- 첫 번째는 네트워크 터널 기술을 사용하는 **네트워크 가상화**[NV, network virtualization]이 며, 2개의 별도 도메인을 연결 구성할 때 활용되기도 한다. 각기 다른 네트워크 도메인을 연결 구성해야 할 경우, 네트워크 터널 개념을 사용하면 실제 설치 구 성 작업을 하지 않고도 네트워크 도메인 간 연결 구성을 할 수 있기 때문에 유용 한 방법이다. 이 개념은 특히 가상 머신을 연결 구성할 때 상당히 중요하다. NV 는 기존 인프라를 효율적으로 활용할 수 있게 하는 기술이기 때문에 추가 인프 라 구성을 하기 위한 비용 지출을 방지할 수 있다. 고성능 x86 플랫폼상에서 네 트워크 가상화 기술을 사용하면 물리적 네트워크 재구성 없이 VM의 이동을 하 드웨어 독립적으로 진행할 수가 있다.

- 두 번째 네트워크 가상화 접근 방식은 **네트워크 기능 가상화**[NFV, network functions virtualization]이며, 모든 네트워크 구성요소의 초기 정책을 정의하고 구성하는 사례 로 알려진 내용이다. 예를 들어, 방화벽과 IDS/IPS 시스템을 추가하는 것이다. NFV를 활용하면 대상 네트워크 터널 위에 필요한 기능, 예를 들어 가상 시스템 서비스 프로파일 또는 서비스 플로우를 생성할 수 있다. 이 같은 방식을 활용하 면 수동으로 네트워크 구성을 하거나 구성에 필요한 관련 교육 비용을 줄일 수 있고, 방화벽 또는 IDS/IPS 서비스를 구성 점검하고 연습하는 과정도 필요 없어 진다. 각 네트워크 터널 인스턴스별로 필요 네트워크 기능을 정의할 수 있기 때 문에 초기 자본 비용[CAPEX]을 줄이고 운영의 유연성도 향상된다.

- 세 번째 옵션인 **SDN**[software defined networking](소프트웨어 정의 네트워크)은 컨트롤 플레 인[control plane]과 데이터 플레인[data plane]의 역할을 분리해 네트워크 구성을 프로그 래밍할 수 있다. 컨트롤 플레인은 어떤 데이터 패킷이 어떤 대상으로 가야 하는 지를 지정한다. 데이터 플레인은 해당 패킷을 컨트롤 플레인에서 지정된 값으로 프로그래밍된 스위치를 사용해 대상 요소로 보낸다. SDN에 주로 사용하는 산업 표준 제어 프로토콜은 오픈플로우[OpenFlow]다.

NV와 NFV는 물리적 네트워크에 가상 네트워크 터널과 가상 기능을 추가하는 방식이지 만, SDN은 물리적 네트워크를 변경하는 방식이다. 그래서 SDN은 실제 네트워크 구성 관리를 할 때 사용한다. 사용 사례로는 데이터를 각기 다른 포트로 구성하게 하거나(예: 1GE 포트에서 10GE 포트로 스위칭), 여러 개의 작은 패킷 흐름을 단일 포트로 집계하게 구성하는 경우를 들 수 있다. SDN은 네트워크 스위치를 사용하고, NV 및 NFV는 x86 서버를 사용해 구현한다.

네트워크 가상화 기술은 이동성과 민첩성을 다룬다. NV와 NFV는 기존 네트워크상의 서버 위에서 동작하면서 이들 서버와 통신하는 네트워크 트래픽을 처리하는 데 사용한다. 반면 SDN은 데이터 플레인과 컨트롤 플레인의 역할 분리를 구현한 스위칭 기술을 사용하는 새로운 네트워크 구조다.

데이터 가상화

데이터 가상화 기술은 데이터 포맷이나 데이터 위치(연합federated/이종heterogeneous 데이터 결합)의 세부 정보 없이 데이터를 검색하고 처리하는 데 사용된다. 추상화된 기술로는 API 사양과 액세스 언어가 있다. 이기종 데이터 소스 연결을 용이하게 하여 단일 위치에서 해당 데이터를 액세스하게 할 수 있다. 데이터를 연합federation하고자 여러 데이터 소스에 걸쳐 데이터를 조합하려고 할 때도 데이터 가상화 기술을 사용할 수 있다. 실시간성 데이터를 제공하고자 운영 데이터, 가공 데이터, 정제된 데이터가 필요할 때 데이터 통합, 비즈니스 프로세스 통합, 서비스 지향 아키텍처 데이터 서비스, 엔터프라이즈 검색에 데이터 가상화 소프트웨어를 활용한다.

클라우드 컴퓨팅 환경에서 데이터 가상화 개념을 활용해 물리적 데이터 구조에 종속되지 않은 방식으로 데이터 분석을 하거나 애플리케이션을 개발할 수 있다. 이렇게 하면 물리적 데이터 구조가 변경됐을 때도 해당 애플리케이션이나 사용자가 받는 영향을 최소화할 수 있다. NoSQL 데이터베이스와 관계형 데이터베이스를 연계해 사용하는 사례도 있다.

클라우드 솔루션 아키텍트는 엔터프라이즈 뷰에서 솔루션을 설계해야 한다. 기업의 데이터 가상화 요구사항이 늘어나고 변경되면 다른 계층과 개체가 추가될 수 있기 때문에 민첩성이 떨어지고 성능도 저하될 수 있다. 중첩된 비즈니스 로직, 상호 의존성이 성능에도 영향을 미칠 수 있다. 이러한 리스크를 완화하고자 클라우드 솔루션 아키텍트는 비즈니스 로직이 분리되도록 계층 뷰$^{layered\ view}$ 접근 방식 설계를 해야 한다. 또한 재사용성을 높이고 계층을 분리하도록 표준 명명 규칙과 프로그래밍 규칙을 제정하고 구현 시에 최대한 적용될 수 있게 하는 강제화 수단이 필요하다.

기업 데이터 자산 관리를 위한 게이트웨이 영역에 데이터 가상화 개념을 사용할 경우 관련 거버넌스도 함께 고려해야 하며, 데이터 가상화 개념 및 기능도 전사적으로 일관성 있게 구현해야 한다. 데이터 보안 관리 방식은 데이터 가상화 추진에 큰 영향을 미치기 때문에 데이터 보안 관리자는 해당 규제 지침(HIPAA, SOX 등)을 적절히 결정해야 한다. 보안 영역에는 데이터 가상화는 특정 사용자 또는 사용자 그룹의 액세스를 제한하는 수단으로 사용되는 경우도 많다.

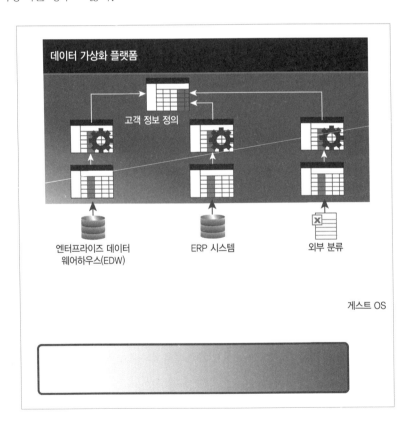

데이터 계통 정보를 표시하고 추출하는 데 사용할 수 있는 다양한 데이터 가상화 도구가 있다. 데이터 가상화 도구는 비즈니스 프로세스 메타데이터를 구성하는 데 중요한 요소로 사용하기도 하고, 데이터 품질 문제를 분석하고 해결하는 데 활용할 수 있다. 데이터 가상화는 강력한 기술이지만, 이 기술을 적절히 활용하려면 데이터 관리 구조, 데이터 가상화 활용, 혁신 목표와의 균형을 맞춰갈 수 있도록 엔터프라이즈 거버넌스도 함께 갖춰져야 한다.

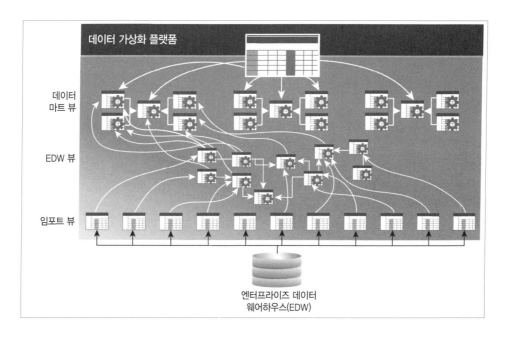

애플리케이션 가상화

애플리케이션 가상화는 애플리케이션 프로그램을 하단의 운영체제로부터 분리시키는 개념이다. 일반 애플리케이션처럼 설치하는 과정이 없지만, 마치 설치된 것처럼 동작한다. 일반적인 컴퓨팅 애플리케이션과는 다르게, 애플리케이션 가상화 기술을 사용하는 애플리케이션은 런타임 시에 실행에 필요한 구성만을 세팅하기 때문에, 호스트 운영체제나 기존 환경의 구성 세팅에는 영향을 주지 않으나 운영체제와 직접 연계하는 것처럼 동작한다. 애플리케이션 가상화는 컴퓨팅 리소스를 동적으로 분배할 수 있게 하는 또 다른 기술이며, 원래의 환경과 다른 환경에서도 애플리케이션이 실행되도록 애플리케이션 가상화 기술을 활용할 수 있다.

❘ 요약

성공적인 클라우드 컴퓨팅 솔루션은 9장에서 설명하고 있는 클라우드 환경의 핵심 개념을 따른다. 또한 컴퓨팅, 네트워크 및 애플리케이션 가상회를 사용해 기업의 비즈니스 모델에 확장성과 탄력성을 높일 수 있으며, 이것이 모든 업종에서 보이고 있는 클라우드 컴퓨팅을 활용한 혁신의 배경이다. 클라우드 솔루션 아키텍트의 업무는 가치를 제공하는 방법에 따라 달라지기 때문에 각각의 클라우드 환경 핵심 요소의 목적, 취지를 잘 이해해야 한다.

10

클라우드 클라이언트 및
주요 클라우드 서비스

클라우드 컴퓨팅의 다섯 가지 필수 특성 중 하나는 유비쿼터스 접속, 즉 언제 어디서나 클라우드에 접속할 수 있다는 것이다. 이것은 접속 네트워크와 사용자 디바이스 클라이언트가 있어야만 가능한 얘기다. 클라우드 클라이언트는 네이티브 애플리케이션으로 선택할지 혹은 웹 애플리케이션으로 선택할지 결정하는 것에 따라 달라진다.

10장에서 다루는 내용은 다음과 같다.

- 클라우드 컴퓨팅 클라이언트
- IaaS
- 통신 서비스
- 감사

클라우드 컴퓨팅 클라이언트

개발 조직에서 네이티브 애플리케이션을 개발할 때는 특정 모바일 기기에 맞추어 동작되도록 설계한다. 앱스토어나 마켓플레이스에서 다운받은 후 하드웨어에 설치가 된다. 네이티브 방식으로 개발된 애플리케이션은 대상 모바일 기기의 하드웨어 기본 기능과 호환되도록 설계됐으며, 어떤 네이티브 앱은 독립적으로 동작되기도 한다. 그럼에도 중요한 단점은 사용자가 앱을 지속적으로 업데이트해야 한다는 점이다.

웹 앱은 모바일 기기 웹 브라우저를 통해 접속할 수 있으며 사용자의 기기로 다운로드되지 않는다. 웹 앱은 모바일 기기가 제공하는 기능 중 일부만 활용 가능하나, 사용자 개입 없이 앱 변경을 진행할 수 있다. 웹 앱 개발은 자바스크립트, HTML 5 또는 CSS3 같은 언어를 사용하지만 표준화된 개발 환경이나 SDK가 있지는 않다. 유지 보수 관점에서 볼 때 웹 앱은 여러 모바일 플랫폼을 지원해야 되기 때문에 유지 보수 비용이 상대적으로 높을 수 있다.

사용자 관점에서 보면 두 가지 유형이 비슷하게 동작하는 것처럼 보인다. 일반적으로 사용자의 선택 기준은 사용자 중심적으로 개발된 앱인지 애플리케이션 중심적으로 개발된 앱인지의 측면이다. 네이티브 앱과 웹 앱 모두 다 사용자의 접근성을 쉽게 하고, 또한 좀 더 나은 사용자 경험을 제공하는 데 초점을 맞추고 있는 것을 가끔 본다. 클라이언트 앱 개발자는 클라이언트를 씬thin 유형으로 개발할지, 씩thick 유형으로 개발할지를 선택해야 한다. 다음 표는 씬 클라이언트와 씩 클라이언트의 차이점을 보여준다.

씬 클라이언트 대 씩 클라이언트		
	씬 클라이언트	씩 클라이언트
정의	소프트웨어는 원격 서버에 있으며, 웹 브라우저를 활용해 소프트웨어에 접근하는 구조	소프트웨어가 특정 기기 위에서 직접 실행됨
오프라인	오프라인일 때 대부분 동작하지 않음	오프라인일 때도 대부분 동작함
로컬 리소스	대부분 원격 리소스를 활용	대부분 로컬 리소스를 활용
네트워크 지연	원활한 수행을 위해서는 빠른 네트워크를 필요로 함	네트워크 연결이 없어도 기능 수행이 됨
데이터	일반적으로 원격 서버에 저장	일반적으로 로컬에 저장

터미널 에뮬레이터^{terminal emulator}는 다른 디스플레이 아키텍처상에서 마치 해당 비디오 터미널이 동작하는 것처럼 만든 컴퓨터 프로그램이다. 텍스트 터미널, 셸^{shell}과 같은 용어는 모두 원격 접속 터미널을 의미한다. 터미널 창은 GUI^{graphical user interface} 화면 내에서 동작하는 터미널 에뮬레이터를 말하며, 사용자는 이것을 실행해 CLI^{command-line interface}와 TUI^{text user interface}를 사용할 수 있다.

사물인터넷^{IoT, Internet of Things}도 클라우드 컴퓨팅 개념과 함께 빠르게 관심을 받고 있는 영역이다. 고객은 IoT를 구매하기보다는 필요한 IoT 컴포넌트로 구성된 솔루션을 구매한다. 이를 통해 센서에서부터 애플리케이션 영역까지 가치 사슬로 엮어놓은 솔루션 파트너의 생태계^{ecosystem}을 활용할 수 있게 되기 때문이다.

IoT 솔루션은 센서, 연결성, 소프트웨어를 결합해 스마트하게 만드는 것이 핵심이다. M2M^{machine-to-machine} 솔루션은 연결성에 중점을 두고 있으며, 여러 가지 것을 연결해 유의미한 지능화^{intelligence}를 전달하는 것을 목표로 하고 있다. 이들 기기로부터 수집된 데이터는 실시간으로 의미 있는 정보를 제공하지만, 추이 분석을 통한 비즈니스 인텔리전스 정보도 제공한다. IoT 솔루션은 기기를 연결하고 실시간성으로 분석하는 데 초점을 맞추기보다는 스마트한 방향으로 집중하고 있다. 보고서를 잘 만들어내는 것보다 비즈니스에 유의미한 정보를 제공하고 필요한 조치를 취하게 하는 것을 목표로 삼고 있다.

IoT 솔루션의 설계 시 첫 번째 단계는 정량화된 정보를 수집할 수 있는 문제를 식별하는 것이다. 초기 IoT 솔루션은 수집된 데이터를 클라우드로 전달해 가공하는 방식을 취했기 때문에 수집된 데이터를 클라우드로 보내는 역할을 하는 장치가 있었다. 그러나 현실 세계에서는 여러 가지 다양한 이유로 에지^{edge} 영역에서도 분석 처리가 필요했기 때문에 데이터 전체를 바로 클라우드 영역으로 보내는 방식은 현실적이지 못했다. 또한 네트워크를 통해 수집된 대용량 데이터 모두를 클라우드로 전송하는 것도 쉬운 일이 아니었다. 그래서 데이터를 수집하는 즉시 분석 가공해 필요한 조치를 취하는 방식의 포그 컴퓨팅^{fog computing} 같은 새로운 개념이 등장했다.

IoT 솔루션은 또한 에지 영역에서 상관관계와 분석을 수행할 수 있어야 한다. 따라서 수집된 데이터별 처리 시점과 처리 장소를 정의하는 전략을 개발할 필요가 있고, 각각의 데이터를 처리하려면 사용할 장비도 정의해야 한다. 좋은 IoT 사례로 알려지고 있는 것은 머신 러닝 기능을 활용해 빠르게 패턴을 식별하고 적절한 정보를 사용자나 설비에 제공해 사용자나 설비가 적시에 액션을 하게 하는 방식의 솔루션이다.

IoT 솔루션 구성요소에서 센서 배터리 수명도 고려해야 하므로 전선을 연결해 센서를 동작시킬지 배터리 구동 방식으로 할지를 결정해야 한다. 전선을 연결해 구동하는 방식을 취하면 추가 비용이 들 수 있지만, 배터리 교체 방식의 문제점과 같이 비교 검토해야 한다. 배터리 교체 빈도수가 잦아서 매 교체 비용이 많이 든다면 솔루션은 무용지물이 될 수 있다. 따라서 센서 기기에는 데이터를 처리하고 전달할 때 배터리 수명을 최적화하는 소프트웨어가 있어야 한다. IoT 보안도 상당히 고민해야 할 영역이다. 암호화는 기본적으로 사용하고 있으나 ID 발급과 인증 기능을 활용하는 것과 같은 추가 수단을 제공해야 한다. 해당 데이터를 액세스하고 있는 네트워크, 하드웨어 및 사람들은 모두 신뢰할 수 있는 개체여야 하기 때문이다. IoT 솔루션은 현장 업그레이드도 가능해야 한다.

▌ IaaS

IaaS^{Infrastructure-as-a-Service}는 컴퓨팅, 스토리지, 통신(네트워크 서비스 포함), 사용량 측정/모니터링 및 감사 서비스를 제공한다.

컴퓨팅 서비스

컴퓨트는 CPU, 메모리 및 디스크 가상 장비를 결합해 만들어진 가상 머신이다. 물리적 서버와 스토리지 장비를 가상화 기술을 사용해 여러 사용자가 공유해서 사용할 수 있게 한 것이다.

가상 머신은 '이미지^{image}'라고 불리는 컴퓨터 소프트웨어 파일로 실제 컴퓨터처럼 동작한다. 다른 소프트웨어 프로그램과 마찬가지로 분리된 환경에서 실행되며, 사용자는 기존 호스트 운영체제를 사용하는 것처럼 가상 머신을 사용한다. 가상 머신 내부에서 실행되는 소프트웨어는 해당 가상 머신의 외부 환경으로부터 분리된 상태에 있기 때문에 가상 머신이 동작하고 있는 물리적 컴퓨터와는 직접적인 상호 간섭을 받거나 주지 않는다. 동일한 물리적 컴퓨터 위에서 여러 가상 머신이 동시에 작동될 수 있다. 이를 멀티테넌트 환경이라고 하며, 이 가상 머신을 관리하는 하이퍼바이저에서 여러 운영체제가 함께 실행된다. 각 가상 머신은 가상 하드웨어를 독립적으로 제공한다. 가상 하드웨어는 물리적 컴퓨터의 실제 하드웨어와 매핑된다. 이렇게 가상 하드웨어를 실제 물리적 하드웨어와 매핑해 사용하면 실제 필요한 하드웨어 수량, 관련 유지 보수 비용, 전력 소비 및 냉각 수요를 줄일 수 있어서 비용을 절감할 수 있다. 가상 서버의 경우 크기 조정을 빠르게 할 수 있지만, 베어메탈 서버와 비교했을 때 처리 성능은 저하될 수 있다.

베어메탈 서버는 한 고객 전용의 단일 테넌트 물리적 서버를 말하며, 다른 워크로드의 실행 간섭으로 인한 성능 저하를 방지한다. 일반적으로 상당한 양의 원시 처리 능력을 필요로 하는 지연 시간에 민감한 워크로드에 사용된다. 베어메탈 클라우드는 온디맨드 액세스, 높은 확장성 및 종량제 기능을 갖춘 베어메탈 서버를 제공한다. 부하량이 상당히 많은 업무를 처리해야 하는 경우에는 베어메탈 클라우드를 활용하는 것이 훨씬 경제적일 수 있다. 가상 머신 크기가 크면서 처리 부하량도 지속적으로 큰 환경에서는 베어 메탈 서버를 사용하는 것이 워크로드별 처리 비용 면에서 저렴할 수 있다.

클라우드 서비스 공급업체는 일반적으로 고객이 사용할 운영체제를 선택할 수 있게 한다. 보통, 여기에는 다른 버전의 리눅스(RHEL, Ubuntu, CENTOS, Freebird) 또는 마이크로소프트 윈도우, 솔라리스^{Solaris} 또는 iOS가 있다. 조직 내 사용자와 요구사항을 조사해서 가장 적합한 OS를 선택해야 한다. CSP는 다양한 CPU 코어 수, RAM 크기, IOPS 크기, 스토리지 종류와 크기로 구성된 컴퓨팅 서비스 상품을 제공한다. 자동 스케일링은 부하의 크기에 따라 필요한 리소스 수를 자동으로 변경해주는 기능이다. 실행 서버의 수로 관리되며, 워크로드를 기반으로 해서 서버의 수가 자동으로 증가하거나 감소한다.

스토리지 서비스

IaaS 스토리지 서비스는 임시 저장 목적용과 영구 저장 목적용 두 가지 형태가 있다. 특정 가상 머신에 임시 저장 목적용 스토리지가 장착되어 있을 경우, 해당 가상 머신이 동작 상태일 때는 임시 저장 목적용 스토리지에 저장된 내용이 유지되지만, 가상 머신이 비활성 상태로 되면 스토리지에 저장된 내용이 삭제된다. RAM^{random access memory}과 캐시^{cache}가 임시 저장성 휘발성 스토리지에 활용하는 기술이다.

임시 저장 스토리지에 있는 데이터를 보존하려면 영구 저장 스토리지로 복제해둬야 한다. 영구 스토리지는 비휘발성 스토리지라고도 하는데, 이름에서 알 수 있듯이 가상 시스템을 멈추거나 삭제한 후에도 스토리지의 데이터는 보존된다. 이 스토리지 유형은 일반적으로 하드 디스크^{HDD, hard disk drive} 기술과 SSD^{solid state drive} 기술로 이뤄진 형태이며, SAN^{storage area network} 또는 NAS^{network attached storage} 형태로 제공된다. 서비스 형태에 따라서는 파일, 블록 또는 객체 스토리지로 구분된다.

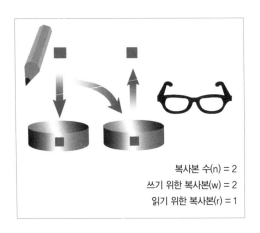

복사본 수(n) = 2
쓰기 위한 복사본(w) = 2
읽기 위한 복사본(r) = 1

스토리지 서비스의 내구성을 높이도록 여러 개의 복사본으로 데이터를 복제한다. 복사본^{replica}은 원본과 동일한 데이터 세트를 저장한다. 이렇게 하는 이유는 복사된 버전 중 하나가 유실되더라도 다른 복사본으로부터 데이터를 복구할 수 있기 위해서다. 클라우드 컴퓨팅의 기본 개념 중 스토리지 일관성과 관련된 것으로, 복사본이 있을 경우 모든 복사본의 내용을 동일하게 만드는 데 걸리는 시간에 관한 것이다. 엄격한 일관성strict consistency 을 적용할 경우, 모든 관련 복사본으로 데이터를 복제해 가용성을 높일 수 있다. 데이터 복사본의 일부 부분집합에 읽기 및 쓰기 작업이 수행된다고 할 때, 읽기 작업에 사용되는 복사본의 수, 쓰기 작업에 사용되는 복사본의 수, 복사본의 수의 관계를 활용해 가장 빈 번하게 사용되는 데이터를 가진 복사본을 모든 작업에 사용될 수 있게 만들면 일관성을 보장할 수 있다. 최종 일관성eventual consistency를 적용할 경우에는 데이터 일관성 기준이 완 화된다.

최종 일관성은 엄격한 일관성 유지에 필요한 오버헤드를 줄이고 읽기 쓰기 작업에 필요 한 복사본의 수를 줄인다. 최종 일관성의 경우, 원본 데이터가 변경되면 그 내용은 네트 워크를 통한 비동기 전파를 통해 모든 데이터 복제에 최종적으로 전달된다.

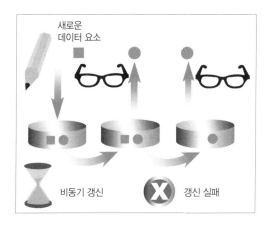

볼륨/블록 스토리지

가상 서버와 물리적 서버는 서버 내부에 상태 정보를 갖고 있지 않으면 더 효율적으로 관 리할 수 있다. 서버를 신규로 생성하거나 폐기하는 경우, 혹은 장애 대응에도 훨씬 관리 가 용이하다. 볼륨/블록 장치 스토리지는 서버가 로컬 하드 드라이브인 것처럼 사용하는 중앙 집중형 스토리지다.

객체/블롭(BLOB) 스토리지

분산형 클라우드 애플리케이션은 대용량 데이터를 처리하는 데 널리 사용된다. **블롭**^{BLOB,} binary large object(바이너리 대형 객체)이라고도 하며, 가상 서버 이미지, 사진 또는 비디오가 BLOB 형태다.

각각의 데이터 요소는 폴더 계층 구조로 되어 있으며, 각 데이터 요소는 위치와 파일 이름을 포함하는 고유 식별자를 갖는다. 이들 유형의 스토리지 서비스는 이 글로벌 고유 식별자를 사용해 해당 데이터에 접근할 수 있게 한다.

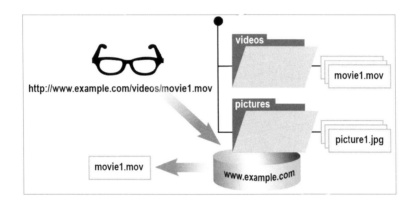

키-밸류 스토리지

가용성과 성능을 높이고자 클라우드 스토리지 제품과 서비스는 여러 위치로 데이터를 분산시키는 방법을 사용했다. 이러한 아키텍처로 인해 다양한 스토리지 필요 요구사항과 유연한 데이터 구조를 처리하려는 수요가 증가했다. 이러한 상황에서 쿼리를 수행할 때 데이터 구조 유효성 검사를 수행하려면 분산 리소스 간 고성능을 보장하는 네트워크 구성이 필요할 수 있다. 식별자(키key)와 관련 데이터(밸류value) 쌍을 같이 저장한다면 데이터 구조와 메타 정보 확인 작업으로 인한 성능 문제를 피할 수 있다. 즉, 확장성과 구성 용이성configurability을 동시에 향상시키면서도 데이터 쿼리의 복잡성은 크게 감소시킨다. 또한 비정형 데이터 및 반정형 데이터를 여러 시스템 영역으로 무한 분산 저장할 수 있으며, 이들 데이터를 조회할 때 쿼리 구조의 유효성 검사 등을 고민하지 않아도 된다.

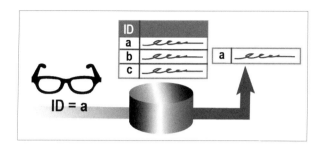

아카이브 스토리지

아카이브 스토리지^{archival storage}는 장기적으로 데이터를 보관하는 데 사용하는 스토리지이며 SAN, 광학, 자기 테이프 기술을 활용한다. 이 서비스는 규제 또는 법적 보존 요건을 충족하고자 주로 사용되며, 빠른 액세스가 필요하지 않은 데이터를 저장하는 데 사용된다.

▌ 통신 서비스

일반적으로 네트워크와 관련한 모든 기능이 통신 서비스에 속한다. 이들 서비스는 데이터 처리량, 입력/출력 수를 기준으로 사용량이 계산된다.

가상 네트워크

클라우드 인프라와 플랫폼 위에 애플리케이션을 구축해 서비스할 때 가상 네트워크 컴포넌트를 활용한다. 이들 가상 통신 서비스 리소스는 물리적 네트워크 하드웨어에 의존하지만, 각 고객 간에는 네트워킹 계층 단위로 서로 분리되어 있다.

클라우드 서비스 공급업체 고객은 가상 **네트워크 인터페이스 카드**^{NIC, networking interface card}, 가상 스위치, 가상 라우터 같은 물리 리소스를 추상화해 가상화한 형태로 관리한다. 고객은 셀프 서비스 인터페이스와 CSP 애플리케이션을 사용해 방화벽, 로드 밸런서, **네트워크**

주소 변환[NAT, network address translation] 및 네트워크 교차 연결을 활용해 가상화된 네트워크를 설계, 구성할 수 있다.

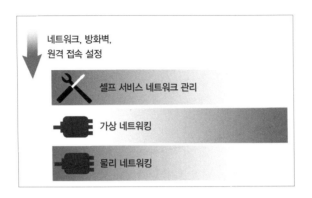

메시지 지향 미들웨어

여러 애플리케이션 컴포넌트가 각기 다른 클라우드 리소스에 호스팅되어 있는 분산 애플리케이션 환경에서는 애플리케이션 간 정보 교환이 필요하다. 그리고 종종 다른 클라우드 환경과 클라우드 환경이 아닌 애플리케이션과의 연계도 필요하다. 이때 메시지 지향 미들웨어[message oriented middleware]를 활용하면, 비동기적으로 정보를 교환할 수 있다. 이 서비스는 연계되는 애플리케이션의 호출 주소 관리, 가용성 점검, 메시지 형식 변환을 지원한다.

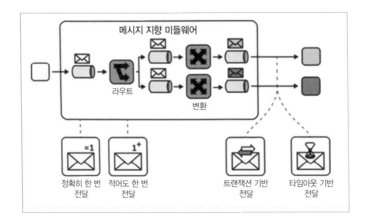

274

정확히 한 번 전달하는 방식

이 서비스는 중복 메시지가 허용되지 않는 시스템에 사용된다. 메시지 시스템은 중복된 메시지가 식별되면 자동으로 제거하고 각 메시지가 한 번만 전달되도록 보장한다. 각 메시지가 생성될 때 고유 식별자를 부여하고, 송신자에서 수신자로 전송되는 동안 중복된 메시지를 걸러내기 위해 이 고유 식별자를 사용한다.

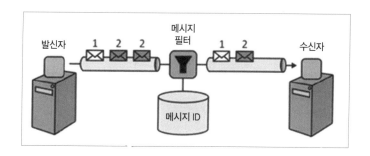

적어도 한 번 전달하는 방식

일부 메시지 지향 미들웨어 서비스에서는 중복 메시지를 허용한다. 이 경우에도 메시지 수신확인을 필요로 한다. 송신자가 보낸 메시지를 수신자가 받았을 경우, 수신자는 발신자에게 서비스 수신확인acknowledgment을 전송한다. 송신자가 이 서비스 수신확인을 특정 기간 내에 받지 못한 상태가 되면 해당 메시지를 재전송한다.

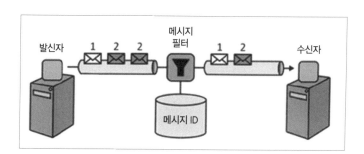

트랜잭션 기반으로 전달하는 방식

메시지 지향 미들웨어가 메시지 전달 과정을 관리한다 하더라도, 클라이언트의 메시지 수신 상태도 확인할 필요가 있다. 트랜잭션 기반 전달 서비스 방식에서는 메시지 지향 미들웨어와 클라이언트 애플리케이션이 같은 트랜잭션에 포함되는 상황이 된다. 따라서 모든 메시지 트랜잭션은 ACID(Atomic, Consistency, Isolated, Durable의 줄임말)를 보장할 수 있도록 단일 트랜잭션으로 수행된다.

타임아웃 기반으로 전달하는 방식

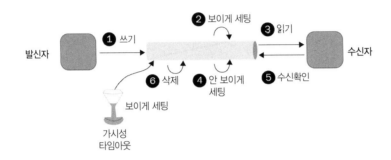

타임아웃 기반으로 메시지를 전달하는 방식에서는 큐queue에서 메시지가 삭제되기 전에 클라이언트가 메시지를 수신할 수 있도록 보장한다. 클라이언트가 해당 큐에서 메시지를 읽었을 경우에는 메시지를 삭제하지 않고 비가시invisible 상태로 유지하다가, 클라이언트로부터 메시지 수신확인을 받으면 메시지를 삭제하는 방식이다.

사용량 측정/모니터링

클라우드 모델에서는 실시간 동적으로 리소스를 할당하거나 취소할 수 있고, 사용량에 따라 비용을 지불하기 때문에 모니터링 기능은 클라우드 아키텍처의 핵심 영역이다. 모니터링에서 생성되는 데이터는 리소스를 언제 어떻게 얼마나 사용해서 요금이 산출됐는지에 대한 근거로도 활용된다. 서비스 사용량 계산과 관련해서 다양한 고객 요구사항을 지원하고자 여러 가지 계산 방식이 자동화되어 있다.

사용량 측정 서비스에 사용되는 지표는 다음과 같다.

- 서비스 시간 단위

- 데이터 단위당

- 트랜잭션 건당

- 사용자당

- 일회성 요금

서비스 모니터링과 사용 요금 계산은 운영체제, 네트워크 및 애플리케이션에 걸쳐서 일어난다. 운영체제는 모든 모니터링의 기반이며, 기본적인 도구는 다음과 같다.

- Syslog: 메시지, 심각도 수준, 타임스탬프 및 메시지를 생성한 애플리케이션에 대한 설명 로그

- Vmstat: 가상 메모리 통계

- Mpstat: 프로세서 관련 통계, 사용 가능한 각 프로세서 실행 내역 및 전역 평균

- Top: 리눅스 태스크 및 시스템 요약

다음은 잘 알려진 오픈소스 도구다.

- Nagios: 가용성, CPU 로드, 메모리, 디스크 사용, 로그인 사용자 및 프로세스

- Munin: 성능 모니터링 도구, 웹 화면을 통해 시스템 성능에 대한 상세 그래프 제공

주요 네트워크 사용량 측정 도구는 Netstat이며, 이는 네트워크 구성, 접속 내역 및 사용 통계 정보를 제공한다.

시스템 운영 팀에서는 애플리케이션 모니터링을 통해 문제가 발생한 시점을 파악할 수 있고, 상세 분석 과정을 통해 관련된 애플리케이션의 구조적인 문제점이 어디에 있는지를 찾아내게 된다. 성능 문제가 있을 경우에는 개발 팀에서 성능 개선을 위한 분석을 수행한다. 성능을 개선하려면 해당 애플리케이션의 구조를 식별하고 이를 기반으로 한 애플리케이션 실행 프로파일링 분석을 필요로 한다. 분석 도구를 사용해 시간 경과에 따른

결과를 캡처해서 애플리케이션 모니터링에 활용할 수 있어야 한다.

모니터링을 통해 실효성 있는 결과를 얻어야 하지만 실제 운영 중인 시스템인 경우 제어의 한계로 문제 재현을 못 해보거나 심층 분석을 하기 어려울 수도 있다. 애플리케이션 프로파일링 분석 도구는 실행 중인 애플리케이션의 성능을 현저하게 감소시킬 수 있으니 유의해야 한다.

▌ 감사

정보기술 감사는 내부 감사와 외부 감사가 있다. 내부 감사는 조직 구성원이 하는 일을 다루며, 조직 프로세스를 살펴보고 주로 프로세스 최적화 및 리스크 관리에 초점을 맞춘다. 외부 감사는 조직 외부인의 관점에서 볼 때 조직이 관련 법률 및 규제 요구사항을 만족시킬 수 있는 역량이 있는지를 검토한다. 감사는 또한 데이터의 가용성, 무결성 및 기밀성 문제를 평가할 수 있다. 클라우드 솔루션은 서비스 조직, 클라우드 서비스 공급자CSP, 최종 사용자 간의 3자 협업을 필요로 한다. 필요로 하는 보안 수준을 유지하면서 기업의 생산성을 보장하는 것이 목표다.

클라우드 보안 감사는 보안 관련 데이터가 CSP 고객에게 투명하게 공개되는지 여부와 데이터 암호화 정책 및 고객의 클라우드 환경을 보호하기 위한 보호 방책을 살펴본다. 클라우드 컴퓨팅 감사의 규모, 범위, 복잡성은 기존 시스템 환경을 감사하는 것과는 큰 차이가 있다. 그럼에도 감사관의 클라우드 컴퓨팅 지식 수준이 상당히 중요한 부분이다. 클라우드 보안 감사관은 클라우드 컴퓨팅 용어를 잘 알고 있어야 하며, 클라우드 시스템의 서비스 설계 및 제공 방법에 대한 실무 지식도 있어야 한다.

클라우드 보안 감사를 통해 CSP 고객이 모든 보안 관련 데이터를 사용할 수 있는지 확인해야 하는데 이는 투명성을 통해 잠재적 보안 리스크와 위협을 신속하게 식별할 수 있기 때문이고, 또 잠재적 보안 리스크와 위협에 대응하기에 적합한 기업 대응책과 권고사항을 만들 수 있기 때문이다. 정확한 정보를 수집해야 잠재된 사이버 보안 위협을 줄일 수 있다.

데이터를 저장하거나 전송할 때는 암호화되어 있어야 한다. 가능하다면 데이터 처리 중일 때도 암호화를 고려해야 한다. 그렇지만 암호화가 가장 효율적인 솔루션이 아닐 수도 있고, 암호화 키 관리 방식을 모든 환경에서 항상 사용할 수 있는 것도 아니다. 데이터를 암복호화할 때 성능 이슈가 있을 수 있어서 데이터 저장 시 데이터를 암호화를 하는 것이 불가능한 경우도 있다. 전송 구간에 있는 데이터를 암호화할 때는 주로 SSL 같은 전송 계층$^{transport\ layer}$ 기술을 사용한다. 처리 중인 데이터를 암호화하거나 동형^{homomorphic} 암호화 방식에서는 암호화된 쿼리가 검색 엔진의 암호 복호화 과정 없이 암호화된 텍스트를 검색하게 할 수 있다. 기존 IT 인프라 환경과 클라우드 인프라 환경에서 암호화된 저장 데이터의 보안 문제를 해결할 수 있는 방안이 나와 있지만 아직 성능 이슈가 남아 있다.

멀티테넌트 환경은 경제적인 장점이 있지만, 심각한 보안 우려사항도 있다. 감사에서는 CSP 하이퍼바이저가 물리적 컴퓨팅 하드웨어로부터 **가상 머신**$^{VM,\ virtual\ machine}$을 확실하게 격리하는지 확인해야 한다. CSP는 비즈니스 요구사항과 관련된 보안 문제를 해결하기 위한 클라우드 인프라 하이퍼바이저의 구축/관리 방안을 지속적으로 고도화해야 한다. 클라우드 컴퓨팅 구조와 멀티테넌트 보안 영역에 대한 표준화 필요성에도 불구하고, 아직까지 공식적인 표준은 나와 있지 않다.

클라우드 컴퓨팅을 사용하면 일반적으로 단일 물리적 시스템에서 많은 가상 시스템을 호스팅하게 된다. 여러 VM을 호스팅하면 감사해야 할 호스트 수도 크게 늘어난다. 클라우드 감사의 규모, 범위, 복잡도가 크게 증가하는 이유이기도 하다. 표준화를 하면 감사 프로세스를 좀 더 원활하고 빠르게 만들 수 있다. 또한 감사 범위를 식별하고 조정하는 것이 중요하다.

감사 대상 IT 요소가 늘어나면 감사의 규모 문제가 이슈가 되지만, 신규 기술 유형이 있을 경우 감사의 범위가 늘어나게 된다. 한 가지 예로 멀티테넌트 환경에 사용 중인 하이퍼바이저의 보안성 테스트 사례가 이에 해당한다. 또한 여러 클라우드 환경에는 무형적이고 논리적 감사 대상이 있다. 감사관은 이러한 차이점과 복잡성을 감안하고 진행해야 한다.

클라우드 보안 감사에 적용되는 표준			
표준	유형	강점	후원 단체
서비스 조직 제어(SOC) 2	아웃소싱된 서비스 감사	기술 중립	미국 CPA 협회
ISO 27001 및 27002	기존 보안 감사	기술 중립	ISO
NIST 800–53 rev. 4	연방 정부 감사	기술 중립	미국 표준 기술원(NIST)
클라우드 보안 연합(CSA)	클라우드별 감사	클라우드 보안 감사 전용	CSA
결제 카드 산업(PCI) 데이터 보안 표준(DSS)	PCI 인증 보안 평가자 클라우드 보충판	클라우드별 구분 및 가이드 제공	PCI DSS

클라우드 서비스 품질은 CSP에 따라 달라질 수 있다. 동일한 CSP 내에서의 품질도 서비스 구성, 시간(하루의 시간, 한 주의 요일, 월의 주) 및 지리적 위치에 따라 차이가 날 수 있다. 컴퓨팅 서비스만 보더라도 서비스 품질에 1000% 이상의 차이를 보였다. 일반적으로 과금 기준이 되는 단위별 고정 요금이기 때문에, 가격 대비 서비스 품질의 차이가 크게 날 수 있다.

컴퓨팅 영역에 사용할 수 있는 적절한 감사 대상 품질 지표로는 CPU 및 입출력$^{I/O}$ 성능이 있다. 네트워크 영역 품질 지표로는 지체 시간^{latency} 및 할당 대역폭이 있는데, 이러한 지표는 여러 CSP 데이터 센터를 대상으로 측정해봐야 한다.

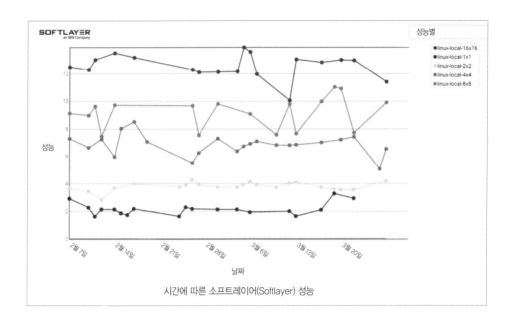

시간에 따른 소프트레이어(Softlayer) 성능

서비스 수준 계약

서비스 수준 계약^{SLA, service level agreement}은 클라우드 컴퓨팅 서비스의 청사진이기도 하고 보증 역할을 하기도 한다. SLA의 목적은 제공되는 서비스의 최소 수준을 구체적인 값으로 표현하고 특정 요구사항을 충족하지 못했을 경우에 사용할 수 있는 대비책을 문서화하는 것이다. 또한 데이터 소유권을 명확히 하고 데이터 반환 및 파기에 관한 세부사항을 명시해야 한다. SLA에서 다뤄야 할 중요한 포인트는 다음과 같다.

- 클라우드 시스템 인프라 세부 정보 및 보안 표준
- CSP의 법률 및 규정 준수를 감사할 수 있는 고객 권한
- 서비스 사용 지속 및 중단과 관련된 권리 및 비용
- 기타 주요 기준들
- 서비스 가용성
- 서비스 품질

- 데이터 보안 및 개인 정보 보호
- 재해 복구 프로세스
- 데이터 위치
- 데이터 액세스
- 데이터 이식성
- 문제 식별 및 예상 해결책
- 변경 관리 프로세스
- 분쟁 조정 프로세스
- 출구 전략

고객은 클라우드 공급업체의 SLA를 주의 깊게 읽고 일상적 서비스 중단 시나리오를 검증해야 하며, 더 나쁜 상황이 발생했을 때를 가정하고 이를 지원하기 위한 비상 계획을 수립해야 한다.

▎PaaS

PaaS^{Platform-as-a-Service}는 멀티테넌트 환경에서 제공되는 애플리케이션 런타임 환경이다. 애플리케이션이 자주 사용해야 하는 기능이 있고, 이들 기능을 공통 컴포넌트 형태로 제공해 애플리케이션이 잘 사용할 수 있게 한다는 것이 PaaS의 전제사항이다. 이렇게 공통 기능을 공유하면 환경의 활용률이 높아진다.

공통 애플리케이션 기능은 미들웨어 솔루션과 통합해 실행 플랫폼 라이브러리 형태로 제공되고, 개발자는 애플리케이션을 구축할 때 이들 라이브러리를 활용한다. 통합 개발 환경^{IDE, integrated development environment}과 데이터베이스가 PasS의 대표적인 예다.

▌ 데이터베이스

데이터베이스 PaaS 서비스는 일반적으로 SQL/관계형 데이터베이스 유형과 NoSQL/비관계형 데이터베이스 유형이 있다.

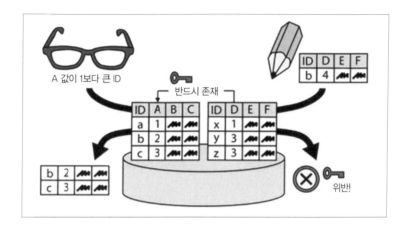

SQL/관계형 데이터베이스는 유사한 데이터 요소로 구성된 대량의 데이터를 처리했다. 이 요소는 서로 간에 식별할 수 있는 의존성을 갖고 있다. 이 구조화된 데이터를 쿼리할 때, 사용자는 데이터 구조와 검색된 데이터 요소 간의 관계 일관성을 믿고 진행한다.

각각의 데이터 요소는 테이블에 저장되는데, 각 열이 데이터 요소의 속성을 나타낸다. 한 테이블의 열의 내용은 다른 테이블의 특정 열의 내용과 의존 관계일 수 있다. 이러한 의존성은 테이블 데이터를 다룰 때 엄격한 규칙으로 작용한다.

NoSQL/비관계형 데이터베이스(몽고DB^{MongoDB}, 맵리듀스$^{Map\ Reduce}$ 등)에는 엄격하게 정의된 데이터베이스 구조가 존재하지 않는다. 그래서 대용량 데이터를 처리하거나 프로세스를 분리해 여러 애플리케이션 컴포넌트와 매핑할 때 효과적이다. 클라우드 애플리케이션이 엄청나게 방대한 양의 데이터를 효율적으로 처리해야 할 때 활용하는 유형이다. 예를 들어 동일한 애플리케이션의 실행 환경 수를 필요한 만큼 늘리고, 각각의 애플리케이션 실행 환경 수만큼 데이터도 쪼개서 처리되도록 하는 방식이다.

이때 데이터 처리 애플리케이션은 할당된 데이터 덩어리를 동시에 처리가 가능하다. 처리된 결과는 하나의 결과 데이터 세트로 통합되거나 SUM, average 등의 함수를 사용해 요약된 정보로 만들어지기도 한다.

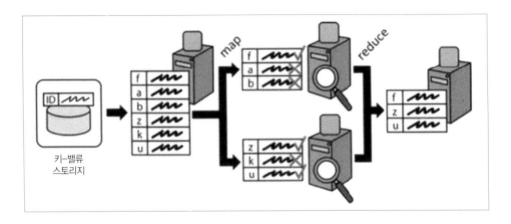

▌통합 개발 환경(IDE)

IDE는 클라우드 서비스 공급자가 제공하는 애플리케이션 개발 환경이며, 애플리케이션 개발과 관련된 많은 복잡한 인프라 유지 관리 업무를 쉽게 할 수 있도록 해준다. 웹 브라우저 또는 IDE 플러그인을 활용해 PaaS 서비스를 관리할 수 있다. 다음은 PaaS IDE의 사례다.

- 일래스틱 빈스톡Elastic Beanstalk, **아마존 웹 서비스**AWS, Amazon Web Services 기반: 코드가 업로드되면 PaaS 서비스가 WAR 파일을 EC2에 자동으로 배포함
- 헤로쿠Heroku: 애플리케이션 서버(Tomcat, Jetty 등)와 함께 표준 라이브러리를 사용하지만 확장 가능하고 루비Ruby, 노드Node, 파이썬Python, 자바Java, 클로저Clojure, 고Go, 그루비Groovy, 스칼라Scala, PHP를 기본적으로 지원
- 레드햇 오픈시프트Red Hat OpenShift: 자바, 루비, 노드, 파이썬, PHP, 펄Perl 지원

- IBM 블루믹스^{Bluemix} : CloudFoundry 기반, 확장 가능. 자바, 노드JS, PHP, 파이썬을 기본 지원

- **구글 앱 엔진**^{GAE, Google App Engine} : 샌드박스 환경에서 애플리케이션을 구동, 분산 서버 구성. 구글 인프라에 애플리케이션을 구축하고자 할 때 주로 사용

▎ SaaS

SaaS^{Software-as-a-Service}는 완전 관리형 애플리케이션 서비스다. 사용 조직에서 사용자 관리, 서비스 액세스 권한 관리, 입력 데이터 거버넌스 관리를 해야 한다. CSP는 서비스의 아키텍처, 보안 및 가용성에 대한 모든 책임을 진다. 현재 출시되어 있는 SaaS 서비스 유형은 다음과 같다.

- **CRM 소프트웨어** : 고객 정보 관리, 마케팅 자동화 및 세일즈 파이프라인 추적

- **ERP 소프트웨어** : 프로세스 효율성 및 업무 생산성 증대, 통찰력 제고를 위한 조직 정보 공유

- **회계 소프트웨어** : 재무 조직 및 추적 개선

- **프로젝트 관리 소프트웨어** : 프로젝트/프로그램 범위 관리, 요구사항 및 진척 관리, 변화 관리, 소통 및 마감일자 관리, 이해관계자 관리

- **이메일 마케팅 소프트웨어** : 메시지 전달 최적화, 전자 메일 마케팅 및 관계 구축 자동화

- **과금 및 송장 관리 소프트웨어** : 과금 청구 및 송장 처리 자동화, 고객 셀프 서비스 결제 옵션 구현, 데이터 입력 비용 절감 및 청구 오류 제거

- **협업 소프트웨어** : 복잡한 업무를 쉽게 처리할 수 있도록 지원, 조직 커뮤니케이션 기능 효율성 향상, 커뮤니케이션 및 엔터프라이즈 생산성 향상

- **웹 호스팅 및 전자상거래** : 웹 호스팅, 콘텐츠 관리 시스템, 메시지 보드, 쇼핑 카트 등

- **HR 소프트웨어**: 직원 출퇴근 관리, 채용 및 채용 업무 개선, 급여 자동화와 인력 관리 효율성 향상
- **트랜잭션 처리**: 신용카드 및 계좌 이체 처리, 로열티 보상 프로그램 지원, 쿠폰 발행 및 추적

❙ 요약

클라우드 서비스 공급업체의 목표는 고객에게 적합한 클라이언트 기기를 통해 클라우드 서비스를 기대하는 품질 수준으로 제공하는 것이다. 10장에서는 이 같은 목표 달성에 필요로 하는 기본적인 사항을 검토했다. 클라우드 서비스는 항상 그렇듯이 비즈니스 또는 미션 모델과 일치해야 하며, 클라이언트 구성 컴포넌트는 실사용자의 요구사항과 잘 어울리게 구성돼야 한다. 10장에서는 필수적인 솔루션 구성요소를 위주로 검토했다.

11

운영 요구사항

최근까지도 데이터 센터를 구축할 때는 일반적이고 표준적인 조직 유형을 염두에 두고 호스팅, 컴퓨팅, 스토리지 및 그 외 기타 서비스를 제공하는 개념으로 진행했었다. 이러한 형태의 구축 방식은 오늘날 요구되는 데이터 센터의 형태와 클라우드 서비스 오퍼링을 고려할 때는 문제가 된다. 클라우드 기반 애플리케이션 개발 방식이 호응을 얻고 확산됨에 따라, 그 이점 및 효율성과 함께 당면 과제와 복잡성도 함께 인식하는 것이 중요하다. 클라우드 개발에는 일반적으로 통합 개발 환경, 클라우드 애플리케이션 수명 주기 관리 컴포넌트와 애플리케이션 보안 테스트가 포함된다. 애플리케이션의 실행이 데이터 센터나 호스팅 솔루션 내로 국한되는 기존 구축 방식에서는 애플리케이션의 보안을 제공하고자 인프라 경계 보안 통제를 조정하기도 하고 또 네트워크도 언제 어디서나 변경이 가능한 경우가 많았기 때문에, 클라우드 환경에서는 애플리케이션의 보안 관리가 상대적으로 약한 것처럼 보이기도 한다.

11장에서 다루는 내용은 다음과 같다.

- 애플리케이션 프로그래밍 인터페이스
- 공통 인프라 파일 형식: VM
- 데이터와 애플리케이션 연합
- 배포
- ID 연합
- ID 관리
- 이식성 및 상호 운용성
- 수명 주기 관리
- 위치 인식
- 사용량 측정 및 모니터링
- 오픈 클라이언트
- 가용성
- 프라이버시
- 복원력
- 감사 대응력
- 성능
- 관리 및 거버넌스
- 클라우드 간 트랜잭션 및 동시성
- SLA 및 벤치마크 테스트
- 공급업체 종료
- 보안
- 보안 통제
- 분산 컴퓨팅 참조 모델

▌ 애플리케이션 프로그래밍 인터페이스

클라우드를 사용하는 조직 구성원은 클라우드 기반 개발 및 클라우드 애플리케이션이 기존에 사내에서 개발하던 방식과는 차이가 있다는 사실을 깊이 인지하고 접근해야 한다. 클라우드 환경에서 사용할 애플리케이션 개발을 진행하고자 할 때는 애플리케이션이 다음과 같은 하위 컴포넌트로 나뉠 수 있다는 점을 이해해야 한다.

- 데이터
- 기능
- 프로세스

이 컴포넌트는 더 세분화해볼 수 있다. 예를 들어, 보안에 예민한 데이터처럼 기존 데이터 센터에서 실행되는 요소와 클라우드 컴퓨팅 환경에서 실행되는 보안에 덜 예민한 데이터로 구분할 수 있다. 또한 대부분의 클라우드 환경에서는 액세스 권한을 획득할 때 **애플리케이션 프로그래밍 인터페이스**API, application programming interface를 이용한다는 사실을 이해하는 것도 중요하다. 이 API는 대체적으로 기존의 사용자명과 패스워드보다는 토큰 방식을 사용한다. API 형식은 다음의 두 가지 형식이 대표적이다.

- REST representational state transfer
- SOAP simple object access protocol

REST는 HTTP 기반이며 인터페이스 속성과 제약 조건을 정의하는 방식이다. RESTful 웹 서비스라고 하며, REST 아키텍처 스타일을 준수하기 때문에 컴퓨터 간 인터넷을 통해 통신할 때 상호 운용성을 제공한다. 요청하는 시스템에서는 REST 호환 서비스를 사용해 표준 상태 비저장stateless 방식으로 웹 서버의 리소스를 텍스트 형태로 액세스해 활용할 수 있다. SOAP는 'Simple Object Access Protocol'의 약자이며, 컴퓨터 네트워크 상에서 웹 서비스를 통해 구조화된 정보를 서로 교환 목적으로 사용하는 메시징 프로토콜 규격이다. SOAP를 사용하는 이유는 확장성, 중립성, 독립성을 확보하기 위해서다.

SOAP 메시지는 XML 형식을 사용하고 메시지 협상과 전송은 애플리케이션 계층 프로토콜인 HTTP^{Hypertext Transfer Protocol} 또는 SMTP^{Simple Mail Transfer Protocol}를 주로 사용한다.

API는 기업이나 단체가 애플리케이션의 기능을 외부기관에서 활용할 수 있게 표준화된 형태로 노출시켜놓은 수단이다. API 방식의 이점은 다음과 같다.

- 프로그래밍 방식 제어 및 액세스
- 자동화
- 제3업체 도구와의 통합

시스템이나 제품의 안정성을 떨어뜨리는 원인 중의 하나로 API 사용을 말한다. 그래서 API를 조직 외부로 노출하고자 할 때는 API와 관련 소프트웨어의 보안성 측면을 반드시 검토해야 한다. 또한 외부 API 사용에 대해서도 조직 내에 다른 소프트웨어를 사용 승인 및 권한 부여 절차와 유사한 절차를 거치게 해야 한다. API 사용을 고려할 때는 해당 API 액세스의 안전성을 반드시 먼저 검토해야 하며, SSL 사용(REST), 메시지 레벨 암호화 (SOAP), 액세스 인증, API 사용 기록의 보안 관련 기능도 필요로 한다.

API 수준 및 범주

API는 사용 레벨에 따라 네 가지 레벨로 구분할 수 있고, 내용에 따라서는 다섯 가지 범주로 나눌 수 있다. 자세한 내용은 다음 URL을 참조한다.

http://www.jasongaudreau.com/2012/08/cloud-computing-use-case-part-3.html???history=0amp;pfid=1amp;sample=25amp;ref=1

● **API의 네 가지 레벨**

각 레벨은 개발자가 레벨별로 각기 다른 작업과 데이터 구조에 집중하도록 요구한다.

레벨 1_ 전송 중심: 이 레벨에서 개발자는 요청서의 전송 형식에 직접 기록한다. 서비스가 REST 기반인 경우 개발자는 적절한 HTTP 헤더를 생성하고 요청에 대한 페이로드도 생성하고 서비스에 대한 HTTP 연결을 연다. REST 서비스는 HTTP 응답 코드가 첨부된 데이터를 반환한다. 많은 REST 서비스의 직설적인 특성 때문에, 이 수준에서 코드를 작성할 때 비교적 효율적일 수 있다.

서비스가 SOAP 기반인 경우 개발자는 SOAP Envelope를 생성하고 적절한 SOAP 헤더를 추가한 후 SOAP Envelope 본문을 데이터 페이로드로 채운다. SOAP 서비스는 요청 결과가 포함된 SOAP Envelope로 응답한다. SOAP 서비스로 작업하려면 Envelope의 XML 내용을 구문 분석해야 한다. 이러한 이유로 대부분의 SOAP 서비스는 더 높은 수준의 API로 호출된다.

레벨 2_ 언어별 툴킷: 이 수준의 개발자는 SOAP 또는 REST 요청을 처리하고자 언어별 툴킷을 사용한다. 개발자는 여전히 전송되는 데이터의 형식과 구조에 초점을 맞추고 있지만, 많은 세부사항(예를 들어, 대응 코드 처리 및 서명 계산)은 툴킷에 의해 처리된다.

레벨 3_ 서비스별 툴킷: 개발자는 특정 서비스와 협력하고자 더 높은 수준의 툴킷을 사용한다. 이 수준에서 작업하면 개발자는 비즈니스 개체와 비즈니스 프로세스에 집중할 수 있다. 개발자는 전송 프로토콜에 초점을 맞추는 대신 조직에 중요한 데이터와 프로세스에 초점을 맞출 때 훨씬 더 생산적일 수 있다.

레벨 4_ 서비스 중립 툴킷: 이것은 API의 최고 수준이다. 이 수준에서 일하는 개발자는 여러 클라우드 컴퓨팅 공급업체에 대한 공통 인터페이스를 사용한다. 레벨 3과 마찬가지로, 개발자는 비즈니스 객체 및 비즈니스 프로세스에 초점을 맞춘다. 레벨 3과 달리 레벨 4에서 일하는 개발자는 어떤 클라우드 서비스로 작업하는지 걱정할 필요가 없다. 서비스 중립적인 툴킷으로 작성된 애플리케이션은 코드에 대한 최소한의 변경만으로 다른 클라우드 공급업체를 사용할 수 있어야 한다.

● **API 범주**

범주 1_ 일반 프로그래밍: C#, PHP, 자바에서 사용하는 API로 클라우드와 직접적인 연관이 없음

범주 2_ 배포: 클라우드에 애플리케이션을 배포하기 위한 인터페이스

범주 3_ 클라우드 서비스: 클라우드 서비스에 필요로 하는 인터페이스. 예 클라우드 스토리지 서비스, 클라우드 데이터베이스, 클라우드 메시지 큐를 활용하는 API

범주 4_ 이미지 및 인프라 관리: 가상 시스템 이미지 및 인프라 세부 정보를 관리 용도로 사용하는 인터페이스. 예 이미지 업로드, 배포, 중지, 다시 시작 및 삭제 API가 있고, 인프라 관리 측면에서는 방화벽, 노드 관리, 네트워크 관리 및 로드 밸런싱을 제어하는 API가 포함됨

범주 5_ 내부 인터페이스: 클라우드 인프라 구성요소 간 인터페이스를 위한 인터페이스. 예 스토리지 계층에 대한 공급업체를 추가, 변경을 관리하고자 사용하는 API

클라우드 스토리지를 위한 공통 API

데이터는 클라우드 운영 관리의 핵심이다. 그래서 클라우드 스토리지 서비스, 데이터베이스, 미들웨어 서비스에 액세스하는 인프라 관리용 표준 API를 확보해둬야 한다. 커스텀custom 코드를 사용하면 해당 서비스 용도로만 사용할 수 있기 때문에 이식성을 잃을 수 있으며, 클라우드 컴퓨팅 환경을 사용할 때 얻을 수 있는 비용 효율성과 시스템 유연성도 없어진다.

공통 클라우드 미들웨어 API

데이터베이스와 테이블의 생성 및 삭제용 API, 메시지 큐 연결 및 미들웨어의 작업 지원 용도 API는 전사적으로 일관성을 가져야 한다. 특정 데이터베이스 제품에 내재되어 있는 제한사항 때문에 대용량 데이터를 처리할 때 리소스 사용량을 크게 증가시킬 수 있다. 예를 들어 테이블을 조인join할 때 제한하거나, 특정 데이터베이스 스키마schema를 지원하지 않거나 하는 것이다. 이러한 제한사항은 다른 데이터베이스로 마이그레이션을 고려할 때 중요한 문제점으로 부각되기도 한다. 특히 관계형 데이터 모델을 사용해 개발된 애플리케이션에 이 같은 제한이 있을 수 있다. 메시지 큐와 같은 미들웨어 서비스는 비교적 단순하기 때문에 그렇게 심각한 문제점을 야기할 개연성이 적다.

추가 관심사항

클라우드 솔루션 아키텍트는 조직의 운영 요구사항을 해결하는 데 초점을 맞춰야 한다. 이전 클라우드 구현 사례로부터 얻은 교훈에 비춰볼 때도, 이 절에서 다룬 운영 요구사항을 적절하게 해결하는 것이 상당히 중요하다.

▍ 공통 인프라 파일 형식: VM

가상 머신^{VM}의 이식성은 클라우드 컴퓨팅 환경에서 중요하게 다루는 영역이며, 특히 하이브리드 IT 구축을 고려할 때 더욱더 중요하다. 그래서 모든 엔터프라이즈 솔루션은 VM 파일 형식과 VM에 스토리지를 연결하는 프로세스 영역 모두에서 가능한 차이점을 다뤄야 한다.

▍ 데이터 및 애플리케이션 연합

여러 클라우드 기반 소스로부터 데이터를 가져와서 업무 처리용 엔터프라이즈 애플리케이션을 구축하려면 애플리케이션의 세부 기능을 조합하고 조정해야 한다. 만약 애플리케이션이 다른 클라우드 관리 서비스 제공업체 또는 기존 데이터 센터 등 여러 플랫폼에 걸쳐 있는 하이브리드 환경에서는 데이터 연합 및 가상화 기술을 사용해야 한다.

▍ 배포

클라우드 애플리케이션을 배포할 때는 프로그래밍 인터페이스와 클라우드별 패키징 기술을 필요로 한다. 이 운영 요구사항은 EAR/WAR 파일, .Net 어셈블리 같은 메커니즘이 포함되기도 한다.

VM 이미지를 생성하고 배포하는 절차는 단순해야 하고, 각기 다른 하이브리드 인프라 환경에서도 동일한 방식으로 처리돼야 한다. 보정이 필요한 부분과 VM에 스토리지를 연결하는 메커니즘은 잘 이해될 수 있도록 정리되어 있어야 한다.

ID 연합

하이브리드 환경을 운영할 때, 사용자가 필요한 다른 모든 ID를 엮어서 단일 ID를 사용하고 유지할 수 있게 하는 것이 목적이다. 최종 사용자의 기본 ID와 향후 보유하게 될 모든 역할을 연계해 연합^{federation}을 구성한다.

ID 관리

대부분의 클라우드 컴퓨팅 솔루션은 SAML, OAuth 같은 산업별 ID 관리 표준 및 프로토콜을 활용할 수 있고, 로제타넷^{RosettaNet}이나 OASIS 같은 기존 표준과 상호 연계를 필요로 할 수도 있다. 애플리케이션 솔루션마다 사용되는 표준은 다를 수 있다 하더라도, 모든 액세스 방식과 데이터 인증 시나리오를 효율적으로 다룰 수 있게 해야 한다.

이식성 및 상호 운용성

클라우드 컴퓨팅 시대가 도래하면서 비즈니스 중심의 생태계를 설계, 구축, 관리할 필요성이 커졌다. 이러한 생태계 전반에서 효율적인 커뮤니케이션 및 상호 협업을 하려면 기업과 공급자 간의 상호 운용성을 필요로 한다. 범용 표준 세트는 존재하지 않으며 빠른 시일 내에도 준비되지 않을 가능성이 높기 때문에, 클라우드 환경은 클라우드 공급업체에 종속될 위험에 직면할 수 있다. 재사용 컴포넌트를 구비하고 활용해서 필요한 시스템을 자유자재로 구성하는 역량은 해당 생태계가 이식성과 상호 운용성 거버넌스를 어떻게 확보하느냐에 달려 있다. 시스템을 클라우드 서비스 제공업체로 배포하거나 마이그레이션해야 할 때 중요 고려사항 중 하나는 데이터 관리나 데이터 통제권 규제에 관한 것으로, 이로 인해 일부 구성요소를 클라우드로 마이그레이션하지 못하는 경우가 발생할 수 있는 사안이다. 클라우드 마이그레이션을 위해서는 마이그레이션 대상 구성 컴포넌트의 이식성이 보장돼야 하며 기존 시스템 환경에서 실행되고 있는 컴포넌트와의 상호 운용성도 점검돼야 한다.

이식성 및 상호 운용성 표준을 고려해야 할 기술 영역은 다음과 같다.

- **데이터**: 데이터 컴포넌트를 각기 다른 여러 애플리케이션에서 재사용할 수 있게 함. 데이터 상호 운용성 인터페이스는 존재하지 않기 때문에, 데이터 가상화 기법을 사용해야 할 수 있다.

- **애플리케이션**: 애플리케이션 컴포넌트 간의 상호 운용성에 초점을 맞춤. 예를 들면 SaaS 애플리케이션 컴포넌트, PaaS 위에 구축된 애플리케이션 모듈, IaaS 서비스를 위한 인프라 컴포넌트가 있다. 기존 엔터프라이즈 IT 환경과의 인터페이스 또는 클라이언트 엔드포인트 장치와 인터페이스할 때 상호 운용성 이슈가 있을 수 있다. 애플리케이션의 이식성을 고려해 설계하고 구축해서 하이브리드 환경에서도 애플리케이션 컴포넌트의 재사용이 가능하게 해야 한다.

- **플랫폼**: 관련된 데이터 및 인프라, 미들웨어, 애플리케이션 컴포넌트를 전체적으로 포괄하는 서비스 번들의 재사용성을 다룬다.

- **인프라**: 다양한 하드웨어 가상화 기술 및 아키텍처와 관련된 상호 운용성 및 이식성

- **운영 관리**: 관리 상호 운용성은 클라우드 서비스(SaaS, PaaS, IaaS)와 온디맨드 셀프 서비스 구현과 관련된 프로그램 간의 상호 운용성이며, 클라우드 리소스의 구축, 구성, 프로비저닝 및 운영 관련 애플리케이션 프로그램도 포함될 수 있다.

- **판매 게시**publication**와 구매 획득**acquisition: 클라우드 컴퓨팅에서는 최종 사용자가 소프트웨어, 데이터, 인프라 및 기타 다양한 클라우드 서비스를 획득할 수 있는 셀프 서비스 특성과 기능을 제공한다. 또한 개발자는 온라인 마켓플레이스를 통해 애플리케이션, 데이터 및 클라우드 서비스를 게시할 수 있다. 이를 위해 앱스토어, 클라우드 서비스 마켓플레이스, 플랫폼 간의 상호 운용성이 고려돼야 한다.

▌수명 주기 관리

모든 조직에게 애플리케이션 및 문서의 수명 주기 관리는 지속적인 과제다. 버전 관리, 데이터 보존, 삭제 및 정보 검색이 이러한 범주의 요구사항에 해당하는 과업이다. 이 분야의 규제 및 법적 제한사항을 제대로 식별하고 대비해야 향후 발생할 수 있는 법적 리스크에 대처할 수 있다.

▌위치 인식

국가 데이터 통제권 관련법이 세계적으로 확대되고 있다. 조직이 데이터를 처리하는 방법뿐만 아니라 조직을 대신하여 3자에 의해 관리되고 있는 데이터에 대해서도 동일하게 적용된다. 조직 데이터가 존재하는 경우 물리적 서버의 위치에 대한 법적 제한도 요구사항에 포함될 수 있다. 이러한 위치 관련 법률 요건을 충족하려면 클라우드 서비스가 실제 실행되고 저장되는 물리적 하드웨어의 위치를 결정할 수 있는 API를 사용해야 할 수도 있다.

▌사용량 측정 및 모니터링

클라우드 컴퓨팅 종량제 모델은 모든 클라우드 서비스의 일관되고 지속적인 사용량 측정과 모니터링을 필요로 한다. 효과적인 비용 관리, 내부 비용 청구 및 서비스 프로비저닝 프로세스에 필수적인 기능이 관련 요구사항이다.

▌오픈 클라이언트

클라우드 서비스는 유비쿼터스 접속을 필요로 하기 때문에 오픈 클라이언트 및 엔드포인트 장치 사용에 대한 기본적인 요구사항이 있다. 클라우드 서비스에서는 기본적으로 벤더^vendor 지향적인 플랫폼이나 기술을 사용해서는 안 된다. 그래서 벤더별 엔드포인트를 사용하는 것은 이 기본적인 요구사항을 위반하는 것이다.

▌ 가용성

클라우드 서비스의 가용성은 언제 어디서든지 특정 서비스를 이용하려고 할 때 그 서비스가 가용하고 수용 가능한 상태로 있는 정도를 설명한다. 가용성은 보통 백분율로 표시되며 CSP 서비스 수준 계약에 명시된다. CSP는 가용성 수준의 기본값을 제시하지만, 추가 비용을 지불하면 가용성이 좀 더 높은 서비스를 제공받을 수 있는 경우도 있다. 솔루션 아키텍트는 모든 서비스의 가용성 비율을 알고 있어야 하며, 해당 서비스의 가용성이 조직의 목표 달성에 적절한지에 대해 미션/비즈니스 소유자에게 조언해야 한다.

▌ 프라이버시

프라이버시^privacy는 타인의 관찰이나 방해 행위로부터 자유로운 상태를 다룬다. 클라우드 컴퓨팅이 보편화되면서 신규 데이터 개인 정보 보호 법률이 제정됐고 엄격한 법률 집행 내용을 담고 있다. 이 중 가장 엄격한 규정은 2016년 4월 14일 EU 의회의 승인을 받은 **일반 데이터 보호 규정**^GDPR, General Data Protection Regulation으로, 집행 게시일은 2018년 5월 25일이다. 위반한 조직은 무거운 벌금에 직면할 수 있다. GDPR은 기존 데이터 보호 지침 95/46/EC를 무효로 했고, 유럽 전체 데이터 개인 정보 보호 법률을 조화시키는 것, 모든 EU 시민의 데이터 개인 정보 보호 및 권한 부여, 각 세부 조직이 데이터 프라이버시에 접근하는 방식을 개편하는 것을 목표로 한다. 기업의 위치와 관계없이 EU 거주민들의 모든 개인 데이터 처리에 적용된다. 또한 EU 시민에게 상품이나 서비스를 판매할 때 EU의 영역 제한 밖에서 처리된 데이터와 비 EU에 의한 EU 시민 개인 데이터 처리에 대해서도 다룬다. 벌금은 연간 세계 수익의 4%까지 또는 2천만 유로 중 더 큰 금액이 적용된다.

▎ 복원력

복원력^{resiliency}이란 특정 클라우드 서비스가 서비스 제공에 문제가 있는 상태 혹은 장애 상태로부터 정상 서비스 상태로 복구될 수 있는 능력을 말한다. CSP는 복원력 수준의 기본값을 제시하지만, 추가 비용을 지불하면 복원력이 좀 더 높은 서비스를 제공받을 수 있는 경우도 있다. 솔루션 아키텍트는 모든 서비스 복원력 세부사항을 숙지하고 해당 서비스의 복원력이 조직의 목표 달성에 적절한지에 대해 미션/비즈니스 소유자에게 조언해야 한다.

▎ 감사 대응력

감사 대응력^{auditability}이란 서비스 사용자가 클라우드 서비스 공급자의 클라우드 서비스 제공 능력과 해당 서비스의 제공 비용에 대해 철저하고 정확한 평가를 수행할 수 있는 정도를 말한다. 일반적으로 법적, 규제적 요구사항으로부터 나온 것이며, 종종 서비스 사용 조직의 역량을 기반으로 한다. 솔루션 아키텍트는 모든 감사 요구사항을 숙지하고 해당 서비스가 조직의 감사 대응 요구사항을 충족할 수 있는지 미션/비즈니스 소유자에게 조언해야 한다.

▎ 서비스 품질

서비스 수준 계약은 공급자가 보장하는 최소 서비스 품질 수준을 개략적으로 갖고 있지만, 서비스 품질은 특정 파라미터 영향으로 여전히 크게 달라질 수 있다. 공급자나 사용자의 통제권을 완전히 벗어난 서비스 컴포넌트가 이러한 변동성의 원인으로 작용한다. 예를 들어, 네트워크 대역폭 제한이나 비정상적으로 대량으로 쏟아지는 서비스 처리 요청 건은 비용뿐만 아니라 서비스 가용성에도 지대한 영향을 미친다. 따라서 서비스 품질 변동성 문제와 서비스 품질 감사 문제는 클라우드 솔루션 아키텍트가 주도적으로 직접 다뤄야 한다.

▌관리 및 거버넌스

계정^{account} 개설 및 클라우드 서비스 사용과 관련된 이용 편의성으로 인한 부작용은 클라우드 기반 서비스의 프로비저닝 및 서비스 사용이 남용될 수 있다는 것이다. 클라우드 업계 리더는 종종 이러한 부작용을 중대한 보안 리스크로 다루어 강조한다. 따라서 클라우드 사용 조직은 반드시 엄격한 관리와 거버넌스 프로세스를 적용해야 한다. 예를 들어 스토리지, 데이터베이스, 메시지 큐 볼륨 같은 클라우드 서비스를 시작하고 사용하는 것의 추적을 정규 프로세스화하는 것이다. 정부 규제뿐만 아니라 산업 및 지역 관련 정책을 성공적으로 준수하려면 이와 같은 거버넌스의 수립과 시행이 매우 중요하다.

▌클라우드 간 트랜잭션 및 동시성

한 클라우드 생태계 위에서 애플리케이션과 데이터를 공유하려고 할 경우, ACID 트랜잭션과 동시성 관련 요구사항이 대두된다. 해당 생태계 구성원이 무엇을 변경했을 경우, 그 변경 내용은 반드시 식별돼야 되고, 감사가 가능해야 하며, 또 신뢰할 수 있어야 한다. 이 요구사항을 충족하도록 클라우드 컴퓨팅 산업 전반에 걸쳐 블록체인과 관련 기술의 활용을 확대하는 방안을 구체화해볼 수 있을 것이다.

▌SLA 및 벤치마크

SLA 계약을 체결한 기업이라도 CSP 서비스 품질을 벤치마킹하는 표준 방식을 확립해야 한다. SLA는 최소 요구사항과 변동 기대치를 명시할 뿐만 아니라 CSP가 서비스 수준을 충족하지 못하거나 일정 시간 안에 서비스 복원이 안 될 경우 사용할 수 있는 적절한 대비책을 사용자에게 제시해야 한다. 서비스 정의 및 서비스별 품질 지푯값은 명확해야 한다.

▌ 공급업체 출구 전략

클라우드 솔루션 아키텍트는 솔루션 설계의 일환으로 관련 리스크도 식별하고 리스크와 리스크 해결 우선순위를 지정해야 한다. 이를 바탕으로 클라우드 서비스 사용 시작 전에 공급업체 출구 전략을 면밀히 설계해놓을 수 있다. 리스크를 완화하려면 기업에서 중요하다고 판단하는 클라우드 서비스를 제공할 제2의 후보의 식별 및 검증, 경우에 따라서는 제3의 공급업체 식별과 확인도 필요하다.

▌ 보안

클라우드 컴퓨팅 보안은 항상 중요한 문제이지만, 주로 사용자 개인 정보 보호에 초점을 맞추고 있다. 클라우드 서비스를 사용할 때 최종 사용자는 정보를 저장할 스토리지의 위치를 제어할 수 없다. SLA에 명시된 제한사항 외에도 정보가 저장되는 스토리지 위치에 대한 구체적인 지식도 부족하다.

▌ 보안 통제

보안 통제는 대상 시스템을 조작할 수 있는 방법을 제한 관리하는 방법이다. 클라우드 보안 연합Cloud Security Alliance에서는 클라우드 제어 매트릭스Cloud Control Matrix라는 데이터 보안 통제 목록을 문서화했다. 이 매트릭스는 해당 산업 규정이나 보안 거버넌스 환경에 근거해 보안 전문가가 데이터 보안 통제를 식별하고 선별할 수 있도록 설계된 상당히 중요한 자료다.

보안 통제는 일반적으로 세 가지 영역 중 하나에 속하는 것으로 설명된다.

- **관리적 보안 통제**: 전반적인 정보 보안 요구사항과 통제 방법을 관리하는 규정, 정책, 법률, 가이드라인 및 관행

- **논리적 보안 통제**: 방화벽, 암호화, 안티바이러스 소프트웨어, 마커/체커^{maker/}^{checker} 루틴과 같은 가상 기술 및 애플리케이션 통제 방법
- **물리적 보안 통제**: 문 열쇠처럼 물리적 접근 통제를 하는 데 사용하는 것. 게이트 및 바리케이드, 비디오 감시 시스템, 경비원 사용, 원격 백업 시설이 여기에 포함된다.

위 세 가지 영역은 효과적인 통제 환경을 구성하는 데 핵심 요소이지만, 리스크가 완화 관점에서 볼 때 명확한 정보와 지침을 갖고 있지 않다.

데이터 관리 통제는 지시적 통제와 억제적 통제로 분류될 수 있다.

- 지시적 통제^{directive control}는 기대하는 일이 발생하도록 장려하거나 유도하는 행위다. 예를 들어, 직원이 효과적으로 목표를 달성해나갈 수 있도록 공식적으로 작성된 절차 매뉴얼을 만드는 것이다. 이 경우 절차 매뉴얼은 직원이 특정 기능을 효과적으로 수행하도록 도와주기 때문에 지시적 통제가 될 수 있다.
- 억제적 통제^{deterrent control}는 공격하지 않는 것이 좋을 것이라는 경고와, 공격하더라도 대상은 스스로 방어할 수 있다는 메시지를 잠재 공격자에게 보냄으로써 공격 의도를 좌절시키도록 설계된 행위다. 억제적 통제의 예로는 건전한 정보 보안 관리를 가시화하는 행위와 감시, 로깅 결과를 통지하는 방법이 있다.

완화 방식 통제 수단으로 간주될 수 있는 것은 다음과 같다.

- 데이터 손실 또는 피해 발생을 방지하는 예방 관점 통제
- 관행 또는 절차가 잘 지켜지지 않는 곳을 식별하도록 시스템 활동을 모니터링하는 탐정 방식 통제
- 프로세스 또는 시스템을 사건 이전 상태로 복원하는 시정 조치 통제

데이터 보호 확대용 통제 기능은 다음과 같다.

- 손실된 컴퓨팅 리소스와 기능을 복원하고 정상 운영 상태로 복구되도록 지원하며, 보안 사고 또는 위반으로 인한 금전적 손실을 복구하는 복구 통제 기능
- 정상적인 통제 장치가 갑자기 사용 불가 상태가 된 경우, 보강하거나 교체하는 보상 통제 기능. 일반적으로 백업 통제가 해당되고, 상위 수준 감독 및/또는 비상 계획이 여기에 해당한다.

통제 기능이 수동인지 자동인지도 식별돼야 한다.

				통제 유형		
				관리적	논리적	물리적
통제 그룹	관리형 통제	통제 방식 분류	지시 방식	정책	경고 배너	'출입 불가' 표기
			억제 방식	벌점 강등	위반 보고서	'개조심' 표기
	완화형 통제		예방 방식	사용자 등록	비밀번호, 토큰	담장, 말뚝
			탐정 방식	보고서 검토	감사 로그, 침입 탐지 시스템	각종 센서, CCTV
			시정 조치 방식	퇴사	접속 관리	소화기
	확장형 통제		복구 방식	재해 복구 계획	백업	개축, 재건축
			보상 방식	관리, 업무 순환	키 입력 이력기록(logging)	계층별 방어체계

보안은 중요한 운영 요소인 만큼 솔루션 아키텍트는 종합적인 엔터프라이즈 솔루션을 개발할 때도 다음 측면을 모두 고려해야 한다. 또한 이러한 요소 중 상당수는 기술 솔루션 설계의 범위를 벗어나서 실제로 기업의 거버넌스 영역에 속한다는 것에도 유의해야 한다. 그러나 이러한 요소를 해결하지 못하면 클라우드 컴퓨팅 솔루션을 성공적으로 구축해나가는 데 걸림돌로 작용할 수 있다. 앞에서 말한 바와 같이, 클라우드로의 전환에서 문화적인 변화는 필수적인 부분이다. 효과적인 IT 거버넌스는 문화적 변화를 기반으로 한다.

클라우드 보안 연합은 이러한 통제 장치를 산업 표준 통제 그룹으로 분류했다. 통제 그룹에 대한 상세 설명은 다음 문서에 제공된다.

https://downloads.cloudsecurityalliance.org/initiatives/ccm/CSA_CCM_v3.0.xlsx

▌ 분산 컴퓨팅 참조 모델

클라우드 서비스 모델마다 애플리케이션, 플랫폼 및 인프라 구성 컴포넌트를 노출 expose하는 방식은 다양하고 독특하다. 다양한 컴포넌트 간 서로 다른 인터페이스는 분산 컴퓨팅 참조 모델DCRM, distributed computing reference model의 기초를 만든다. 오픈 그룹open group 은 클라우드 컴퓨팅 솔루션의 상호 운용성과 이식성을 식별하고 관리하기 위한 수단과 핵심 클라우드 솔루션 아키텍트 도구로 제공하고자 분산 컴퓨팅 참조 모델을 만들었다. 아키텍트는 모든 상호작용의 실행이 산업 표준, 사용자 API, 벤더별 API, 웹 서비스를 통해 모든 상호 연계가 된다는 점을 유념해야 한다.

DCRM의 구성요소와 프로세스의 추가 정보는 다음을 참조한다.

http://www.opengroup.org/cloud/cloud_iop/p5.htm

▌ 요약

클라우드 컴퓨팅은 정보기술 서비스를 제공하는 새로운 방식의 운영 모델이기 때문에 클라우드 운영에 적합하면서 독특한 운영 관점 요구사항을 갖고 있다. 11장에서는 성공적인 클라우드 솔루션 개발에 활용할 수 있도록 클라우드 운영상 필요로 하는 요구사항을 세부적으로 설명했다. 보안 통제는 데이터를 액세스 관리하고 통제하는 문제를 다루고 있기 때문에 아주 중요한 주제다.

11장에서는 DCRM을 의사소통 도구로서 소개했다. 또한 이 책에서 소개하고 있는 다른 모델은 클라우드 컴퓨팅에 국한되어 활용할 수 있는 반면, DCRM은 기존 환경, 서로 다른 클라우드 환경을 포함하는 복합 운용 환경에서 이식성과 상호 운용성을 평가하고자 할 때 사용하기에 적절한 모델이다.

12

클라우드 서비스 공급자의 서비스 품질

클라우드 서비스 공급자^{CSP, cloud service provider}가 모두 같은 것은 아니다. 동일한 서비스 공급자의 서비스 품질도 매일 동일하지 않다. 클라우드 사용자 관점에서 볼 때, 클라우드 서비스 모델 기반에 따라 주요 서비스 품질 특성이 다른 것을 경험한다. SaaS 사용자는 비즈니스 트랜잭션 응답 시간과 처리량, 기술 서비스의 안정성과 가용성, 애플리케이션 확장성을 SaaS 서비스의 품질 측정 지표로 인식한다. 반면 PaaS의 품질 측정 지표는 사용자가 직접적으로 인지하지는 못하지만, 처리량, 트랜잭션 응답 시간, 기술 서비스 안정성, 가용성 및 미들웨어의 확장성 측면에서 정의된다. IaaS 서비스의 품질도 일반적으로 인프라 성능, 처리 용량, 안정성, 가용성, 확장성으로 정의한다.

12장에서 다루는 내용은 다음과 같다.

- CSP 서비스 품질 지표
- CSP 벤치마크

▌ CSP 서비스 품질 지표

일반적으로 상위 서비스 계층의 품질 측정 지표의 특성은 아래 계층의 기술 구성 컴포넌트의 특성에 크게 영향을 받는다. 사용자는 일반적으로 기술 세부사항을 잘 모를 수 있기 때문에 클라우드 서비스 품질에 대해 막연한 기대치를 가질 수 있다.

클라우드 서비스 공급업체를 평가하는 데 사용되는 일반적인 사용자 운영 지표는 다음과 같다.

- **서비스 응답 시간(지연)**: 서비스 요청과 서비스 완료 사이의 지연 시간
- **서비스 처리량**: 서비스 공급자가 처리한 시간당 처리 작업 수
- **서비스 가용성**: 언제 어디서든지 고객이 서비스를 이용하려고 할 때 서비스가 가용한 상태로 있는 정도
- **시스템 사용률**: 서비스 프로비저닝에 사용되는 시스템 리소스의 백분율
- **시스템 복원력**: 시스템 품질의 안정성 관점의 지표로, 품질 이슈가 발생했을 때 허용 가능한 시간 내에 허용 가능한 범위 안으로 복구하는 능력
- **시스템 확장성**: 워크로드가 늘어날 때 시스템 크기, 용량을 확장해 처리할 수 있는 능력
- **시스템 탄력성**: 부하 변화에 적응하는 시스템의 능력

CSP 품질에 영향을 주는 다양한 요인이 있다. 예를 들어, 가장 크게 영향을 주는 요인 중하나는 사용자와 프로비저닝 CSP 데이터 센터와의 근접성이다. 다음과 같은 품질 지표가 지리적 접근성에 영향을 받는다.

- **서비스 응답 시간(지연)**: 데이터 센터와 이용 고객 간의 물리적 거리에 따라 응답 시간이 달라진다.
- **서비스 처리량**: 데이터 센터와 이용 고객 사이의 네트워크 토폴로지 및 네트워크 기술의 특성에 영향을 받는다.
- **서비스 가용성**: 데이터 센터가 수용 가능한 서비스 용량 및 해당 지역의 이용 고객 수에 따라 달라질 수 있다.

비지역적^{non-geographic} 품질 지표로서 데이터 센터의 논리적 설계, 물리적 설계 스펙에 따라서도 영향을 받는다. 예를 들어

- **시스템 사용률**: IT 서비스를 하기 위한 시스템 최대 용량 대비 사용률(%)
- **시스템 복원력**: 장애로부터 신속하게 복구할 수 있는 시스템 능력
- **시스템 확장성**: 워크로드의 변화에 따라 관련 리소스를 늘리거나 줄이는 기능
- **시스템 탄력성**: 고객의 워크로드에 맞추어 시스템의 리소스를 능동적으로 늘리거나 줄이는 대처 능력
- **하위 계층 기술 가변성**: 클라우드 서비스 공급자의 글로벌 시스템 전반에서 기술 일관성 수준
- **사용 제한**: 클라우드 서비스 공급자가 명시적으로 미리 제한해놓은 지표(서비스별 허용량, 허용 서비스 개수 등)
- **지연 시간**: 서비스를 요청해서 받는 시간에서 서비스 실행 시간을 제외한 시간(네트워크 지연 등)

▌ CSP 벤치마크[1]

클라우드 서비스 공급자가 다양해지고 그 숫자도 늘어나면서 클라우드 서비스 수준의 사용자 기대치에 관한 정보 격차가 상당히 벌어지고 있다. 애플리케이션의 가격 및 품질 요구사항을 가장 잘 충족하는 클라우드 서비스가 무엇이고, 또 그 서비스의 구성 방법을 어떻게 해야 하는지, 사용자가 이러한 복잡한 문제를 풀어나가고자 할 때 그 격차를 크게 실감하게 된다.

클라우드 솔루션 아키텍트는 사용하고자 하는 후보 서비스에 대한 업계 벤치마크 결괏값과 CSP의 예상 서비스 수준 및 기능을 비교해 이러한 문제를 관리한다. 유용한 클라우드 컴퓨팅 산업 벤치마크 영역으로 확보해볼 만한 것은 다음과 같다.

---

1   벤치마크(benchmark): 하드웨어나 소프트웨어 품질을 비교해 시험하고 평가하는 일 – 옮긴이

- 현재 클라우드 서비스 공급자 수와 클라우드 서비스 목록

- CSP 플랫폼의 다양한 지리적 위치의 확장 정도

- 지정학적 요구사항 및 제한사항

- 광역 네트워크 품질

- 다양한 CSP 비즈니스, 가격 정책 및 서비스 모델

- 서비스 가격 변화의 다양성

- 동일한 서비스의 시간대별, 위치별 실행 품질 변동성

또한 서비스는 매분 혹은 시간 단위, 월간 단위, 연간 단위로 구매할 수 있고 혹은 스팟 마켓spot market을 통해 거래할 수도 있다. 신제품은 거의 매일 도입되며, 가격은 매주 변경 되기도 한다. 예를 들어, 아마존은 매달 가격 변동을 하는 것으로 알려져 있다. 가장 널리 알려진 클라우드 벤치마크 연구 중 하나로서, 라이스대학교Rice University와 버스톰㈜Burstorm Inc.의 협업 수행을 통해 업계 최초로 종합적이고 지속적인 클라우드 서비스 공급자의 가 격-서비스 품질에 관한 벤치마크 결과물이 있다.

▼ 표 12.1 테스트 범위

공급업체	인스턴스 유형 수	위치의 수	제품 서비스의 수
AWS	30	3	90
구글(Google)	14	3	42
랙스페이스(Rackspace)	9	3	27
애저(Azure)	18	3	54
라이노드(Linode)	9	3	27
HP	11	1	11
소프트레이어(Softlayer)	5	3	15
총합	96	19	266

공급업체	북미(NA)	유럽(EMEA)	아시아(APAC)
AWS	애슈번 US	더블린 IE	싱가포르 SG
구글(Google)	카운슬 블러프 US	생길랭 BE	장화현 TW
랙스페이스(Rackspace)	그레이프바인 US	슬라우 GB	홍콩 HK
애저(Azure)	캘리포니아 CA	오미스 IE	싱가포르 SG
라이노드(Linode)	프리몬트 US	런던 GB	싱가포르 SG
HP	털사 US	대상 없음	대상 없음
소프트레이어(Softlayer)	새너제이 US	암스테르담 NL	싱가포르 SG

첫 번째 벤치마크의 범위는 표 12.1에서와 같이 7개 공급업체(아마존, 랙스페이스, 구글, 마이크로소프트, HP, IBM, 라이노드)로부터 총 266개의 컴퓨팅 제품이고, 표 12.2에서는 공급자별로 3 대륙(북미, 아시아, 유럽)에 위치한 데이터 센터의 테스트 대상을 보여준다. 벤치마크 테스트는 15일 동안 매일 실시됐고, 고도로 자동화된 프로세스를 적용해 진행했다. 공급업체별로 측정한 각각의 값은 월간 가격-서비스 품질 지표로 비교하고자 720시간 기준으로 치환했으며 그 결과는 그림 12.1 및 그림 12.2와 같다.

- 동일한 공급자 내에서도 서비스 품질 수준이 매우 다름을 볼 수 있다.

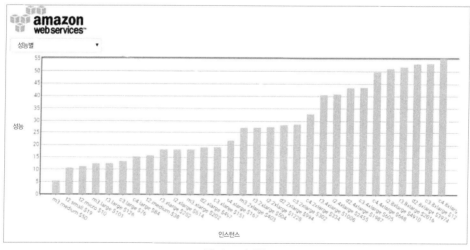

▲ 그림 12.1 아마존 AWS

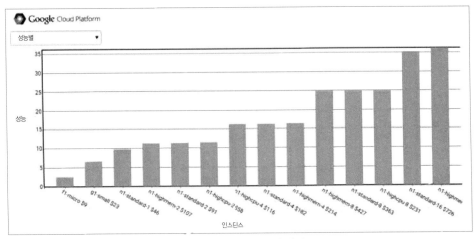

▲ **그림 12.2** 구글 컴퓨팅 엔진

- CSP가 제공하는 플랫폼과 솔루션의 차이로 인해 공급업체별 1 코어 인스턴스 성능의 차이가 최대 622%까지 발생할 수 있다.

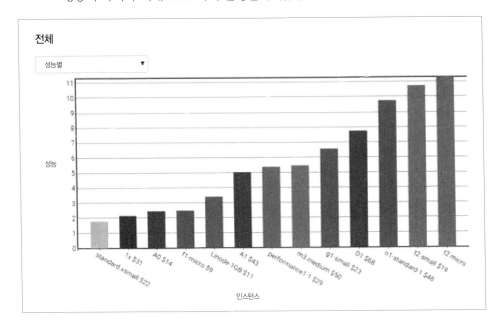

- 4 코어 컴퓨팅 가격을 비교하면 1000%까지 차이가 난다.

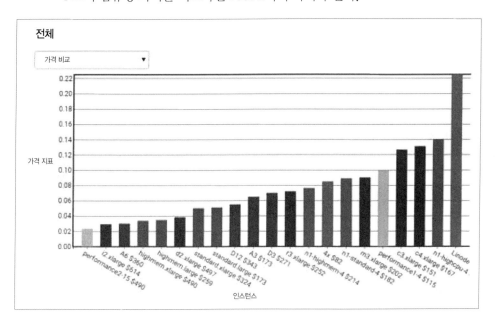

- 일별로 인스턴스 IO 성능이 60%까지 변화되는 것을 볼 수 있다.

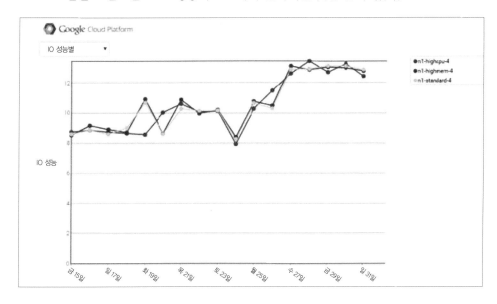

- 리전별 인스턴스 유형별 가용성과 성능도 큰 차이가 있다.

인스턴스 유형, 가격, 성능 및 데이터 센터 위치별 서비스 가용성이 클라우드 서비스 공급업체별로 지속적으로 급격하게 바뀌고 있기 때문에, 몇 개의 인스턴스 유형을 대상으로 벤치마킹 테스트를 한 차례 진행해보는 것만으로는 충분하지 않다. 위 벤치마킹 테스트를 진행하는 기간 동안에도 구글은 자사의 인프라와 가격을 변경했었다.

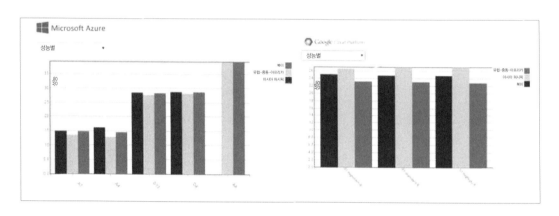

서비스 수준 계약

클라우드 표준 고객 위원회Cloud Standards Customer Council는 클라우드 서비스 수준 계약SLA의 설계 및 시행을 위한 업계 모범 사례를 개발했다. 이 위원회의 권장사항은 다음 URL을 참조하면 된다.

http://www.cloud-council.org/deliverables/practical-guide-to-cloud-service-agreements.htm

▌요약

클라우드 컴퓨팅 솔루션을 설계하고 구현할 때 품질 지표를 간과하는 경우가 종종 있다. 서비스 수준 계약서에 품질 지표를 정의하고 추적 용도로 활용할 수 있는데, 이 내용이 잘 정리되지 않았을 경우 특히 문제가 된다.

클라우드 서비스 공급자가 늘어나고 서비스의 종류도 다양해지고 있어서, 사용자 측면에서는 서비스별로 적절한 품질 지표를 식별한 후, 클라우드 서비스 공급자와 서비스 수준 계약 시에 적극적으로 활용해야 한다. 또한 클라우드 솔루션 아키텍트는 반드시 잠재 CSP의 제공 기능과 각 서비스 수준 지표를 업계 벤치마크 테스트 결과와 비교 검토할 수 있어야 한다.

13

클라우드 애플리케이션 개발

클라우드 컴퓨팅 모델을 개발 조직에 적용하면 애플리케이션 개발 프로세스도 같이 변경하게 된다. 변경의 주된 원인은 클라우드 애플리케이션의 실행 환경, 즉 클라우드 인프라환경을 개발 조직에서 통제할 수 없는 데서 기인한다. 기존 소프트웨어 개발 방식에서는 애플리케이션 개발자가 하드웨어 실행 환경을 제어하기도 하고, 어떤 하드웨어를 사용해야 하는지 방향을 결정하기도 한다. 그러나 애플리케이션을 CSP로 배포한다고 했을 때, 기반 인프라 하드웨어를 볼 수도 없고 제어할 수도 없다. 필요 보안 통제를 위한 역할, 즉 모니터링하고 통제하는 중요 측면을 서비스 제공업체에게 맡긴다. 그래서 클라우드 애플리케이션 프로그램을 개발할 때는 클라우드 기본 설계 원칙을 준수해야 하는데, 그중 가장 중요한 이유는 데이터 보안 측면이다.

13장에서 다루는 내용은 다음과 같다.

- 핵심 애플리케이션 특성
- 클라우드 애플리케이션 컴포넌트
- 데브옵스
- 마이크로서비스 및 서버리스 아키텍처
- 애플리케이션 마이그레이션 계획

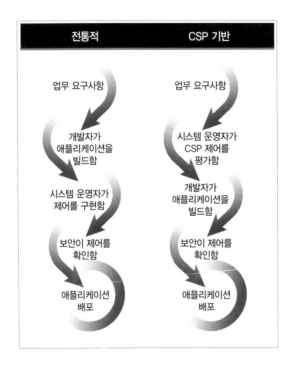

▌ 핵심 애플리케이션 특성

클라우드 컴퓨팅 애플리케이션은 다음과 같은 기본 특성을 준수해야 한다.

느슨한 결합

클라우드에서 실행되는 애플리케이션 컴포넌트 간 느슨한 결합loose coupling이 되도록 설계하면, 각 컴포넌트의 독립성을 극대화할 수 있다. 이러한 특성으로 개발된 컴포넌트는 간단하면서도 서로 간에 상호작용 및 호출 빈도수가 적기 때문에, 애플리케이션의 복원력resiliency과 이식성portability이 향상된다. 그러나 클라우드 기반 컴포넌트 간의 호출은 통신 지연 시간을 예측할 수 없기 때문에, 애플리케이션 설계 시에는 응답 시간 같은 성능 측면의 품질 속성에 유의해야 한다.

서비스 지향성

서비스 지향성service orientation은 **서비스 지향 아키텍처**SOA, service-oriented architecture로 널리 알려진 것으로, 각 서비스의 결과물, 서비스 기반 개발 방식, 서비스 간의 연계에 초점을 맞춘 하나의 설계 접근 방식이다. 하나의 서비스는 다음과 같은 특성을 갖는다.

- 논리적으로 하나의 반복 가능한 비즈니스 활동이며 정의된 결과물이 있다(예: 고객 크레딧 확인, 날씨 데이터 제공, 드릴작업 통합 보고서).
- 독립적으로 실행된다.
- 여러 서비스의 조합으로 구성되기도 한다.
- 서비스의 기술 상세 내역을 갖고 있다.

클라우드 애플리케이션은 하나의 서비스처럼 구성하기도 하고 여러 서비스를 묶은 형태의 서비스 세트처럼 구성하기도 하는데, 각 서비스 간에는 상호 호출, 활용하도록 되어 있다. 클라우드 애플리케이션의 일반적인 특징은 다음과 같다.

- **인터페이스 안정성**: 클라우드 애플리케이션 인터페이스를 통제 없이 변경해서는 안 된다. 변경을 해야 할 때는 역방향 호환을 보장해야 한다. 일부 컴포넌트 인터페이스가 변경될 경우 다른 컴포넌트 간의 재통합 작업에 상당한 노력과 비용이 들 수 있다.

- **인터페이스 표현성**: 클라우드 애플리케이션 인터페이스는 서비스의 인터페이스 개요와 호출 방법 및 예상 결과 같은 정보를 통해 개발자가 읽고 이해할 수 있도록 준비되어 있어야 하고, 이를 통해 개발자는 서비스의 이해와 서비스를 활용한 업무 처리 구현을 정확하게 할 수 있다. 서비스의 실행 환경에서는 서비스의 식별, 실행, 조합이 실시간 동적으로 될 수 있도록 구성이 되어 있어야 한다.

- **마켓플레이스 사용**: 애플리케이션 마켓플레이스는 클라우드 기반 제품 및 서비스를 쉽고 빠르게 액세스할 수 있게 하고, 제품 및 서비스의 품질 제고, 일관성, 호환성 유지를 할 수 있는 환경을 제공한다. 또한 사용자 측면에서 볼 때, 경쟁하는 제품 속에서 폭넓은 선택을 할 수 있게 하고, 애플리케이션과 데이터의 상호 운용성, 이식성을 강화하는 작용을 한다.

- **REST**[Representational State Transfer] **API**: REST API는 캐시 기능, 상태 비저장[stateless], 클라이언트–서버 호출 방식을 제공한다. 클라이언트에서 서버로 API 호출 시, 서비스 실행에 필요한 모든 정보를 포함해 요청한다. 이 같은 호출 방식은 서로 간의 상호 의존성을 낮추고 서비스의 독립성을 강화하기 때문에, 시스템의 안정성과 확장성을 높일 수 있다.

- **BASE 방식 트랜잭션**: 클라우드 애플리케이션은 일반적으로 기본적인 가용성[basic availability], 소프트 상태[soft-state] 및 최종적으로는 일관된[eventually consistent] BASE 속성으로 트랜잭션을 수행하도록 설계된다. 기존의 트랜잭션은 원자성[atomicity], 일관성[consistency], 격리[isolation], 내구성[durability]의 ACID 특성을 따른다. 이는 트랜잭션은 신뢰할 수 있지만 가용성을 희생시키지 않고는 일관성이 불가능하다는 뜻이다. BASE를 사용하면 복제된 리소스가 허용되고 적어도 1개의 복사본을 사용할 수 있지만 다른 복사본은 일시적으로 다른 상태에 있다. 그러나 동기화는 결국 데이터를 일관성 있게 만들 것이다. 일부 애플리케이션은 ACID 트랜잭션성을 요구한다. 그 외에는 트랜잭션의 일부를 제공하는 컴포넌트가 다른 컴포넌트와의 상호 운용성을 위해 BASE 트랜잭션 기능을 사용할 수 있다.

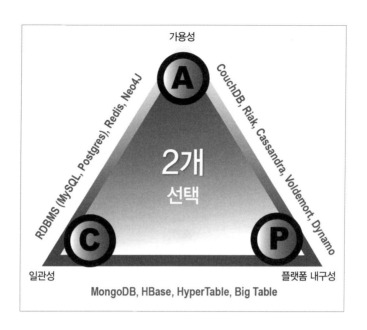

클라우드 애플리케이션 구성 컴포넌트

클라우드 애플리케이션의 구성을 살펴보면 일반적으로 웹 애플리케이션 혹은 모바일 애플리케이션 개발용 프로그래밍 언어와 관련 소프트웨어의 조합으로 되어 있다. 구성 형태 관점에서 보면 클라이언트 영역과 서버 영역으로 나누어져 있으며, 프론트엔드 및 백엔드라고도 한다. 각 애플리케이션 계층은 그 아래 소프트웨어 계층을 활용해 개발되어 있다. 다음 그림은 일반적인 웹 애플리케이션 개발 스택의 구성 예다.

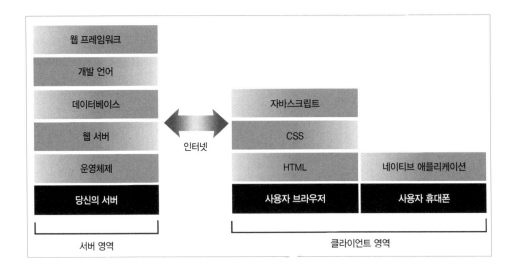

서버 영역

서버 영역에는 세 가지 클라우드 애플리케이션 개발 모델 혹은 스택이 널리 사용되고 있다.

- LAMP 스택(리눅스/아파치/MySQL/PHP)
- WISA 스택(윈도우/IIS/SQL 서버/ASP.NET)
- 자바 웹 애플리케이션 스택(리눅스 또는 솔라리스/톰캣/MySQL/JSP)

LAMP 스택

LAMP는 오픈소스 개발 스택으로 통용된다. 보통은 오픈소스 소프트웨어이기 때문에 라이선스, 설치, 셋업, 배포에 대한 직접 비용이 들지 않는다. 그러나 진행 과정에 전문지식이 필요하며, 전문지식이 없으면 시간이 많이 들 수도 있다. 현재 CSP의 클라우드 마켓플레이스에는 다양한 버전의 LAMP가 나와 있다. 이들 LAMP 버전을 설치할 때는 스택간 연계가 잘 동작하게 되어 있다. 리눅스의 성능은 우수하지만, PHP 계층에는 몇 가지한계가 있다. PHP는 인터프리터 방식의 언어이기 때문에, 매번 실행할 때마다 서버단

PHP 엔진에서 PHP 스크립트를 번역하는 과정을 거쳐서 실행하게 된다. 컴파일 과정이 필요 없지만 성능 측면에서 단점이 있다. 성능 향상을 위해 캐시 기능이나 성능을 가속시키는 수단을 고려해볼 수 있다.

WISA 스택

WISA 스택의 근간은 마이크로소프트사의 닷넷 프레임워크.NET Framework이며, 널리 보급된 표준 중 하나이기 때문에 시장에 공인 전문인력도 풍부하다. 전문인력이 많다는 것은 마이크로소프트 표준을 따라가는 기업에게는 매우 매력적일 수 있고 또한 클러스터링, 페일오버, 보안, 자동화, 비즈니스 인텔리전스와 같이 아키텍처 구성과 시스템 관리에 필요한 기능을 바로 활용할 수 있다. 닷넷 프레임워크는 JITjust-in-time 방식 컴파일을 제공하는데, 코드 보안 및 성능 향상의 특징을 제공한다. 닷넷 아키텍처는 성능 관점에서 우수하지만, 다른 환경으로의 이식성 측면에서 이슈가 있을 수 있다. WISA의 **통합 개발 환경** IDE, integrated development environment은 비주얼 스튜디오Visual Studio를 사용해야 한다.

자바 스택

자바 스택 시장 점유율 1위는 레드햇Red Hat과 제이보스JBoss가 차지하고 있다. 구성 컴포넌트는 다양하게 나와 있지만, 자바 코드를 사용한다는 점에서는 동일하다. 사용하는 각 구성 컴포넌트에 따라 성능 측면 및 개발 측면에서 상당한 차이가 있다. 레드햇 스택은 리눅스 톰캣 서버를 사용하며 XML 구성 파일을 사용해 구성 관리를 한다. 또 서블릿servlet은 컴파일되어 JAR 파일 형태로 배포되기 때문에 소스 코드를 은닉할 수 있다는 보안 관점과 성능 관점에서 스크립트 방식의 언어가 제공하는 것보다 뛰어나다. MySQL은 웹 애플리케이션에서 잘 동작하며 특히 읽기 전용 환경에서는 확장성도 제공하지만, 데이터베이스 시스템 관리 기능은 타 제품에 비해 부족하다.

제이보스 웹 서버는 **엔터프라이즈 애플리케이션 리소스**EAR, enterprise application resource와 웹 서버를 혼합한 형태다. 톰캣 서버를 사용하기도 한다. 제이보스 애플리케이션은 하이버네이트 매니저Hibernate persistence manager를 사용하고 동일한 코드를 여러 환경에 배포할 수 있다.

J2EE 표준은 트랜잭션 관리, 풀링과 같은 엔터프라이즈급에서 필요한 다양한 관리 기능을 제공한다.

클라이언트 영역

클라이언트 영역에 배치될 애플리케이션을 개발하는 방법과 종류는 다양하다. 주로 클라이언트 디바이스의 스펙과 개발 조직의 스킬에 따라 개발 언어와 방식이 결정되기도 한다. 다음은 일반적으로 사용되는 옵션 중 일부다.

- 클라이언트 영역 스크립팅 언어인 자바스크립트
- IBM 메인프레임 스크립팅 언어인 REXX
- 대화형 프로그램에 문자열을 처리하고 명령을 전달하는 TCL^{Tool Command Language}
- 마이크로소프트의 ASP^{Active Server Pages} : 백엔드 애플리케이션과 브라우저 간 인터페이스를 처리하는 웹 페이지 스크립트
- JSP^{Java Server Pages} : 백엔드 애플리케이션과 브라우저 간 인터페이스를 처리하는 웹 페이지 스크립트
- PHP : HTML에 내장되어 실행되는 오픈소스 스크립팅 언어
- AJAX^{Asynchronous JavaScript And XML} : 프로그램 언어는 아니고, 클라이언트 브라우저에서 웹 서버로 요청하고 데이터를 받아 처리할 때 사용하는 기술
- HTML5 : HTML 표준 중 최신 버전으로 이전 버전 대비 웹 콘텐츠 구조화, 성능에서 개선됨

▌데브옵스

데브옵스^{DevOps}란 애플리케이션 개발 및 서비스 출시 속도를 향상시키는 방향으로 고안된 문화 철학, 관행, 관리 도구를 결합해서 일컫는 말이다. 기존 소프트웨어 개발 방식과 기존 인프라 관리 프로세스 대비, 제품 개발 주기와 속도를 빠르게 할 수 있는 환경으로 개

선함으로써 지속적으로 제품 출시 속도의 최적화를 달성해나간다. '코드로서의 인프라Infrastructure as a Code' 개념을 사용해 클라우드 기반 인프라를 각종 API를 사용해 구성도 하고 구동, 중단시킬 수 있어서 이에 대한 자동화가 가능하다. 다음은 구성 관리를 위한 관리 도구의 예다.

- **셰프Chef**: **도메인 특화 언어**DSL, domain-specific language 중 하나인 루비Ruby를 사용해 시스템 구성 레시피recipe를 작성한다. 셰프 마스터는 워크스테이션에 설치해 사용하고, 에이전트agent는 관리 대상 노드로 SSH 방식으로 접속해 설치한다. 마스터와 관리 대상 노드에는 보안 인증을 통해 접속이 가능하다.
- **퍼핏Puppet**: 데이터 센터 오케스트레이션을 관리하는 데 사용한다. 많은 운영체제와 함께 작동하며, 주요 OS를 위한 운영 지원 도구를 제공한다. 관리되는 각 시스템에 마스터 서버 및 클라이언트 에이전트가 필요하다. 모듈 및 설정은 루비를 기반으로 한 퍼핏 전용 언어를 사용한다.
- **앤서블Ansible**: 앤서블은 설정을 관리하기 위한 노드 에이전트 설치가 필요하지 않다. 깃 저장소 클론을 통한 설치와 함께 파이썬을 사용한다. 모든 기능은 SSH를 사용한다. 앤서블 노드 관리는 각 노드에 SSH 인증 키를 추가해야 한다.
- **솔트Salt**: 클라이언트 통신에 푸시 방법을 사용하는 CLIcommand-line interface 도구. 깃 또는 패키지 관리 시스템에 설치된다. 솔트는 일반 SSH를 통해 전달된다. 파일 제공 속도를 높이기 위한 비동기 파일 서버도 포함한다. 파이썬이나 PyDSL은 사용자 정의 모듈을 작성하는 데 사용된다.

▌ 마이크로서비스 및 서버리스 아키텍처

클라우드 컴퓨팅이 발전함에 따라 애플리케이션 설계 기법도 발전하고 있다. 한 가지 중요한 발전은 마이크로서비스 아키텍처 스타일이다. 애플리케이션은 비즈니스 기능을 구현하고자 조합되는 느슨하게 결합된 서비스의 모음으로 구조화된다. 마이크로서비스 아키텍처는 크고 복잡한 애플리케이션의 지속적인 딜리버리/배포를 지원하도록 사용된다. 또한 이것은 조직이 기술 스택을 발전시킬 수 있게 한다. 또 다른 중요한 새로운 접근 방식은 서버리스^{serverless} 컴퓨팅이라고 불리는 적시^{just-in-time} 인프라 프로비저닝 모델을 사용해 임시 컨테이너를 제공하는 제3자 서비스를 독점적으로 사용하는 것이다. 이 실행 모델을 통해 클라우드 공급자는 시스템 리소스 할당을 동적으로 관리한다. 가격은 미리 구매한 용량 단위가 아니라 애플리케이션이 소비하는 실제 리소스의 양에 기초한다.

▎ 애플리케이션 마이그레이션 계획

클라우드용 애플리케이션의 개발은 아키텍트가 이해하는 필수 영역이지만 대부분의 대기업은 클라우드 환경으로의 마이그레이션을 목표로 하는 일부 기존 애플리케이션을 보유하고 있다. 클라우드 솔루션 아키텍트는 이러한 활동에도 깊이 관여하고 있다. 애플리케이션 마이그레이션은 일반적으로 다음과 같은 네 가지 단계를 거친다.

- 조직 평가
- 솔루션 정의 및 설계
- 애플리케이션 마이그레이션
- 애플리케이션 운영

평가 단계에서 마이그레이션 팀은 클라우드 컴퓨팅 환경으로의 전환 준비를 위해 조직의 인프라 및 대상 애플리케이션을 평가한다. 시스템 및 애플리케이션의 소유자 인터뷰는 이 평가의 핵심이다. 애플리케이션 소유자는 현재 애플리케이션 상태에 대한 질문에 사전 요구사항으로 응답한다. 클라우드 채택 자체는 애플리케이션 포트폴리오 활동이다. 데이터나 애플리케이션 자체보다 비즈니스 애플리케이션 간의 상호작용과 의존성이 더 중요할 수 있다. 의존성은 클라우드 준비 상태 사전 설정에 중요한 사전 선별, 분석 및 하이브리드 인프라 설계를 만든다. 이 선별 프로세스는 애플리케이션 아키텍처와 현재 유지 비용을 파악한다. 또한 이해관계자의 의사결정 과정을 지원하도록 마이그레이션 옵션 비용 편익 분석을 위한 기준 데이터를 제공해야 한다. 마이그레이션 애플리케이션은 일반적으로 네 가지 전환 프로세스 중 하나를 대상으로 한다.

- **리프트 앤 시프트**lift and shift : 적절한 CSP 서비스를 사용해 필요한 인프라를 재구축하고, 애플리케이션은 수정 없이 현재 상태로 전환된다.
- **리팩토**refactor : 맞춤형 인프라에서 운영되도록 설계된 애플리케이션은 마이그레이션 전에 사용 가능한 클라우드 서비스를 활용하도록 수정된다.
- **리빌드**rebuild : 조직에 여전히 필요하지만 유용한 클라우드 기반 서비스를 사용하도록 수정할 수 없는 애플리케이션이 대상이다. 이러한 애플리케이션은 프로세스를 클라우드로 전환하기 전에 재설계 및 재구축된다.
- **리타이어**retire : 더 이상 운영상 또는 경제적으로 조직에서 사용할 수 없는 애플리케이션이다. 관련 프로세스를 제거하거나 사용 가능한 SaaS로 대체한다.

솔루션 정의 및 설계 단계에서는 후보 솔루션을 정의, 설계 및 비교하고자 조직 요구사항과 관련 메트릭metric을 사용한다. **멀티 클라우드 분석 플랫폼**MCAP, multi-cloud analysis platform은 일반적으로 이 단계를 지원하고자 사용된다. MCAP는 기업, 서비스 제공업체 및 시스템 통합업체가 IT 인프라를 모델링, 설계, 벤치마킹, 최적화할 수 있게 한다. 또한 미래형 시스템 아키텍처 대안을 설계하고 모델링하는 데 IT 인프라를 사용한다. 이 단계에서는 마이그레이션이 애플리케이션 성능, 보안 및 확장성에 어떤 영향을 미치는지를 이해하고 미션 적합성에 대한 통찰력을 얻고자 to-be 아키텍처 옵션을 검토한다. 이 단계에는 모든 데이터 보안 제어 요구사항의 최종 확정도 포함된다. 운영상의 필요, 법률, 업계 규제는 보안 요건을 이끌어낸다. 보안은 조직과 선택된 클라우드 서비스 공급자 간에 공유되는 책임이기 때문에, 이 활동은 솔루션 설계 내에서 필요한 모든 보안 통제와 이들의 애플리케이션을 식별한다.

애플리케이션 마이그레이션 단계에서 애플리케이션은 먼저 샌드박스 환경으로 마이그레이션해 기능 및 보안 테스트를 완료한다. 애플리케이션은 기능적 능력과 보안 통제를 검증한 후 프로덕션 환경으로 이관된다.

애플리케이션 운영 단계에서 최종 운영 주체는 인프라와 애플리케이션을 관리하기 시작한다. 사용자는 이 단계 내내 CSP의 **서비스 수준 계약**^{SLA} 준수를 지속적으로 모니터링해야 한다. 모든 클라우드 기반 리소스에 대한 지속적인 모니터링도 필요하다. 조직은 계획된 비용과 실제를 비교해 지속적으로 비용을 재조정해야 하며, 클라우드 사용을 간소화하는 정책을 권고해야 한다. 요구사항과 이용 가능한 시장 서비스가 개선됨에 따라, 다른 서비스 제공업체로의 전환이 좀 더 최적의 선택이 될 수 있다.

▌ 요약

클라우드 애플리케이션은 웹 또는 모바일 애플리케이션을 만드는 데 사용되는 소프트웨어와 프로그래밍 언어 조합으로 구성된다. 또한 이러한 애플리케이션은 느슨한 결합, 안정적이고 서술된 인터페이스, 마켓플레이스 및 REST 같은 클라우드 친화적 특성을 준수해야 한다. 가장 널리 사용되는 서버 측 스택은 LAMP, WISA, 자바다. 많은 기업이 데브옵스를 채택해 애플리케이션 개발 프로세스를 가속화했다. API를 활용해 클라우드 기반 인프라를 인스턴스화하고자 스크립팅을 이용하는, '코드로서의 인프라'라는 개념을 사용한다. 클라우드용 애플리케이션의 개발은 아키텍트가 이해하는 필수 영역이지만, 대부분의 대기업은 클라우드 환경으로의 마이그레이션을 목표로 하는 일부 기존 애플리케이션을 보유하고 있다. 클라우드 솔루션 아키텍트는 조직 요구사항과 관련 메트릭을 사용해 후보 솔루션을 정의, 설계 및 비교해야 한다.

14

데이터 보안

클라우드 컴퓨팅과 소비형 IT가 폭발적으로 증가함에 따라, 사용자가 생성한 데이터는 물론 사용자의 정보까지 사실상 어디에나 있게 됐다. 이렇게 데이터 이동성의 개념이 크게 확장되면서 기존의 인프라 방어 방식의 보안 개념은 더 이상 적용하기 어려운 상황이 됐다. 기업에서 기존의 인프라 중심의 데이터 보안 모델을 데이터 중심의 클라우드 컴퓨팅 보안 모델로 전환하면서 필요 보안 요구사항에 맞는 솔루션을 스스로 구축한다는 것은 쉽지 않은 일이다. 이 경우 클라우드 솔루션 아키텍트를 활용해 최종 사용자의 업무 진행 방해를 최소화하면서 이 문제의 해결 방안을 수립하고 추진해나간다. 데이터 중심 보안 모델의 목적은 비즈니스의 가장 중요한 자산인 데이터가 항상 보호되도록 보장하는 것이다. 클라우드 컴퓨팅 비즈니스 모델의 성공을 위해서도 데이터를 어디에나 보관되도록 만드는 것이 매우 중요한 요소다. 데이터 중심의 보안 솔루션은 엔드포인트 디바이스를 보호하는 방식이 아니라 데이터를 직접 보호하는 방식을 목표로 해야 한다. 디바이스 보호 방식은 대부분 현재 시행 중인 기업 보안 대책에다가 보완해야 될 사항을 추가해 강화하는 방식으로 진행된다. 클라우드 솔루션은 사용자가 생성하고 사용하는 데이터, 파일, 문서, 폴더의 전체 수명 주기 동안 이를 보호하는 데 초점을 맞춘다. 또한 데이터를 내부, 외부 직원 및 협력 기관에 전달할 때도 보호해야 하며 이동 중일 때도 보호해야 한다. 여러 기업에서는 Box, Dropbox, OneDrive, Google Drive 같은 퍼블릭 클라우드를 수용함으로써 좀 더 스마트하고, 기민하고, 협업적이고, 효율적으로 작업할 수 있는 기회로 만들어가고 있다. 데이터 자체가 디지털 커머스의 필수적인 요소인데 이는 지적 재산, 직원 정보, 고객 데이터를 보유하고 있기 때문이다. 각 기업 환경에 맞게 기업 데이터를 보호하고 GDPR^{General Data Protection Regulation}(일반 데이터 보호 규정) 같은 글로벌 규정을 준수하려면 데이터 검색, 분류, 암호화 및 파일 보호를 포함한 포괄적인 데이터 중심의 보안 프로그램을 개발해야 한다.

14장에서 다루는 내용은 다음과 같다.

- 데이터 분류
- 데이터 개인 정보 보호

▌ 데이터 보안 수명 주기

보안 데이터 수명 주기에는 다음과 같은 여섯 단계가 있다.

- **생성**^{create}: 디지털 콘텐츠의 신규 생성 또는 획득, 또는 기존 콘텐츠의 변경/업데이트가 일어나는 단계다. 생성은 데이터를 클라우드로 가져온 후에 클라우드 내부 또는 외부에서 일어날 수 있다. 생성 단계에서는 기업 관점에서 민감도와 가치 기준에 따라 콘텐츠를 분류하게 된다. 내용이 잘못 분류될 경우 취약한 보안 통제가 시행될 수 있기 때문에 세심한 분류가 필요하다.

- **저장**^store : 스토리지 저장소에 디지털 데이터를 커밋(일반적으로 생성과 거의 동시에 발생함)하는 단계다. 데이터를 저장할 때는 암호화, 액세스 정책, 모니터링, 로깅 같은 분류 수준과 통제에 맞춰 보호해야 하며, 데이터 위협을 피하기 위한 백업 도 고려해야 한다. ACL^access control list이 제대로 설정되어 있지 않거나 파일의 위 협 취약성 검사에서 검색되지 않거나 잘못 분류된 콘텐츠의 경우 공격자에게 취 약할 수 있다.

- **사용**^use : 데이터의 수정 없이 일부 활동에서 사용되거나 조회 또는 처리되는 단 계다. 이 단계가 보안에 가장 취약한데, 왜냐하면 데이터가 워크스테이션 같은 안전하지 않은 장소로 복제될 수 있기 때문이다.

- **공유**^share : 정보를 사용자 간, 고객 간, 파트너 간 등 타인이 접근할 수 있게 만드 는 단계다. 공유 데이터는 더 이상 조직의 통제를 받지 않기 때문에 보안 유지에 어려움을 겪을 수 있다. 데이터 손실 방지 기술을 사용해 무단 공유를 탐지할 수 있으며, 데이터 권리 관리 기술을 사용해 해당 정보에 대한 통제력을 유지할 수 있다.

- **아카이브**^archive : 데이터가 비활성화 상태로 되어 장기 저장소로 들어가는 단계 다. 유지 비용 대비 가용성 분석을 통해 각 데이터 분류와 상태에 맞는 액세스 절차를 정의하기도 한다. 아카이브에 보관된 데이터도 분류에 따라 보호돼야 하는 대상이다. 규제 요건도 다뤄져야 하며, 다른 도구와 공급자를 활용하기도 한다.

- **폐기**^destroy : 물리적 수단 또는 디지털 수단을 사용해 데이터를 영구적으로 폐기하 는 단계다(예: crypto-shredding). 폐기 단계는 사용량, 데이터 내용, 사용되는 애 플리케이션에 따라 다른 기술적 의미를 가질 수 있다. 데이터는 포인터의 논리 적 삭제 방식, 물리적 수단 또는 디지털 수단을 사용해 영구적으로 데이터를 폐 기하는 방식이 있다. 데이터 폐기의 고려사항으로는 규정, 사용 중인 클라우드 유형(IaaS 대 SaaS), 데이터의 분류가 있다.

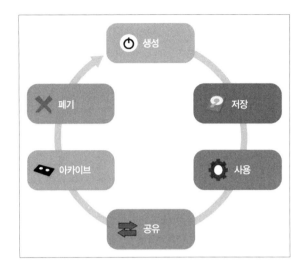

데이터 보안 수명 주기는 위의 그림에서와 같이 데이터가 생성되어 폐기되는 데까지의 단계를 다루지만, 데이터의 위치나 데이터 액세스 방법(기기 또는 채널), 데이터로 수행할 수 있는 기능, 행위자(사람 또는 시스템)가 데이터에 액세스할 수 있도록 허가하는 과정은 다루지 않는다. 그럼에도 클라우드 솔루션을 구축할 때는 보안과 관련된 이 측면을 다 고려해서 방안을 찾아야 한다. 데이터 보안 수명 주기는 서로 다른 운영 환경에서 실행되는 작은 수명 주기가 연속된 것처럼 관리해야 한다. 데이터는 이러한 환경 사이를 끊임없이 오고 가면서 옮겨 다닐 수 있다. 규제, 법률, 계약 및 기타 법적 관할권 이슈를 다룰 때는 데이터의 물리적 위치와 논리적 위치를 추적하는 것이 상당히 중요한 주제가 된다. 이 같은 이슈는 누가 데이터를 사용할 권한이 있는지, 어떤 디바이스와 통신 채널을 사용할 수 있는지 결정하는 데 영향을 미친다. 디바이스와 채널은 다른 보안 특성을 가지고 있으며 각각 사용할 수 있는 애플리케이션과 클라이언트의 종류도 다르다. 데이터는 다음의 세 가지 범주에 속하는 기능에 의해 처리된다.

- **액세스**access : 데이터 보기/접근하기, 생성, 복사, 전파, 파일 이동
- **프로세스**process : 데이터를 처리하는 것transaction. 비즈니스 수행 트랜잭션 과정에 서 데이터를 사용하거나 변경하는 것

- **저장**store: 미래에 사용하도록 데이터를 저장하는 것(파일이나 데이터베이스에 저장)

기능이 수행되려면 수행 장소가 있어야 하고 행위자(사람, 애플리케이션 또는 시스템/프로세스)도 있어야 한다. 데이터를 보호하려면 보안 통제security control 수단을 결정해selection 구축한implementation 후, 지속적인 집행enforcement 노력이 필요하다. 통제를 한다는 건, 할 수 있는 행위 중에서 허용된 행위만을 할 수 있도록 제한한다는 의미를 담고 있다. 대체적으로 적절한 거버넌스 체제 수립 과정을 통해 통제 방법을 선택할 수 있다. 적용 가능한 거버넌스 체제는 다음과 같다.

- **GDPR**General Data Protection Regulation: GDPR(Regulation (EU) 2016/679)은 유럽 의회, 유럽연합의 이사회 및 유럽위원회가 모든 유럽연합EU 개인에 대한 데이터 보호를 통합하고 강화한 규정이다.
- **SOX**: 2002년의 샤베인스옥슬리법은 기업 사기를 줄이고자 데이터 액세스를 통제한다.
- **HIPPA**: 1996년의 건강 보험 이동성 및 책임 법HIPAA, Health Insurance Portability and Accountability Act은 의료 정보 보호를 위한 데이터 개인 정보 보호 및 보안 규정을 제공하는 미국 법률이다.
- **FedRAMP**: 연방 리스크 및 권한 관리 프로그램Federal Risk and Authorization Management Program은 보안 평가에 표준화된 접근 방식을 제공하는 미국 정부 차원의 프로그램이다.
- **PCI DSS**: 결제 카드 산업 데이터 보안 표준Payment Card Industry Data Security Standard은 신용, 직불, 현금카드 거래 보안을 최적화하도록 고안된 정책 및 절차를 다루고 있으며, 카드 소지자의 개인 정보 오용과 관련해서 카드 소지자를 보호한다.
- **FERPA**: 가족 교육 권리와 사생활 보호법Family Educational Rights and Privacy Act은 부모와 자녀의 교육 기록(즉, 성적표, 학교 생활 기록, 징계 기록, 연락처 및 가족 정보, 수업 일정)을 보호하는 미국 연방 개인 정보 보호법이다.

클라우드 보안 연합[Cloud Security Alliance]은 클라우드 통제 매트릭스[Cloud Control Matrix](https://cloudsecurityalliance.org/download/cloud-controls-matrix-v3-0-1/)라고 알려진 참고 자료를 제공하며, 여기에는 이러한 기관 및 기타 산업 거버넌스 체계에 필요한 데이터 보안 통제가 나열되어 있다. 클라우드 솔루션 아키텍트는 데이터의 위치나 데이터를 액세스하는 행위자가 누구인지 상관없이 데이터 통제가 필요한 전체 영역을 식별하고, 이 통제 솔루션이 데이터 접근 통제를 제대로 수행하고 있는지 확인할 책임이 있다.

▌데이터 분류

데이터 보호는 언제 어디서나 중요하다는 사실을 감안할 때 데이터 관리를 위해 가장 중요한 일은 데이터를 적절히 분류하는 것이다. 이상적인 방법은 데이터가 생성될 때 데이터 엔티티에 따라 분류되게 하는 것이다. 이게 아니라면 기업 정보 거버넌스 가이드라인에 근거한 별도 기준에 따라 해당 데이터를 검토하고 분류할 필요가 있다. 정보 거버넌스는 데이터를 관리하는 정책과 절차를 의미하며 다음과 같은 것이 있다.

- **정보 분류**[information classification]: 중요 정보 범주[category]를 높은 수준으로 설명한 것. 정보 분류의 목표는 높은 수준의 범주를 정의해 적절한 보안 통제를 결정하는 것이다.
- **정보 관리 정책**[information management policy]: 데이터 유형별 허용되는 행위를 정의해놓은 정책
- **위치 및 법 관할 정책**[location and jurisdictional policy]: 데이터를 보관할 수 있는 지리적 위치. 주로 관련 법과 규제에 따라서 결정된다.
- **인증**[authorizations]: 직원 사용자 유형별로 액세스할 수 있는 정보 유형을 정의한다.
- **소유자**[ownership]: 정보 보호 최종 책임자
- **관리자**[custodianship]: 소유자의 지시에 따라 정보 관리를 책임지는 사람

데이터 분류 과정의 모범 사례를 참고해보면, 분류 스키마는 최소한 다음의 8가지 핵심 영역을 다뤄야 한다.

- 데이터 유형(형식, 구조)
- 정보 컨텍스트
- 법 관할권 및 기타 법적 제약사항
- 데이터 소유권
- 신뢰 수준 및 출처
- 계약상의 의무 또는 사업상의 제약
- 기업 관점에서 데이터의 가치, 민감성 및 중요성
- 보관 및 보존 의무

데이터 분류 범주에 맞는 적절한 데이터 통제 방법을 결정해야 한다.

▌ 데이터 개인 정보 보호

클라우드 컴퓨팅 서비스를 성공적으로 구축하려면 (지리적으로) 관련 **개인 정보 보호 및 데이터 보호**P&DP, privacy and data protection 법을 준수하도록 구축돼야 한다. 이것은 구축 고객뿐만 아니라 서비스 공급자 모두에게 해당하는 것이다. 실행 가능한 솔루션을 찾으려면 클라우드 서비스 고객과 클라우드 서비스 공급자 간 밀접한 협업이 필요하고, 이를 통해 적절한 합의사항과 통제 방법을 찾아 구축해야 하며, 정의된 역할과 의무due care[1] 및 실시due diligence[2] 책임의 귀속성을 보장하는 데 초점을 맞춰야 한다. P&DP 규정의 범위는 클라우드에서 처리되는 개인 정보의 주체(데이터 주체), 클라우드 컴퓨팅을 사용하는 개인 정보

---

1 의무(due care)란 보안 정책, 절차, 표준을 개발하는 것처럼 발생 가능한 리스크로부터 조직, 리소스 그리고 직원을 보호하기 위해 필요한 조치를 취하는 것으로서 반드시 해야 할 원칙, 위반 시 처벌이 따르는 행위를 말한다. – 옮긴이

2 실시(due diligence)란 보호 메커니즘이 지속적으로 유지되고 운영되는 것을 보증하기 위한 활동이다. 수행하면 좋지만 안 해도 처벌이 없는 행위로서 융통성이 있다. 예를 들어, 사내 고객 정보 시스템을 구축하고 시스템 내 사내 고객 정보의 누출을 방지하기 위해 방화벽을 설치하고, 이와 관련된 보안 정책을 수립하는 것이 바로 의무(due care)이고, 방화벽이 설치된 후 지속적으로 방화벽의 기능 개선을 위해 패치 작업 설치를 통한 사공 방지가 실시(due diligence)다. – 옮긴이

처리자(클라우드 서비스 고객), 해당 데이터 처리할 때 사용하는 클라우드 서비스 공급자(클라우드 서비스 공급자)를 모두 포함한다. 개인 정보 보호와 관련된 주요 역할은 다음과 같다.

- **데이터 대상**data subject : 자신의 신체적, 생리적, 정신적, 경제적, 문화적, 사회적 정체성(전화번호, IP 주소) 관련 요소 중 하나 이상의 요소나 식별번호를 참조해 직간접적으로 식별할 수 있는 주체
- **컨트롤러**controller : 개인 정보의 처리 목적과 방법을 결정하는 엔티티. 국가 또는 지역사회 법률이나 규정이 데이터 처리의 목적과 수단을 결정하는 경우, 컨트롤러는 국가 또는 지역사회 법률에 의해 지정될 수 있다.
- **프로세서**processor : 자연인 또는 법인, 공공기관, 정부기관, 컨트롤러를 대신해 개인 정보를 처리하는 기관
- **데이터 소유자**data owner : 데이터에 대한 접근을 허가하거나 거부할 수 있고 정확성accuracy, 무결성integrity, 적시성timeliness을 담당하는 기관이다.

클라우드 전환 과정에서 이 역할을 각각 다른 조직에서 맡아 진행하는 경우도 있고, 한 조직에서 전체 역할을 다 맡아 진행하는 경우도 있다. 데이터 소유자의 지시에 따라 모든 데이터를 보호하는 방향으로 정보 보안 통제를 진행해야 한다. 개인 정보 보호 및 데이터 보호 법률을 충족하려면 다음의 데이터 분류 관련 체크리스트를 점검해야 한다.

- 관련 국가 또는 법 관할권에 대한 P&DP 법령
- 처리processing 범위 및 목적
- 처리할 개인 정보의 범주
- 처리 범주
- 허용된 데이터 위치
- 허용된 사용자 범주
- 데이터 보관 제약사항
- 정보 보안 보장 수단

- 데이터 침해 제약
- 상태

▌개인 식별 가능 정보

개인 식별 가능 정보^{PII, personally identifiable information}는 개인을 식별하거나 찾기 위해 사용하는 정보로, 단독으로 사용되기도 하고 다른 정보와 결합해 사용되기도 한다. 특정 데이터를 PII로 분류하는 것은 관련 정부나 관할권의 법률이나 규정에 의해 결정된다. PII는 연계 정보^{linked information}와 연계 가능한 정보^{linkable information} 두 종류로 나눌 수 있다. 연계 정보는 개인을 식별하는 데 사용될 수 있으며 다음을 포함한다.

- 성명 전체^{full name}
- 집 주소
- 이메일 주소
- 사회보장번호(한국의 경우 주민번호)
- 여권번호
- 자동차 운전면허번호
- 신용카드번호
- 생년월일
- 전화번호
- 로그인 상세 정보

연계 가능한 정보는 그 자체로는 개인을 식별하는 데 사용할 수 없지만 다른 정보와 결합하면 개인을 식별, 추적 또는 찾을 수 있는 정보다. 그 예로는 다음과 같은 것이 있다.

- 국가, 시도, 우편번호
- 성 또는 이름

- 성별
- 나이
- 인종
- 직업과 직장

비개인 식별 정보^{non-personally identifiable information}는 개인을 식별, 추적 또는 식별하는 데 단독으로 사용할 수 없는 데이터다. 그 예는 다음과 같다.

- 기기 번호^{device ID}
- IP 주소
- 쿠키 정보^{cookies}

▌요약

데이터 보안은 클라우드 보안의 핵심이다. 솔루션 아키텍트는 이러한 사고방식을 조직 전체에 걸쳐 확립하고 유지해나갈 수 있게 해야 한다. 클라우드 컴퓨팅 비즈니스 모델을 완수하려면 데이터를 두는 위치가 상당히 중요하며, 가장 핵심적인 데이터 관리 작업은 데이터 분류다. 데이터 분류 기준이 지속적으로 변화하고 있어서 글로벌 개인 정보 보호 및 데이터 보호^{P&DP} 법의 내용도 유동적인 성격을 띠고 있다. 보안 솔루션을 성공적으로 구축하려면 누가 어떻게 데이터 보호 역할을 하고 있는지 인식하고, 조직의 역할과 상관없이 모든 필요 보안 통제 수단이 적재적소에 배치되어 제 역할을 하고 있는지 확인해야 한다.

15

애플리케이션 보안

15장에서 다루는 내용은 다음과 같다.

- 애플리케이션 보안 관리 프로세스
- 애플리케이션 보안 리스크
- 클라우드 컴퓨팅 위협

▌애플리케이션 보안 관리 프로세스

ISO 27034-1 표준은 클라우드 애플리케이션 보안을 구현할 때 필요한 프레임워크를 제공한다. 이 표준의 기본 원칙에는 다음과 같은 내용이 포함되어 있다.

- 애플리케이션 전체 수명 주기 동안 보안 요구사항을 정의하고 분석해 지속적으로 관리한다.

- 보안 요구사항 유형과 범위는 (1) 사업, (2) 규제, (3) 기술 영역에 따라 달라지며 애플리케이션 리스크도 영향을 받는다.
- 애플리케이션 보안 통제 및 감사 측정 비용은 목표 신뢰 수준에 따라 결정돼야 한다.
- 감사 프로세스를 통해 통제 시스템이 관리 목표 신뢰 수준에 맞게 작동되고 있는지 검증해야 한다.

또한 ISO 27034-1은 컴포넌트, 프로세스 및 프레임워크를 제시해 기업에서 허용 가능한(또는 견딜 만한) 보안 비용으로 신뢰할 만한 애플리케이션을 구매하고, 구축해 사용할 수 있도록 지원한다. 이들 컴포넌트, 프로세스, 프레임워크는 애플리케이션이 목표 신뢰 수준에 도달해 유지되고 있음을 입증할 자료를 제공한다. 다음은 이를 위해 권장하는 상위 프로세스의 예다.

- **조직 규범 프레임워크**ONF, Organization Normative Framework **관리 프로세스**: ONF의 애플리케이션 보안 관련 측면을 관리하는 데 사용함
- **애플리케이션 보안 관리 프로세스**ASMP, Application Security Management Process: 기업에서 사용하는 각 애플리케이션의 보안 관리에 사용한다. 이 프로세스는 다음 다이어그램에서 볼 수 있듯이 5단계로 수행된다.

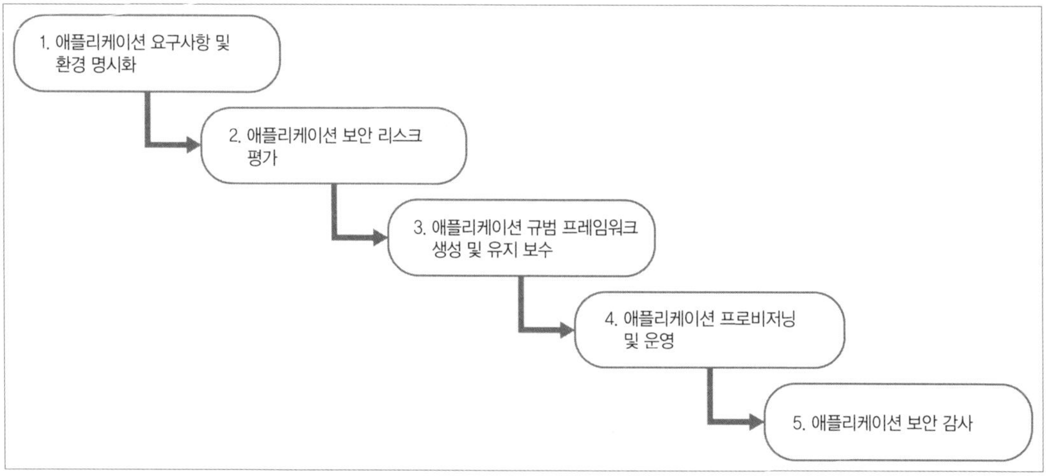

ONF는 기업 애플리케이션 보안 모범 사례와 이러한 모범 사례를 정제해 정리된 내용을 제공한다. 모범 사례에는 필수 컴포넌트, 이 컴포넌트를 활용한 프로세스, ONF 자체 관리를 위한 프로세스가 포함되어 있으며 기업에서 수용하는 규정, 법률, 모범 사례, 역할 및 책임을 다룬다. ONF는 지속적인 개선 순환 구조를 만들기 위한 양방향 프로세스다. 하나의 애플리케이션에 대해 보안성 확보 방법이 개발되면 ONF로 전달해 전체 조직 차원에서 애플리케이션 보안성 강화 용도로 사용하게 된다. 다음은 보안 관련 IT 거버넌스 컴포넌트다.

- **비즈니스 컨텍스트**business context : 기업에서 채택한 애플리케이션 보안 정책, 표준 및 모범 사례 등
- **규제 컨텍스트**regulatory context : 애플리케이션 보안에 영향을 미치는 모든 표준, 법률 및 규정 등
- **기술 컨텍스트**technical context : 애플리케이션 보안에 적용되는 필수 기술 혹은 사용 가능한 기술
- **명세**specification : 기업의 IT 기능 요구사항 문서, 이 요구사항을 해결하는 데 적합한 솔루션 문서
- **역할, 책임 및 자격**: IT 애플리케이션과 관련된 조직 내의 행위자를 설명하는 문서. 애플리케이션 보안과 관련된 프로세스를 포함한다.
- **애플리케이션 보안 통제 라이브러리**: 식별된 위협, 컨텍스트, 목표 신뢰 수준을 기반으로 애플리케이션을 보호하는 데 필요한 통제 수단을 담고 있다.

리스크 관리 프로세스의 두 번째 단계인 애플리케이션 보안 리스크 평가는 애플리케이션 수준 리스크 평가 프로세스를 적용해 수행한다. 주된 목적은 개별 애플리케이션 리스크 분석을 통해 신뢰 수준의 목표를 정하고 조직의 승인을 얻는 것이다.

이 프로세스의 세 번째 단계인 **애플리케이션 규범 프레임워크**ANF, Application Normative Framework는 ONF의 서브셋이며, 개별 애플리케이션 소유자가 정의한 애플리케이션별 목표 신뢰 수준에 필요한 정보를 포함하고 있다. ANF를 활용해 목표 사업 프로젝트에 적용할 수 있는

요소가 어떤 것인지 ONF로부터 식별한다.

ONF와 ANF는 일대다 관계이며, 하나의 ONF로부터 여러 개의 ANF가 생성되는 방식이기 때문이다.

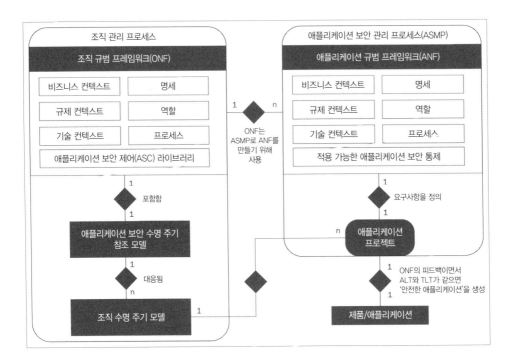

ASMP의 네 번째 단계는 애플리케이션의 프로비저닝 및 운영이며 애플리케이션 프로젝트 내의 배포 및 관련 후속 작업을 진행하는 단계다. 실제로 ANF에 포함된 보안 과업의 실행을 의미한다. ASMP의 다섯 번째 단계는 애플리케이션 보안 감사이며, 애플리케이션이 목표한 신뢰 수준 달성 여부 판단을 위한 근거 자료의 기록과 검증을 수행한다.

전체 ASMP를 설명한 그림은 다음과 같다.

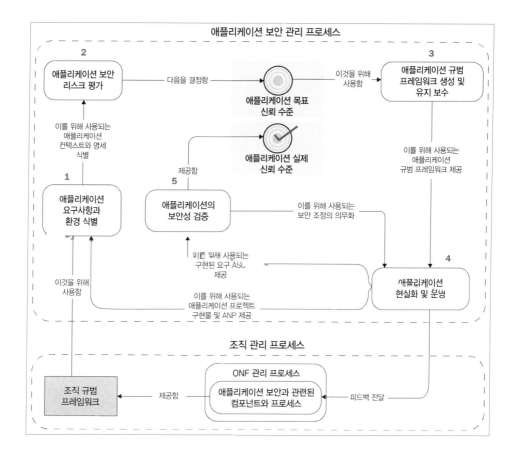

▎ 애플리케이션 보안 리스크

클라우드 컴퓨팅 솔루션에 적절한 데이터 통제 방안을 식별하고 설계가 완료되고 나면, 애플리케이션 자체 보안성을 높여야 한다. 이와 관련된 보안성 강화 프로세스 중에서 가장 잘 활용되고 있는 최고의 지침은 상위 10개 OWASP로 가장 중요한 웹 애플리케이션 보안 리스크 10개에 대한 대책이다. 각 리스크의 목록과 설명은 https://owasp.org/www-pdf-archive/OWASP_Top_10-2017_%28en%29.pdf.pdf를 참고하자.

❚ 클라우드 컴퓨팅 위협

클라우드 보안 연합^{Cloud Security Alliance}에서는 클라우드 기반 애플리케이션의 주요 위협 요소를 정리했다. 트레처러스 12^{Treacherous Twelve}라고 일컫는 보안 클라우드 솔루션은 이러한 공격 매개체로부터 애플리케이션과 프로세스를 보호한다. 주요 위협에 관한 자세한 설명은 https://downloads.cloudsecurityalliance.org/assets/research/top-threats/ Treacherous-12_Cloud-Computing_Top-Threats.pdf를 참고하자.

❚ 요약

애플리케이션 보안성을 확보하려면 표준화되고 일관된 애플리케이션 개발 프로세스를 통한 데이터 보안성을 확보해야 한다. ONF와 ANF를 활용해 표준화를 진행하고 ASMP를 통해 조직 내에 일관성 있게 적용되도록 한다. 클라우드 컴퓨팅을 흔히 IT의 산업화라고 하지만, 애플리케이션 개발 프로세스상에 결함이 있는 경우 클라우드 컴퓨팅을 통해 얻고자 하는 가치는 크게 손상될 수 있다. 가치 제공 역량의 핵심은 애플리케이션 구축이기 때문에 15장에서 제시한 이상적 보안 확보 목표점을 지향해나가야 한다.

16

리스크 관리 및
비즈니스 연속성

클라우드 컴퓨팅 솔루션은 클라우드를 사용할 때 얻을 수 있는 비즈니스 가치와 데이터 손실 리스크 간의 균형을 유지한다. 16장에서는 비즈니스 가치와 데이터 손실 리스크 양면으로 이뤄진 관리 방정식을 풀어나갈 수 있는 방안을 제시함으로써, 클라우드 솔루션을 아키텍팅할 때 만나게 될 복잡한 의사결정을 적절히 할 수 있게 한다.

16장에서 다루는 내용은 다음과 같다.

- 리스크 프레이밍
- 리스크 평가
- 리스크 모니터링
- 비즈니스 연속성과 재해 복구

▌ 리스크 프레이밍

클라우드 컴퓨팅의 리스크는 다면적이며 여러 참여자가 연관되어 있다. 실제로, 전체 클라우드 모델은 공급자와 소비자가 함께 관리하는 공유 리스크 모델에 의존한다. 클라우드 사용 기업의 경우 서비스 생태계의 상호 연관성 때문에 사내 IT 부서가 통제하지 못하게 되는 영역을 리스크로 간주한다. 기존 방식으로 리스크 관리를 설계할 때는 상호 연관성도 낮고 불확실한 부분이 거의 없는 영역을 대상으로 한다. 그러나 전체 환경이 네트워크화된 오늘날의 세계에서는 불확실성이 높고 동적으로 변화되는 상호 연관성이 높은 시스템 환경 속에서 리스크를 관리한다. 주요 클라우드 컴퓨팅 관련 리스크는 다음과 같다.

- 재무 목표의 충족 실패
- 기업 조직 구조와 문화로 인한 클라우드 컴퓨팅 도입/적용 추진력 미비
- 클라우드 서비스를 통합할 때의 해결하기 힘든 각종 이슈
- 법적, 계약적, 도덕적 의무 준수 미흡
- 클라우드 서비스의 기술적 부적절성
- 클라우드 솔루션 품질 부적절성

수행 기업과 조직에서는 클라우드 컴퓨팅 전환 프로젝트 추진 시점에 관련 리스크의 목록을 도출한 후 조직 내 합의 과정을 거쳐서 리스크를 프레이밍framing해야 한다.

▌ 리스크 평가

클라우드 컴퓨팅 도입 관련 리스크 관리의 첫 단계는 평가다. 리스크 평가는 금융, 문화, 서비스 통합, 규제 준수, 비즈니스 연속성, 비즈니스 또는 임무를 가진 시스템의 품질을 평가하는 것이다.

재무 리스크는 클라우드 컴퓨팅 전환과 관련된 투자 수익률과 직접 관련되기 때문에 영향력이 상당히 크다. 클라우드 서비스를 사용할 때 비용은 워크로드의 크기와 양, 이를

통해 얻게 되는 매출과 직접 관련이 있다. 이 모델을 사용하면 일부 재무 리스크를 줄일 수는 있겠지만, 재무 리스크에 영향을 주는 그 밖의 요소도 있다. 이 중에서 클라우드 ROI 리스크의 발생 가능성을 평가하기 위한 요소는 다음과 같다.

- 활용률utilization
- 속도speed
- 규모scale
- 품질quality

이 네 가지 요소의 값에 따라 매출, 비용, 투자 수익 실현 시간이 달라질 수 있기 때문에 ROI와 직접적으로 연관된 요소다. 실제 값과 예상 값의 차이를 추적해 ROI의 달성 가능성과 관련 리스크를 관리한다.

리스크	관리 용이성		
최상급/상급 리스크 7 - 9	高 경보	高 경보	주의
중급 리스크 4 - 5	高 경보	주의	안전
저급 리스크 2 - 3	주의	안전	안전
가능 정도	개연성 높음	가능함	가능성 낮음

클라우드 컴퓨팅 솔루션을 도입할 때 겪게 되는 가장 어려운 측면은 클라우드 전환과 관련된 여러 문화적 영향을 관리해나가야 한다는 점이다. 클라우드를 활용한 비즈니스 프로세스를 채택할 때 기업의 경영진은 관련 비즈니스 혁신에 필요한 명확한 비전, 방향성, 필요 지원 요소가 무엇인지 예측해봐야 한다. 구매 및 이행 로드맵을 정확하게 수립해야 하며, 구매 팀, 법무 팀 등 관련 팀 대상으로 교육을 지속적으로 진행할 필요도 있다. 스토리지, 컴퓨팅, 네트워킹 서비스에 대한 내부 합의를 이루려면 경쟁 전략에 대한 이해관

계자 조율과 조정이 필요하다. 애플리케이션 마이그레이션과 관련된 작업을 진행하려면 고객의 요구를 철저히 이해해야 한다.

사용자 커뮤니티에 파일럿과 데모를 제공해 클라우드 서비스의 신뢰감을 얻게 하여 클라우드 서비스를 구매하고 이용할 수 있게 한다. 또한 파일럿과 데모는 필요한 전환 기술과 클라우드 기술 지식을 습득하는 데 도움이 된다. 클라우드 컴퓨팅 경제성 모델을 효과적이고 효율적으로 증대하고자 조직의 재무 거버넌스 및 인수 프로세스를 수정하기도 한다.

기업의 크기와 상관없이 대부분의 기업에서는 일반적으로 3개 이상의 클라우드 서비스 공급자^{CSP}의 다양한 서비스를 이용하고 있다고 한다. 이 서비스를 통합하려면 프로세스 통합과 기술적 통합 노력 둘 다 필요하다. 이러한 통합 노력에도 불구하고 예상치 못한 결과가 나올 수 있다. 서비스를 통합하는 것과 관련된 리스크 평가는 기술 인터페이스 세부사항, 기존 시스템 변경 역량, 팀의 스킬^{skill} 세트를 조사하고 측정하는 과업으로 구성된다. 인터페이스 세부 정보는 통합을 하는 데 필요한 비용 산출 데이터를 제공한다. 다음 중 하나를 사용해 인터페이스 포인트를 분류하면 초기 정성적 견적을 얻을 수 있다.

- 구문^{syntactic} 변환: 비교적 간단함
- 의미 호환성 수정: 가능하기는 하나 비용이 많이 듦
- 프로세스 모델 변경: 서비스가 심하게 다른 프로세스 모델을 갖고 있는 경우 필요함

기존 시스템 변경 역량을 평가할 때도 유사한 분류 프로세스를 사용한다. 재개발을 해야 하는 경우에도 리스크가 따른다.

규정 준수 관련 리스크의 주요 원천은 외부 서비스 혹은 외부 시스템과 반드시 인터페이스를 해야 하는 경우다. 보통 규정이나 회사 정책 때문에 특정 지리적 지역이나 법적 관할 구역 안에 데이터를 두게 될 수도 있고 보안, 무결성, 기밀성 유지를 위한 보안 통제도 일부 있을 수 있다. 온라인 또는 오프라인 데이터 보존 기간도 종종 지정된다. 이들 유형

의 제한 규정은 특별히 개인 데이터 및 금융 데이터와 관련이 있다. 이 같은 규정을 준수하지 못할 경우 영향도는 다양하지만, 일반적으로 금융 제재와 운영상 불이익을 주는 형태의 집행 조치를 받게 된다. 외부 클라우드 공급업체의 의존성 때문에 규정을 불이행할 확률이 높아질 수 있다. 왜냐하면 보상 계약 조항이 있다 하더라도 불가항력적인 이슈로 인해 해당 공급업체가 이를 준수하지 못할 수도 있기 때문이다.

비즈니스 연속성 관리와 관련된 리스크는 외부 서비스, 내부 시스템 또는 물리적 재해에서 발생할 수 있다. 협력사 인수합병, 예상치 못한 파산, 계약 취소 같은 비즈니스 이벤트가 운영 연속성에 영향을 미칠 수 있다. 클라우드 컴퓨팅 모델에서는 직접적으로 통제하는 영역이 줄어들기 때문에 이러한 변화에 대응하기 어려울 수 있다. 리스크 분석을 할 때는 계획되지 않은 이벤트의 발생 확률과 영향도를 평가해야 한다. 또한 클라우드 서비스를 중단시키거나 데이터를 손상시키는 예기치 않은 이벤트에 대한 일반 규정을 준비해야 한다. 초기 단계에서 리스크를 파악해, 발생 확률을 줄이거나 영향도를 최소화할 수 있는 솔루션 설계 요소를 구축해야 한다.

그다음은 시스템 품질 리스크로 솔루션이 최종 사용자의 기대에 부응하지 않는 경우다. 시스템 품질 리스크 때문에 기업의 이익률이 감소되기도 하고 ROI 손실을 볼 수도 있다. 시스템 품질 관심 영역은 다음과 같다.

- **기능**: 외부 클라우드 기반 시스템 사용과 관련된 리스크, 또는 솔루션 규격 품질 같은 비클라우드 요소와 관련된 리스크
- **성능**: 운영 지표와 기술 지표 목표 달성 실패
- **가용성 및 안정성**: MTBF^mean time between failure, MTTR^mean time to repair 측정값을 기반으로 봤을 때 신뢰성이 부족한 경우
- **장애 허용 범위**^fault tolerance: **단일 장애 지점**^SPOF, single point of failure 관련 가용성 리스크, 지정된 서비스 기간 내 다중 장애 동시 처리 역량 부족
- **복구 가능성**: 과도한 데이터 손실, 복구 역량 부족

- **대응성**: 응답 시간 및 응답 시간 변동 범위 기반으로 봤을 때 부족한 경우. 주로 처리량 과부하로 인해 응답 시간이 늦어질 경우
- **관리 용이성**: 주로 클라우드 서비스 프로비저닝과 관련된 설정 용이성, 리포팅, 장애 관리 요소
- **보안**: 인터넷 접근성 및 공유 보안 통제 모델과 관련된 리스크. 보안 요건을 충족하지 못할 경우 재정적 손실, 데이터 이용 불가, 민감한 정보 유출, 명성 손상, 개인 정보 보호 규정 미준수와 같은 결과를 초래할 수 있다. 또한 복수의 CSP를 사용할 경우, 데이터 보호 방식과 정책 면에서 차이가 있을 수 있어 보안 대책을 좀 더 정교하게 만들어 적용해야 한다.

▌ 리스크 모니터링

리스크 관리는 솔루션 아키텍처 개발의 필수적인 부분이다. 그러므로 리스크 평가는 아키텍처 개발 프로세스의 중요한 의사결정 단계마다 반복적으로 수행해야 한다. 리스크 평가를 통해 리스크 노출이 허용 가능한 수준으로 유지되게 한다. 클라우드 서비스 구매는 자본 지출이 아니라 운영 지출이기 때문에 클라우드 솔루션은 서비스를 지속적으로 모니터링할 수 있는 요소를 포함해야 한다.

클라우드 서비스의 적합성 관련 리스크 평가는 솔루션을 구매하는 시점부터 전체 생애 동안 수행하게 된다. 서비스 공급자가 기존 서비스를 변경했거나 대체 서비스 옵션이 가용할 경우에도 서비스는 재평가돼야 한다. 이 요구사항은 주요 클라우드 솔루션 서비스에 대한 업계 벤치마크 테스트 결과를 유지, 변경 관리하는 데 있어 기반이 된다. 산업 벤치마크 테스트 데이터는 CSP **서비스 수준 계약**[SLA] 협상 시에도 참조하는 중요한 정보다.

비즈니스 연속성 및 재해 복구

대상 고객에게 서비스를 제공할 수 없다면 그 솔루션은 가치가 없다. 이것이 클라우드 컴퓨팅 솔루션의 설계 시점에 비즈니스 연속성과 재해 복구 기능을 항상 포함해야 하는 이유다. 솔루션 아키텍트가 솔루션의 운영 배치 결정과 관련해서 최소한으로 관여하기도 하지만, 좋은 솔루션 아키텍트는 다음과 같은 핵심 BCDR 질문을 먼저 고려하면서 권장 솔루션을 제시하기도 한다.

- BCDR이 거론될 경우 클라우드 서비스 공급자는 필요한 서비스 탄력성을 제공할 수 있는가?
- 유사한 SLA 기준에서 모든 필요 서비스를 제공할 수 있는 다른 CSP가 있는가?
- CSP는 데이터를 적시에 복제하는 데 사용할 수 있는 네트워크 대역폭을 갖고 있는가?
- 영향을 받는 사용자 베이스 센터와 BCDR 센터 사이에 사용 가능한 대역폭이 있는가?
- 특정 데이터나 기능을 CSP 데이터 센터 자리에 위치하는 것을 금지하는 법적 또는 라이선스 제약이 있는가?

클라우드 솔루션 재해 복구 옵션은 다음과 같은 세 가지 범주로 나뉜다.

- 온프레미스 데이터 센터와 CSP를 활용한 BCDR 센터
- 동일 CSP의 복수 데이터 센터 활용: BCDR 요구사항을 지원할 수 있도록 설계
- 1차 CSP를 베이스 센터로 활용하고 2차 CSP를 BCDR 요구사항을 지원할 수 있도록 설계

클라우드 솔루션 아키텍트는 이러한 옵션 중 가장 실용적인 옵션을 찾아서 클라우드 솔루션의 BCDR 방안으로 제시해야 한다. BCDR 시나리오가 주요 리스크 요소에 미치는 영향도 분석해 BCDR 계획 수립 시 고려사항을 뒷받침하는 데이터로서 활용해야 한다.

- 데이터의 중요성과 우선순위, 주요 조직 프로세스 자산

- 이러한 자산의 현재 위치

- 데이터 자산과 처리 사이트 간의 네트워크 대역폭 및 전송 비용

- 기업 구성원과 비즈니스 파트너의 실제 위치와 잠재적 위치

- 예상 재해 이벤트와 시나리오 열거, 우선순위 지정

- 예상 이벤트와 시나리오별 BCDR 활동 개시 프로세스

- 각 이벤트 또는 시나리오별 정상 복귀 프로세스

▌요약

클라우드 컴퓨팅을 도입할 때 리스크 관리는 정보기술의 제일 앞 단계에서 해야 한다. 과거의 리스크를 회피하는 반사적인 경영 의사결정 방식은 오늘날에는 급속한 사업 실패로 이어질 수 있다. 클라우드 서비스 공급자의 인프라를 현명하게 활용하려면 지속적인 모니터링과 신속한 대응을 할 수 있는 강력한 리스크 관리 프로세스가 필요하다. BCDR 자체도 CSP의 역량을 활용해야 하는 리스크 관리 프로세스 중 하나다.

17

실습 1: 기본 클라우드 설계 (단일 서버)

클라우드 아키텍처링은 어려울 수 있다. 때로는 사용자가 필요 이상으로 어렵게 만들기도 한다. 클라우드는 모든 것을 바꾸고 있다. 왜냐하면 그것은 기술적 혁신이 아니라 경제성 혁신이기 때문이다. 클라우드는 기술보다는 경제성에 의해 주도된다. 전략적, 기술 관점, 경제성 관점에서 새로운 가치를 제공하는 신규 서비스를 제공할 수 있기 때문에 경제성 확보를 통한 지속적인 향상을 만들어나갈 수 있다. 컨테이너와 서버리스 모델은 인프라와 소프트웨어의 배포 방식에 혁신을 가져왔고 새로운 경제성 측면의 가치를 제공하고 있다. 클라우드는 1차적으로 경제성과 전략에 관한 문제이기 때문에 의사결정에 필요한 추가 데이터와 관련 기술을 정확하고 면밀하게 이해하고 있어야 한다.

어떤 경우에는 클라우드가 좋은 해결책이 될 수 있지만 모든 것에 대한 해결책은 아니다. 클라우드는 잘못된 결정을 좋게 만들지는 않는다. 클라우드는 하나의 도구다. 클라우드는 철학, 전략, 사고방식, 태도다. 무엇보다 클라우드는 과정이다. 전체 인프라 환경을 유지 관리함에 있어 모든 자본 비용^{CAPEX}을 없애고 다 운영 비용^{OPEX}으로 전환하는 것은 오히려 비용이 많이 들어갈 수 있다. 실패할 가능성도 높고, 실제로 기존의 문제를 거의 해결하지 못할 수도 있다. 동일한 설계 내용을 사내 데이터 센터에서 외부 서비스 제공업체로 들어 옮기기만$^{fork-lifting}$ 하면 문제를 이동시킬 뿐, 해결하지는 못한다. 클라우드 성공에는 연구, 변화 관리, 거버넌스 및 비교 설계가 필요하다. 모든 설계 선택은 경제성, 전략, 기술 및 리스크에 영향을 미친다.

▎ 실습

17, 18, 19장에서는 복잡성이 증가되는 상황에서 설계 선택사항들의 영향도가 어떠한지를 각각의 복잡도 상황에 맞추어 논의한다. 이 장들은 설계와 설계 선택사항을 다루면서 각 단계의 실시간 통찰력을 얻을 수 있는 단계별 실습 가이드로 사용할 수 있게 구성되어 있다.

17장의 단일 서버 인프라에서 시작해, 18장과 19장에서는 좀 더 복잡한 시나리오를 바탕으로 실습을 통한 통찰을 제공하고자 한다. 각 장의 예시들은 순서에 따라 진행해보기를 추천한다. 각 예제를 순서대로 진행해가면, 애플리케이션, 애플리케이션 스택, 활용률, 일반 시장 및 현재 동향에 대한 고려가 추가되면서 복잡성이 점차 증가돼가는 것을 경험한다. 이 책에 수록된 예제를 실습해볼 수 있도록 버스톰^{Burstorm} 플랫폼 기능을 무제한으로 30일 동안 제공한다.

복잡성

클라우드는 대체적으로 비용이 저렴하며 구현 속도가 빠르고 단순하다고 알려져 있지만, 그럼에도 불구하고 클라우드 설계를 하다 보면 가장 기본적인 형태에서부터 매우 복잡할 수 있다. 예를 들면, 단일 서버로 구성하는 경우에도 많은 속성을 고려해야 할 수 있기 때문이다. 코어 수는? 램^{RAM}은 얼마로? 스토리지 크기는? 가상 서버로 해야 하는가, 물리 서버로 해야 하는가? 운영체제는? 접속 및 연계 구성은 어떤 방식을 사용해야 하는가? 서버를 공유 환경에 둬야 하는가, 아니면 전용 환경에 둬야 하는가? 서버리스를 활용하면? 컨테이너 방식으로 구성한다면? 이 외에도 여러 고려사항들이 있을 것이다.

이 질문들이 간단해 보일 수 있지만, 의사결정에 따라 경제성에 미치는 영향은 현저히 달라지며 전략에도 큰 영향을 미친다. 본질적으로 기술 관점의 질문으로 느껴질 수 있지만 이 질문들은 경제성에 관한 것이며, 또 나아가서 전략에 어떻게 영향을 주는지에 관한 것이다. 왜 물리 서버보다 가상 서버를 선택해야 하는가? 활용률을 높일 수 있기 때문인가? 고가의 리소스 사용률을 극대화하는 것이 활용률 향상을 위한 선택으로 적절한가? 필요한 시기에만 필요한 리소스를 획득할 수 있게 된 것이 가상화 기술 때문이라고 말할 수는 없다. 왜냐하면 가상화 기술은 1960년대부터 존재해왔기 때문이다. 필요한 리소스를 짧은 시간 단위로 사용할 수 있게 된 주요 요인은 과금의 혁신에 있다. 가상 서버를 구축할 때 소요되는 시간은 물리 서버보다 훨씬 짧다. 하지만 이것이 왜 중요할까? 물리 서버를 구축하는 과정에는 수작업이 많고, 비용도 많이 들며, 시간이 많이 소요된다. 물리 서버를 구축할 때는 사람이 실수할 수 있는 잠재성이 상당히 높은 반면 가상 머신을 구축할 때는 프로그래밍 방식으로 구축할 수 있으므로 구축과 관련된 비용, 시간, 노력의 많은 부분을 제거할 수 있어서 매우 빠르게 할 수 있는 것이다.

가상화와 가상화의 장점은 우리 주변에 많이 알려져 있으며, 과거 수년간 가상화 기술을 활용한 다양한 솔루션도 시장에 나와 있다. 가장 큰 차이점은 무엇일까? 클라우드 설계를 할 때는 경제성 모델이 클라우드 설계의 의사결정에 중요한 요소라는 것이다. 예약 인스턴스reserved instance와 시장 가격market rate의 관계를 예로 들어보자. 예약 인스턴스를 사용할 경우 비교적 매우 낮은 월 사용료를 지불하게 되겠지만 다소 고액의 선불을 지불해야 한다. 상당한 선불 금액을 지불하고 장기적으로 사용하는 방식에 적합한 업무 영역은 어떤 것들이 있을까? 어떤 전략과 부합하는가? 이 결정으로 영향받는 리스크는 어떤 것들이 있는가? 예약 인스턴스는 상당한 선불 금액과 장기간의 사용을 전제로 하기 때문에 트래픽 패턴이 지속적으로 일정한 워크로드에 적합하다. 주기성을 띠는 트래픽 패턴과 계절성을 띠는 트래픽 패턴을 가진 워크로드에는 적합하지 하지 않은 선택이다. 리소스를 거의 사용하지 않을 때도 비용을 지불해야 하기 때문이다. 앞서 언급한 바와 같이 주요한 변화는, 트래픽이 낮은 지점에서부터 급격한 트래픽의 변화를 지원할 수 있는 설계를 할 수 있다는 것이다.

잡음의 제거

차세대 설계를 성공적으로 하려면 단순 희망사항과 실제 요구사항을 신속하게 분류할 수 있어야 한다. 대부분의 현실은 감정, 안건, 과장, 마케팅, 그리고 다른 형태의 산만한 의견 표출 속에 묻혀 있다. 그래서 간소화를 먼저 진행한 이후에 구축해야 한다. 가장 간단하고 구체적인 형태의 공통 분모를 찾아내고 필요한 곳에 추가한다. 서버와 스토리지는 모니터링, 운영, 관리, 유지 보수care-and-feeding 형태의 활동을 필요로 한다. 기본 인프라 위에 다른 모든 요구사항이 쌓아 있는 형태로 볼 수 있기 때문에 기본 인프라를 잘못 선택할 경우에는 경제성 측면에서 부정적인 영향이 아주 커질 수 있다.

단일 서버를 구성한다는 것은 생각보다 간단하지 않다. 다음 다이어그램은 어느 서버에나 적용할 수 있는 기본 옵션 세트를 보여준다. 각 속성에는 여러 가지 옵션이 있으며, 그 중에서 하나를 선택한다. 이 차트는 이 단일 서버에 대해 약 63억 개의 옵션 조합이 있음을 보여준다. 외부 스토리지, 포트 구성, 소프트웨어, 패치 수준 같은 속성들은 고려되지 않았다. 단일 서버를 구성하기 위한 모든 속성을 고려한다면 이 조합의 수는 조 단위를 넘어갈 것이다. 추가 속성의 예를 들면 추가 서버, 라이선스 옵션, 추가 장치, 추가 설치 위치, 추가 공급자, 가격 옵션, 비즈니스 모델, 소비 규칙, 배포 규칙, 솔루션 설계에 스며 있는 여러 가지 의미 같은 것들이다.

다음 표에서 보면 속성값 중에 계약 기간이 있고 이 속성에는 세 가지 옵션이 있는데, 이는 12개월, 24개월, 36개월에서 하나를 선택할 수 있다는 뜻이다. 다른 속성인 코어core 수는 1에서 12 사이에서 하나를 선택하고, 램RAM은 1에서 16 사이에서 선택한다는 뜻이다. 분명히 모니터링, 관리, 라이선스 같은 옵션도 많지만 단일 서버를 구축하기 위한 기본 서버 구성 선택만을 고려했을 경우에도 이미 60억 개 이상의 조합이 나올 수 있다.

서버 속성	선택 옵션 수	선택 가능 개수
계약 기간	3	1
코어 수(1~12)	12	1
램(1~16)	16	1
스토리지(40~400, 10GB)	37	1
OS 타입	8	1
VM(예 또는 아니요)	2	1
공유(예 또는 아니요)	2	1
고객 관리(예, 아니요, 모두)	3	1
위치 수	3	1
연결 1	8	1
연결 2	2	1
연결 3	2	1
연결 4	2	1
연결 5	2	1
연결 6	2	1
연결 7	2	1
연결 8	2	1
총 조합 가능 수	6,285,164,544.00	

버스톰 실습 1: 배경(네부 시스템스)

모든 실습은 네부 시스템스^{NeBu Systems}라는 회사를 배경으로 한 것이다. 네부는 자동차 산업용 소프트웨어 제공 기업이다. 최근에 제작되는 자동차의 전산 처리 능력은 하나의 데이터 센터에서 처리할 수 있는 능력과 거의 비슷하다. 네부 시스템스는 모든 센서에서 올라오는 IoT 데이터를 수집하고 처리하기 위해 대용량 컴퓨팅 파워를 보유하고 있고, 대규모 모놀리식^{monolithic} 레거시 애플리케이션에서 고도로 유연한 클라우드 기반 모듈형 기능으로 전환하려고 시도하고 있다. 이러한 목표를 위해 일부 기능은 광범위하게 활용하고 또 다른 일부 기능은 특정 틈새 시장을 만족시킬 수 있게 적용하는 방식으로 포지셔닝하는 것이다. 휴대전화에 앱을 추가하는 방식처럼 자동차의 기능을 추가할 수 있고 자동차 색상이나 실내장식 옵션을 선택할 수 있는 맞춤형 앱을 제공한다.

이 첫 실습에서 네부 시스템스는 클라우드에 맞는 새로운 애플리케이션을 개발할 것이다. 레거시 코드는 없다. 기존의 종속성도 없고 문제를 복잡하게 만들 수 있는 특정한 하드웨어 요구사항도 없다. 최신 개발 언어로 사용하고 하드웨어 호환성 문제가 없도록 개발될 것이다.

버스톰 실습 1: 시작하기

다음 내용으로 support@burstorm.com에게 메일을 보낸다.

- (필수) 현재 이메일 주소(초기 비밀번호 정보가 이 주소로 전송되므로 동작해야 함)
- (필수) 성명 전체
- 이메일 제목에 코드 NeBu214495를 포함한다.

버스톰 실습 1: 새 모델 만들기

1. http://app.burstorm.com/login으로 이동해 이메일 주소와 임시 암호를 입력한다. 이 암호는 로그인한 후 변경해야 한다

2. 대시보드/홈 화면에서 Design^{디자인} 버튼을 클릭한다.

3. New Project^{새 프로젝트} ➤ Model^{모델}을 클릭한다.

4. 입력해야 할 기본 정보를 묻는 대화박스가 나타난다.

   1) Model Name^{모델명}을 입력한다.

   2) View^{보기} 필드를 My Organization^{내 소속}에서 Myself^{자신}로 변경한다.

   3) 하단으로 스크롤해 Create^{생성}를 선택한다.

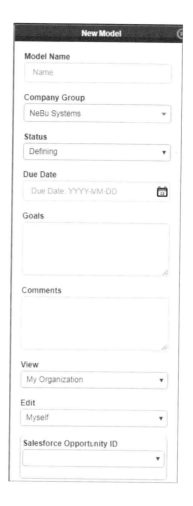

이제 모델이 생성됐다. 여기서 하나의 모델은 해결하고자 하는 문제의 범위를 표현한다. 문제를 해결하는 방법은 여러 가지가 있을 수 있다. 내부에서는 모놀리식 애플리케이션을 작은 코드 블록과 앱 형태로 전환하려고 하고 있다.

문제 범위를 분석할 수 있는 방법은 여러 가지가 있다. 기존 인프라에 구축해야 하는가? 회사 내부에 배치해야 하는가, 아니면 외부에 배치해야 하는가? 아니면 기존 코로케이션 ^collocation 환경에 배치해야 하는가? 클라우드 서비스 가상 머신에 배치하면 어떨까? 이러한 다양한 옵션 중에서 어떤 것이 가장 적절한 방법인가?

클라우드 방식의 인프라 사용과 배포 패턴을 사용해 새로운 애플리케이션을 개발할 경우, 기존 코드를 재활용하거나 개선하려고 할 경우, 클라우드 준비 상태를 평가하려고 하려면 고려해야 할 점들이 많다. 이 책은 이를 위한 여러 가지 접근법과 프레임워크에 대해 논의했다. 내부에서는 몇 차례 내부 회의와 정보 공유 세션, 계획 수립 논의 등을 거쳐서 향후 진행 방향을 결정했다. 새로운 코드를 더 많은 오픈소스 커뮤니티를 수용해 개발하기로 결정했고 서버는 리눅스를 사용하기로 했다.

개발 단계를 진행하다 보면 각 단계에 따라 리소스 요구사항이 증가하는 경향이 있다. 초기에는 상대적으로 소수의 사람들이 개발에 참여하기 때문에 인프라 요구사항이 상대적으로 크지 않다. 개발 물량이 점차 증가하면서 논리 테스트와 리소스 테스트를 수행하기 위해 더 많은 인력과 인프라가 필요해진다. 각 개발 단계와 테스트 단계에서 개발자는 초기 배포와 예상 용량 계획을 기반으로 인프라 요구사항을 결정해야 한다. 초기 배포에 필요한 리소스와 리소스 증가량을 결정하기 위해서는 신중한 테스트를 거쳐서 리소스 제약사항을 도출해야 한다. 이것은 공급자와 공급자 인프라 서비스 특성에 따라 달라질 수 있다.

인프라 옵션, 가격, 성능 등의 정보가 없을 경우 초기 예상 성능 수준과 기본 리소스 요구사항을 어떻게 결정할 수 있는가? 버스톰에서 진행한 벤치마크 테스트 결과를 기반으로 보면, 동일 공급자의 동일한 인스턴스 유형이 다른 장소 혹은 리전에 배치되어 있을 경우 성능 테스트 결과의 차이가 최대 700%였다. 이러한 성능 차이는 인프라 요구사항, 구축 스타일, 관련 솔루션 경제성 관점에서 큰 차이를 가져올 수 있다. 다음 실습에서는 기술 관점, 전략적 관점, 경제성 관점의 요구사항에 부합하는 주요 공급자들과 인스턴스 크기를 결정하는 데 필요한 특성과 속성을 검토한다.

앞에서 생성한 초기 모델로 돌아가서 확인해보자. 모델은 다음 스크린샷과 같이 빈 도면 보드로 표시돼야 한다. 다음 스크린샷에는 Single Server (Reference)^{단일 서버 (참조)}라는 모델이 표시된다. 이것은 따라 하기 용도로 만들어진 모델이기 때문에 다음에 설정 작업을 진행해보고자 할 때 확인해볼 수 있다. 참조[reference] 모델은 진행 상황을 확인하고 예상 결과를 확인하기 위한 참조 자료로 사용된다.

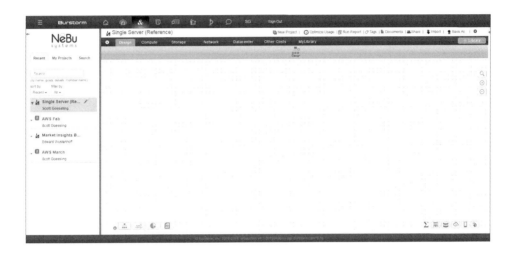

버스톰 실습 1: 설계 시나리오 생성하기

처음 시작하기 위해서는 필요한 솔루션 컴포넌트를 어디에서 제공하고 있고, 같이 연계할 수 있는 관련 솔루션은 어떤 것들이 있으며, 또 비용은 어느 정도 되는지 이해하는 것이 중요하다. 이번 예에서는 단일 서버 방식으로 설계를 진행하고 이에 적절한 서비스 공급자, 구성 방법, 서비스를 식별한다. 이것은 네부 시스템스 프로덕션 환경에서 동작할 최종 솔루션의 특성과 밀접한 관련이 있다.

1. 페이지의 맨 위 중앙에 있는 Design[설계] 아이콘을 클릭하는 것으로 시작해 도면 보드의 빈 공간으로 끌어다 놓는다.
2. 다음 스크린샷과 같이 애플리케이션이 새로운 시나리오를 생성한다.

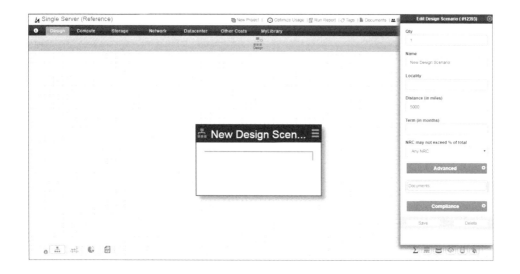

3. 시나리오 이름을 입력한다. 이 예제에서는 'Single Server'를 사용했지만, 기억하기 편한 어떤 이름을 사용하든 상관없다.

4. 서비스 공급자는 지정한 위치 리전들에 제품과 서비스를 배포한다. 일부 서비스는 전체 리전에 걸쳐 가용한 경우도 있지만, 대부분의 서비스는 대체적으로 특정 리전에서만 가용하고, 대부분의 사내 서비스도 특정 장소에서만 가용하다. 이 때문에 특성을 정의하는 초기 시나리오에 위치location를 사용한다. 네부 시스템스는 신규 애플리케이션을 미국 내 중서부 리전에 배치하기로 결정했다. 이 지역은 뉴욕과 로스앤젤레스처럼 인구 밀도가 높은 도시들과 비교했을 때 리스크가 낮고 장점이 많기 때문이다. 자연재해의 위험은 캘리포니아보다 훨씬 낮다. 다음 스크린샷에서 보여주는 것처럼, 초기 장소(Locality)에 'Chicago, IL'을 입력한다. 시카고는 여러 통신사들의 대형 통신 시설이 통과하고 있기 때문에 네트워크 성능이 아주 우수한 지역이다.

5. Locality^{지역} 필드에 'Chicago, IL'을 추가한다. 그러면 이 지역에서 활용할 수 있는 솔루션 제품과 서비스를 검색할 수 있게 된다.

Locality

Chicago, IL

6. 시카고 리전을 반드시 사용해 구축해야 한다는 요구사항이 있는 것은 아니다. 모든 제품이나 서비스가 시카고에 가용한 것은 아니기 때문에 허용 가능한 거리에 다른 서비스 공급자가 있는지 찾아볼 필요가 있다. Distance^{거리}에 '300'을 입력하면 검색 반경 300마일 안에 있는 공급자, 제품, 서비스를 매핑해서 보여준다.

Distance (in miles)

300

7. 서비스 공급자 리전별로 가용한 상품과 서비스 종류는 다르다. 또한 각 서비스별로 비즈니스 모델과 소비 모델도 달라진다. 예를 들어 AWS의 예약 인스턴스^{RI, reserve instance}의 경우 최소 12개월 약정을 필요로 하는 서비스 소비 모델인데, 이 경우 **초기 지불 비용**^{NRC, non-recurring cost}은 상당히 높지만 월 단위로 청구되는 비용은 일반 인스턴스를 사용할 때보다는 상당히 저렴한 편이다. 내부 시스템스는 전략적으로 **운영 비용**^{OpEx, operational expense} 기반 솔루션을 선호하는 재무 정책을 갖고 있다.

8. Term^{기간} 필드는 비워둔다. 이는 약정 기간을 설정하지 않는다는 뜻이며, 일반 서비스 단가가 적용될 것이다. 예약 인스턴스^{RI} 방식의 모델을 원할 경우 기간 필드에 12개월을 입력한다.

Term (in months)

9. NRC % 필드는 다음 스크린샷에 표시된 대로 기본값인 'Any NRC'로 설정한다. 초기 지불 비용[NRC]에 제약을 두지 않겠다는 뜻이다.

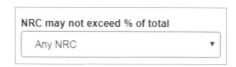

10. Compliance는 기본값으로 두고 하단의 Create 버튼을 선택한다.

11. 앞에서 입력한 제목을 가진 보드에 단일 설계 시나리오가 표시된다.

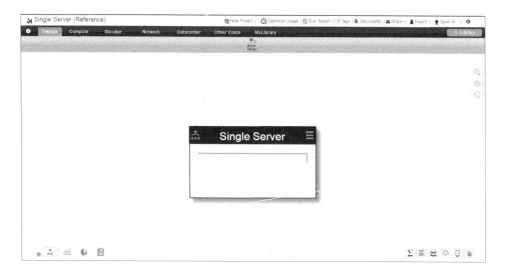

서버는 리눅스 기반으로 가기로 했지만, 애플리케이션 및 코드 설계는 서비스 공급자 하나로 갈지 여러 개로 갈지 아직 결정되지 않았다. 이해관계자마다 의견이 다르고 우선순위도 다르기 때문이다. 시스템 관리자 중 한 명은 이전 직장에서 구글 클라우드와 좋은 관계를 유지해왔기 때문에 구글 클라우드를 사용하기를 원한다. 네부 개발자들은 AWS를 선호하는데, 사용 가능한 서비스의 종류가 다양하고 많기 때문이다. 영업 조직은 애저로 가기를 원하는데, 여러 고객들이 애저에 익숙해져 있고, 최근에 애저 서비스가 많이 향상됐으며 방향성도 좋다고 판단하기 때문이다.

이러한 상황에서 어떻게 하면 좋은 결정을 내릴 수 있을까? 데이터다. 실시간 분석과 서비스 품질 정보가 여러 가지 면에서 도움이 될 것이다. 이를 위해 RFP, RFI, RFQ 유형의 프로세스도 고려해볼 수 있다. 또한 리눅스 서버를 테스트 시나리오에 집어 넣어서, 하나의 공급자를 선택할지 여러 개의 공급자를 선택할지를 실시간 데이터를 확보해 비교해보는 것을 실습해볼 수 있다.

12. 다음 스크린샷에서 보여주듯이 Design 보드의 왼쪽 상단에서 Compute^{계산}를 클릭한다.

13. 다음 스크린샷은 Compute 옵션을 보여준다. Linux라는 이름의 첫 번째 아이콘을 클릭하고 시나리오 상자 내의 빈 공간으로 끌어다 놓는다.

14. Linux 아이콘이 박스^{box}에 표시되고 화면 오른쪽에 대화창을 보여준다.

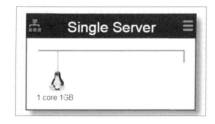

15. 내부 시스템는 컴퓨트 리소스를 적게 사용하는 애플리케이션 워크로드를 새롭게 만들려고 한다. 현재는 공유 플랫폼의 가상 서버를 활용해 개념 확인, 코딩 및 테스트, 기본 품질 특성을 검증할 계획이다. 초기 서버 구성은 1 코어와 8GB RAM에서 시작한다.

16. 내부 요구사항에 따라 RAM을 1에서 7로 변경한다(8을 언급했지만, 7을 사용한다). 스토리지값은 비워둔다. 스토리지는 이후 단계에서 좀 더 다룰 것이다. 다음 스크린샷을 참조해 설정이 일치하는지 확인한다.

Servers
1

Cores
1

RAM (GB)
7

Storage (GB)
Storage (GB)

17. 파란색 Advanced^{고급} 바를 클릭해 추가 옵션을 확인한다. Is VM?^{VM인가?}, Is Shared?^{공유하는가?} 열들이 'Yes'로 되어 있는지 확인한다. 내부의 초기 솔루션을 구축하려면 하나의 가상 서버가 필요하며, 현재 시장에 가용한 IaaS 공급자를 활용한다.

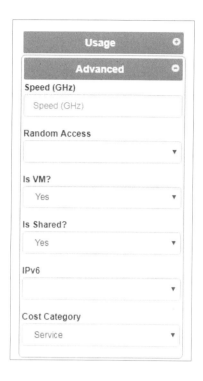

18. 하단의 Save^{저장} 버튼을 클릭한다. 서버 구성이 다음 스크린샷과 일치하도록 업데이트한다.

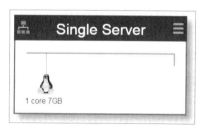

버스톰 실습 1: 설계 시나리오 솔루션 결과

내부 시스템스를 효과적으로 운영해나가려면 비용을 통제하는 동시에 지출한 비용 대비 최대한의 품질을 얻어야 한다. 시장에는 여러 서비스 공급자들이 있고, 더 많은 공급자들이 추가되고 있는 것 같다. 서비스 공급자마다 각자의 특성, 배포 방식, 소비 모델, 가격 모델, 다양한 제품과 서비스의 조합 형태를 제공하고 있다. 적합한 서비스 공급자 목록을 확보하려면 무엇을 해야 하는가? 앞에서 비용과 서비스 품질이라는 두 가지 요구사항과 품질 특성을 우선순위화하는 것부터 시작해야 한다.

1. 설계 시나리오 상자의 오른쪽 상단 모서리에 있는 햄버거 메뉴를 클릭하고 드롭 다운 메뉴의 BurstormIQ를 선택한다.

플랫폼은 실시간 API가 연결된 공급자, 사용 가능한 제품, 서비스, 소비 규칙, 배포 규칙, 가격 책정을 기반으로 한 일련의 결괏값을 실시간으로 전달한다. 데이터가 실시간으로 자주 변경되기 때문에 액세스하는 시점에 따라 결괏값이 달라질 수 있다.

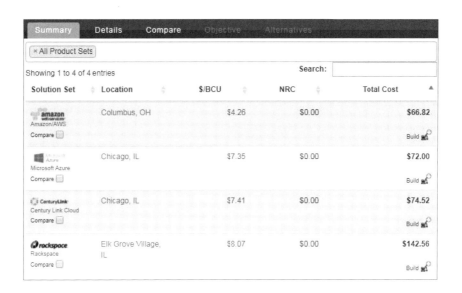

2. 신규 애플리케이션 기능을 개발하고 테스트하는 과정 속에서 서비스 공급자와 기술 파트너를 선택하기 위해 내부 시스템는 더 많은 공급자 정보를 원한다. 시나리오 이름이 있는 파란색 바를 클릭한다. 이 경우 시나리오의 특성과 속성을 보여준다. Distance를 500마일로 변경한다. 하단에 있는 Save를 클릭한다.

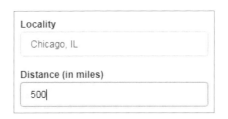

다음 그림에서 보듯이, 전략적 관점, 기술 관점, 경제성 관점의 요구사항들에 부합하는 더 많은 공급자와 잠재적인 서비스 옵션에 접근할 수 있다.

Solution Set	Location	$/BCU	NRC	Total Cost
Google Compute En...	Council Bluffs, IA	$4.68	$0.00	$48.16
				Build
Amazon/AWS	Columbus, OH	$4.26	$0.00	$66.82
				Build
Microsoft Azure	Sistersville, WV	$6.91	$0.00	$67.68
				Build
Century Link Cloud	Chicago, IL	$7.41	$0.00	$74.52
				Build
BlueMix (Softlayer)	Toronto, ON, CA	$38.36	$0.00	$102.24
				Build
Rackspace	Elk Grove Village, IL	$8.03	$0.00	$142.56
				Build

버스톰 실습 1: 상위 수준의 빠른 통찰력

클라우드 구축을 성공적으로 추진하려면 우수한 전략, 기술, 재정적 의사결정뿐만 아니라 변경 관리와 거버넌스에도 상당한 노력이 필요하다. 이 단일 뷰에서 보여주고 있는 실시간 정보를 통해 서비스 공급자들의 솔루션을 확인해볼 수 있기 때문에, 내부 시스템스에서 효과적으로 의사결정을 할 수 있도록 지원하고 변경 관리와 거버넌스를 진행하는데 필요한 정보를 포함하고 있다.

네부 시스템스는 일리노이 시카고 근처 리전을 선호했다. 실제로는 미국 유명 도시들과 지역이 연관된 잠재적 재난들로부터 멀리 떨어져 있는 중서부 지역을 원했었다. 이 지역은 네트워크 환경도 우수하기 때문에 전국에 위치한 고객들에게 좋은 접속 품질을 제공할 수 있는 지역이었다. 투자 대비 성과를 높이고 비용도 효율적으로 통제할 수 있는 것뿐만 아니라, 시스템의 복원력도 중요한 요소였다.

버스톰에 보이는 데이터는 실시간 비교를 위해 자동으로 정규화된다. 클라우드 솔루션 아키텍팅을 할 때 힘든 일 중 하나는 필요한 데이터를 수집하고 정규화를 해내는 것이다. 설계자, 아키텍트, 전략 담당자 등 각 이해관계자들이 필요한 데이터를 수집, 정제하고 이를 다양한 형태로 비교 분석해서 현재 상태를 이해할 수 있게 하는 것이다. 비용 청구 데이터를 비교해보는 것이 일반적인 출발점이다. 비용 청구 정보를 구축 정보, 실제 상세 사용 정보와 비교하고, 나아가서 향후 사용 방식과 상태를 결정하는 데 활용한다.

네부 시스템스에서는 기존에 구축되어 있는 솔루션 자산들을 용도 변경하거나 업사이클$^{up-cycle}$하기보다는 새롭게 구축하는 전략으로 가기로 결정했다. 그럼에도 현재 상태를 수집하고 정규화해 비교 분석할 필요가 있다. 신규 시스템 구축 전략으로 간다고 해서 현재의 것들을 무시한다는 의미는 아니다. 대부분의 경우, 현재 상태가 진짜 아닌 것으로 입증될 때까지는 현재 시스템도 선택 옵션으로서 고려되고 평가돼야 한다.

클라우드 솔루션을 아키텍팅한다는 것은 요구사항들의 균형을 맞추는 작업이다. 솔루션을 성공적으로 구축하려면 리스크 요소를 어떻게 상쇄할지를 비용 관점에서 검토해야 한다. 기술이 전략적 요구사항을 충족시키는 솔루션이 되기도 하지만 전략이 기술 선택에 영향을 주기도 한다. 때때로 어떤 기술을 선택하느냐가 경제성에 상당한 영향을 주지만, 경제성 관점의 요구사항이 기술 선택에 영향을 주기도 한다. 디자인 보드의 솔루션 결과를 비교 분석해보면, 솔루션 비용이 낮은 가격에서 높은 가격까지 300% 이상 차이가 나는 것을 볼 수 있다. 최저 가격을 제공하는 3개 사업자 간에도 50%의 차이가 있다. 요구사항은 동일했음에도 불구하고 왜 이렇게 가격 차이가 나는 걸까? 서비스 품질 차이인가? 복원력의 차이인가? 서비스 리전의 위치? 인프라 규모? 브랜드 가치? 비용과 관련된 여러 요인들이 있다. 18장에서 성공적인 설계와 아키텍처에 필요한 통찰력을 심도 있게 파고들면서 이러한 질문에 대한 많은 답을 얻을 것이다.

이 데이터가 제시하는 또 다른 흥미로운 시사점은 최저가 제공업체 3개(구글, AWS, 애저) 모두 시카고에 리전이 없다는 것이다. 만약 네부 시스템스에서 시카고에 리전이 있어야 한다는 요구사항을 갖고 있었다면, 센추리링크^{CenturyLink}와 랙스페이스^{Rackspace}만이 이용 가능한 옵션이 된다. 요청 컴포넌트 기반으로 분석한 데이터만 봤을 때는 AWS가 가장 높은 서비스 품질을 보이는 것으로 나타낸다. 네부 시스템스에서 가장 크게 고려하고 있는 요구사항은 서비스 품질에 관한 것이다. 다음 장에서 이 부분을 자세히 다룬다.

▌ 요약

솔루션을 설계하고 아키텍팅하는 과정에서 여러 불필요한 잡음으로 산만해질 수 있다. 여러 정보가 오해를 불러일으킬 수 있고 종종 잘못 전달되기도 한다. 협상할 수 없는 요구사항과 제약사항으로부터 시작해서 베이스라인을 설정하고 진행해나가는 것이 기본적으로 가장 좋은 방법이다. 몇 가지 상위 수준의 요구사항으로 시작해서 필요한 정보를 수집 분석해 획득한 통찰을 기반으로 추진해나가야 한다. 기술부터 시작하면 안 된다. 통찰을 기반으로 클라우드 프로젝트를 시작하고 여러 관점의 요구사항들을 균형 있게 맞춰가는 작업을 추진해나가야 한다.

17장에서 네부 시스템스는 기본 요구사항들을 가지고 시작했고, 초기에 재무적 관점의 영향도를 신속하게 평가했으며, 서비스 공급자 후보 목록을 정리한 후 전략적 요구사항과 기술 요구사항 부분을 신속하게 확인했다. 협상의 여지가 없는 명확한 요구사항으로 시작하면 솔루션 설계자와 아키텍트가 불필요한 복잡성과 범위 증가^{scope-creep}를 피하는 데 도움이 된다. 이러한 과정을 반복적으로 진행해나가면 추가적인 분석 정보를 통한 통찰을 얻을 수 있으며, 앞 단계에서 간과하고 넘어갔던 부분을 고려해서 추진해나갈 수 있다.

18장에서는 클라우드 솔루션 설계를 정교하게 해나가는 데 필요한 세부 정보와 추가 통찰에는 어떤 것들이 있는지 살펴보기로 한다.

18

실습 2: 고급 클라우드 설계 통찰

클라우드 설계를 성공적으로 완료하려면 좋은 데이터가 필요할 뿐만 아니라, 의사결정에 정보를 커뮤니케이션하는 방법도 효과적이어야 한다. 트랜스포메이션 프로젝트의 주요 실패 요인은 의사소통 결여, 실행력 부족, 적용 미흡 등으로 알려져 있다. 이 문제점들은 변경 관리와 커뮤니케이션 계획을 잘 수립해 진행하면 해결할 수 있는 것들이다. 솔루션을 성공적으로 구축하기 위해서는 실시간 데이터가 필요한데, 변경 관리 및 커뮤니케이션 계획을 수립해 진행할 때도 활용하게 된다.

18장에서는 실시간 데이터를 주제로 논의하고 추가 시나리오 데이터와 통찰을 심층적으로 검토한다. 추가 인프라 설계 옵션 및 아이디어를 살펴보고 후반부에는 추가 서비스와 애플리케이션 데이터도 설계 옵션으로 고려해 의사결정에 반영한다.

18장에서 다루는 내용은 다음과 같다.

- 데이터 기반 설계
- 버스톰 실습 2

▌ 데이터 기반 설계

17장에서는 복잡성을 부정적인 시각에서 표현했다. 복잡하다는 것 자체가 나쁜 것은 아니지만 뒷받침할 데이터가 없을 경우 복잡하면 할수록 좋지 않다. 인기 블로그 게시물이나 기술 잡지 기사에서 소개하고 있는 성공 스토리들, 예를 들면 데이터를 기반으로 서비스를 구현했다고 소개하는 사례를 데이터 기반이라고 간주할 수도 있지만, 실제로 데이터 기반 설계 방법론을 따라 진행했던 보편적인 사례라고는 보기 어려운 경우가 많다. 클라우드 전환을 시도한 다른 사례들을 재현하는 노력을 통해 전환 과정을 좀 더 효과적으로 만들어갈 수 있다. 클라우드를 통해 요구사항들을 좀 더 쉽게 구축할 수 있어야 하는데, 무엇이 클라우드 전환을 어렵게 만드는 것인가?

클라우드 전환이 얼마나 어려울 수 있는가? 코어 수와 RAM 수를 선택한다. 스토리지를 추가한다. 원하는 OS가 있는 가상 서버를 선택한다. 약간의 대역폭을 제공하고 애플리케이션 로딩을 시작한다. 쉽다. 진짜 쉽다. 컨테이너에 넣는다. 빠르게 실행되며, 매우 간편하고 저렴하다. 대단하다. 잠깐, 서버리스로 가는 게 더 좋은 것 아닌가? (웃음 오디오 파일 삽입)

클라우드 전환을 어렵게 만드는 요인은 데이터다. 데이터가 부족하다는 관점이라기보다는 필요한 데이터를 식별하고 이를 유용한 정보로 만드는 방법이 어렵다는 뜻이다. 어떤 사람들은 현재 상태를 정확하게 설명하려면 지루할 정도의 상세한 데이터를 엄청나게 수집해야 한다고 가정한다. 솔루션의 성능을 확보하기 위해 정확한 의사결정을 해나가려면 미래에 필요한 상세 세부 정보를 수집해야 한다고 가정하기도 한다. 그리고 세부 상세 수준까지 고려하지 않고 진행한다면 결과가 기대에 미치지 못할 것이라고 생각하는 경우가 많다. 이러한 가정은 또 다른 가정으로 이어진다. 즉, 이렇게 상세하게 검토를 진행하려면 많은 시간이 필요하기 때문에, 이런 문제를 해결해나가기 위해서는 더 많은 인력, 더 많은 비용을 투입해야만 가속화할 수 있다고 설명한다. 이렇게 접근할 경우 문제 속으로 깊고 빠르게 빠져들면서 문제에 함몰되는 상황이 되기도 한다.

▌ 모든 데이터는 유용하다. 그러나 유용하지 않을 때도 있다

클라우드 전환을 실패하는 주요 원인은 클라우드 전환을 추진할 때 사용했던 데이터가 서로 관련성이 적어서 적절하지 않았다는 점이다. 이 데이터는 솔루션을 설계할 때와 또 변화를 추진해나갈 때 활용하는 정보를 말한다. 데이터가 관련성이 있다는 말은 무엇을 의미하는가? 어떤 데이터는 관련이 있고 어떤 데이터는 관련이 없는 것인지 알 수 있는 방법은 무엇인가? 데이터를 어떻게 분류해서 우선순위를 정해야 하는가? 관련성을 평가한다는 것은 그 데이터가 핵심과 얼마나 가까운 곳에 위치하는지를 판단 기준에 맞추어 판단하는 것을 의미한다. 그래서 판단 기준을 활용해 관련성을 평가하면 관련 없는 잡음과 원치 않는 산만한 데이터를 제거할 수 있다. 솔루션 설계를 할 때 전략적, 경제성, 기술, 리스크 관점을 동시에 만족시키는 것이 성공의 핵심이라고 이 책 전반에 걸쳐 반복해서 설명했으며, 이 네 가지 영역은 솔루션 데이터를 필터링하고 커뮤니케이션하기 위한 기준이 된다. 정보를 정확하게 분류하고 우선순위를 정하기 위해서는 데이터가 네 가지 영역에 어떤 의미가 있는지 평가해봐야 한다. 높은 우선순위로 다뤄야 할 데이터는 네 가지 영역 모두에 상당한 의미가 있는 것이고, 네 가지 영역 모두에 영향을 주지 않는 데이터는 다음 단계, 또는 구현 계획 단계에서 다뤄야 한다. 예를 들면, 내부 시스템스의 관심사가 기존에 사용하고 있는 물리 서버와 모놀리식 애플리케이션들을 가상 서버로 이전하고 관련 애플리케이션도 재구축하는 것이라고 할 때 이것이 전략적 선택이라고 볼 수 있을까? 아니면 기술을 선택한 것인가? 가상 머신과 아웃소싱 서비스를 사용하는 것으로 결정한다면 재무 관점에서 어떤 영향이 있는가? 서비스 공급자가 제공하는 가상 머신을 사용하면 리스크 측면에서 어떤 영향이 있는가?

네부 시스템스는 협상 불가능한 요구사항과 제약사항을 기반으로 다음과 같은 초기 의사 결정을 내렸다.

- 모놀리식 애플리케이션 코딩 방법에서 탈피
- 물리 서버에서 탈피하고, 가상 서버 활용
- 중서부 지역에 인프라를 배치해 자연재해 및 인재 위협 최소화
- 프로세서보다 RAM을 더 활용하는 애플리케이션 추구
- 재무 관점 영향도가 의사결정 기준 중 가중치가 가장 높음
- 최대한 오픈소스를 지향하고 가능한 범위 내에서 리눅스를 기본 OS로 활용
- 운영 비용OPEX 모델 추구
- 그린필드 개념의 신규 구축 방식 프로젝트 수행, 신규로 구축된 시스템이 가동 될 때 기존 영역 제거

마지막 장에서는 이전 장에서 진행했던 실습들을 좀 더 빠르고 상세하게 추가 검토해보는 과정을 통해, 관련 통찰을 습득하는 경험을 해볼 수 있다. 기본 조건 정보만 있으면 관련 비교 분석 정보를 쉽게 얻을 수 있기 때문에 프로젝트를 협업해 추진하는 데 필요한 정보를 빠르게 취득해볼 수 있다.

제한된 입력 데이터를 사용했음에도 불구하고 2~3개의 공급자가 가능한 후보로 나왔다. 공급자 데이터를 정규화하고 비교하는 과정을 거쳐서 순위를 정할 수 있다. 만약 추가 분석이 필요한 경우 적절한 분석 목표를 정하고 추가 시간과 노력을 투자해야 한다. 초기 시나리오로부터 나온 결과를 바탕으로 다음과 같은 분석 결과와 통찰을 얻었다.

- 현재 요구사항 기준으로 볼 때 구글이 가장 저렴하다.
- 서비스 성능(컴퓨팅)이 제일 우수한 것은 AWS였다.
- 비용 관점에서 볼 때 애저와 AWS는 거의 동일하기 때문에 애저도 좋은 옵션이다.
- 비용 관점에서 우수한 3개 업체(AWS, 애저, 구글) 모두 시카고에 리전이 없다. 중서부 지역에는 모두 리전을 갖고 있다.

- 동일한 요구사항에 대해 공급자 간 비용 차이는 300% 차이가 난다.
- AWS와 애저 간 비용 차이가 거의 없다.
- 가격 대비 성능 비용은 AWS와 애저 간에 50% 차이가 난다. 가격이 같은데 성능이 차이가 난다는 것은 매우 의미 있는 분석 결과다.

▌ 버스톰 실습 2: 고급 통찰력(네부 시스템스)

이 실습의 두 번째 단계에서는 다음과 같은 의사결정을 내리는 데 필요한 데이터와 통찰력이 무엇인지 검토한다.

- 인프라 컴포넌트 선택
- 애플리케이션 스택
- 애플리케이션 레이아웃
- 인프라 설치 공간
- 데이터와 통찰력 기반으로 진행하는 다양한 유형의 최적화 방법

응답 데이터에 기반해 정교한 방식으로 솔루션을 선정하고 이를 최종 솔루션 설계를 위한 빌딩 블록으로 활용할 수 있다. 이러한 과정을 통해 선정된 사항을 확인하거나 전략적, 기술, 경제성 관점의 요구사항에 더 잘 부합할 수 있는 잠재적 대안이 무엇인지 상세하게 검토해볼 수 있다.

▌ 버스톰 실습 2: 세부 정보에 접근하기

1. 화면창 결과 위의 회색 리본에서 Details^{세부 정보} 탭을 클릭한다. 탭의 위치는 다음 스크린샷을 참조한다.

Summary   Details   Compare   Objective   Alternatives

클릭하면, 각 공급자로부터 받은 결과를 기반으로 각 솔루션의 세부사항이 표시된다. 다음 스크린샷을 참조한다.

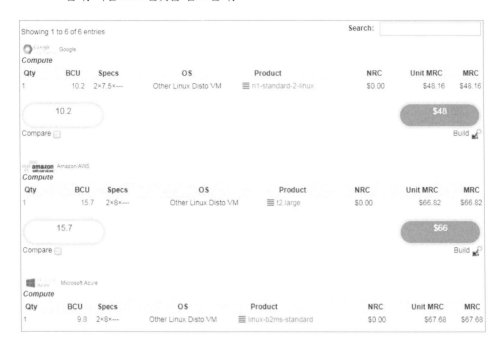

Details 탭 개요

Details 탭의 좁은 공간에 많은 정보가 보이고 있다. 이 레이아웃은 여러 가지 형태의 비교 분석을 빨리 해볼 수 있도록 디자인된 것이다. 데이터의 항목값들을 일관성 있게 시각적으로 보여주기 때문에 데이터들 간 어떤 연관성이 있는지 그 의미를 살펴볼 수 있다.

공급자 이름 아래, 솔루션 제품과 서비스별로 중간에는 실제 제품 상세 내역, 탭 오른쪽에는 가격 정보, 왼쪽에는 성능 데이터를 표 형태로 보여주고 있다. 오른쪽에 있는 녹색 계란형 박스에는 조회 조건에서 입력한 기간 정보를 기반으로 전체 솔루션에 대한 총 비용이다. 내부 시스템에서는 기간을 명시하지 않았기 때문에 한 달을 720시간으로 해서 나온 값이다.

이러한 관점에서 세부사항을 시각적으로 비교해 신속한 의사결정을 할 수 있다. 첫 번째 세그먼트에는 실습 1에서 설계한 내용을 기반으로 조사된 구글 사례를 수량, 가격, 사양, 성능 등의 세부사항과, 총 가격, 실시간 벤치마크 성능 데이터(버스톰 컴퓨트 단위[BCU], Burstorm Compute Unit[1])로 보여주고 있다. 가격 비교 관점에서만 보면 이 솔루션 조합의 경우 구글이 AWS보다 저렴하다는 사실을 한눈에 알 수 있다. 성능 특성 측면에서 비교해보면, AWS가 구글보다 우수함을 보여주고 있다. 조사 결과에서 사양 기준으로 볼 때는 구글이 가장 작은 인프라 크기를 제공한다고 보여주고 있으나 내부 시스템 사용 사례를 적용해볼 때는 성능에 거의 차이가 없었다.

▌ 버스톰 실습 2: 직접 비교를 위한 선정

해당 데이터 자체만 봤을 때는 큰 의미를 찾기가 어렵다. 서로 비교했을 때 의미 있는 통찰력을 얻을 수 있다. 이번 실습에서는 솔루션 선정에 필요한 구체적인 특성을 비교하는 작업을 한다.

1. 다음 스크린샷에서 보여주듯이 AWS와 애저 각 세그먼트에 있는 Compare[비교] 박스를 각각 선택한다.

---

1   BCU는 버스톰 컴퓨트 단위(Burstorm Compute Unit)의 약어로, 버스톰에서 사용하는 표준 유닉스 벤치마크 점수의 기준 스 펙이다(a Raspberry Pi 2, ARM7 @900Mhz). https://www.burstorm.com/wp-content/uploads/Price-Performance-Benchmark-V2.pdf – 옮긴이

2. 다음 스크린샷과 같이 Compare 탭을 클릭한다. Compare 탭은 Details 탭 옆에 있다.

다음 스크린샷에서는 2개의 솔루션을 비교한 내용을 좀 더 명확하게 보여준다. 선택한 두 솔루션을 나란히 비교하는 뷰로 변경해야 한다.

이 뷰를 통해 솔루션의 각 특성별로 비교할 수 있다. 설계 시나리오 목적에 필요한 특성 항목들의 비교이며, 네부 시스템의 경우 목적이 1개였다. 비교해야 하는 특성이 많은 솔루션을 상상해보자. 이 같은 경우 만약 데이터를 정규화하고 비교하는 작업을 수동적인 방법으로 진행한다고 하면 상당히 많은 시간이 걸린다. 네부 시스템의 이번 사례는 단순하기 때문에 설계하고 비교 검토하는 과정이 몇 번의 클릭으로 가능했다. 이와 같은 방법과 도구를 사용하면 솔루션 설계와 의사결정 프로세스를 상당히 빨리 진행할 수 있다.

가격 비교

클라우드 솔루션을 설계하려면 통찰을 얻을 수 있는 데이터가 필요하다. 가격만 비교하면 곧 터질 문제를 안고 가는 것이다. 저렴한 솔루션은 전략적 요소를 충족하지 못할 수 있고 필요 수준의 성능을 갖추지 못할 수 있다. 경제성 관점의 요건이 중요하지만, 그것만이 유일한 요건은 아니다. 스크린샷에서 보면 플랫폼 전체에 걸쳐 여러 곳에 빨간색 숫자가 있음을 볼 수 있다. 이 숫자들은 가격 데이터와 성능 데이터를 수집해 정규화한 값으로 일관되고 정확하게 제공하기 때문에, 솔루션 특성들을 쉽게 비교할 수 있게 도와준다.

1. Compare 창의 오른쪽 상단 모서리에 드롭다운 박스가 있다. 박스에 **By Price**^{가격별} 항목이 들어 있는지 확인한다. 이 드롭다운 박스에서 선택한 기준에 따라 데이터를 재정렬해 보여준다. 기본값은 **By Price**다.

2. 내부 시스템의 경우, 어떤 서비스 공급자가 가장 낮은 가격을 제시하고 있는가? 우선순위 방법에 따라 최적의 솔루션을 신속하게 식별하는 데 도움이 되는 시각적으로 표기된 내용들이 있다. 다음 그림과 같이 AWS와 애저를 비교할 때, 현재 솔루션에 대해 최저가로 제공하는 공급자는 AWS이며, 몇 가지 방법으로 확인해볼 수 있다. 첫째로, 최적화 우선순위 방법을 가격으로 한 경우 AWS 세그 먼트 내 녹색 계란형 박스의 가격 밑에 best라고 표기된다. 우선순위 방법에 따른 최적의 솔루션은 항상 왼쪽 세그먼트에 보여주게 되어 있어서, 이번 경우에도 왼쪽 세그먼트에 AWS를 보여준다.

통찰력을 제공하는 그 밖의 지표들도 있다. 애저 세그먼트 초록색 계란형 박스 안 가격 밑에 빨간색 숫자가 있다. 이 빨간색 숫자는 두 솔루션 사이의 가격 차이가 1% 이하임을 의미한다.

또 다른 시각적 지표는 각 라인 우측 끝에 빨간색이나 녹색으로 표기한 내용이다. AWS 세그먼트에 best가 표시되지만 녹색 텍스트를 사용한다. 다음 스크린샷에서 보여주듯이 애저 세그먼트에는 빨간색으로 표시된 숫자로 가격 차이를 보여준다.

요구사항 기반으로 응답받은 데이트를 기반으로 볼 때, 두 공급자 간의 가격 차이는 1% 이하다. 공급자를 선정하는 관점에서 볼 때 이 숫자는 무시할 만한 숫자이기 때문에 다른 특성 비교가 필요해 보인다.

성능 비교

이 단계에서는 다른 특성으로 성능 정보를 추가한다. 가격 차이 1%로는 어떤 솔루션이 최적인지 명확하게 선택하기에 충분하지 않기 때문에 다음 단계에서는 가격 분포를 비교해볼 것이다.

By Price로 표시되는 목록 박스를 클릭하고 이것을 By Performance^{성능별}로 변경한다.

다음 스크린샷처럼 정규화된 실시간 성능 벤치마크 데이터 기반의 뷰로 변경되며, 솔루션별 성능 기반 특성을 비교할 수 있다.

이번에는 사실 뷰 자체가 변경되지 않았는데 여기에는 몇 가지 이유가 있다. 첫째, 왼쪽 아래 계란형 박스에 표현된 성능 숫자는 버스톰의 클라우드 벤치마크 서비스에서 가져온 값으로, 실시간으로 클라우드 공급자를 무작위 테스트한 결과들이다. 이번 시나리오의 경우 AWS의 성능 숫자는 15.7로 애저의 9.8보다 크다. AWS 성능 점수가 애저보다 뛰어나기 때문에 좌측에 보이고 있다. 그래서 뷰에 변화가 없다. 둘째, 이번 경우는 단일 솔루션이다. AWS는 이 시나리오에서 가장 낮은 비용에 가장 높은 성능을 제공하고 있기 때문에 데이터가 변경되거나 재정렬이 일어나지 않은 것이다. 만약 애저가 AWS보다 더 높은 성능 점수를 받았다고 하면, 오른쪽 상단의 기준에 따라 애저 세그먼트가 왼쪽으로 이동했을 것이다.

이번 실습에서는 AWS가 비용 면에서는 약간 우수하고 성능 측면에서는 상당히 높다고 나왔다. 왼쪽의 각 계란형 박스의 하단에 있는 텍스트는 어떤 것이 가장 좋고 그 차이가 어느 정도인지를 시각적으로 보여준다. 이 시나리오에서는 차이가 38%였다.

가격 측면에서는 어떤 공급자가 최적인지 판단하기 힘들고, 인프라 크기도 두 시스템 모두 2×8 머신으로 거의 동일한 것으로 표시된다.

인프라 요구사항은 코어 1개와 RAM 7GB(1×7)였지만, 공급자가 판매하는 방식, 소비되는 방식, 제품 및 서비스의 배포 방식에 따라 자동으로 제품과 서비스가 변경되기도 한다.

이 시나리오에서는 AWS와 애저 모두 컴퓨팅 리소스를 2 코어와 8GB의 RAM(2×8) 가상 인스턴스로 변경했다. 다음 스크린샷에서 보여주는 내용은 실습 1에서 입력한 요청 내용이다.

요청된 정보와 각 공급자의 응답 세부 정보를 비교해보면 변경된 것을 알 수 있다.

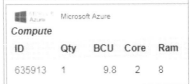

가격 대비 성능 비교

인프라 크기 관점에서는 거의 동일했고 가격 관점 비교도 그렇게 큰 차이점이 없었다. 성능 관점에서는 AWS가 큰 차이점을 보여줌으로써 유리해 보였다. 이 3개 외에 또 다른 비교 지표는 가격 대비 성능 벤치마크다. 주로 가격 지표가 최적의 솔루션 공급자로 활용되기는 하지만, 가격 대비 성능 벤치마크를 사용하면 어떤 공급자가 비용 대비 가장 높은 성능을 제공하는지 명확하게 보여주는 가치 지향적 비교가 가능하다. 물론 다른 특성들이 최종 결정에 영향을 줄 수도 있지만, 솔루션 설계를 진행할 때 활용할 수 있는 좋은 지표다.

1. 오른쪽 상단으로 다시 이동한 후 드롭다운 목록을 클릭하고, 우선순위를 Price Performance^{가격 성능}로 변경한다.

다음 스크린샷처럼 각 라인 항목 컬럼명이 $BCU로 바뀌고 빨간색 숫자들도 변경되는데, 각 품목별 단위 성능 기준으로 정규화한 가격 정보다. AWS의 경우 단위 성능별 가격은 4.26달러다. 애저의 경우 단위 성능별 성능값이 6.91달러로 AWS보다 38% 높다.

지금까지의 데이터를 기반으로 볼 때, AWS가 최적의 솔루션이 될 가능성이 높다. 이와 같이 AWS와 구글 간의 비교도 바로 가능하다. 이번 요구사항을 기준으로 볼 때 구글은 최저가 공급업체였다.

2. Details 탭으로 돌아가 애저 선택을 취소하고 구글을 선택한다. 세 공급자를 같이 비교해봐도 좋다. 3개 이상을 선택할 경우, 화면 크기에 따라서 스크롤해야 하는 경우가 있을 수는 있다. 다음 스크린샷은 AWS 및 구글의 비교 내용이다.

- 가장 낮은 가격을 제시하고 있는 공급자는?
- 가장 높은 성능을 제공하는 공급자는?
- 가격 대비 성능 지표 기준으로 볼 때 최적의 공급자는?

이번 실습에서는 구글이 28% 저렴하게 공급한다고 나왔다. 가격만 보면 구글이 최적으로 보일 것이다. AWS는 38% 더 높은 성능을 보이고 있다. 이 시나리오에서 구글이 28% 저렴한 가격을 제시함에도 불구하고 가격 대비 성능 비교 데이터에서는 AWS가 10% 정도 더 높은 점수를 받은 것으로 나타났다.

▌요약

클라우드 솔루션을 구축할 때는 고려해야 할 요소가 많다. 18장에서는 다음과 같은 내용을 추가 검토했다.

- 인프라 크기 요구사항
- 요구사항을 수용하는 공급자가 제공하는 인프라 크기
- 비즈니스와 소비 모델 기반으로 인프라 정보 정규화
- 공급자가 제공하는 인프라 크기와 가격을 기반으로 한 정보 정규화
- 성능 데이터 수집 및 분석
- 가격 대비 성능 데이터 수집 및 분석

클라우드 솔루션 설계의 수립 프로세스에서 가격 대비 성능은 매우 중요하기 때문에, 버스톰의 심층 보고서(https://slidex.tips/download/cloud-computing-benchmark)가 도움이 된다. 이 자료에는 여러 가지 측면의 목적에 맞는 방법들을 설명하고 있다. 가격 대비 성능은 솔루션 옵션을 평가할 때 포함돼야 하는 중요한 데이터셋이다.

솔루션을 선택할 때 정규화해서 비교해볼 수 있는 솔루션 관련 세부 정보가 많다. 주요한 특성을 선택해 거기에 먼저 집중하는 것이 좋고, 그런 다음 다른 비교 특성들을 추가하고 분석, 비교해봄으로써 결정 과정을 진행해나갈 수 있다. 이를 통해 프로젝트와 의사결정을 신속하게 진행할 수 있고 공급자 간 모든 특성을 비교하는 노력을 줄일 수 있다. 인프라 구성요소를 먼저 시작하는 것도 탄탄한 기반을 만들 수 있어서 좋다. 기준 없이 무분별하게 확장되고 불필요하게 늘어나는 환경을 관리하기 위해서는 비용이 상당히 들 수 있기 때문이다. 그럼에도 불구하고 의사결정은 신중하게 진행해야 하는데, 잘못된 방향으로 너무 빨리 가면 방향 전환이 힘들 수 있기 때문이다.

이 실습에서 네부 시스템스는 AWS를 선택한다. 다음 장에서는 AWS를 활용하기 위한 네부 시스템스의 선택이 어떻게 전개되는지를 살펴볼 것이다. 이 솔루션이 전략적 관점 및 기술 관점에서 기여하고 있는 것이 무엇이고, 경제성 측면에서는 어떤 기여를 하는지 볼 것이다. 18장에서 사용한 동일한 개념을 사용해 네부 시스템스가 차별화할 수 있는 것은 무엇인가? 어떤 변화를 필요로 하는가? 고려해야 할 사항들에는 어떤 것들이 있는가?

19

실습 3: 현재 상태 최적화
(12개월 이후)

18장에서는 데이터와 분석된 통찰을 기반으로 디지털 트랜스포메이션에 필요한 인프라 서비스 공급업체 1차 후보로 구글, AWS, 애저를 식별해냈고, 가격, 성능, 가격 대비 성능 지표를 기반으로 내부 시스템의 초기 클라우드 서비스 공급자로 AWS를 선정했다.

대부분의 클라우드 전환 프로젝트에서 겪듯이, 내부 시스템은 변화 관리와 거버넌스에 이슈가 있어서 전환 채택이 지연됐고 인프라 비용도 증가함에 따라 많은 질문이 제기되고 있다. 내부 시스템은 현재 상태를 좀 더 자세히 조사하기 위해 AWS의 최근 비용 청구 파일을 분석하기로 했다. 현재 상태를 최적화하고 비용을 통제할 수 있는 방법을 신속하게 파악한다는 계획이다.

19장에서는 추진 진행 단계와 의사결정에 필요한 요소들을 평가할 수 있는 실시간 데이터와 통찰 방법을 설명한다.

▌현재 상태 데이터 시각화

현재 상태 데이터들은 여러 위치, 여러 도구, 여러 데이터 큐레이션에 흩어져 있다. 데이터 자체가 통찰을 제공하거나 서로 연관성을 만들어내는 것이 아니기 때문에 현재 상태 데이터를 다룰 때는 몇 가지 어려움이 있다. 데이터 수집은 비교가 이뤄지기 전까지는 실제로 아무런 도움이 되지 않는다. 데이터를 비교함으로써 특징이 드러나고 통찰이 생긴다. 예를 들면 대여 정보는 지불하고 있는 금액에 대한 정보, 남은 대여 기간 등에 관한 세부사항을 제공한다. 대여 정보를 현재 시장 가격 및 다른 솔루션들과 비교하면 훨씬 더 도움이 될 수 있다. 만약 현재 시장에 나와 있는 다른 솔루션 가격이 더 저렴하다면 현재 대여 계약을 종료하고 더 유리한 계약 조건으로 갈아탈 수도 있기 때문이다.

통찰을 얻는 가장 빠른 방법은 데이터를 시각화하는 것이다. 인간 인식의 75~85%는 시각을 기반으로 한다고 한다. 요리사에게 같은 질문을 하면 후각신경(냄새)을 통해 75~85%를 얻는다고 할 것이다. 마사지를 배우는 사람들에게 물어보면 대부분 스킨십에서 나온다고 할 수도 있다. 인간은 목적에 맞는 데이터를 찾는 데 전문가들이다. 빛이 소리보다 훨씬 빠르다는 것은 과학을 통해 증명된 사실이다. 빛은 소리보다 약 100만 배 더 빠르다. 이것은 인간의 감각 중에서 시력이 가장 빠르다는 사실을 뒷받침한다. 가장 빠른 감각부터 나열해보면 시각, 소리, 촉각, 냄새, 맛 순이다. 그래서 통찰을 훨씬 빠르게 전달할 수 있는 좋은 방법은 시각적으로 데이터의 연관 관계를 표현하는 것이다. 현재 상태 데이터를 맛본다거나 데이터의 냄새를 맡는 형태로 표현하는 것은 늦을 수밖에 없다. 시각적으로 표현된 데이터가 다른 어떤 방법보다 훨씬 더 빨리 정확한 통찰을 이끌어낸다는 사실은 잘 입증돼왔다.

앞서 언급한 바와 같이, 19장에서는 AWS 비용 계산서 데이터의 시각화를 실습해본다. 여러 기회를 시각화하는 기법을 통해 표현하면 현재 상태 데이터를 최적화하고 변화하기 위한 통찰을 얻을 수 있는 기회를 만들어낼 수 있다. 이 실습에서는 내부 시스템스가 현재 프로젝트를 추진함에 있어서 전략적, 기술, 경제성 관점 요구사항들 및 리스크를 조화롭게 충족시켜나갈 수 있도록, 현재 상태 정보를 최적화하고 통찰을 얻는 데 초점을 맞출 것이다.

실습 3: 데이터 시각화

실습을 위해 AWS 비용 청구서를 임포트[import]했다. 다음 스크린샷에서 볼 수 있듯이, 설계 보드 오른쪽 상단에 있는 Import 기능을 사용했다.

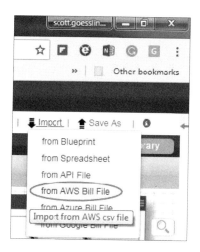

가져오기[import]가 완료되면, 새 프로젝트가 왼쪽 창에 표시된다. 청구서[billing] 파일을 가져온 후에는 프로젝트 목록에 기존 상태 프로젝트(녹색 문자)로 추가된다. 다음 스크린샷에 보이는 바와 같이, AWS Feb[AWS 2월]와 AWS March[AWS 3월]가 왼쪽 창 목록에 보이고 액세스가 가능한지 확인한다.

앞의 스크린샷에 표시된 왼쪽 창에서 프로젝트 이름 AWS Feb(녹색 문자)를 클릭한다. 이름을 클릭하면 메인 도면 보드 창에 프로젝트가 열린다. 보이는 내용이 다음 스크린샷과 일치해야 한다.

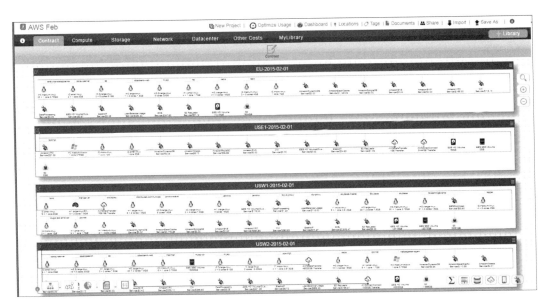

가져온 비용 청구 데이터를 기반으로 현재 상태 데이터를 시각화했다. 청구서 파일 세부 정보에 나와 있는 사용자 생성 태그user created tag에 맞춰서 모든 인프라 정보와 서비스를 시각화한 것이다. US West 1, 2, US East 1, Europe 등 리전별로 분할해 보여주고 있다.

실습 3: 내부 시스템의 클라우드 전환 진행률 업데이트

네부 시스템스는 짧은 시간 동안에 진척을 많이 했다. 얼핏 보면 성공하는 것처럼 보이지만, 빠른 성장과 변화 뒤에는 해결해야 할 문제점들도 많다. 무엇을 새롭게 변화시킨다는 것은 어려운 일이다. 성공하기 위해서는 변화 관리와 거버넌스를 잘해나가야 하지만, 말처럼 쉽지 않다.

초반기 네부 시스템스는 변화 관리를 매우 잘했다. 변화가 진행됨에 따라 팀들은 현재의 전략, 기술, 경제성에 따라 조직 구조가 바뀌고 팀원들도 변경하는 등 재정비가 진행됐다. 지난 몇 달 동안에 변화 관리 영역에 어려움이 찾아오면서 변화 추진상 큰 지연 요인이 됐다. 사람들은 새로운 프로세스, 인프라, 변경된 서비스를 받아들이기보다는 이전에 익숙한 방법으로 되돌아가고 있다.

네부 시스템스는 새로운 기술과 프로세스를 상대적으로 빨리 받아들였는데, 이로 인해 증가하는 사용자 지원 기반 인프라가 급속도로 성장했다. 성장 속도가 빠르면 세부적인 것들을 놓치게 된다. 초기 책정된 예산보다 비용이 증가했다. 범위^{scope}도 계속 늘어나고 있어서 문제가 됐다. 리더들은 현재 어디에 있는지 재점검하고, 전략에 맞게 인프라를 재정비하고, 비용 관리 수준을 높이기를 원한다.

실습 3: 청구서 파일

청구서 파일에는 무엇이 들어 있는가? 현재 시장 상황과 비교할 수 방법은? 클라우드 사용 청구서 파일에는 상세한 정보가 들어 있어서 그것을 분석한다는 건 쉬운 일이 아니다. 청구서에는 리전 정보, 사용 제품과 서비스에 따라 사용량 측정 방법과 과금 방법이 다르고 지불 조건도 다르기 때문에 내용을 하나하나 분석하려면 많은 시간이 필요할 수 있다. 어떤 조직에서는 스프레드시트와 CSV 파일을 다운로드해 라인별로 분석하려고 한다. 이 것은 시간이 많이 걸리고 실수를 하기 쉽다. 대부분의 자동화된 도구에는 비교 기능과 전체 시장 전반의 통찰을 유도하는 기능이 없다. 청구서 데이터를 정규화하고 비교하려면 며칠에서 몇 주가 소요될 수도 있다. 클라우드 솔루션은 서비스에 따라 초 단위, 시간 단위, 일 단위로 과금이 되기 때문에 어떤 서비스는 마지막 몇 초까지도 과금에 포함이 된다. 솔루션을 분석, 비교 및 설계하는 데 몇 주가 걸린다는 것은 클라우드 업계에서는 허용될 수 없는 일이다. 자동화와 활성화가 필수사항이기 때문이다.

1. 통찰을 시각적으로 표현하기 위해 디자인 보드 왼쪽 아래에 몇 가지 아이콘이 사용되고 있다. 지금은 첫 번째 아이콘이 선택된 상태다. 첫 번째 아이콘은 파일에 있는 모든 내용을 논리적으로 시각화해 보여준다.

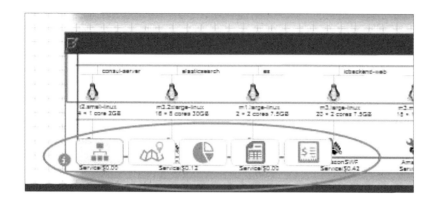

2. 이 청구서 파일에는 리전 정보, 즉 미국 3곳과 유럽 1곳 해서 4개가 있다. 설계 보드의 왼쪽 아래에 있는 아이콘들 중에서 가장 오른쪽 아이콘을 클릭한다.

아래 뷰와 같이 청구서 파일의 항목들을 BOM[Bill of Material] 방식[1]으로 나열하고 아래에 금액 총계를 보여주는지 확인한다.

3. 페이지 하단으로 스크롤해서 맨 아래 영역까지 내린다. 페이지 하단의 녹색 계란형 박스에는 업로드된 청구서 파일에 지정된 청구 기간의 총합이, 두 번째 녹색 계란형 박스에는 **월 단위 반복성 청구 요금**[MRC, monthly recurring cost]이 들어 있다.

---

1 BOM 방식: 전체 청구서의 상세 항목들로부터 전체 금액까지 계층적으로 구성해놓은 방식 – 옮긴이

1개월 이하의 기간 동안 서비스를 제공하는 AWS 청구서이므로 월별 청구 요금과 총액이 일치한다. NRC라고 표시된 계란형 박스의 총액은 0.00달러다. 이것은 예비 인스턴스가 사용되고 있지 않다는 것을 말해준다.

청구서 파일에는 총 65,337.13달러가 표시된다. 이것은 리전별 청구 금액의 총합계 금액이다. 데이터가 의미하는 바를 이해하는 것은 중요하며, 청구서를 통해 획득할 수 있는 정보를 찾는 방법을 이해해야 하다. 예를 들어, 이 청구서 중 각 사이트별 할당되는 금액은? 주 사이트는? 현재 각 사이트별로 사용 중인 제품과 서비스는?

4. 화면 왼쪽 아래에 있는 아이콘을 클릭한다. 이번에는 오른쪽에서 두 번째 위치에 있는 아이콘을 선택한다.

이 아이콘은 데이터를 검색하고 필터링할 수 있는 목록을 제시한다. 다음 스크린샷에서 보는 바와 같이 데이터를 정렬하고 비교하는 다양한 방법을 활용해 분석이 가능해진다.

5. 각 열의 제목을 클릭하면 열을 정렬할 수 있다. MRC를 두 번 클릭하면 MRC 비용이 가장 높은 서비스 순서에 따라 정렬된다. 클릭을 한 번 하면 낮은 것에서 높은 순으로 정렬되고, 한 번 더 클릭하면 높은 것에서 낮은 순으로 정렬해 보여준다. 비용이 가장 높은 서비스는 무엇인가? 어느 사이트에서 사용 중인 서비스인가? 두 번째로 높은 것은 무엇이며, 어느 사이트에서 사용 중인가?

이 청구서에서 청구 금액이 가장 높은 것은 **아마존 일래스틱 캐시**^{AmazonElasticCache}로 파악된다. 이 서비스는 현재 USW1(AWS San Jose)에 배치되어 있다. 전체 청구서 파일에서 가장 비용이 많이 드는 항목이 캐싱임을 알게 되면 최적화에 관한 질문들이 수면 위로 올라온다. 캐싱은 일반적으로 다른 서비스 비용을 낮추고자 사용되는 서비스다.

- 캐싱이 계획대로 작동하고 있는가?

- 올바르게 배치됐는가?

- 콘텐츠를 리프레시하고 이전 콘텐츠는 제거되고 있는가?

- 캐싱 서비스가 다른 더 비싼 서비스를 의도한 대로 상쇄하고 있는가?

- 산호세의 이 많은 콘텐츠가 이렇게 자주 캐싱돼야 하는가?

- 콘텐츠의 대부분을 서비스해야 하는 곳이 산호세 지역인가?

이러한 방식으로 데이터를 빠르게 시각화해 분석하면 가장 효과적인 방법으로 개선이 필요한 영역에 노력을 집중할 수 있다. 클라우드 아키텍처는 필요할 때 필요한 것만 활용하는 예민한 감각을 필요로 한다. 클라우드 아키텍처는 기술 세부사항을 다룰 때도 경제성 관점을 염두에 둬야 한다.

이 청구서에는 **AWS 다이렉트 커넥트**^{AWSDirectConnect2}가 두 번째로 높은 비용 라인

---

2 아마존 웹 서비스의 클라우드 서비스 솔루션으로서, 온프레미스에서 AWS 클라우드로 전용 네트워크 연결을 쉽게 설정할 수 있는 기능이다. – 옮긴이

항목으로 포함되어 있다. 이 서비스는 캐싱 서비스와는 다른 리전에 배치되어 있다고 나온다. AWS 다이렉트 커넥트는 US West 1이 아닌 US East 1(북부 버지니아)에서 배치되어 있다. AWS 다이렉트 커넥트는 클라이언트 온프레미스 환경에서 AWS 클라우드를 직접 연결하는 데 사용된다. 이러한 세부사항을 이해한 상태가 되면 다음과 같은 질문이 나온다.

- 미 서부 지역 리전에 콘텐츠 캐싱 서비스가 올라가 있다. 미 동부 지역의 온프레미스 환경에서는 다이렉트 커넥트 서비스를 활용해 AWS 환경에 연결되어 있다. 이 두 가지 구성 간에 어떤 연관성이 있는가?

- US East 1 위치가 주 위치인가? US West 1 위치가 주 위치인가?

- 청구서 파일에는 4개의 사이트가 있었다. 어디가 주 위치인가?

- AWS 다이렉트 커넥트 링크를 통해 한 달 동안 2445GB의 데이터가 전송되는 이유는 무엇인가? 대규모 이전 또는 백업 작업 때문인가?

- 매월(720시간) 2445GB가 전송되고 있다는 건 7Mbps~8Mbps 대역폭을 계속 사용하고 있다는 뜻이다. 사용 대역폭을 줄일 수 있는 효율적인 솔루션이 있는가?

- AWS US East 1 리전과 직접 연결되는 리전은?

- AWS 다이렉트 커넥트 비용을 줄이기 위해 온프레미스에 있는 서비스 중에서 AWS로 옮길 수 있는 것들이 있는가?

- 현 시장 가격 측면에서 볼 때 10G 포트의 다이렉트 커넥트 가격은 시간당 2.41달러다. 한 달을 720시간으로 해서 청구서에 표시된 청구 비용을 해석해보면, 3개의 10GE 포트를 통해 총 7Mbps로 전송하고 있는 것이다. 이것이 의미하는 바는 무엇인가?

- 실제 비용은 밖으로 전송하는 비용이다. AWS는 인바운드에 대해서는 비용을 산정하지 않는다. 현재 아웃바운드 전송 비용은 GB당 평균 0.02달러다. 2448GB를 전송한다고 하면 50달러가 안 돼야 하는데, 왜 이렇게 4500달러 가까운 비용이 청구되고 있는가?

6. 클라우드 아키텍트는 이 부분을 더 깊이 분석해봐야 한다. 왼쪽 끝에 있는 Contract^{계약} 열 헤더를 클릭한다.

Showing 1 to 100 of 102 entries

Contract	Objective
USW1-2015-02-01	AmazonElastiCache
USE1-2015-02-01	AWSDirectConnect
USW1-2015-02-01	RDS
USW2-2015-02-01	EBS HD Volume
USW2-2015-02-01	EBS SSD Volume
USW1-2015-02-01	EBS SSD Volume

이 헤더를 클릭하면 이 열을 기준으로 알파벳순으로 표를 정렬할 수 있다. 한 번 클릭하면 A–Z 순으로 정렬된다. 두 번 클릭하면 Z–A 순으로 정렬된다. 한 번 클릭한 후 아래로 스크롤해 US East 1을 나타내는 USE1을 찾는다. 다음 스크린 샷과 같은 내용이 나오는지 확인한다.

EU-2015-02-01	AmazonSWF	Service	$0.00 MRC, $0.00 NRC		$0.00	$0.00
EU-2015-02-01	AmazonSimpwDB	Service	$0.00 MRC, $0.00 NRC		$0.00	$0.00
USE1-2015-02-01	AWSDirectConnect	Transfer	2445GB Xfer		$0.00	$4,529.37
USE1-2015-02-01	m3 medium mswin	VM on shared hypervisor	1 Cores × 3.8 Ram × 4 HD Windows		$0.00	$89.38
USE1-2015-02-01	AmazonRoute53	Service	$0.00 MRC, $0.00 NRC		$0.00	$29.99
USE1-2015-02-01	AmazonVPC	Service	$0.00 MRC, $0.00 NRC	opsmgt	$0.00	$27.35
USE1-2015-02-01	ElasticIP	Service	$0.00 MRC, $0.00 NRC		$0.00	$24.93
USE1-2015-02-01	t2.small-linux	VM on shared hypervisor	1 Cores × 2.0 Ram × 0 HD Linux		$0.00	$17.47
USE1-2015-02-01	t2.micro-linux	VM on shared hypervisor	1 Cores × 1.0 Ram × 0 HD Linux		$0.00	$8.74
USE1-2015-02-01	AmazonKinesis	Service	$0.00 MRC, $0.00 NRC		$0.00	$8.73
USE1-2015-02-01	EBS HD Volume	Disk	63 GB HD		$0.00	$3.60
USE1-2015-02-01	AmazonDynamoDB	Service	$0.00 MRC, $0.00 NRC		$0.00	$2.05
USE1-2015-02-01	S3 Requests	Service	$0.00 MRC, $0.00 NRC		$0.00	$1.09
USE1-2015-02-01	S3	Storage	3 GB HD		$0.00	$0.08
USE1-2015-02-01	AWSDataTransfer	Transfer	1GB Xfer		$0.00	$0.02
USE1-2015-02-01	EBS HD VolumeIOUsage	Service	$0.00 MRC, $0.00 NRC		$0.00	$0.02
USE1-2015-02-01	EBS SSD Volume	SSD	0 GB SSD		$0.00	$0.01
USE1-2015-02-01	CW	Service	$0.00 MRC, $0.00 NRC		$0.00	$0.00
USE1-2015-02-01	AmazonSNS	Service	$0.00 MRC, $0.00 NRC		$0.00	$0.00
USW1-2015-02-01	AmazonElastiCache	Service	$0.00 MRC, $0.00 NRC		$0.00	$4,779.26
USW1-2015-02-01	RDS	Service	$0.00 MRC, $0.00 NRC		$0.00	$2,978.47

여기에는 좀 더 흥미로운 정보가 있다. 서비스 유형(두 번째 열)과 월별 비용(오른쪽 마지막 열)을 살펴본다. 이 내용들이 무엇을 설명하고 있는지 검토해본다.

- 각 리전에는 DB, 블록 스토리지, 컴퓨트, S3, DNS 등 일반적인 인프라가 배치되어 있다.
- 비용은 최소 수준이며 경우에 따라 0.00달러다.
- 이 사이트는 중복 사이트로 설정했던 것 같이 보인다. 웜^{warm} 사이트처럼 보이는데 데이터 크기가 수천 GB까지는 안 되는 것 같다.

세부사항을 살펴보면서 몇 가지 질문이 생겼다.

- 이 리전에는 데이터가 많지 않은데, 어떻게 수천 GB의 데이터, 수천 달러 상당의 데이터가 이 사이트에서 전송되는가?
- 이 중복/백업 사이트에 저장된 데이터양은 이번 달 6만 8천 달러의 AWS 클라우드 서비스 이용료를 설명하기에는 뭔가 맞지 않는 것 같다.
- EC2 컴퓨트 비용은 거의 발생하지 않았다. 복제되는 데이터는 검증되고 있었는가? 계획대로 작동하는지 확인하고 있었는가? 마지막으로 확인하고 테스트한 게 언제였는가?

이 청구서를 살펴보면 RDS뿐만 아니라 DynamoDB도 활용하고 있음을 알 수 있다. 어떤 경우에는, 특히 클라우드 영역에서 다른 유형의 데이터베이스를 다른 목적에 활용할 수 있다. 예를 들어, DynamoDB는 6가지 데이터베이스 유형 중 하나인 NoSQL 데이터베이스 유형에 속한다. DynamoDB는 멀티테넌트 데이터베이스 솔루션이기 때문에 사용료가 상대적으로 저렴하다. RDS는 단일 테넌트 솔루션이기 때문에 사용료가 상대적으로 비싸다. 두 서비스의 가격 정책은 완전히 다르다.

1. 뷰에서 보는 바와 같이 페이지 상단에 **Text Search**^{텍스트 검색} 박스가 있다. 검색 박스에 DynamoDB의 앞 글자 3개인 'dyn'을 입력한다.

Text Search
dyn

Exact Match
(unchecked means >=)

다음 스크린샷과 같이 DynamoDB가 있는 내용만 보여준다.

DynamoDB는 4개 리전 모두에 활성화되어 있으나 지난달에는 활동이 거의 없었음을 보여준다.

- 이 서비스는 활성화 상태에 있는데 왜 거의 사용하지 않는가?
- 혹시 서비스가 기본 디폴트로 설정되어 있거나 설정을 하다 중단한 상태인가? 반납해야 하는 상태인데 아직 안 하고 있는 상황인가? 어떤 리스크가 있는가?
- 이 서비스가 RDS와는 어떤 관련이 있는가? RDS도 설정을 진행하다가 중단한 상태인가?
- 비즈니스를 위해 가장 중요한 서비스는 무엇인가?
- 데이터베이스의 주 사이트와 백업 사이트는 무엇인가?

2. 텍스트 검색 박스에 있는 'dyn'을 'RDS'로 변경한다.

다음 스크린샷과 같이 RDS가 있는 내용만 보여준다.

DynamoDB는 2개 리전에 활성화되어 있다. US WEST 1에 청구된 비용이 3000달러 가까이 되기 때문에 주 사이트인 것으로 보인다. 유럽 사이트는 청구 비용이 250달러 미만이다. 이를 바탕으로 다음과 같은 질문을 해볼 수 있다.

- RDS는 다중 가용 영역^{multi-zone} 배치 설정을 할 수 있다. 이 자료에 따르면 단일 가용 영역에만 설치된 것으로 보인다. 이것이 의도된 것인지 확인해봐야 하는가?
- RDS가 단일 가용 영역에만 설치되어 있다는 사실이 향후 제안에 어떤 영향을 주는가?
- 다중 영역 RDS 구축이 경제성과 리스크 관점에서 어떤 영향을 주는가?
- 데이터베이스 작업에 따라 어느 사이트가 기본 사이트로 표시되는가?
- 이 내용들을 살펴보면 이상적인 상황은 아니지만, US WEST 1이 주 사이트일 가능성이 높다.

클라우드 아키텍트는 많은 역할을 수행하게 된다. 조사를 해야 할 때도 있고, 회계 관점의 일을 해야 할 때도 있다. 기술자, 리스크 매니저, 전략가로서의 역할도 관련성이 많기 때문에 기술력과 마찬가지로 비즈니스 재무, 경제 관련 영역에서의 스킬도 보유해야 한다.

내부 시스템의 현재 상태를 조사 분석할 때 바탕에 둬야 하는 사항은 전략적 관점, 경제성, 기술 관점에서 조화가 이뤄지도록 지속적으로 만들어가야 한다는 것이다. 내부는 지역에서 과도한 지출을 하고 있고 다른 영역에는 충분한 비용을 쓰지 않는 것 같이 보인다. 대부분 영역에서 기술 간의 융합이 견고해 보이지만, 개선해야 할 영역도 있다. 앞서 설명한 바와 같이, 내부 시스템은 거버넌스와 변경 관리를 무시한 채 빠르게 성장한 것처럼 느껴진다.

지금까지는 청구서 파일에 있는 모든 리전의 내용을 살펴봤다. 내부 시스템이 전체 비용 관점에서 어느 리전에 어떤 서비스가 있고 어떤 유형의 서비스를 얼마나 사용하고 있는지 이해할 수 있었다. 이를 통해 무분별한 서비스 사용으로 인한 비용을 통제할 수 있는 몇 가지 최적화 방법을 찾아냈다.

다음 절에서는 개별 리전별 상세 내용을 분석해볼 것이다. 사용 중인 서비스를 현재 시장에 나와 있는 서비스와 비교해 내부 시스템스의 클라우드 전환 방향성을 공고히 하고 다음 단계로 나아갈 수 있는 통찰을 얻을 수 있다.

왼쪽 아래 모서리의 첫 번째 아이콘을 클릭해 설계 뷰^{design view}로 전환한다. 다음 절에서는 주 사이트의 상태를 조사해, 현재 시장에 나와 있는 서비스와 비교 분석해본다.

다음 스크린샷에는 전체 4개 리전과 각 리전별로 배치되어 있는 서비스를 보여준다. 이 화면을 활용해 각 리전별로 배치되어 있는 서비스를 식별하고 각 서비스를 현재 시장의 것들과 개별적으로 비교한다. 이를 통해 최적화할 수 있는 옵션이 있는지 식별해본다.

각 서비스는 서비스마다의 고유 특성, 구축 규모, 활용도 수준, 기술 세부사항, 경제성 측면의 특성을 갖고 있다. 컴퓨트 서비스의 특성들로는 성능 품질, 신뢰성, 가용성 등을 예로 들 수 있다. 클라우드 아키텍트가 전략, 경제성, 기술 요구사항 등을 조화롭게 충족시켜나가기 위해서는 이들 특성 정부를 필요로 한다.

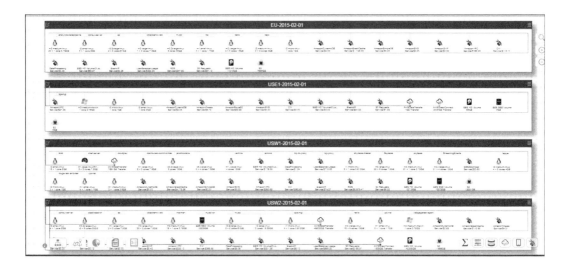

USW1과 USW2가 주 사이트인 것으로 판단된다. 다음 절에서는 USW1의 최적화에 초점을 맞출 것이다. 다음 스크린샷에서는 컴퓨트, 스토리지, 서비스, 연결 구성 등을 보여주고 있다. USW1 현재 상태 설계current state design의 오른쪽 상단에 있는 햄버거 모양의 메뉴를 클릭한다.

뷰가 변경되는 데 1~2분 정도 소요될 수 있다. 실시간으로 모든 라인 항목을 현재 시장 정보와 비교 분석한다. 다음 스크린샷과 같이 왼쪽에 설계 내용이 보이고 오른쪽에 BOM 방식으로 된 정보가 표시된다.

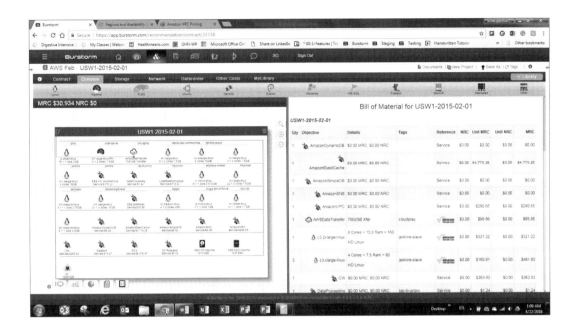

아래로 스크롤하면 다음 스크린샷과 같이 3개의 타원 박스를 볼 수 있다.

이 청구 데이터를 통해 무엇을 이해할 수 있는가?

- 이번 청구 기간 동안 이 사이트에서 사용한 사용 금액은 약 31,000달러다.
- **월 단위 반복성 청구 요금**^{MRC, monthly recurring cost}도 31,000달러다.
- MRC는 총 금액과 동일한데, 이는 모든 서비스 계약 기간이 1개월 미만임을 의미한다.
- 네부 시스템스는 NRC 비용이 없는데, 이는 현재 예비 인스턴스를 사용하지 않고 있다는 뜻이다.

이 화면에서는 내부 시스템스의 현재 서비스와 비용에 대한 개괄적 정보를 보여준다. 최적화를 해나가려면 좀 더 상세한 정보가 필요하다.

- 솔루션 비용을 지불하는 요인은 무엇인가?
- 전략적 측면, 경제성 측면, 기술 측면의 요소들 중에서 향후를 고려해봤을 때 초점을 맞춰야 할 요소는 무엇인가?
- 성능 요인은?
- 설치 공간을 통합하면 비용을 통제할 수 있는가?
- 사용 중인 인스턴스 유형은 최적화된 상태인가?
- 전략과 사용 모델이 일치하는가?

화면 왼쪽 아래의 가운데에 있는 아이콘을 클릭하면 각 서비스가 솔루션의 전체 비용에 어떻게 기여하는지를 보여주는 화면으로 변경된다. 블록 크기가 큰 항목이 전체 지출의 더 큰 부분을 차지한다는 것을 의미한다. 이를 통해 전략적 측면, 경제성 측면, 기술 측면에서 재조정해야 하는 영역이 어디인지 신속하게 식별할 수 있고, 이에 대한 대안을 찾는 작업을 진행할 수 있다.

다음 스크린샷은 큰 블록으로 표시된 소수의 서비스가 현재 비용의 대부분을 차지하고 있음을 보여준다.

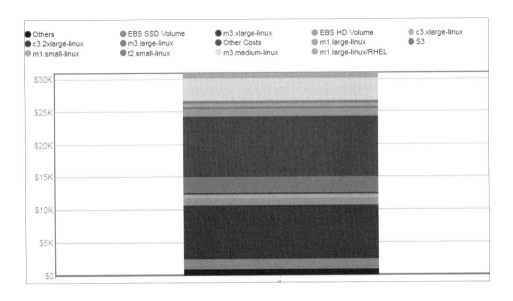

보라색 블록은 Other Costs^{기타 비용}이며, 벤더의 강제종속^{lock-in} 가능성이 있는 AWS 고유 서비스를 의미한다. 이러한 유형의 서비스는 공급자마다 다르다. 다른 공급자들은 동일 하지는 않지만 유사한 서비스가 있을 수 있다. 이들을 조사하려면 추가적인 시간과 노력 이 필요하다. 기타 비용 블록은 전체 솔루션 비용의 31%를 차지하고 있다.

두 번째로 큰 블록(짙은 파란색)은 m3-xlarge-linux 인스턴스 유형과 관련이 있다. 이 단 일 인스턴스 유형은 매월 전체 솔루션 비용에 28%를 기여하고 있다. 이 인스턴스가 2개 이상 설치될 수도 있으며, US West 1에 설치된 전체 내부 시스템 솔루션에 크게 기여 하고 있다. 이 데이터와 관련해서 다음과 같은 질문을 해볼 수 있다.

- 어떤 서비스가 AWS 특화된 서비스인가?
- AWS에 강제종속되는 것이 이슈인가? 해결을 해야 하는 이슈인가?
- M3 인스턴스 유형은 구형 인스턴스이고 최신 버전이 나와 있다. 이것들을 최선 버전으로 업그레이드해야 하는가?
- M3 인스턴스를 최신 버전으로 업그레이드하지 않은 이유는 무엇인가?

404

- M3 인스턴스는 SSD 스토리지를 사용하는 일반 컴퓨트 유형이다. 애플리케이션을 특성별로 분할해서 더 비용 효율적인 소규모 컴퓨트 유형들에 적용해보는 것은 어떤가?

- 소규모 인스턴스 유형을 사용하는 것이 기술과 경제성 측면에서 내부 시스템 전략과 더 잘 일치하는가?

- 인스턴스들에 따라 달라지는 것은 무엇인가? 솔루션에서 중요한 부분을 차지하고 있는가?

- 개선과 혁신을 고려해볼 때, 내부 시스템의 현재 방향에 전략적 측면, 경제성 측면, 기술 측면으로 볼 때 더 잘 부합할 수 있는 신규 서비스는 무엇인가?

지금까지 네부 시스템이 인프라와 서비스를 어떻게 구축했는지 이해해봤다. 최적화의 좋은 기회들에 집중하면서 몇 가지 질문을 해볼 수 있다.

화면 왼쪽 아래에 있는 첫 번째 아이콘을 클릭해 IQ 뷰로 변경한다.

다음 스크린샷과 같이 Summary요약 탭에서는 전체 솔루션에 대한 위치, 비용, 가격 대비 성능 등 상위 수준의 상세 정보를 제공한다.

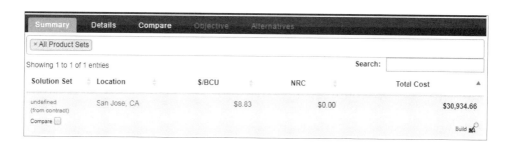

리전은 US West 1인 CA, San Jose로 보여주고 있고, 총 비용과 새로운 2개의 정보가 더 표시된다. 첫 번째는 Solution Set솔루션 세트 열 아래에 (from contract)가 표시된다. 이것은 청구서 파일에서 데이터를 가져왔는지 혹은 실시간 시장 데이터에서 가져왔는지를 설명한다. 두 번째는 화면 중앙에 있는 $/BCU 빨간색 텍스트로 표현된 내용이다. 이 빨간색 숫자는 18장 마지막에서 설명했던 BCUBurstorm Compute Unit다. 솔루션이나 개별 솔루션 구성요소를 현재 시장 옵션과 비교할 때 $/BCU를 사용하면 효과적이다. 이 비교 방식을 사용하면 가격 대비 성능 비율이 낮은 옵션을 신속하게 식별하는 데 도움이 될 것이다. 다른 조건들이 동일하다면 $/BCU 숫자가 낮은 것을 선택하는 것이 적절할 것이다.

다음 스크린샷과 같이 공급자 응답 창 위쪽의 회색 표시줄에 있는 Details 탭을 클릭한다.

Details 화면에서는 현재 사용 중인 솔루션들의 상세한 정보를 보여준다.

Qty	Objective	Cost Category	NRC	Unit MRC	MRC
1	AmazonSimpleDB	Service	$0.00	$0.00	$0.00
1	CW	Service	$0.00	$363.63	$363.63
1	AmazonSNS	Service	$0.00	$0.00	$0.00
1	ElasticIP	Service	$0.00	$74.27	$74.27
1	AmazonElastiCache	Service	$0.00	$4,779.26	$4,779.26
1	RDS	Service	$0.00	$2,978.47	$2,978.47
1	AmazonDynamoDB	Service	$0.00	$0.00	$0.00
1	S3 Requests	Service	$0.00	$8.32	$8.32
1	AmazonVPC	Service	$0.00	$290.65	$290.65
1	EBS HD VolumeIOUsage	Service	$0.00	$176.22	$176.22
1	LoadBalancerUsage	Service	$0.00	$718.82	$718.82
1	DataProcessing	Service	$0.00	$1.24	$1.24
1	EBSOptimized	Service	$0.00	$33.60	$33.60

Summary Details Compare Objective Alternatives

By Price ▼ × All Product Sets

Showing 1 to 2 of 2 entries   Search:

NeBu NeBu Systems
Cost

$9,424

아마존 제공 서비스 중에서 이번 기간에 사용했던 아마존 특화 서비스의 청구 정보이며, 내부 시스템스의 현재 월 지출액(9424달러)의 30%는 이 AWS 특화 서비스의 이용료다.

아래로 스크롤해서 내려가면 다음 스크린샷과 같이 인프라 컴포넌트와 서비스에 대한 상세 정보가 표시되고, 더 스크롤해서 내려가면 계란형 박스 2개가 나온다. 녹색 계란형 박스는 인프라 컴포넌트의 총 합계 금액(21,510달러)을 보여주고, 두 번째 계란형 박스는 가격 대비 성능 점수다. 이 화면은 디폴트로 가격 기준으로 우선순위를 정하도록 설정되어 있다. 가격 대비 성능 점수를 보여주는 계란형 박스는 현재 상태 솔루션의 누적 총계(2086.1)를 보여준다.

Summary		Details		Compare	Objective	Alternatives			
14	135.5	1×1.7×160		Other Linux Disto VM	m1.small-linux-co...		$0.00	$31.58	$442.12
1	29.5	8×15×160		Other Linux Disto VM	c3.2xlarge-linux-...		$0.00	$321.22	$321.22
3	59.0	4×7.5×80		Other Linux Disto VM	c3.xlarge-linux-c...		$0.00	$160.61	$481.83
5	69.1	2×7.5×840		RHEL VM	m1.large-linux/RH...		$0.00	$168.00	$840.00
8	110.5	2×7.5×840		Other Linux Disto VM	m1.large-linux-co...		$0.00	$132.97	$1,063.76
1	19.7	4×15×1680		Other Linux Disto VM	m1.xlarge-linux-c...		$0.00	$254.69	$254.69
22	303.9	2×7.5×32		Other Linux Disto VM	m3.large-linux-co...		$0.00	$104.46	$2,298.12
61	590.5	1×3.75×4		Other Linux Disto VM	m3.medium-linux-c...		$0.00	$55.74	$3,400.14
21	413.1	4×15×80		Other Linux Disto VM	m3.xlarge-linux-c...		$0.00	$394.24	$8,279.04
8	77.4	1×0.613×---		Other Linux Disto VM	t1.micro-linux-co...		$0.00	$30.20	$241.60
4	55.3	2×4×---		Other Linux Disto VM	t2.medium-linux-c...		$0.00	$45.70	$182.80
3	29.0	1×1×---		Other Linux Disto VM	t2.micro-linux-co...		$0.00	$12.56	$37.68
18	174.2	1×2×---		Other Linux Disto VM	t2.small-linux-co...		$0.00	$25.33	$455.94

Storage

Qty	Amount (GB)	Protocols	Tech	Product	NRC	Unit MRC	MRC
1	12,251		Striping	S3-storage(12251)	$0.00	$397.55	$397.55
1	12,372		Solid State	EES SSD Volume-st...	$0.00	$1,484.64	$1,484.64
1	13,719		Striping	EES HD Volume-sto...	$0.00	$1,105.71	$1,105.71

Network

Qty	Type	Specs	Product	NRC	Unit MRC	MRC
1	☁	3959.7/7691.8 GB	AWSDataTransfer-x...	$0.00	$95.66	$95.66

2086.1 $21,510

Compare ☐   Build ▟

컴퓨트 상세 정보 화면에서 앞에서 했던 질문에 대한 일부 답변을 찾을 수 있다. 내부 시스템스는 이 청구 내역을 통해 m3-xlarge-linux 인스턴스를 21개 사용하고 있다는 사실을 알게 됐다. 각 항목에 대한 세부 정보(4 코어, 15GB RAM, 80GB 스토리지)도 표시된다.

21개 인스턴스이므로 전체 총 코어와 RAM은 81 코어, 315GB RAM으로 가장 큰 인스턴스 그룹임을 알 수 있다. 이 인스턴스 그룹은 애플리케이션의 요구사항과 내부 시스템 전략에 따라 비용 효율적이고 전문화된 워크로드 수용 인스턴스 형태로 변경할 수 있다.

- 성능 및 가격 데이터를 기반으로 볼 때 어떤 인스턴스 유형을 사용하는 것이 좋은가?
- 좀 더 적절한 유형의 인스턴스를 활용하기 위해 애플리케이션을 재배치할 수 있는 방법은 무엇인가?
- 업데이트된 인프라에 애플리케이션을 배치하는 데 필요한 비용은 얼마인가?
- 서비스 형태로 활용할 수 있는 애플리케이션이 있는가?

다음은 가격 우선순위에서 가격 성능 우선순위로 변경해보는 것이다. 각 컴퓨트 유형을 비교해서 인스턴스 유형을 최적화할 수 있는 기회가 있는지 찾아본다. 실제 사용률 데이터를 기반으로 보면, m3-large가 m3-xlarge보다 더 유리할 수 있다. RAM 활용률이 낮은 경우 m3가 좋은 선택이 될 수 있다.

Summary	Details	Compare	Objective	Alternatives			
Qty	$/BCU	Specs	OS	Product	NRC	Unit MRC	MRC
2	$6.59	1×3.5×410	Other Linux Disto VM	m1.medium-linux-c...	$0.00	$63.84	$127.68
14	$3.26	1×1.7×160	Other Linux Disto VM	m1.small-linux-co...	$0.00	$31.58	$442.12
1	$10.90	8×15×160	Other Linux Disto VM	c3.2xlarge-linux-...	$0.00	$321.22	$321.22
3	$8.16	4×7.5×80	Other Linux Disto VM	c3.xlarge-linux-c...	$0.00	$160.61	$481.83
5	$12.16	2×7.5×840	RHEL VM	m1.large-linux/RH...	$0.00	$168.00	$840.00
8	$9.63	2×7.5×840	Other Linux Disto VM	m1.large-linux-co...	$0.00	$132.97	$1,063.76
1	$12.95	4×15×1680	Other Linux Disto VM	m1.xlarge-linux-c...	$0.00	$254.69	$254.69
22	$7.56	2×7.5×32	Other Linux Disto VM	m3.large-linux-co...	$0.00	$104.46	$2,298.12
61	$5.76	1×3.75×4	Other Linux Disto VM	m3.medium-linux-c...	$0.00	$55.74	$3,400.14
21	$20.04	4×15×80	Other Linux Disto VM	m3.xlarge-linux-c...	$0.00	$394.24	$8,279.04
8	$3.12	1×0.613×---	Other Linux Disto VM	t1.micro-linux-co...	$0.00	$30.20	$241.60
4	$3.31	2×4×---	Other Linux Disto VM	t2.medium-linux-c...	$0.00	$45.70	$182.80
3	$1.30	1×1×---	Other Linux Disto VM	t2.micro-linux-co...	$0.00	$12.56	$37.68
18	$2.62	1×2×---	Other Linux Disto VM	t2.small-linux-co...	$0.00	$25.33	$455.94

가격 대비 성능 정보 기반으로 정렬했을 때 인스턴스 유형의 순위가 어떻게 되는지 확인한다. 진행 중인 벤치마크 테스트 사이트에서 데이터를 가져오기 때문에 실시간 정보로 간주하면 된다.

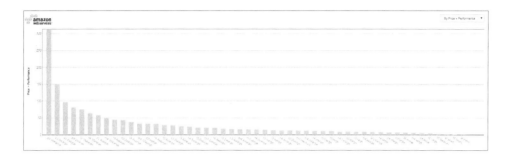

네부 시스템스 애플리케이션은 RAM 집약적인 경향이 있다. 워크로드 유형을 기반으로 보면 m3-large는 적절하지 않을 수 있다. 현재 시장에 가용한 유형에는 어떤 것들이 있는가? 네부 시스템스 워크로드에 맞는 고성능이면서 저비용 인스턴스 유형은 어떤 것인가?

다음과 같이 Summary요약라는 단어 위에 있는 햄버거 메뉴를 클릭한다.

Exact-Match라는 스위치 버튼이 메뉴에 나타난다. 이 스위치는 기본적으로 On 상태다. 다음 스크린샷처럼 스위치를 클릭해서 OFF로 변경한다.

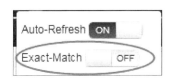

Exact-Match를 OFF 하면 해당 솔루션을 외부 솔루션 공급자의 솔루션들과 비교하도록 요청하게 되고, 다음 스크린샷에서 보여주는 바와 같이 100% 일치하지 않는 다른 공급자의 솔루션 정보도 가져와서 보여준다.

Solution Set	Location	$/BCU	NRC	Total Cost
Google Compute En... Compare ☐	The Dalles, OR	$4.86	$0.00	$19,845.76 Build
Microsoft Azure Compare ☐	CA	$6.25	$0.00	$20,378.24 Build
Amazon/AWS Compare ☐	Boardman, OR	$3.50	$0.00	$20,720.24 Build
Linode Compare ☐	Fremont, CA	$4.11	$0.00	$21,490.18 Build
Digital Ocean Compare ☐	San Francisco, CA	$7.48	$0.00	$22,079.20 Build
BlueMix (Softlayer) Compare ☐	San Jose, CA	$23.50	$0.00	$23,400.76 Build

18장에서와 같이 구글은 다른 업체들보다 비용이 저렴하다. 다음 페이지의 스크린샷은 현재의 시장 데이터를 가져와서 비교 분석한 내용이다.

- 구글은 저비용 공급자다.
- 애저와 AWS의 공급 가격은 매우 유사하다.
- AWS는 더 낮은 $/BCU를 가진 고성능 솔루션으로 보인다.
- AWS 솔루션 중에서 가장 저렴한 리전은 US West 2(Boardman, OR)다. 내부 시스템스가 배치되어 있는 US West 1(San Jose, CA)이 가장 저렴한 리전은 아니다.

클라우드 아키텍트는 리스크와 경제성을 수시로 검토해봐야 한다. 경제성 관점에서 리스크를 상쇄해야 한다고 지속적으로 설명해왔는데, 리스크가 높으면 높을수록 비용을 더 낮춰서 리스크를 흡수할 가치가 있는 것으로 만들어야 한다. Boardman으로 서비스를 옮기는 것은 위험할 것 같다고 생각할 수 있다. 그러나 같은 공급자에 같은 서부에 위치해 있다. 애플리케이션을 통합하거나 재탑재할 수 있게 해서 비용을 현저히 낮추고 성능도 높일 수 있다면, 이전도 고려해볼 가치가 있다. 내부 시스템스의 전략은 가장 저렴한 비용으로 최고의 성능을 얻는 것이다. 그러므로 Boardman으로 이전하는 것이 전략적 측면, 경제성 측면, 기술 재정립 측면으로 볼 때 좋은 기반이 될 수 있다.

다음은 현재 사용 중인 인스턴스 유형과 유사한 서비스를 제공하는 여러 공급업체의 솔루션 목록을 보여준다. 스크린샷에서 보여주고 있듯이, Solution Set 열 아래 (from contract)로 표기된 것은 현재 사용 중인 서비스이고 Amazon/AWS로 표기된 것은 현재 시장 정보에서 가져온 정보다. 이 두 라인을 비교하기 위해 2개의 Compare^{비교} 박스를 체크한다.

× All Product Sets

Showing 1 to 9 of 9 entries   Search: _____

Solution Set	Location	$/BCU	NRC	Total Cost
Google Compute En... Compare ☐	The Dalles, OR	$4.86	$0.00	$19,845.76 Build
Microsoft Azure Compare ☐	CA	$6.25	$0.00	$20,378.24 Build
Amazon/AWS Compare ☑	Boardman, OR	$3.50	$0.00	$20,720.24 Build
linode Compare ☐	Fremont, CA	$4.11	$0.00	$21,490.18 Build
Digital Ocean Compare ☐	San Francisco, CA	$7.48	$0.00	$22,079.20 Build
BlueMix (Softlayer) Compare ☐	San Jose, CA	$23.50	$0.00	$23,400.76 Build
Century Link Cloud Compare ☐	Santa Clara, CA	$6.04	$0.00	$29,213.78 Build
undefined (from contract) Compare ☑	San Jose, CA	$8.83	$0.00	$30,934.66 Build
Rackspace Compare ☐	Grapevine, TX	$7.93	$0.00	$41,863.38 Build

비교에 들어가기 전에, 이 화면으로부터 이해할 수 있는 내용은 다음과 같다. 만약 가격 및/또는 성능 관점에서 리스크를 감수할 가치가 있는 경우라면 공급자를 변경하는 것도 옵션이 될 수 있다.

- 현재 청구된 금액은 가장 비싼 옵션 중 하나다.
- 현재 청구된 금액은 현재 시장에서 동일한 공급자가 공급하는 금액보다 10,000 달러 이상 높다.
- 현재 내부 시스템스가 사용 중인 서비스는 동일한 공급자가 현재 시장에 소개하고 있는 서비스들보다 훨씬 느릴 수 있다.

이 화면을 통해 내부 시스템에서 사용 중인 서비스와 시장에 나와 있는 서비스를 쉽게 비교할 수 있다. 이 데이터만으로도 내부 시스템는 AWS를 활용하는 것이 올바른 선택이고 Boardman으로 이전하는 것도 상당히 일리 있는 선택이라고 결론을 내릴 수 있다. 두 AWS 리전 간의 직접적인 비교는 다음 단계에서 진행한다.

다음과 같이 공급자 응답 테이블^{provider response table} 상단에 있는 메뉴에서 **Compare**를 클릭한다.

다음 스크린샷과 같이 현재 사용 중인 서비스 목록과 시장에서 제공하는 서비스를 라인 항목별로 정렬된 형태로 보여준다.

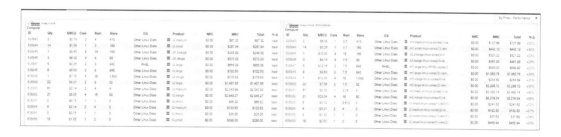

이를 통해 AWS를 유지하면서 Boardman으로 이전하는 것이 좋은 선택임을 즉시 이해할 수 있다. 아래쪽으로 스크롤해 가격, 가격 대비 성능 데이터를 확인해본다.

- Boardman의 $/BCU는 3.50달러다. 현재 지불하고 있는 8.83달러보다 훨씬 낮은 금액이다.

- Boardman의 인프라 비용은 11,295달러다. 현재 지불하고 있는 21,510달러보다 낮다.

- Boardman의 성능 지표는 2698.2다. 현재 2086.1보다 상당히 빠르다는 것을 보여준다.

이 같은 비교 작업이 어렵다면, 첫 번째 실습을 복습하자.

현재 이용 중인 서비스를 기반으로 시장에서 제공하고 있는 유사 서비스들을 나란히 비교해보면 여러 가지 관점에서 상당한 도움이 된다.

- 첫 번째 라인은 현재 솔루션이다. 총 21개의 m3-xlarge 인스턴스를 사용했고, 성능 점수는 413.1이며, 이번 달에 8,279.04달러의 비용이 발생했다.
- 두 번째 라인은 21개의 t2-xlarge 인스턴스를 활용한다고 가정했을 때 2848.27 달러의 비용이 발생할 것이라고 설명한다.
- 두 옵션 간의 차이는 66%의 비용 절감과 20%의 성능 향상이다.
- 내부 시스템의 애플리케이션 대부분이 메모리 집약적이기 때문에 T2 인스턴스는 내부 시스템의 전략에 매우 적합할 수 있다. T2 시리즈 인스턴스를 활용하면 기본 CPU 성능 수준을 유지하면서 비용 통제를 효과적으로 할 수 있다. T2 이용 가격은 CPU 성능과 로드 증가 방식에 따라 큰 차이가 난다. 기본 성능을 변경할 필요가 없고 RAM 메모리만 최적으로 활용할 수 있으면 비용은 증가하지 않는다. 핵심은, 경제성과 기술 간의 관계를 이해하면 전략적, 경제성, 기술 관점의 요구사항을 동시에 충족시키도록 조율해나갈 수 있다는 것이다.

| 636052 | 21 | 413.1 | 4 | 15 | 87 | Other Linux Disto | m3-xlarge-linux-core/(1)va | $0.00 | $8,279.04 | $6,279.04 | +66% |
| 636052 | 21 | 510.5 | 4 | 16 | 00 | Other Linux Disto | t2.xlarge | $0.00 | $2,043.27 | $2,043.27 | best |

❚ 요약

내부 시스템은 클라우드 전환 과정에서 지금까지 급하게 추진해왔던 구축 현황을 검토해볼 필요가 있었다. 이 실습의 거의 모든 의사결정에서 주요 결정 요소는 가격 대비 성능 지표였다.

이 실습에서는 인프라 중심적인 관점에 집중해서 다뤘다. 인프라는 한동안 애플리케이션 영역에 비해 많이 무시돼온 영역이었다. 애플리케이션은 사용자가 사용하는 영역이기 때문에 지속적으로 관심의 대상이 돼왔으나 인프라는 아니었다.

인프라 가격은 지속적으로 저렴해지고 있고 컴퓨트 가격의 경우 0달러로의 경합이 이미 시작된 상태다. 네트워크 영역도 마찬가지이며, 스토리지 영역도 가격이 지속적으로 하락하고 있다. 인프라 가격은 하락하고 있으나 운영 관리 비용은 기하급수적으로 증가함에 따라, 인프라 영역에서 실수가 발생하면 그 비용은 높을 수밖에 없다. 인프라 측면의 전략적 및 기술 방향을 전환한다는 것은 거의 엄두도 못 낼 정도의 비용에 영향을 미칠 수 있다. 기반 세팅을 제대로 해서 그 기반 위에 구축해야 한다.

이 실습에서는 추상화된 상위 수준의 데이터를 활용했기 때문에 전략을 신속하게 분석하고 확인할 수 있었다. 실습의 첫 번째 부분은 검토 작업이었는데, 내부 시스템스가 생각하고 있는 내용과 실제 청구서의 내용과 실제 말하고 있는 이야기들을 연결해보는 것이었다. 실습 중간 부분에서는 좀 더 상세한 정보를 찾아 분석하고 이를 바탕으로 개선할 방법을 찾고자 했다. 실습 마지막 부분은 실습 시작과 중간에 제기된 질문들의 답을 찾는 과정을 통해 현재의 방향을 재확인하는 방법을 검토했다.

실습 과정에서 나온 모든 질문에 답을 제시하려고 하지 않았다. 즉답을 제시하기보다는, 클라우드 전환 과정에서 발생된 이슈를 접할 때 이 이슈를 해결하기 위한 프로세스와 해결 과정을 반복적으로 설명하고자 했다. 클라우드 아키텍처에서 핵심은 데이터를 신속하게 분류하고 관련성을 식별해 실시간으로 예리한 통찰력을 유지하는 것이다.

20

클라우드 아키텍처 교훈

클라우드 컴퓨팅 솔루션에 매겨진 복잡한 경쟁 순위를 완벽하게 파악했다 하더라도 성공적인 구축implementation으로 이어지지 못하면 실패한 것이다. 본 솔루션 설계 텍스트 범위에 구축은 빠져 있지만, 클라우드 컴퓨팅 아키텍팅 초기 단계에서 배운 교훈을 독자와 공유하고자 한다.

- 성공적인 클라우드 솔루션 아키텍트가 되려면 경영진의 지속적인 후원을 받아야 한다. 또한 전환 프로세스 안에 거버넌스 통제 항목이 포함되어 있는지 확인해야 한다(통제 항목 예: 탄력적 컴퓨팅 모델을 종량제pay-as-you-go 모델로 사용할 때 재무적 통제가 부대 비용 상승을 초래하지 않도록 보장하는 것).

- 기업의 애플리케이션 포트폴리오 전체를 분석하는 것은 클라우드 플랫폼으로의 전환 과정에서 효율성을 얻을 수 있는 중요한 과업이며, 전환을 통해 기업이 얻을 수 있는 가치의 크기를 결정하는 데 밀접한 역할을 한다. 기존 애플리케이션

을 IaaS 플랫폼으로 전환하기 위한 관리 감독 및 검토 프로세스는 소프트웨어 전용 특성^{software-only nature}을 반영하도록 수정돼야 한다.

- 대부분의 고객은 대형 클라우드 서비스 공급자(예: AWS, 애저, 구글, 세일즈포스, IBM) 만 알고 있고 대체적으로 단일 CSP 플랫폼(즉, C2S^{Commercial Cloud Services})을 선택하는 경향이 있다. 그렇다 하더라도 더 넓은 시장으로 전환하기 위한 전략과 함께 지속적으로 경제성 측면과 성과 측면을 평가해나가야 한다.

- IT 표준이 잘 정립되어 있지 않거나 IT 표준이 정립되어 있다 하더라도 잘 지켜지지 않는 경우, 개발 환경, 테스트 환경, 운영 환경 간 차이가 발생한다. 이렇게 되면 자동화된 테스트 도구를 활용할 수 있는 역량이 현저히 약화되고 클라우드 전환이 지연될 수 있다. 개발자는 **애플리케이션 성능 모니터링**^{APM, Application Performance Monitoring} 도구, 서비스 관리/모니터링 도구, 웹 및 모바일 분석 도구, 경고^{alerting} 및 알림^{notification} 솔루션 활용 교육을 받아야 한다.

- 클라우드 컴퓨팅을 도입할 때 가장 어려운 과제는 문화적 변화에 관한 것이다. 이 같은 변화 관리를 잘 진행하려면 필요한 정보 제공 캠페인과 교육 프로그램을 헌신적으로 집중해서 계획하고 추진해나갈 조직과 구성원이 필요하다. 클라우드로 전환하는 데 있어 가장 큰 조직 리스크 중 하나는 구성원의 클라우드 이해와 개념 부족이다.

│ 에필로그 │

네부 시스템스 클라우드 여정의 다음 목표 지점은 어디일까? 모놀리식 애플리케이션을 클라우드 네이티브 형태로 성공적으로 구축해 서비스를 새롭게 런칭했다. 성공적으로 잘 끝냈음을 축하해야 하는 것일까? 아니면 이제 출발했음을 축하해야 하는 것일까? 네부 시스템스는 클라우드로 마이그레이션하는 것을 완수한 것인가? 트랜스포메이션하는 것도 성공한 것인가?

마이그레이션이란 일련의 과업이라는 의미를 담고 있고, 진행 과정과 수행 내용을 눈으로 확인해볼 수 있다. 이것을 저기로, 저것은 요렇게 변형해서 여기로 이전 계획을 수립할 수 있다. 반면 트랜스포메이션은 정신적이고 감성적인 내용을 다루는 작업이다. 트랜스포메이션를 위해서는 사고방식의 전환이 필수적인 요소이기 때문에, 끊임없는 데이터를 필요로 한다. 왜냐하면 시기와 상황에 맞는 데이터를 측정하고 비교 분석해서 유용한 통찰을 얻어내는 과정을 통해 트랜스포메이션의 잠재된 가치를 증명해나가야 하기 때문이다.

마이그레이션 작업은 계획을 수립한 후에 계획에 맞추어 실행해나가면 된다. 반면 트랜스포메이션은 받아들이는 것부터 시작한다. 받아들이는 노력 없이는 트랜스포메이션은 실패할 수밖에 없다고 생각한다. 받아들이기 위해서는 사고방식의 전환이 있어야 하는데, 이 사고방식의 전환을 위해서는 가치 있는 정보와 통찰을 밀도 있게 지속적으로 소화하는 과정을 필요로 한다. 즉, 현재 환경과 상황을 끊임없이 파악하고 그 상황에 맞는 추진 방법과, 때에 따라서는 목표도 수정해나가면서 목표점을 향해 나아가야 한다는 뜻이다. 이것을 우리는 **센소모르픽**senso-morphic이라고 부른다. 변화를 받아들이고 변화를 주도해나가는 조직과 리더들은 센소모르픽 성향을 가져야 한다고 믿는다.

오늘날 수많은 데이터가 우리 주변에 넘쳐나고 있지만, 여전히 가치 있는 정보를 얻지 못하는 경우가 허다하다. 뭔가 문제가 있음을 인지는 하고 있지만, 정보가 현재 어디에 있고 또 무엇이 문제인지는 잘 파악하지 못한다. 트랜스포메이션을 효과적으로 추진해나갈 수 있는 유일한 방법은 추진 기업과 그 구성원들이 센소모르픽화되는 것이라 생각한다. 클라우드 컴퓨팅 영역에서 이 말을 적용하면, 여러 도메인에 동시에 걸쳐 센소모르픽되는 것을 의미한다. 다음 표는 IT 시스템 도메인에서 센소모르픽으로 변화해가는 방향성 예시다.

영역	전환 전	전환 후
보안 프레임워크	인프라 중심	데이터 중심
애플리케이션 개발	밀접한 결합	느슨한 결합
데이터	대부분 구조화	대부분 비구조화
비즈니스 프로세스	대부분 순차적	대부분 병렬적
보안 제어	기업 책임	공유 책임
경제성 모델	자본 지출(CAPEX)	운영 지출(OPEX)
인프라	대부분 물리적	대부분 가상화
IT 운영	대부분 수작업	대부분 자동화
기술 운영 범위	현지/지역	국제적/글로벌

이 책은 긴 여정의 첫걸음에 불과하다. 독자들이 이 책을 통해 잘 준비할 수 있기를 바란다. 행운을 빈다.

케빈 L. 잭슨

스콧 고우슬링

| 찾아보기 |

클라우드 컴퓨팅 솔루션 아키텍팅

클라우드 도입에 필요한 **설계 고려사항**

발 행 | 2021년 1월 4일

지은이 | 케빈 잭슨 · 스콧 고슬링
옮긴이 | 최 철 원 · 박 종 하

펴낸이 | 권 성 준
편집장 | 황 영 주
편 집 | 이 지 은

에이콘출판주식회사
서울특별시 양천구 국회대로 287 (목동)
전화 02-2653-7600, 팩스 02-2653-0433
www.acornpub.co.kr / editor@acornpub.co.kr

한국어판 ⓒ 에이콘출판주식회사, 2021, Printed in Korea.
ISBN 979-11-6175-481-9
http://www.acornpub.co.kr/book/architecting-cloud-solutions

이 도서의 국립중앙도서관 출판시도서목록(CIP)은 서지정보유통지원시스템 홈페이지(http://seoji.nl.go.kr)와
국가자료공동목록시스템(http://www.nl.go.kr/kolisnet)에서 이용하실 수 있습니다.(CIP제어번호: CIP2020052248)

책값은 뒤표지에 있습니다.